宁阳方言志

钱曾怡 主编
宁廷德 著

齊魯書社

出版说明

山东方言具有丰富的特色，在汉语发展中影响深广，历来受到相关学者的注意。改革开放以来，山东方言研究有了更大的发展，取得了显著的成绩。除去相继出版了济南、曲阜、长岛、临清、莒县等多个县市的方言志和《山东省志·方言志》、《山东方言研究》、多种方言词典以及针对当地方言指导各地人民学习普通话的教材以外，还发表了各种各样的调查报告和研究性论文。

本丛书是上述成果的重要组成部分，出版以来，受到同行学者的高度重视，国内外已有多篇文章专题评介，至于被列为参考书目、被引用的内容更是不计其数。这套丛书规定有大体统一的编写体例，要求在有限的字数内最大限度地记录方言事实、突出方言特点。在布点上，力求能够照顾到山东方言各区片的平衡，能够全面反映山东方言的整体面貌。

学术著作出版难，加以方言学著作排版难，又受到读者面的限制，本丛书的出版所经历的坎坷自不待言，但是我们还是得到了有识之士多方面的关心和支持。由衷感谢语文出版社、齐鲁书社、吉林人民出版社、中国文史出版社、时代文艺出版社！还要特别感谢罗福腾同志，虽然已经离开母校，却仍然始终如一地记挂着这套丛书的组稿、编撰、出版等等诸多事宜。

本丛书由已故著名语言学家李荣先生写序，谢谢李老师！

惟有继续坚持求实探新的精神，争取达到更高的质量要求，才是对上述支持者的最好的回报。我们将尽力！

钱曾怡

2010 年 8 月改定于山东大学

序

山东的方言研究工作，从 50 年代的方言普查起，一直做得不错。1982 年，山东方言研究会成立。1984 年 9 月，《山东省方言调查提纲》出版。这几年的工作进展顺利，已写成三十五种方言志和一部《山东人学习普通话指南》。

《山东人学习普通话指南》已由山东大学出版社出版①，颇受读者欢迎。书中罗列山东话语音、词汇、语法的特点，指出山东人学习普通话的要点，叙事详明，切合实际，充分反映出山东方言研究的水平。这里就字音和句法选些例子来说。

一般的说，山东话和北京话声韵调的对应关系相当整齐。可是有些地方有些字音对应关系与众不同，学习时要个别记忆。书中（110～113 面）《山东人容易读错的字》举出一百五十一个字，现在转录十九个字：

	山东有些方言	北京话
猫	阳平	阴平
他	上声	阴平
放假的“假”	上声	去声
泥腻鸟	m-	n-

① 钱曾怡主编，曹志耘、罗福腾、武传涛编著，1988 年 9 月第 1 版第 1 次印刷。

忘望	m-	w-
族	c-	z-
缩所森	sh-	s-
蛇	-a	-e
做	-u, -ou	-uo
农	-u	-ong
龙垄	-iong	-ong
倾	-iong	-ing
横	-un, -ong	-eng

刚才说的一百五十一个字是就全省方言立论，要个别记忆的字各地多寡不同。山东各地教学普通话，不妨把那一百五十一个字检查一遍，把本地要注意的字都摘出来，分别造成句子反复练习，预计会有效果。

平常都说汉语方言之间，尤其是官话方言之间，语法的差别不大。其实就山东方言而言，句法颇有特色，《山东人学习普通话指南》（196～210 面）一共举了五项，现在只转录一项比较句的例子。青岛、烟台、威海、潍坊、淄博、新泰等大片地区最常见的比较句用“起”字，跟北京话对比如下：

青岛等地方言	**北京话**
一天强起一天	一天比一天好
一天热起一天	一天比一天热
他长得不高起我	他长得不比我高
	他长得没我高
这本书不好看起那本	这本书不比那本好看
	这本书没那本好看
论手艺他不差起你	论手艺他不比你差
全班儿没聪明起他	全班没有比他再聪明的了

我不知道起你？（反问） 我不比你知道吗？

这种成套格式的对比，对语言教学（包括推广普通话）很有参考价值。

近年来，全国各地都在编地方志，语言调查为国情调查的重要内容之一，方言志为地方志不可缺少的部分。山东已写成的方言志可分为两类，一类十万字左右，可以作为单行本出版；一类字数在两万到五万之间，可以作为方志的一部分或单独出版。我只看过其中两部的稿本。总的印象是体例符合方言志以记录事实为主的原则，并且报告了一些新鲜的事实，水平跟《山东人学习普通话指南》差不多。各地发行的方言志日渐增加，方言志的出版还是不容易。好在山东省各地区、市、县已经筹措了一些出版费，《山东方言志丛书》即将陆续问世，令人欣慰。是为序。

李　荣

1989 年春

目　录

第一章　绪　言

一　地理人口简况

宁阳县位于鲁中偏西南，隶属泰安市。地理位置东经116°36′～117°38′，北纬35°40′～35°57′。东邻新泰市，东南与泗水县接壤，南与兖州市、曲阜市交界，西连汶上县，北以大汶河为界与肥城市、泰安市岱岳区相望。县域最大横距60公里，纵距24公里，总面积1128平方公里。县城距泰山56公里、曲阜25公里、水泊梁山40公里，处于泰山、曲阜、水泊梁山旅游三角中心。

县境属华北型地层沉积，地质复杂，地形多样。境内地势东高西低，东部多为低山、丘陵，西部多为平原。主要地貌类型有低山、丘陵、平原和水面。大小山峰146座，较大的29座，大都呈东西走向。最高峰为东部的凤仙山，海拔608米；最低处为西南部东疏镇胡茂南洼，海拔46米。丘陵多分布于低山周围，海拔70～200米。较大河流15条，总长204.6公里，流域面积1021.3平方公里，属黄河、淮河流域水系。

宁阳县属北温带大陆性半湿润季风气候区，四季分明。年均气温13.4°C，年日照时数2679.3小时，年无霜期210天，平均降水量720毫米。春、夏季多南风和东南风，秋、冬季多北风和西北风。

宁阳县有耕地面积 6.03 万公顷，是黄淮海平原主要的粮、棉、油集中产区，先后被国家和省、市列为粮食、棉花、花生、蔬菜、农作物良种、桑蚕、大枣、鲁西黄牛八大商品生产基地。

境内初步探明的金属和非金属矿藏有 30 多种，主要有煤、铁、金、石英石、钾长石、水晶石、云母、铝土、硅石、石膏、花岗岩、石灰岩、硫磺、陶土、耐火土、砂子等。

宁阳县交通发达，京沪、磁莱铁路在境内交轨，京福高速公路、104 国道、济微公路纵横南北，蒙馆公路横跨东西，京沪高速铁路穿过县境东部，县乡公路四通八达。

宁阳县辖 9 镇 3 乡，即宁阳镇、泗店镇、东疏镇、伏山镇、堽城镇、蒋集镇、磁窑镇、华丰镇、葛石镇、鹤山乡、东庄乡、乡饮乡，共 566 个行政村，人口 80.4 万。境内有汉族、回族、壮族、苗族、满族、朝鲜族、水族、藏族等 8 个民族。其中汉族人口占 93.2%，回族占 0.81%。各族人民通用汉语进行交际。

二 历史沿革

宁阳历史悠久，县境内远在 6000 年前就有人聚居。据考古发掘证明，境内有大汶口文化和龙山文化遗址 20 余处。大汶口文化最早在境内发现的堡头遗址，遗存丰富，为父系氏族公社的遗物，是当时农业兴盛、手工业技术熟练的证明。商周遗址 42 处，春秋时代遗址

8 处，出土的铜镜、铜鼎、铜戈、瓦当是当时经济文化发展的标志。宁阳有文字记载的历史已有 4000 余年。《尚书·禹贡》记载：上古属少皞之墟，唐虞属徐州之域。

西汉，汉高祖元年（前 206 年）于宁山（今前伏山村南）之南置县，始名宁阳，属泰山郡。新莽时期，宁阳改为宁顺。东汉光武帝复旧，宁阳属东平国。三国沿汉称，属魏地。西晋，撤宁阳县。金大定二十九年（1189 年），复名宁阳，属兖州。元至元二年（1265 年），撤销宁阳县，并入滋阳县。元大德元年（1297 年），复置宁阳县，属山东省济宁路，从此未再更名。明、清时期，属山东省兖州府。

中华民国初年，仍属兖州府。1914 年属济宁道。1932～1938 年初，属第一行政督察专员公署。1939 年属冀鲁豫第一专署。1914 年属第十六专署。1944 年初归泰西专署。1946 年 1 月属冀鲁豫第七专署（济宁），同年 3 月复归第一专署。1948 年 9 月，宁阳属鲁中南行政区第七专署。

中华人民共和国成立后，属鲁中南行政区泰西专署。1950 年上半年，鲁中南行政区撤销，属泰安区行政督察专员公署。1955 年属泰安地区专员公署。1958 年 10 月，泰安专署撤销，宁阳划归济宁专署，同年 11 月改属济南市管辖。1961 年 7 月，恢复泰安专署，宁阳复归泰安专署。1985 年 5 月，泰安地区专员公署改为泰安市人民政府，宁阳县属泰安市。

三　方言概况

（一）宁阳方言的区属及主要特点

宁阳方言属于汉语官话方言的中原官话蔡鲁片，在山东方言分区中属于西区西鲁片，并且处在西区西鲁片与西齐片分界线的边沿上。西鲁片方言的特点在宁阳方言中得到了较好体现。同时，宁阳方言在某些方面也显示出自己的独特性。

1．语音方面

（1）声母方面

①有一组完整的唇齿音 pf、pfʻ、f、v。中古知系合口字和宕江摄开口字，普通话读 tʂ、tʂʻ、ʂ、ʐ 拼合口呼的字，宁阳方言读为 pf 组声母，韵母除单元音 u 以外，其余为开口呼。详见下表：

宁阳方言 pf 组声母拼合情况表

	u	a	ə	ɛ	ei
pf	猪 pfu	抓 pfa	桌 pfə	拽 pfɛ	追 pfei
pfʻ	出 pfʻu	欻 pfʻa	戳 pfʻə	搋 pfʻɛ	吹 pfʻei
f	书 fu	刷 fa	说 fə	衰 fɛ	水 fei
v	如 vu		弱 və		蕊 vei

	ã	ẽ	aŋ	əŋ	
pf	专 pfã	准 pfẽ	庄 pfaŋ	忠 pfəŋ	
pfʻ	穿 pfʻã	春 pfʻẽ	窗 pfʻaŋ	充 pfʻəŋ	
f	闩 fã	顺 fẽ	双 faŋ		
v	软 vã			绒 vəŋ	

少数其他来源的字如（以下涂黑的表示不符合上述规律部分）：

赚 pfã^{312} 咸摄开口二等澄母　　漱 fu^{312} 流摄开口三等生母

硕 fə^{312} 梗摄开口三等禅母　　入 vu^{214} 深摄开口三等日母

锐睿 vei^{312} 蟹摄合口三等以母　　瑞 vei^{312} 止摄合口三等禅母

阮 vã^{55} 深摄合口三等以母　　荣嵘 vəŋ^{42} 梗摄合口三等云母

容溶熔融 vəŋ^{42} 通摄合口三等喻母

由于知系字在合口呼韵母前读为唇齿音，造成了擦音古生母、书母、禅母和少数船母字在宁阳方言中与非组字同音的现象。例如：

梳书书母＝夫非母 fu^{214}　　竖树禅母＝父奉母 fu^{312}

刷生母＝发非母 fa^{214}　　缩生母勺禅母＝佛奉母 fə^{42}

税书母睡禅母＝废非母肺敷母 fei^{312}　　闩生母＝帆奉母翻敷母 fã^{214}

涮生母＝泛敷母饭奉母 fã^{312}　　顺船母＝奋非母份奉母 fẽ^{312}

霜双生母＝方非母芳敷母 faŋ^{214}　　爽生母＝访敷母 faŋ^{55}

②有舌根浊擦音声母 ɣ，主要来源于中古一二等开口影疑二母。详见下表：

宁阳方言 ɣ 声母来源表

	a	ə	ɛ	ɔ	əu	ã	ẽ	aŋ
古影母	阿 ɣa	恶 ɣə	爱 ɣɛ	袄 ɣɔ	欧 ɣəu	安 ɣã	恩 ɣẽ	肮 ɣaŋ
古疑母		鹅 ɣə	碍 ɣɛ	傲 ɣɔ	藕 ɣəu	案 ɣã		昂 ɣaŋ

③没有卷舌声母。普通话中 tʂ 组的字，在宁阳方言中有两个去向：一部分字的声母是 pf 组（今普通话中 tʂ 组声母与合口呼相拼的字），另一部分字的声母是 ts 组（今普通话中 tʂ 组声母与开口呼相拼的字）。

（2）韵母方面

①有一个 iɛ 韵母，与 ɛ 、uɛ 配套。iɛ 韵母主要来源于蟹摄开口二等见系，限于 tɕ、ɕ、ø 三个声母。例如：街解（声母 tɕ）、鞋蟹（声母 ɕ）、挨矮（零声母）。宁阳方言 iɛ 与 iə 是两个不同的韵母，如“解 $tɕiɛ^{55}$ ≠ 姐 $tɕiə^{55}$”、“鞋 $ɕiɛ^{42}$ ≠ 斜 $tɕiə^{42}$”。

②宁阳方言中没有卷舌的 tʂ 组声母，所以，与之相拼合的 ʅ 韵母宁阳方言中也不存在。

③没有 o 韵母。“播、坡、摸、佛”在宁阳方言中分别读为 $pə^{214}$、$p‘ə^{214}$、$mə^{214}$、$fə^{42}$。

④没有鼻辅韵尾 n 。普通话 an、ian、uan、yan（安、烟、弯、冤）和 ən、in、uən、yn（恩、因、温、晕）两组韵母，宁阳方言读为鼻化元音 ã、iã、uã、yã 和 ẽ、iẽ、uẽ、yẽ。

⑤单元音韵母相对较多。普通话的 ai（uai）和 au（iau）两组复元音韵母，宁阳方言读为 ɛ（uɛ）和 ɔ（iɔ）。

（3）声调方面

与普通话相同的是，宁阳方言也具有阴平、阳平、上声、去声四个调类，而与普通话的不同有两个方面：

一是调值不同。宁阳方言的四声调值是214、42、55、312，普通话是55、35、214、51。

二是古入声的清声母和次浊声母字的归类不同。古清声母入声今宁阳归阴平，普通话则是分归阴平、阳平、上声、去声，例如“割革葛各”四字，宁阳都读阴平，普通话分别读为阴阳上去四声；古次浊声母入声宁阳分归阴平和去声，普通话都归去声，例如“密蜜力立”和“秘泌历例”八字，宁阳“密蜜力立”四字读阴平、“秘泌历例”四字读去声，而普通话八字都读去声。宁阳方言古次浊入声分归阴平、去声两类，显示了这个方言存在山东西区方言西齐片和西鲁片的过渡性特点。

（4）声韵拼合方面

①宁阳方言不分尖团，古精组字和古见系字在细音前同音。例如：

古精组、见系部分细音字在宁阳方言中读音关系表

精组字	妻	接	修	先	秦	箱
见系字	欺	结	休	掀	勤	香
读音	tɕʻi	tɕiə	ɕiəu	ɕiã	tɕʻiẽ	ɕiaŋ
精组字	精	聚	鹊	全	俊	
见系字	经	句	缺	权	郡	
读音	tɕiŋ	tɕy	tɕʻyə	tɕʻyã	tɕyẽ	

②宁阳方言 ts 组声母不拼合口呼韵母，古合口今普通话 ts、tsʻ、s 拼合口呼的字，宁阳读为 tɕ、tɕʻ、ɕ 拼撮口呼。例见下表：

普通话 ts、ts‘、s 拼合口呼的字在宁阳方言中读音情况表

	y	yu	yə	yei
tɕ	足 tɕy	足祖 tɕyu	作左 tɕyə	嘴最 tɕyei
tɕ‘		粗醋 tɕ‘yu	搓错 tɕ‘yə	脆 tɕ‘yei
ɕ	俗 ɕy	俗 苏 ɕyu	唆锁 ɕyə	岁碎 ɕyei
	yã	yẽ	yŋ	
tɕ	钻攥 tɕyã	尊遵 tɕyẽ	宗总 tɕyŋ	
tɕ‘	蹿窜 tɕ‘yã	村存 tɕ‘yẽ	葱从 tɕ‘yŋ	
ɕ	酸蒜 ɕyã	孙笋 ɕyẽ	松送 ɕyŋ	

由于古精组合口字在今宁阳方言中读舌面前拼撮口呼，使宁阳方言形成了另外两个特点：其一，比普通话多出两个撮口呼韵母 yu 和 yei 。yu，主要来自古精组合口，有遇摄和通摄入声及个别臻摄入声。例如：租组族（音 tɕyu)、粗促醋（音 tɕ‘yu)、苏酥素（音 ɕyu)。yei，主要来源于古精组合口蟹摄和止摄。例如：罪嘴（音 tɕyei)、催翠（音 tɕ‘yei)、岁虽（音 ɕyei)。

其二，造成这些字和古见系今拼撮口呼的字同音。如：

足＝菊见母　作＝决见母　搓＝缺溪母　蓑＝靴晓母

钻＝捐见母　酸＝轩晓母　遵＝军见母　存＝群群母

孙＝熏晓母　总＝迥见母　从＝穷群母　松＝胸晓母

2．词汇方面

宁阳方言词汇十分丰富。大部分词语与其他北方方言相同，但有些词语的含义在该方言中比较特殊，例如：“发”（感染）、“珍”（面部表情严肃）、“顺”（把酒从酒瓶里倒

进酒壶里)、“掏”(用拳头击)、“续”(从缝隙里传递)、“垫艮”(长时间反复做某事而产生厌烦的举动或表现)、“了”(破损)、“扁”(踩)、“抻量”(某处疼痛而影响周围其他处)、“磨”(沉重的东西不离地面而稍微挪动)、“批瓜”(菜肴缺油少盐，口味不好)、“猛拉”(个头稍高)、“紧”(鬼怪常出没)、“搁气”(打架、吵嘴)、“材料歪儿”(能力)、“架巴落儿”(样子)、“细”(小气)、“椎”(堵塞)、“擢”(流质物散落；倒掉)，等等。有些俗语的表达也很有特色，例如：“一点儿音儿没有”(一点可能也没有)、“有音儿”(有可能，有希望)、“没事儿”(没关系)、“你那是做么啊？”(你别那样做)。

宁阳方言有些指称动物的名词，描述性强，地方特色明显，如“栖溜泉”(蚯蚓)、“拧拧勾”(泥鳅)、“长尾巴郎子”(喜鹊)、“啴打木子”(啄木鸟)、“小欻儿”(麻雀)等。

宁阳方言中，表示时间的词常儿化。例如：“今门儿”(今天)、“夜儿里”(昨天)、“前儿里”(前天)、“明儿里”(明天)、“门儿早”(以前)、“六儿”(初六)、“七儿”(初七)，等等。这类词有的是词中儿化，有的是词尾儿化。

3．语法方面

宁阳方言的语法特点也较明显，以下酌举数例。

宁阳方言中有用异调的方式来区别动词的时态的现象，例如：“我到（tɔ$^{312-31}$）坡里”表示我准备去坡里，但还没有真正“到”，“我到（tɔ$^{312-42}$）坡里”(表示我已经从坡里回来了，“到”已经完成了；“我去看看（k‘ã$^{312-31}$k‘ã·）

他干么哩”表示“看”还没有发生，“我去看看（kʻã$^{312\text{-}42}$kʻã˙）他干么哩”表示“看”已经完成；“我逛逛（kuaŋ$^{312\text{-}31}$kuaŋ˙）书店”表示“逛”还没有进行，“我逛逛（kuaŋ$^{312\text{-}42}$ kuaŋ˙）书店”表示说话时已经“逛”完了。

宁阳方言中子缀量词使用频率很高，而且不受前面数词的限制。例如宁阳方言常说：“串了两门子亲戚”、“喝了三瓶子啤酒”、“推了四车子土”、“买了六袋子面”、“轧了十八箱子面条”、“下了二十筐子苹果”。这些说法在普通话中较难见到。

宁阳方言的反复问句和是非问句，一般不用“v＋不＋v”的形式，常使用“v＋不（pə˙）”的格式。例如“去不？”即“去不去”，“是不？”即“是不是”，但强调时常说成“你到底去啊，（还是）不去啊？”“到底是啊，不是啊？”

宁阳方言的语法特点详见第四章语法部分。

（二）宁阳方言的内部差异

宁阳方言的内部一致性比较强，县域内绝大部分地区语音特点相同，只是县城南部靠近曲阜、兖州的局部区域（乡饮、泗店等乡镇）方音自有特色，主要表现在：没有齿唇塞擦音 pf、pfʻ 声母，其他地方的 pf、pfʻ 声母读成了tç、tçʻ 声母。如“赚、庄、准、追、中、穿、床、春、吹、充”等字，上述区域读为 tçyã^{312}、tçyaŋ^{214}、tçyẽ^{55}、tçyei^{214}、tçyŋ^{214}、tçʻyã^{214}、tçʻyaŋ^{42}、tçʻyẽ^{214}、tçʻyei^{214}、tçʻyŋ^{214}，而宁阳境内绝大多数地区分别读为 pfã^{312}、pfaŋ^{214}、pfẽ^{55}、pfei^{214}、pfəŋ^{214}、pf'ã^{214}、pf'aŋ^{42}、pf'ẽ^{214}、pf'ei^{214}、pf'əŋ^{214}。

可以看出，上述少数地区所涉字的声母差异，也引起了韵母的差异，但声调还是一致的。

宁阳 12 乡镇读音差异情况表

	猪	抓	捉	拽	追	赚	准	庄	中
宁阳镇	pfu	pfa	pfə	pfɛ	pfei	pfã	pfẽ	pfaŋ	pfəŋ
东疏镇	pfu	pfa	pfə	pfɛ	pfei	pfã	pfẽ	pfaŋ	pfəŋ
乡饮乡	tɕyu	tɕya	tɕyə	tɕyɛ	tɕyei	tɕyã	tɕyẽ	tɕyaŋ	tɕyəŋ
泗店镇	tɕyu	tɕya	tɕyə	tɕyɛ	tɕyei	tɕyã	tɕyẽ	tɕyaŋ	tɕyəŋ
	初	欻	戳	搋	吹	穿	春	床	充
宁阳镇	pf'u	pf'a	pf'ə	pf'ɛ	pf'ei	pf'ã	pf'ẽ	pf'aŋ	pf'əŋ
东疏镇	pf'u	pf'a	pf'ə	pf'ɛ	pf'ei	pf'ã	pf'ẽ	pf'aŋ	pf'əŋ
乡饮乡	tɕ'yu	tɕ'ya	tɕ'yə	tɕ'yɛ	tɕ'yei	tɕ'yã	tɕ'yẽ	tɕ'yaŋ	tɕ'yəŋ
泗店镇	tɕ'yu	tɕ'ya	tɕ'yə	tɕ'yɛ	tɕ'yei	tɕ'yã	tɕ'yẽ	tɕ'yaŋ	tɕ'yəŋ

说明：鹤山、伏山、堽城、蒋集、磁窑、华丰、东庄、葛石等八乡镇与宁阳镇、东疏镇相同。

除了地域上的差异外，宁阳方言还存在新老派的差异。在语音方面如“猪出书入”、“责策色”，老年人读书音为 pfu^{214}、pf'u^{214}、fu^{214}、vu^{214}和 tsei^{214}、ts'ei^{214}、sei^{214}，年轻人的读音则更接近普通话，读为 tsu^{214}、ts'u^{214}、su^{214}、zu^{214}和 tsə^{214}、ts'ə^{214}、sə^{214}。

本书的记音以宁阳城关镇的老派发音实况为主，兼顾县域内其他地方老派音。

四　标音符号

本书采用国际音标标音，所用音标及其他符号如下：

（一）辅音表

发音方法＼发音部位			双唇	唇齿	舌尖前	舌尖中	舌尖后	舌面前	舌面后
塞音	不送气	清	p	pf		t	tʂ		k
	送气		p‘	pf‘		t‘	tʂ‘		k‘
塞擦音	不送气				ts			tɕ	
	送气				ts‘			tɕ‘	
鼻音		浊	m			n		ȵ	
边音						l			
擦音		清		f	s		ʂ	ɕ	x
		浊		v	z		ʐ		ɣ

（二）元音表

	舌面						舌尖		卷舌
	前		央		后		前	后	央
	不圆	圆	不圆	圆	不圆	圆	不圆	圆	不圆
高	i	y				u	ɿ	ʅ	
半高	e					o			er
中			ə						ər
半低	ɛ					ɔ			
低	a		ᴀ						

（三）声调符号

本书声调采用五度标记法，用 5、4、3、2、1 五个数字分别表示相对音高的高、半高、中、半低、低。单字的调值标在该字国际音标的右上角，变调值在单字调值之后，中间加“－”号。

（四）其他符号

ø，表示零声母。

～，在元音上面表示该元音鼻化，在例词或例句中代替前面的该条目。

－、＝，在汉字或音标下面，“－”表示白读，“＝”表示文读。

﹏，在汉字下，表示该字为同音替代。

□，表示该音节有音无字。

•，在音节的右上角，表示此音节为轻声。

/，用来间隔两读音。

|，用来间隔两个或两个以上的例子。

五　发音合作人

宁中元，男，53 岁，城关镇核桃园村人，大学文化。

王庆军，男，48 岁，城关镇关王村人，大学文化。

周广文，男，70 岁，蒋集镇三井村人，高小文化。

廖旭晨，男，41 岁，乡饮乡小酒店村人，大学文化。

其中，主要发音人为宁中元、王庆军。

第二章 语 音

一 单字音系

（一）声母 24 个（包括零声母）

p	巴布别步	pʻ	怕普皮盘	m	麻麦明母		
pf	猪庄浊坠	pfʻ	穿春床锤	f	飞扶水硕	v	如软荣瑞
t	大刀达代	tʻ	天土头台	n	拿男脑奴	l	拉兰路吕
ts	早自照治	tsʻ	草曹吵潮	s	私寺山是	z	人日热让
tɕ	鸡巨祖贱	tɕʻ	掐强粗存	ȵ	泥年娘女	ɕ	下勋苏巡
k	改古柜共	kʻ	可考苦狂	x	喝黑厚红	ɣ	安欧袄恶
ø	衣屋雨润						

说明：n、ȵ 互补，n 拼开、合两呼，ȵ 拼齐、撮两呼。

（二）韵母 38 个

ər	而儿耳二						
ʅ	知资丝师	i	衣机西飞	u	屋朱骨胡	y	遇绿菊区
						yu	祖粗醋苏
a	巴哈发抓	ia	牙家下俩	ua	洼瓜跨花		
ə	波革桌弱	iə	叶姐谢铁	uə	窝多锅祸	yə	药雪确左
ɛ	爱害在摔	iɛ	挨街鞋解	uɛ	外乖快怀		
ei	百客册追			uei	位归灰亏	yei	嘴催尿岁
ɔ	袄好高找	iɔ	要交笑挑				

əu 周沟偷厚	iəu 有秋流丢		
ã 安看山专	iã 烟千间天	uã 弯官欢宽	yã 怨捐权酸
ẽ 恩分跟准	iẽ 因金林新	uẽ 温昏昆滚	yẽ 晕军群存
aŋ 昂杭上双	iaŋ 央姜枪香	uaŋ 汪装光黄	
əŋ 庚坑登忠	iŋ 英精轻醒	uŋ 工轰空冬	yŋ 涌凶穷从

说明：

① a、ia、ua 中的 a 实际音值为央 ᴀ。

② u、y 发音时，双唇收拢较松，不十分圆唇。

③乡饮、泗店等乡镇的部分区域有韵母 ya、yɛ、yaŋ。

（三）声调 4 个

阴平	214	支鸡呼居	织急骨旭	辣力录域
阳平	42	池奇橱徐	麻梨炉鱼	合薄伏局
上声	55	齿手起宠	女礼瓦五	
去声	312	翅价锻塑	耐利路遇	贺谢垫护
		在弟混序	腊历陆玉	

（四）音节结构

根据调查所得的材料，从声、韵、调三项的搭配看，宁阳方言有 1130 个音节；若不考虑声调的区别，只从声母和韵母的拼合看，共有 353 个音节。

宁阳方言音节结构详见下面的声韵调配合表。表中每个韵母下四列，分别为阴阳上去四调；表内的圈码数字表示该处有音节存在，但不知其本字，表后的“说明”列出了该音节的读音和意义。

	开口呼											
	ʅ				ər				a			
	阴	阳	上	去	阴	阳	上	去	阴	阳	上	去
p									扒	拔	靶	坝
pʻ									趴	爬		怕
m									妈	麻	马	骂
pf									抓		爪	
pfʻ									欻	①		
f									刷	乏		
v												
t									搭	达	打	大
tʻ									他			
n									纳	拿	哪	那
l									拉	啦		腊
ts	知	直	子	字					扎	杂	闸	乍
tsʻ	吃	词	耻	次					擦	茶	蹅	岔
s	师	十	死	四					杀	<u>蛇</u>	傻	厦
z	日			日								
tɕ												
tɕʻ												
ȵ												
ɕ												
k										尬	生	
kʻ									喀		卡	②
x									哈	哈	哈	
ɣ									啊		阿	
ø						儿	耳	二				

	开口呼											
	ə				ɛ				ei			
	阴	阳	上	去	阴	阳	上	去	阴	阳	上	去
p	波	勃	簸	簸	百	别	摆	败	杯	白	拨	备
p‘	坡	婆	叵	破	拍	排	脬	派	拍	赔	迫	配
m	摸	模	抹	磨	麦	埋	买	卖	没	眉	美	昧
pf	桌	浊	茁		拽		跩	拽	追			坠
pf‘	戳	戳		绰	搋		揣	踹	吹	锤		
f	说	佛	所	朔	衰	③	甩	帅	摔	肥	水	睡
v				弱							蕊	瑞
t	得				呆		歹	代	德	嘚		
t‘		特			胎	抬		太			颓	
n							奶	奈			馁	内
l	勒			乐	赖	来	睐	赖	肋	雷	磊	泪
ts	折	蛰	者	这	灾	宅	宰	寨	窄	贼		
ts‘	车		扯	撤	猜	柴	踩	菜	拆			
s	赊	舌	舍	社	腮		甩	晒	塞	谁		
z	热		惹									
tɕ												
tɕ‘												
ȵ												
ɕ												
k	割	硌	哥	个	该		改	概	隔	给		
k‘	科		可	课	开		凯		客	剋		
x	喝	河	嗬	贺	咳	骸	海	害	黑	和		
ɣ	恶	鹅	额	饿	哀	唉	癌	爱				
ø												

	开口呼											
	ɔ				əu				ã			
	阴	阳	上	去	阴	阳	上	去	阴	阳	上	去
p	包		饱	抱					班		板	拌
p‘	抛	刨	跑	炮					攀	盘		判
m	冒	毛	铆	貌						蛮	满	慢
pf									专		转	赚
pf‘									穿	船	喘	串
f			否						拴	凡	反	饭
v											软	
t	刀		导	道	都		抖	豆	丹		胆	蛋
t‘	滔	桃	讨	套	偷	头		透	贪	谈	坦	炭
n	孬	挠	恼	闹						男	暖	难
l	捞	牢	老	涝	搂	楼	篓	漏		栏	懒	烂
ts	遭	凿	找	照	周	轴	走	昼	沾		展	暂
ts‘	超	槽	草	肏	抽	愁	丑	凑	掺	蚕	产	灿
s	烧	勺	扫	潲	搜		手	瘦	山		伞	善
z	绕	饶	扰		⑤	揉		肉		然	染	
tɕ												
tɕ‘												
ȵ												
ɕ												
k	高		搞	告	沟		狗	够	甘		赶	赣
k‘	④		考	靠	抠	⑥	口	扣	勘		砍	看
x	薅	豪	好	浩	齁	猴	吼	厚	憨	寒	喊	汗
ɣ	凹	熬	袄	傲	欧		藕	怄	安		俺	暗
ø												

	开口呼											
	ẽ				aŋ				əŋ			
	阴	阳	上	去	阴	阳	上	去	阴	阳	上	去
p	奔		本	笨	帮		榜	棒	崩	嘣	绷	蹦
p‘	喷	盆		喷	乓	庞	榜	胖	烹	朋	捧	碰
m	焖	门		闷	牤	忙	盲		懵	朦	猛	梦
pf	谆		准		庄		装	壮	忠		肿	众
pf‘	春	纯	蠢		疮	床	闯	创	充	虫	宠	冲
f	分	坟	粉	顺	双	房	纺	放	风	峰		缝
v										荣	蛹	
t					裆		党	荡	灯		等	邓
t‘					汤	糖	躺	烫	熥	疼		
n			恁	内	囔	囊	攮	囔		能		弄
l					啷	狼		浪	棱		冷	愣
ts	针		诊	镇	脏	⑧	掌	葬	争	⑬	整	政
ts‘	深	陈		衬	昌	藏	场	唱	撑	层		秤
s	森	神	审	甚	丧		赏	尚	僧	绳	省	圣
z		人	忍	认		瓤	壤	让	扔	仍		
tɕ												
tɕ‘												
ȵ												
ɕ												
k	根		艮	哏	纲	⑨	岗	杠	耕		耿	更
k‘			啃		康	慷		抗	坑		坑	
x		含	很	恨	夯	行	⑩	上	哼	衡		横
ɣ	恩		⑦	摁	肮	昂	⑪	盎	⑫	⑭	⑮	
ø												

	齐齿呼											
	i				ia				iə			
	阴	阳	上	去	阴	阳	上	去	阴	阳	上	去
p	逼	鼻	比	闭	⑯	⑰			憋	别	瘪	
p‘	坯	皮	脾	屁					撇		瞥	
m	蜜	迷	米	泌					蔑	乜		灭
pf												
pf‘												
f	飞	肥	匪	费								
v												
t	低	笛	底	地					爹	蝶		
t‘	剔	蹄	体	替					铁			
n												
l	立	犁	礼	离			俩		劣		裂	猎
ts												
ts‘												
s												
z												
tɕ	鸡	集	挤	记	家	驾	假	架	接	杰	姐	借
tɕ‘	漆	奇	起	气	掐	恰	卡	抃	切	茄		妾
ȵ	妮	泥	你	逆				娘	捏		⑱	镍
ɕ	西	席	洗	细	虾	侠		下	歇	斜	写	谢
k												
k‘												
x												
ɣ												
ø	一	移	椅	义	压	牙	哑	亚	噎	爷	野	业

	齐齿呼											
	iɛ				iɔ				iəu			
	阴	阳	上	去	阴	阳	上	去	阴	阳	上	去
p		别			标		表	摽				
p‘					飘	瓢		票				
m	咩				喵	苗	秒	妙				
pf												
pf‘												
f												
v												
t					叼		屌	掉	丢			
t‘					挑	条	挑	跳				
n												
l						疗	了	料	溜	刘	柳	六
ts												
ts‘												
s												
z												
tɕ	阶		解	界	交	嚼	绞	叫	揪	就	酒	旧
tɕ‘					敲	瞧	巧	撬	秋	求	糗	
ȵ							鸟	尿	妞	牛	扭	谬
ɕ		鞋		械	消		小	笑	修			秀
k												
k‘												
x												
ɣ												
ø	挨	崖	矮		腰	摇	咬	要	优	油	有	又

	齐齿呼											
	iã				iẽ				iaŋ			
	阴	阳	上	去	阴	阳	上	去	阴	阳	上	去
p	边		贬	变	宾			鬓				
p‘	偏	便	谝	骗	拼	贫	品	聘				
m	腼	棉	免	面		民	敏					
pf												
pf‘												
f												
v												
t	掂		典	电								
t‘	天	田	舔									
n												
l	连	连	脸	练		邻	凛	赁		良	两	亮
ts												
ts‘												
s												
z												
tɕ	尖		减	建	金		紧	近	江		奖	酱
tɕ‘	千	钱	浅	欠	亲	琴		吣	枪	墙	抢	呛
ȵ	蔫	年	撵	念						娘		酿
ɕ	仙	嫌	险	线	心	寻		信	乡	详	想	象
k												
k‘												
x												
ɣ												
ø	烟	盐	眼	艳	阴	银	隐	印	央	羊	养	样

	齐齿呼				合口呼							
	iŋ				u				ua			
	阴	阳	上	去	阴	阳	上	去	阴	阳	上	去
p	兵		柄	病	不	醭	补	步				
p‘	乒	平			扑		普	铺				
m		名		命	木	模	母	墓				
pf					猪	轴	主	住				
pf‘					出	除	础	处				
f					叔	熟	府	树				
v					入	如	乳	褥				
t	钉		顶	定	督	毒	堵	度				
t‘	听	停	挺		秃	图	土	兔				
n						奴		怒				
l		零	岭	令	录	炉	虏	路				
ts												
ts‘												
s												
z												
tɕ	经		井	静								
tɕ‘	青	情	请	庆								
ȵ		凝		宁								
ɕ	星	行	醒	杏								
k					姑		古	故	瓜	剐	寡	挂
k‘					哭		苦	库	夸		垮	跨
x					呼	壶	虎	户	花	滑	花	化
ɣ												
ø	英	迎	影	硬	乌	吴	午	务	袜	娃	瓦	瓦

	合口呼											
	uə				uɛ				uei			
	阴	阳	上	去	阴	阳	上	去	阴	阳	上	去
p												
p‘												
m												
pf												
pf‘												
f												
v												
t	多	夺	躲	剁					堆			对
t‘	托	驮	妥						推		腿	退
n	搦	挪		懦								
l	烙	箩	逻	落								
ts												
ts‘												
s												
z												
tɕ												
tɕ‘												
ȵ												
ɕ												
k	锅		果	过	乖		拐	怪	归		鬼	贵
k‘	扩		括	阔			㧟	快	亏	葵		溃
x	豁	活	火	祸		怀		坏	灰	回	毁	会
ɣ												
ø	握	窝	我	卧	歪		崴	外	威	围	伟	胃

	合口呼											
	uã				uẽ				uaŋ			
	阴	阳	上	去	阴	阳	上	去	阴	阳	上	去
p												
p‘												
m												
pf												
pf‘												
f												
v												
t	端		短	断	蹲		懂	顿				
t‘	湍	团			吞	豚	⑲	褪				
n			暖									
l		卵		乱	抡	轮	𫭢	论				
ts												
ts‘												
s												
z												
tç												
tç‘												
ȵ												
ç												
k	关		管	惯			滚	棍	光	晄	广	逛
k‘	宽		款		坤		捆	困	诓	狂		矿
x	欢	环	缓	换	昏	魂	混	混	荒	黄	谎	晃
ɣ												
ø	弯	玩	晚	万	温	文	稳	问	汪	亡	网	旺

	合口呼				撮口呼							
	uŋ				y				yu			
	阴	阳	上	去	阴	阳	上	去	阴	阳	上	去
p												
p‘												
m												
pf												
pf‘												
f												
v												
t	东	咚	懂	动								
t‘	通	同	桶	痛								
n		农	⑳	弄								
l		龙	拢		绿	驴	吕	虑				
ts												
ts‘												
s												
z												
tɕ					居	局	举	聚	租	族	祖	
tɕ‘					区	渠	娶	去	粗	簇		醋
ȵ							女					
ɕ					虚	徐	许	叙	苏	俗		诉
k	工		巩	贡								
k‘	空		孔	控								
x	轰	洪	哄	讧								
ɣ												
ø	翁			瓮	狱	鱼	雨	玉				

	撮口呼											
	yə				yei				yã			
	阴	阳	上	去	阴	阳	上	去	阴	阳	上	去
p												
p‘												
m												
pf												
pf‘												
f												
v												
t												
t‘												
n												
l												
ts												
ts‘												
s												
z												
tɕ	撅	绝	左	坐	堆		嘴	罪	捐		卷	攥
tɕ‘	搓	瘸	撅	错	催			脆	圈	全	犬	劝
ȵ												
ɕ	雪	学	锁	谑	尿	随		岁	酸	玄	选	算
k												
k‘												
x												
ɣ												
ø	约		哕	悦					冤	圆	远	愿

	撮口呼											
	yẽ				yŋ							
	阴	阳	上	去	阴	阳	上	去	阴	阳	上	去
p												
p‘												
m												
pf												
pf‘												
f												
v												
t												
t‘												
n												
l												
ts												
ts‘												
s												
z												
tɕ	尊		菌	俊	宗		总	纵				
tɕ‘	村	群		寸	葱	穷						
ȵ												
ɕ	孙	旬	笋	训	松	熊		送				
k												
k‘												
x												
ɣ												
ø	晕	云		闰	拥		勇	用				

说明：

① pf'a^{42}　担心，害怕：～哄。

② k'a^{312}　油质食物因放置时间太久而产生的味感：食物发～了。

③ fɛ^{42}　呼痛声，常与“哎哟”连用。如：哎哟～，烧手了！

④ k'ɔ^{214}　把里面的物体摸出来或抠出来：～鸟蛋 | ～老姜。

⑤ zəu^{214}　用条状物打：～他两下。

⑥ k'əu^{42}　脾气厉害，语言尖刻：这小孩甚～。

⑦ ɣẽ^{55}　脚底一走一痛的感觉：脚乔～得慌。

⑧ tsaŋ^{42}　用：～手拿。（后文例句中写为“杖”）

⑨ kaŋ^{42}　很，非常：～好了！（后文例句中写为“钢”）

⑩ xaŋ^{55}　用于嘱咐语后加强语气：注意安全，～！

⑪ ɣaŋ^{55}　用火烧：把它～了吧。

⑫ ɣəŋ^{214}　表反问的应答声。

⑬ tsəŋ^{42}　表示惊讶或赞叹。（后文例句中写为“挣”）

⑭ ɣəŋ^{42}　表赞同的应答声。

⑮ ɣəŋ^{55}　表思考的应答声。

⑯ pia^{214}　象声词：～叽（pia$^{214\text{-}24}$tɕi^{214}）。

⑰ pia^{42}　拟手枪响声。

⑱ ȵiə^{55}　对话中常用来提醒对方：～，拿着吧！

⑲ t'uẽ^{55}　用肚子推。

⑳ nuŋ^{55}　用力太过，身体内部受伤，也指心理上难以承受的感觉。

二　同音字表

凡　例

1．本表收宁阳方言常用字 6200 余个，按韵母的顺序排列。同韵母的字按声母顺序排列，声母、韵母相同的按声调顺序排列。

2．本表只收基本韵字，不收儿化韵字。

3．方言中有音、义而不知本字的，用同音字代替；无同音字的，用“□”代替。

4．有的字所代表的意义比较特殊，或者是同形字、多义字，为了易于了解或区别，在其右下角用小字附上简单的解释或词例。

ər

ø　[42]儿　[55]耳尔而饵迩　[312]二贰

ɿ

ts　[214]资姿咨支枝肢吱拟声词梓兹滋孳栀淄辎芝知蜘织只一~职质掷挚汁孜智帜炙姊稚指名词　[42]侄直值置植址吱~声殖只~有　[55]指动词紫纸止旨脂子籽仔之执趾滓　[312]治字自志痣痔致至制秩恣滞　[轻]着助词

tsʻ　[214]吃尺疵~毛泚尿尿~鞋了眵龇~牙哧呲刺~啦|~溜　[42]此瓷词辞祠迟池驰弛匙踟持雌叱磁慈　[55]齿耻侈赤痴斥嗤蛴　[312]刺~刀|鱼~次伺翅赐秩饰寺~头（地名）

s [214]湿室师私思司撕斯丝尸诗狮虱失适释识矢施视示势逝嘶 [42]石十时食拾蚀实诚～|失～ [55]屎死史始实～习|～验驶使 [312]四事世式试市柿誓是肆似寺祀士牠驷侍轼拭恃嗜弑舐氏饲仕饰

z [214]日骂人语 [312]日

i

p [214]必逼鄙愎笔 [42]鼻荸 [55]比彼秕吡 [312]毕毙毖弊敝碧弼闭避壁璧臂辟币匕篦陛痹婢蓖蔽箅

pʻ [214]批庇劈～木柴僻坯霹辟匹痹披帔 [42]皮啤疲裴琵砒痞匹蚍貔 [55]脾劈～叉癖丕 [312]屁

m [214]蜜密眯飞尘～眼了 [42]迷靡縻谜弥醚祢觅眯～瞪麋猕篾泥～家村（地名） [55]米 [312]秘泌幂

f [214]飞非菲绯扉诽 [42]肥 [55]匪 [312]费肺废痱

t [214]低滴嘀堤 [42]笛迪狄籴涤棣提～留的～确得了～|了不～ [55]底敌抵牴牛～人嫡诋的目～ [312]弟第帝地递缔谛娣蒂

tʻ [214]梯剔踢涕倜 [42]提蹄题啼 [55]体屉 [312]替剃惕嚏

l [214]力立粒鲤摽 [42]厘狸梨犁黎藜篱蠡劈～心喱蠡 [55]里理礼李俚锂莉璃娌 [312]历沥厉励吏利俐丽俪隶例离砾栗痢漓荔 [轻]的助词地助词得助词哩

tɕ [214]鸡级吉脊棘瘠辑缉戟寂击髻基积绩激机饥肌几茶～圾迹叽讥姬己稽唧急～救|用～疾嫉汲伎妓技济籍鲫寂屐羁 [42]急～忙|着～及集极剂即立～畸 [55]挤几～个虮

[312]记纪季寄忌祭冀继际计系悸即~将既暨荠~菜

tɕ‘ [214]七期漆欺妻凄泣栖乞祈戚弃憩嘁蹊萋缉~本子沏 [42]旗奇齐企脐棋岂骑岐崎歧鳍迄麒杞畦 [55]起其启蛴 [312]气汽砌器契荠荸~去

ȵ [214]妮 [42]泥昵倪尼拟霓 [55]你 [312]逆匿溺腻

ɕ [214]吸呼~西息夕媳熄昔希析锡牺徙淅稀悉熙惜犀兮蜮隙膝晳晰蜥羲 [42]习席袭奚溪畦 [55]洗喜禧铣熹嘻玺嬉 [312]细戏系吸~铁石|长虫~人

ø [214]一衣壹揖医以咿亦□让牲口从左侧后转的口令 [42]姨宜夷胰遗沂移饴怡贻疑逸译异疫驿毅弈彝翼肄抑邑屹奕伊裔峄羿颐乙已仪蜴 [55]依椅倚漪蚁尾 [312]义意亿忆益臆艺议易绎溢缢役瘪薏懿诣

u

p [214]不捕 [42]醭饽鹁垺~土卟拨~拉 [55]补卜占~哺箔 [312]布步部怖簿 [轻]卜萝~

p‘ [214]扑捕噗瀑铺动词 [55]普谱脯圃仆朴菩葡蒲浦璞蹼 [312]铺名词

m [214]木牡哞 [42]谋模没~落 [55]某母亩拇姆 [312]幕墓慕牧牟眸穆蓦沐目苜募暮睦没~收

pf [214]朱株诛珠猪诸筑烛竹嘱铢蛛触 [42]轴 [55]主逐煮竺拄蚰 [312]祝住注柱驻蛀著助铸贮炷瞩伫 [轻]宙帚礴粥黏~

pf‘ [214]初出触输躇束~腰 [42]锄除橱厨储雏黜 [55]础殊处~理 [312]处~所楚畜矗

f [214]书叔淑束梳疏输抒舒枢纾福幅蝠复腹覆符夫肤麸辐馥佛蝮 [42]熟孰敷服扶抚拂伏辅符孚俘浮孵俯芙塾术述秫赎属署曙暑赴附氟数动词付动词 [55]府斧腐腑鼠薯阜墅蔬蜀黍咐釜袱匐甫罘 [312]数名词父负富树竖赋傅缚付量词副庶戍漱驸恕讣

v [214]入辱 [42]如茹 [55]儒孺蠕濡乳汝襦 [312]褥

t [214]督厾嘟~噜睹 [42]独毒嘟~娄犊 [55]堵赌肚猪~|牛~读牍 [312]度渡镀肚~子痛杜妒

tʻ [214]凸秃突 [42]图徒涂~抹途屠 [55]土吐 [312]兔 [轻]涂糊~

n [42]奴努 [312]怒

l [214]录禄鹿辘碌氯 [42]芦庐炉卢蝼 [55]鲁橹颅虏掳卤戮胪轳 [312]路赂陆露

k [214]姑骨谷孤辜咕轱跍箍 [55]古估鼓股蛊毂瞽崮 [312]顾雇固故

kʻ [214]哭刳 [55]苦枯酷 [312]库裤窟

x [214]呼忽狐弧互惚乎糊动词2胡~同 [42]壶胡~闹|~子湖糊动词1瑚葫核猢蝴和囫 [55]虎浒 [312]户护糊名词

ø [214]巫污诬乌呜~的一声|~呼钨屋侮 [42]吴梧 [55]午舞无五伍捂武吾戊呜~儿哇儿鹉 [312]物勿务误雾悟晤毋寤恶杌

y

l [214]绿率律 [42]驴 [55]吕铝侣旅缕履捋屡 [312]虑

滤

tɕ [214]菊鞠驹掬橘车莒足锔居 [42]局阻 [55]举炬苣 [312]句拒聚具惧飓俱据剧矩锯踞犋椐巨距

tɕʻ [214]区驱躯蛆屈趋岖觑曲蛐瞿黢 [42]渠 [55]取娶 [312]去趣

ȵ [55]女

ɕ [214]须虚墟嘘蓄恤需旭煦婿宿酗魆飞非 [42]俗徐栩絮肥 [55]许诩匪 [312]续绪序叙塑费肺废痱

ø [214]域狱郁愚淤隅瘀□让牲口停止走动的口令 [42]鱼于余渔盂腴竽裕迂 [55]雨语宇羽予与禺禹榆 [312]玉育誉遇寓欲御豫预娱喻愈逾渝愉峪浴虞吁驭芋

yu

tɕ [214]组足租 [42]族卒 [55]祖阻俎诅

tɕʻ [214]粗黢 [42]促徂簇猝蹴 [55]醋

ɕ [214]苏速酥宿肃稣 [42]俗 [312]素诉塑谡夙嗉

a

p [214]八扒叭芭疤巴~不得|~结捌剥 [42]拔跋巴~西吧 [55]把一~米靶巴~子 [312]坝霸罢耙把表处置爸 [轻]笆吧

pʻ [214]趴啪 [42]爬耙筢葩 [312]怕帕帕 [轻]琶膊

m [214]妈抹犸蟆 [42]麻嘛 [55]马码蚂~蚁|~蜂玛 [312]骂蚂~蚱 [轻]吗

pf [214]抓 [55]爪

pf' [214]欻猛然夺取 [42]□担心

f [214]发法刷砝 [42]乏伐筏阀罚垡耍

t [214]答搭褡耷 [42]达打一～沓 [55]打瘩 [312]大

t' [214]他她它塔踏溻塌榻趿拓

n [214]纳钠捺 [42]拿 [55]哪 [312]那娜呐

l [214]拉垃蜡辣邋喇 [42]旯啦拉用锯～开落～下 [312]腊 [轻]了助词

ts [214]扎札楂喳渣匝咂眨咋拃吒 [42]砸轧杂铡炸油～榨诈 [55]闸蚱 [312]炸爆～乍痄～腮揸茬麦～|～子

ts' [214]擦察差～别|～距插叉钢～|～车杈农具姹诧嚓礤 [42]茶查茬二～|春～叉～住路口镲 [55]搽蹅锸衩裤～儿 [312]岔差说～了杈树～衩叉劈～

s [214]杀沙纱鲨煞刹霎仨靸裟撒～欢儿|～手 [42]蛇 [55]傻洒撒～种|～盐 [312]啥厦

k [42]尬嘎 [55]生

k' [214]喀 [55]咖卡 [312]□油质食物变质后的味道

x [214]哈～气 [42]哈"是吧"的合音 [55]哈～达

ɣ [214]啊叹词 [55]阿 [轻]啊助词

ia

p [214]□拟声词 [42]□拟手枪响声

l [55]俩 [轻]了助词

tɕ [214]家夹荚颊甲钾胛佳嘉袈笳枷伽加角 [42]驾赶马车

声 [55]假贾 [312]驾嫁架价 [轻]稼价

tɕʻ [214]掐卡发～|～子 [42]恰洽 [55]卡鱼刺～在嗓子里了 [312]拤

ȵ [312]娘面称

ɕ [214]瞎虾 [42]峡狭辖侠匣暇瑕霞遐 [312]下吓夏

ø [214]压鸦鸭押丫 [42]牙芽蚜衙崖涯 [55]哑雅讶 [312]轧亚氩

ua

k [214]瓜呱鸹刮～汤喝|用篦子～头 [42]剐划破 [55]寡刮～风|～脸栝剐 [312]挂卦褂

kʻ [214]夸 [55]垮胯 [312]跨挎

x [214]花哗 [42]华铧滑猾骅桦 [55]花唤猫声 [312]画化话划

ø [214]挖～坑袜哇洼 [42]娃蛙娲 [55]瓦名词 [312]瓦动词

ə

p [214]波剥玻菠钵播拨搏博泊铂柏舶 [42]薄勃箔驳脖渤礴雹 [55]簸动词 [312] 簸名词 [轻]不疑问词卜膊

pʻ [214]坡泼 [42]婆 [55]颇叵 [312]破

m [214]摸寞沫墨末锯～ [42]么漠摩磨动词魔模膜摹馍蘑 [55]抹 [312]磨名词陌秣默末春～|～班车莫糖茉 [轻]么

pf [214]桌捉拙装容纳 [42]着浊啄琢酌卓镯灼 [55]茁

pfʻ [214]戳名词绰扫 [42]戳动词 [312]绰阔～|～号辍

f [214]说□立着放 [42]勺硕佛妁缩 [55]所 [312]朔烁

v [312]若弱

t [214]得德 [轻]的助词地助词得助词

t‘ [42]特

l [214]勒 [312]乐 [轻]了助词

ts [214]遮折蜇浙哲褶则责仄 [42]辙辄蔗蛰谪择泽 [55]者
[312]这 [轻]着助词

ts‘ [214]车测策册 [55]扯 [312]撤澈彻掣侧厕

s [214]赊色啬 [42]舌蛇折 [55]舍~弃 [312]社射涩瑟
赦舍宿~设涉麝摄慑

z [214]热 [55]惹

k [214]歌割各阁搁~置胳~膊鸽疙葛格戈隔革膈骼虼 [42]硌
嗝圪咯胳~肢搁~不住 [55]哥 [312]个

k‘ [214]渴磕瞌壳咳苛可表强调棵克科颗刻窠坷蝌 [55]可~
以|~爱 [312]课嗑锞客

x [214]喝褐涸禾 [42]合盒和何河荷菏核旮阖蛤 [55]嗬
[312]贺赫鹤货~郎貉 [轻]呵表未然

ɣ [214]恶屙噩 [42]蛾鹅俄娥峨讹鄂愕谔额~头扼颚厄
遏鳄锷 [55]额超~ [312]饿

iə

p [214]憋鳖瘪~棱|干~ [42]别~人|~针 [55]瘪别~嘴|~他

p‘ [214]撇~开 [55]瞥撇~嘴

m [214]蔑 [42]乜 [312]灭末~了

t [214]爹跌喋 [42]蝶碟谍牒叠迭

t‘ [214]铁贴帖

l [214]劣咧瞎~~ [55]咧~嘴笑裂撕~冽 [312]猎列裂分~

烈趔

tɕ [214]接节揭结疖洁拮 [42]杰劫截捷睫竭 [55]姐 [312]借褯

tɕ‘ [214]切且 [42]茄 [312]妾窃怯锲惬

ȵ [214]捏镊摄 [55]嗫“你的”合音 [312]聂镍蹑涅孽

ɕ [214]歇蝎血楔揳屑 [42]斜邪协胁携偕谐挟勰 [55]写些 [312]谢泄泻卸榭亵

ø [214]叶页掖腋噎液冶谒孳 [42]爷 [55]野耶 [312]夜业邺

uə

t [214]多 [42]夺铎 [55]朵躲哆 [312]踩剁垛舵惰堕踱

t‘ [214]脱拖托拓庹 [42]驮砣鸵跎沱佗椭唾陀 [55]妥

n [214]搦 [42]挪 [312]懦诺

l [214]烙略洛络 [42]罗箩锣螺骡裸摞 [55]逻掠 [312]乐落骆

k [214]郭锅聒椁 [55]国果裹蝈帼掴馃括 [312]过

k‘ [214]扩阔棵 [55]括 [312]阔

x [214]豁霍攉劐耠 [42]活和～面惑藿或获 [55]火伙 [312]货祸和～鸡食|洗了三～

ø [214]握蜗窝被～莴涡沃踒挝倭斡窝让牲口从右侧后转的口令 [42]窝～儿 [55]我 [312]卧幄

yə

tɕ [214]决脚作撅诀角觉镢 [42]绝凿嚼昨掘崛橛攫 [55]左

佐偪 [312]坐做座

tɕ' [214]缺却雀确搓榷阙蹉撮碏阕 [42]瘸□层 [55]撅折断 [312]错措锉挫鹊

ɕ [214]雪薛靴削血蓑梭唆锁牛～头 [42]学穴缩 [55]锁～门|枷～索琐唢 [312]谑

ø [214]月指时间约药曰虐阅越～过岳～父 [55]哕[312]岳越～南乐月～亮粤悦钥疟跃

ɛ

p [214]百掰柏 [42]别副词白 [55]摆 [312]败拜 [轻]呗

p' [214]拍 [42]排徘牌 [55]脬—～屎□～他一脚 [312]派湃

m [214]麦脉 [42]埋 [55]买 [312]卖迈

pf [214]拽扔掉 [55]跩 [312]拽拉，扯

pf' [214]搋 [55]揣 [312]踹嘬

f [214]衰摔 [42]□呼疼声 [55]甩 [312]帅率蟀

t [214]呆 [55]歹逮傣待在：～家里 [312]待对～|～业代袋贷带戴怠黛大岱殆

t' [214]胎苔态汰 [42]台抬薹 [312]太泰

n [55]奶名词 [312]奈耐奶动词乃氖

l [214]赖不～ [42]来莱 [55]崃 [312]赖耍～籁癞

ts [214]灾栽斋哉窄摘 [42]宅翟 [55]宰载崽 [312]再在寨债

ts' [214]差钗猜拆 [42]才财材柴豺 [55]采睬踩彩裁 [312]菜蔡

s [214]筛腮鳃塞 [55]甩 [312]晒赛

k [214]该赅 [55]改 [312]盖丐钙溉概

k‘ [214]开 [55]凯慨铠楷忾

x [214]咳 [42]孩骸亥氦嗨核还 [55]海醢 [312]害骇

ɣ [214]哀埃 [42]唉表叹息 [55]癌霭蔼唉表应答哎皑矮 [312]爱碍艾暧

iɛ

p [42]别副词

m [214]咩

tɕ [214]阶街皆秸 [55]解 [312]戒诫介芥疥蚧届界

ɕ [42]鞋 [312]械懈邂蟹

ø [214]挨~近 [42]捱~窝子崖挨~饿涯 [55]矮

uɛ

k [214]乖~~的 [55]拐 [312]怪乖听话；伶俐

k‘ [55]扻 [312]快块筷会~计脍刽侩

x [42]怀淮槐徊踝获 [312]坏

ø [214]歪喂打电话时开头用语 [55]崴 [312]外

ei

p [214]百北杯笔伯佰悲碑卑掰柏 [42]白 [55]拨用筷子把饭菜分出一部分 [312]倍贝狈被蓓辈备惫背 [轻]鄙北~（地名）

p‘ [214]拍披 [42]赔陪培呸胚 [55]迫 [312]配佩沛辔霈

m [214]没麦墨脉 [42]煤媒眉嵋楣霉梅莓酶枚玫 [55]美镁每 [312]昧寐媚袂魅妹

pf [214]追锥椎 [312]缀赘缒坠

pf' [214]吹炊 [42]垂捶锤陲槌

f [214]摔飞妃非菲啡绯扉蜚诽斐翡霏 [42]肥沸 [55]水匪 [312]税睡费肺吠废痱说~服|游~

v [55]蕊 [312]瑞锐睿

t [214]得德 [42]嘚

t' [55]颓~废

n [55]馁 [312]内

l [214]勒肋 [42]雷镭 [55]垒磊儡蕾 [312]类累泪擂

ts [214]窄摘~除责则 [42]贼择宅泽翟摘阉割

ts' [214]拆策册测

s [214]色塞 [42]谁

k [214]格隔 [42]给

k' [214]客刻 [42]剋

x [214]黑嘿 [42]和连词

uei

t [214]堆 [312]对兑队

t' [214]推忒 [55]腿颓 [312]退褪煺蜕

k [214]规归龟硅轨 [55]鬼诡 [312]贵桂柜跪围瑰刽

k' [214]亏盔 [42]奎逵魁葵傀馗 [312]窥愧溃馈岿困揆匮

x [214]灰恢诙辉挥晖徽 [42]回蛔茴或 [55]毁悔晦诲 [312]会惠汇绘讳慧卉贿秽烩彗

ø [214]威煨偎~摊儿|~乎喂打电话开头用语 [42]围圩 [55]伟危唯惟维潍微韦苇违尾委娓萎逶偎依~伪 [312]为未味畏喂~食|~养胃渭谓猬位卫魏巍尉蔚慰纬

yei

tɕ [214]堆 [55]嘴 [312]罪最醉

tɕʻ [214]崔催摧璀 [312]粹脆翠瘁

ɕ [214]尿虽 [42]随隋遂绥睢髓隧 [312]岁碎穗祟 [轻]荽

ɔ

p [214]包苞胞雹 [55]宝饱保堡葆煲褒褓 [312]抱报暴爆豹鲍

pʻ [214]抛脬—~尿庖泡~沫 [42]刨袍咆 [55]跑 [312]炮泡浸~

m [214]冒脱落；多；超过 [42]猫锚毛~皮|发~茅髦蝥 [55]卯铆矛毛—~钱袤 [312]茂贸冒~烟|假~帽貌瑁瞀懋

f [55]否

t [214]刀叨 [55]岛捣导倒打~祷蹈悼 [312]道到盗稻倒~退

tʻ [214]掏涛焘滔韬 [42]逃桃淘陶讨征~|~饭 [55]讨把孩子送人或领养别人的孩子 [312]套 [轻]萄

n [214]孬 [42]挠 [55]恼脑 [312]闹

l [214]捞谋取 [42]牢劳捞~鱼 [55]老佬姥痨唠 [312]涝捞得到□照，往……上 [轻]了助词

ts [214]召招昭诏遭糟朝钊 [42]着凿 [55]早枣找爪澡

藻蚤 [312]赵照造兆灶燥躁皂罩笊肇 [轻]糙

tsʻ [214]抄超操剿 [42]潮曹漕槽巢晁朝~廷|唐~ [55]草吵炒嘲钞嘈朝~向 [312]肏 [轻]螬糙粗~嗷

s [214]捎烧筲梢臊~气鞘 [42]勺 [55]少数量~扫~地|打~嫂绍稍 [312]少~年臊害~韶潲哨邵召

z [214]绕~道约着 [42]饶绕额外得到 [55]扰娆绕缠~

k [214]高羔糕膏 [55]稿搞镐篙槁皋睾缟 [312]告膏诰

kʻ [214]□~鸟蛋|~老姜 [55]考烤拷 [312]靠铐犒

x [214]薅蒿 [42]豪嚎壕毫 [55]好友~ [312]好爱~号浩皓昊灏耗

ɣ [214]凹熬~菜嗷 [42]熬~药|~夜翱 [55]袄 [312]傲奥澳懊拗鳌骜鏖遨

iɔ

p [214]标彪膘镖飙镳 [55]表裱婊 [312]摽

pʻ [214]漂~泊飘嫖瞟剽缥 [42]瓢朴姓 [312]票漂~亮

m [214]喵 [42]苗瞄描缈藐邈 [55]秒杪渺淼 [312]妙庙

t [214]刁雕碉凋叼貂 [55]屌 [312]掉调吊钓铞鸾铫

tʻ [214]挑~选 [42]调条迢笤苕髫 [55]挑~战佻 [312]跳眺 [轻]窕

l [42]疗辽聊僚撩燎~原獠潦缭鹩 [55]了寥嘹燎火烧或烤焦 [312]料撂廖镣瞭 [轻]了助词

tɕ [214]交胶郊跤姣茭蛟浇教~书骄椒皎焦蕉礁剿缴狡较脚角 [42]嚼 [55]绞铰饺搅侥矫 [312]叫轿觉窖教~材|

宗～酵～子

tɕ‘ [214]敲悄跷锹劁橇 [42]瞧桥乔侨荞樵 [55]巧憔
[312]撬窍翘俏峭鞘

ȵ [55]鸟袅 [312]尿

ɕ [214]肖消硝销宵霄逍萧箫潇嚣晓淆骁枭屑削 [55]小筱
[312]笑孝校效啸哮酵发～|～母

ø [214]妖夭腰邀吆幺要～求|～挟 [42]摇谣遥瑶窑尧姚
窈徭爻肴 [55]咬舀 [312]要主～|将～耀跃钥药

əu

t [214]都兜 [55]斗容器陡抖蚪 [312]斗～争窦豆逗痘 [轻]涂
糊～嘟

t‘ [214]偷 [42]投头 [312]透

l [214]搂私下占有 [42]楼娄耧喽 [55]搂～在怀里篓 [312]陋
漏露瘘 [轻]芦噜

ts [214]周舟州洲邹诌粥 [42]轴肘 [55]走 [312]奏揍宙
咒昼纣骤皱就做

ts‘ [214]抽瞅 [42]愁仇稠惆绸踌 [55]丑酬筹畴 [312]臭凑售

s [214]收搜飕馊 [55]手守首狩艘 [312]受瘦寿兽授售叟
绶擞 [轻]嗽

z [214]□用条状物打 [42]柔揉蹂 [312]肉褥

k [214]勾沟购钩枸 [55]狗苟 [312]够构诟

k‘ [214]抠 [42]□脾气爆、语言尖刻□特别辣 [55]口 [312]扣叩寇

x [214]齁 [42]猴侯喉瘊 [55]吼 [312]厚候后逅

ɣ [214]欧呕殴沤讴鸥瓯偶 [55]藕炠 [312]怄

iəu

t [214]丢

l [214]溜～冰|～光熘蹓 [42]刘浏流硫琉留瘤馏蒸～榴 [55]柳绺 [312]六陆馏～馒头遛溜一～树|水～

tɕ [214]揪纠咎阄 [42]就随同着吃下去 [55]酒九久玖韭灸究疚鸠赳 [312]旧就舅救臼柩

tɕʻ [214]秋鳅丘邱蚯瞅阄 [42]求球囚裘泅酋 [55]糗

ȵ [214]妞 [42]牛 [55]扭钮纽忸 [312]拗谬

ɕ [214]修羞朽休宿馐 [312]秀锈绣袖嗅溴

ø [214]优忧犹幽攸悠邮 [42]油游尤鱿疣铀蚰牛～家村（地名） [55]有友由酉羑 [312]又右佑祐幼诱莠釉柚

ã

p [214]班斑般搬颁扳瘢 [55]板版坂 [312]半伴拌绊扮办瓣

pʻ [214]攀潘 [42]盘磐蟠 [312]判叛畔盼泮襻

m [42]蛮瞒馒蔓～菁 [55]满螨 [312]慢幔曼漫蔓～延谩迈□从 [轻]吗

pf [214]砖专 [55]转～移|向后～ [312]赚转～圈篆撰

pfʻ [214]穿汆攒川 [42]船传椽 [55]喘 [312]串篡窜

f [214]拴栓闩帆番幡翻 [42]烦繁凡矾梵范 [55]反返 [312]贩泛饭犯樊涮嬔

v [55]软阮

t [214]丹担动词单郸耽眈 [55]胆疸 [312]蛋淡氮弹旦但担名词诞惮石啖殚

tʻ [214]贪滩瘫摊坍 [42]谈痰郯坛昙弹檀谭潭 [55]坦袒毯忐 [312]叹探炭碳

n [42]南男难困~楠 [55]暖~瓶|~手奶奶奶喃 [312]难~兄~弟

l [42]兰栏拦篮蓝婪褴榄澜斓阑岚 [55]懒缆揽览 [312]烂滥

ts [214]沾粘毡簪 [55]咱攒展辗盏瞻斩崭 [312]占站战栈暂赞绽湛蘸颤

tsʻ [214]参餐掺搀啴 [42]馋谗缠蚕蝉蟾 [55]产铲婵惨惭残 [312]颤阐潺忏谄灿璨

s [214]山讪三叁衫杉删珊姗跚苫动词膻煽潸 [55]伞闪散松~|~装陕馓 [312]善散~开|解~鳝缮膳扇擅疝赡骟苫名词汕单剡 [轻]时表已然

z [42]然髯 [55]燃染冉苒

k [214]干~脆|晒~肝竿甘柑泔坩尴杆旗~矸橄 [55]赶秆敢感杆枪~|秤~擀 [312]干~活|树~赣

kʻ [214]勘 [55]刊堪勘戡龛坎砍侃槛瞰 [312]看

x [214]憨酣鼾 [42]含寒韩函涵邯翰晗颔还 [55]喊罕 [312]汗汉旱焊悍憾撼瀚捍

ɣ [214]安氨鞍铵鹌庵胺 [55]俺掩揞 [312]按案岸暗黯谙

iã

p [214]编边鞭 [55]贬扁匾砭蝙 [312]变便遍辨辩辫卞

pʻ [214]篇偏翩 [42]便~宜 [55]谝 [312]片骗骈 [轻]腆

m [214]腼 [42]棉绵眠 [55]免勉挽娩冕绾 [312]面缅卞王～（地名）

t [214]掂颠巅癫踮滇玷 [55]点典碘奠祭～ [312]店惦佃甸殿电垫淀奠～基钿

tʻ [214]天添忝 [42]田甜恬填阗 [55]舔

l [214]连～儿（一种石子棋） [42]连联涟琏鲢莲帘镰裢奁 [55]脸廉敛 [312]练炼怜恋链殓楝

tɕ [214]尖坚艰间肩奸监兼煎笺犍歼缄 [55]减～少捡俭碱检拣剪柬菅茧简践趼睑 [312]见剑箭贱渐溅荐鉴件舰建健减～苗儿键腱毽饯槛涧 [轻]间……附近

tɕʻ [214]千迁钎牵铅谦虔骞签黔歼潜嵌阡遣谴扦仟 [42]钱前钳乾 [55]浅 [312]歉欠堑芡

ȵ [214]蔫黏酒～子 [42]年黏～液鲇 [55]撵捻碾～轧辇 [312]念碾～盘

ɕ [214]先仙鲜～鱼|～花锨掀痫 [42]咸贤嫌闲衔娴弦涎 [55]显险纤鲜朝～|～见 [312]县线现献宪限陷馅羡腺

ø [214]焉蔫淹烟腌胭咽～喉阉嫣燕俨 [42]言炎颜焰研盐严沿檐岩阎兖闫芫彦 [55]眼演延掩衍偃 [312]雁燕厌砚妍筵咽吞～艳宴晏唁验谚堰酽赝 [轻]蜒

uã

t [214]端 [55]短 [312]断段锻缎

tʻ [214]湍 [42]团抟

n [55]暖

l [42]峦滦銮孪□复收庄稼卵乱霍～ [312]乱混～

k [214]关官棺观冠~子|桂~鳏 [55]管馆 [312]贯惯冠~军灌罐鹳

k‘ [214]宽 [55]款

x [214]欢獾 [42]还环桓寰 [55]缓 [312]换焕唤涣痪患宦幻浣豢

ø [214]弯湾剜豌挖 [42]玩完丸纨顽 [55]晚婉碗腕挽宛惋皖莞绾 [312]万

yã

tɕ [214]捐娟鹃涓镌钻动词纂 [55]卷煎饼~大葱|蛋~儿 [312]倦眷圈绢卷试~券攥钻名词

tɕ‘ [214]圈蹿撺汆攒 [42]全拳泉蜷痊颧 [55]犬权 [312]劝券篡窜

ɕ [214]酸轩暄谖 [42]旋悬玄眩漩璇 [55]选癣宣喧炫 [312]算蒜绚陷旋

ø [214]冤渊鸳箢 [42]元园圆袁辕猿员原源援缘苑媛垣 [55]远 [312]愿怨院

ẽ

p [214]奔锛 [55]本苯 [312]笨

p‘ [214]喷~水 [42]盆 [312]喷正：~忙

m [214]焖闷~谋着谜猜~ [42]门 [312]闷烦~扪妹默们

pf [214]谆 [55]准

pf‘ [214]春椿 [42]唇纯醇淳 [55]蠢鹑

f [214]分吩纷 [42]坟 [55]粉芬汾焚 [312]分份忿愤粪

氛顺舜瞬

n [55]恁人称代词 [312]内嫩

ts [214]针真贞侦怎箴粘 [55]珍诊斟胗臻甄疹缜鸩砧枕门～□～脸 [312]阵镇枕～头振震赈圳朕

ts‘ [214]伸深抻嗔琛参岑 [42]陈臣沉辰晨尘忱趁～机|～早 [312]衬称趁拥有：～钱

s [214]身森深伸申呻参莘糁 [42]神 [55]审婶沈绅什 [312]甚慎肾渗瘆葚

z [42]人仁 [55]忍 [312]认任韧纫仞荏刃妊饪壬衽轫

k [214]根跟 [55]艮 [312]哏～吃

k‘ [55]肯啃垦恳

x [42]含 [55]很狠 [312]恨痕

ɣ [214]恩嗯 [55]□脚底一走一疼的感觉 [312]摁

iẽ

p [214]宾彬斌滨傧缤 [312]鬓殡膑

p‘ [214]拼贫吃亏 [42]贫～穷频嫔颦 [55]品 [312]聘姘牝

m [42]民 [55]皿岷闽闵悯抿敏泯

l [42]邻临林淋琳霖鳞磷嶙嶙麟 [55]凛拎 [312]赁吝蔺躏

tɕ [214]金斤今巾筋襟捡衾 [55]紧仅锦谨瑾津 [312]尽近进晋禁烬妗浸靳

tɕ‘ [214]亲钦沁 [42]秦芹琴勤禽噙寝侵擒衾 [312]吣

ɕ [214]心新薪辛锌欣鑫馨芯昕 [42]寻～思|～媳妇 [312]信衅讯汛迅芯囟

ø　[214]音因茵姻阴荫殷吟洇　[42]银龈垠　[55]引寅尹淫饮蚓隐瘾　[312]印饮窨胤

uẽ

t　[214]蹲吨敦墩蹾　[55]懂盹□收支相抵消　[312]顿炖钝囤盾遁撴

t‘　[214]吞　[42]臀豚　[55]□拥：大肚子～人□坐着用屁股反复摩擦而弄脏弄乱　[312]褪～旧

l　[214]抡掷出棍子打　[42]轮抡～铁锤沦仑　[55]抡田埂□东西聚成疙瘩　[312]论嫩　[轻]囵

k　[55]滚磙辊衮　[312]棍围

k‘　[214]昆坤鲲琨　[55]捆　[312]困

x　[214]昏婚荤　[42]魂浑茴　[55]馄混问题没解决　[312]混～合诨

ø　[214]温瘟　[42]闻文纹蚊雯　[55]稳吻紊刎　[312]问汶

yẽ

tɕ　[214]均君军钧尊遵　[55]菌撙　[312]俊峻竣骏浚郡

tɕ‘　[214]村皴逡　[42]存群裙　[312]寸

ɕ　[214]孙狲熏　[42]寻旬询荀巡殉峋循损勋　[55]笋榫隼醺　[312]训驯逊衅

ø　[214]晕　[42]云芸耘纭匀酝允　[312]运韵孕熨陨蕴郓殒闰润

aŋ

p　[214]邦帮梆浜　[55]绑榜膀　[312]磅镑棒傍谤蚌埲

p‘ [214]乓 [42]彷庞旁膀螃 [55]耪嗙 [312]胖

m [214]牤蒙 [42]忙茫芒 [55]盲氓莽蟒硭忙

pf [214]庄装服～装妆桩 [55]装～面子 [312]壮状撞幢

pf‘ [214]疮窗 [42]床戳 [55]闯 [312]创怆

f [214]方霜孀双～手|～数芳 [42]房坊 [55]访纺防坊妨爽仿肪舫 [312]放双～生儿|～把儿

t [214]当相～裆铛 [55]党挡抵～ [312]荡档宕当典～|适～挡～地

t‘ [214]汤耥嘡蹚 [42]唐堂棠塘糖搪膛螳 [55]躺淌 [312]烫趟倘

n [214]囔嘈杂 [42]囊 [55]攮暖～和馕齉 [312]囔人多

l [214]啷 [42]狼郎榔琅廊锒螂 [312]朗浪

ts [214]脏不干净赃张章彰樟璋蟑瘴獐 [42]□放，用 [55]长掌涨物价上～ [312]丈仗杖账涨头昏脑～脏内～葬藏臧奘障嶂帐幛

ts‘ [214]仓苍舱沧昌猖娼倡 [42]长尝常嫦肠藏 [55]场厂敞氅偿 [312]唱畅怅蹭

s [214]伤丧商桑墒殇 [55]赏晌偿嗓垧搡 [312]上尚[轻]裳

z [42]瓤穰 [55]壤嚷酿攘 [312]让

k [214]刚钢～材纲缸肛罡堽缰 [42]□非常 [55]冈岗港[312]杠钢在刀等金属工具口上加钢，重新打造

k‘ [214]康糠 [42]慷 [312]扛抗炕亢伉

x [214]夯 [42]杭航行 [55]□嘱咐语后加强语气 [312]上[轻]慌

ɣ [214]肮 [42]昂 [55]□用火烧 [312]盎

iaŋ

l [42]凉～水|阴～良粮量测～梁粱 [55]两魉 [312]晾谅亮辆量数～靓凉～鞋

tɕ [214]江姜将～小猪|～军刚豇僵疆缰膙 [55]奖将～来蒋讲耩 [312]匠酱将大～降绛强犟浆桨虹糨

tɕʻ [214]枪呛吃饭吃～了腔羌戗锵戕跄 [42]强墙蔷樯 [55]抢□～除刀儿 [312]呛油烟～人炝

ȵ [42]娘 [312]酿

ɕ [214]香乡相～亲|～中湘箱厢襄镶缃 [42]祥详翔降享 [55]想响饷相互～|～当 [312]象像橡项巷相～貌|～面向

ø [214]央殃秧鞅泱 [42]羊洋阳扬杨 [55]养氧痒仰疡鸯 [312]样漾恙

uaŋ

k [214]光胱咣～当 [42]咣猛烈撞击声 [55]广 [312]逛桄

kʻ [214]诓筐哐 [42]狂 [312]况矿旷框眶匡

x [214]荒慌肓 [42]黄簧磺皇隍遑徨惶煌潢蝗 [55]谎恍晃～眼|虚～一枪幌 [312]晃～动

ø [214]汪枉惘 [42]亡王芒 [55]网往～来|～年 [312]忘妄旺望往～东|～外走

əŋ

p [214]崩绷嘣甭迸 [42]嘣拟爆裂声 [55]绷紧闭：～死嘴

[312]蹦泵蚌

p‘ [214]烹抨怦砰嘭 [42]朋棚鹏彭硼篷蓬澎 [55]捧膨 [312]碰

m [214]蒙胡乱猜测濛懵 [42]蒙遮盖朦幪 [55]猛萌盟蠓蒙~古锰虻 [312]孟梦

pf [214]中~间忠盅衷终钟 [55]肿种名词踵冢 [312]众中~签重种动词仲

pf‘ [214]充冲~锋|~击憧舂 [42]虫重 [55]崇宠 [312]冲劲头儿足

f [214]风讽疯丰封蜂枫 [42]逢峰锋烽缝动词冯 [312]凤奉俸缝名词

v [42]荣容溶熔蓉戎绒嵘茸融 [55]蛹

t [214]灯登蹬噔 [55]等戥 [312]邓瞪凳澄磴镫

t‘ [214]熥 [42]疼誊滕腾藤膯

n [42]能 [312]弄

l [214]棱~好 [55]冷 [312]棱~角|瓦~愣

ts [214]侦贞增怎征争挣睁峥铮狰蒸赠曾筝古~ [42]□"这么"的合音 [55]整拯筝风~ [312]正症证政憎郑怔诤挣

ts‘ [214]称撑~伞|~船铛瞠逞噌 [42]曾层成诚城盛呈乘承程丞惩澄橙骋 [312]秤蹭撑~满|~破牚

s [214]生声升僧笙牲甥鉎 [42]绳 [55]省仕 [312]圣剩胜盛

z [214]扔 [42]仍

k [214]耕更半夜三～緪 [55]耿羹埂梗哽庚 [312]更～好

k‘ [214]坑泥～|～害吭铿 [55]坑把端着的东西掉在地上

x [214]亨哼 [42]恒珩衡姮 [312]横□扔

ɣ [214]扔□表反问的应答声 [42]□表赞同的应答声 [55]□表思考的应答声

iŋ

p [214]兵冰甭 [55]柄丙炳饼秉禀 [312]病并

p‘ [214]乒 [42]平评坪苹萍瓶凭屏

m [42]名铭明鸣冥溟瞑螟酩 [312]命

t [214]丁钉名词叮盯疔仃订 [55]顶鼎酊 [312]定腚锭钉动词

t‘ [214]听厅汀烃蜓 [42]亭停婷廷庭艇霆莛 [55]挺梃铤

l [42]零灵玲龄聆羚翎菱凌陵铃绫棂拎 [55]岭领 [312]另令

tɕ [214]经精京鲸荆惊～车了菁兢 [55]井惊～吓旌景憬境警竟竞阱颈长～鹿 [312]静镜晶敬茎净睛靖径胫痉泾颈～椎儆

tɕ‘ [214]青清蜻轻氢卿顷倾 [42]情晴赗擎 [55]请苘顷量词 [312]庆亲～家罄

ȵ [42]凝拧～手巾|～辘轳狞泞宁安～咛 [312]宁～可拧脾气～

ɕ [214]星惺腥猩兴新～|～办 [42]行形型邢刑荥 [55]醒省擤 [312]杏兴～奋|～趣性姓幸

ø [214]英瑛应莺鹰膺婴樱缨鹦罂瘿 [42]迎营荧莹萤盈蝇赢嬴茔萦颖楹郢 [55]影映 [312]硬另

uŋ

t [214]东冻~~冬 [42]咚 [55]董懂 [312]冻上~洞动栋

t‘ [214]通统~一 [42]同桐铜彤童潼瞳佟僮茼 [55]筒桶捅统总~ [312]痛恸

n [42]农浓脓 [55]□用力太过，身体内部受伤，也指心理上难以承受的感觉 [312]弄浓道路泥泞

l [42]龙聋珑胧隆笼鸡~|~子 [55]拢笼~罩垄窿

k [214]工功攻公蚣弓恭躬宫 [55]巩拱汞 [312]共供贡

k‘ [214]空天~|~话 [55]孔恐 [312]控空~闲|~白

x [214]轰烘 [42]红洪虹鸿宏薨弘 [55]哄 [312]讧横□~上

ø [214]翁嗡 [312]瓮

yŋ

tɕ [214]宗综踪棕鬃 [55]总炯迥 [312]纵粽

tɕ‘ [214]匆葱聪倾 [42]穷穹从丛琼

ɕ [214]兄凶胸匈松淞汹 [42]熊雄 [312]送宋颂诵讼怂耸

ø [214]拥~抱|~军雍臃庸佣慵壅颙 [55]勇涌恿踊永泳咏拥~开门俑蛹甬 [312]用

三 语流音变

（一）变调

1. 普通音节两字组的变调

普通音节两字组是指相连的两个音节均不是轻声的字组，这是最常见的组合形式，其变调情况见下表。

普通两字组连读变调表

后字＼前字	阴平 214	阳平 42	上声 55	去声 312
阴平 214	214+214→ 24+214 今天 关机 山沟 开春	42+214 （不变） 来宾 成亲 毛笔 茶叶	55+214 （不变） 水车 手机 打药 表哥	312+214→ 31+214 上班 认真 大叔 下霜
阳平 42	214+42 （不变） 今年 关门 山前 清明	42+42 （不变） 来回 人民 鼻梁 茶壶	55+42 （不变） 水红 取材 虎牙 果园	312+42→ 31+42 内行 善良 后年 算盘
上声 55	214+55→ 31+55 身体 关口 山顶 花眼	42+55 （不变） 来访 人体 油饼 白酒	55+55 （不变） 水表 取暖 小腿 表嫂	312+55→ 31+55 肉眼 妇女 下雨 害冷
去声 312	214+312→ 24+312 立夏 关外 山洞 桑树	42+312 （不变） 来电 食道 麻袋 锄地	55+312 （不变） 水电 耳背 枣树 表弟	312+312→ 31+312 上粪 貌相 大料 半夜

说明：上声+上声，前面上声略有下降，调值为 54，按不变处理。

上表说明，变调后产生了两个新调值 24 和 31。

其中，阴平＋上声＝去声＋上声 ，例如：

接 $tɕiə^{214}$≠借 $tɕiə^{312}$

接口 $tɕiə^{214-31}k‘əu^{55}$＝借口 $tɕiə^{312-31}k‘əu^{55}$

声 səŋ^{214}≠圣 səŋ^{312}

声母 $\text{səŋ}^{214\text{-}31}\text{mu}^{55}$＝圣母 $\text{səŋ}^{312\text{-}31}\text{mu}^{55}$

钟 pfəŋ^{214}≠重 pfəŋ^{312}

钟点 $\text{pfəŋ}^{214\text{-}31}\text{tiã}^{55}$＝重点 $\text{pfəŋ}^{312\text{-}31}\text{tiã}^{55}$

低 ti^{214}≠地 ti^{312}

低保 $\text{ti}^{214\text{-}31}\text{pɔ}^{55}$＝地堡 $\text{ti}^{312\text{-}31}\text{pɔ}^{55}$

2. 轻声音节前的变调

两字组后字为轻声连调情况见下表（表中分①、②两式，①为大多数读法，②只是少数）。

两字组后字轻声连调表

后字＼前字	阴平 214	阳平 42	上声 55	去声 312
轻声	①214+轻声 →31+5 桌子 骨头 结实 媳妇	①42+轻声 →55+4 鼻子 石头 粮食 便宜	①55+轻声 →24+3 椅子 奶奶 晚上 老实	①312+轻声 →42+2 燕子 派头 豆腐 动静
	②214+轻声 →24+3 安静 争竞	②42+轻声 →42+2 难为 朋友	②55+轻声 →55+4 打扮 走动	②312+轻声 →31+5 放放 念念

（二）轻声

1. 轻声的调值

轻声的调值往往要受前面音节的影响而有所不同。具体情况是：

（1）当轻声前面的音节实际调值为31时，该轻声的调值是5。例如：

苦子 sã$^{214-31}$tsɿ^{5}　骨头 ku$^{214-31}$t‘əu^{5}　秧歌 iaŋ$^{214-31}$kə^{5}

（2）当轻声前面的音节实际调值为55时，该轻声的调值是4。例如：

毛病 mɔ$^{42-55}$piŋ^{4}　形式 ɕiŋ$^{42-55}$sɿ^{4}　石头 sɿ$^{42-55}$t‘əu^{4}

（3）当轻声前边的音节实际调值为24时，该轻声的调值是3。例如：

哥哥 kə$^{55-24}$kə^{3}　老鸹 lɔ$^{55-24}$kua^{3}　将就 tɕiaŋ$^{55-24}$tɕiəu^{3}

（4）当轻声前边的音节实际调值为42时，该轻声的调值是2。例如：

枕头 tsẽ$^{312-42}$t‘əu^{2}　翅膀 ts‘ɿ$^{312-42}$paŋ^{2}　骗子 p‘iã$^{312-42}$tsɿ^{2}

2. 轻声引起的声母、韵母变化

（1）轻声引起的声母变化

车上 saŋ^{312}→xaŋ·　　多少 sɔ^{55}→xɔ·

孝顺 fẽ^{312}→pf‘ẽ·　　清早 tsɔ^{55}→tɔ·

脊梁 liaŋ^{42}→ȵiaŋ·　　煎饼 piŋ^{55}→miŋ·

戗除刀儿 pf‘u^{42}→fu·　　半空遥儿 k‘uŋ^{214}→xuŋ·

（2）轻声引起的韵母变化

柴火 xuə^{55}→xu·　　暖和 xuə^{42}→xu·

累得慌 xuaŋ^{214}→xaŋ·　　耳朵 tuə^{55}→tɔ·

地方儿 fãr^{214}→fer·　　拿过来 kuə^{312}→ku·

（3）轻声引起的声母、韵母变化

糊涂 t‘u^{42}→təu·　　明天时 sɿ^{42}→xə·

黏粥 tsəu^{214}→pfu·　　秫秸圪节 tɕiə^{214}→taŋ·

（三）儿化

1. 宁阳方言的儿化规律

宁阳方言中的儿化现象比较普遍，尤其是口语中，儿化音节出现的频率比较高。同普通话一样，宁阳方言中的儿化可以区别词性和词义，可以表示细小和轻微的性状，也可以表示喜爱和亲切的感情色彩。但是，宁阳方言也具有一些自己的儿化特点和规律：

（1）韵母最后一个音素是 a、ə、ɛ、ɔ、u 时，直接加卷舌动作。例如：

把儿 par^{55}　芽儿 iar^{42}　袜儿 uar^{214}　花儿 xuar^{214}

歌儿 kər^{214}　叶儿 iər^{214}　果儿 kuər^{55}　角儿 tɕyər^{214}

牌儿 pɛr^{42}　孩儿 xɛr^{42}　崖儿 iɛr^{42}　踝儿 xuɛr^{42}

宝儿 pɔr^{55}　好儿 xɔr^{55}　鸟儿 ȵiɔr^{55}　小儿 ɕiɔ^{55}

屋儿 ur^{214}　狗儿 kəur^{55}　袖儿 ɕiəur^{312}　组儿 tɕyur^{214}

（2）韵母是 ɿ 时，先丢掉 ɿ，韵母为 er。例如：

侄儿 tser^{42}　字儿 tser^{312}　齿儿 ts‘er^{55}

词儿 ts‘er^{42}　师儿 ser^{214}　四儿 ser^{312}

（3）韵母是 i、y 时，直接在 i、y 韵母后加 er。例如：

鼻儿 pier^{42}　皮儿 p‘ier^{42}　鸡儿 tɕier^{214}

趣儿 tɕ‘yer^{312}　雨儿 yer^{55}　鱼儿 yer^{42}

（4）韵母最后的音素是 ei 或 ẽ 时，分别丢失韵尾 i

和鼻音成分变为 er。例如：

色儿 ser^{214}　味儿 uer^{312}　柜儿 $kuer^{312}$　堆儿 $tɕyer^{214}$

本儿 per^{55}　筋儿 $tɕier^{214}$　棍儿 $kuer^{312}$　孙儿 $ɕyer^{214}$

（5）韵母最后的音素是 ã 时，鼻化元音的鼻音丢失，元音提高为 ɛ，然后加卷舌动作。例如：

盘儿 $pɛr^{42}$　肝儿 $kɛr^{214}$　盐儿 $iɛr^{42}$　尖儿 $tɕiɛr^{214}$

碗儿 $uɛr^{55}$　管儿 $uɛr^{55}$　院儿 $yɛr^{312}$　圈儿 $tɕʻyɛr^{214}$

儿化后，“牌儿”与“盘儿”、“阶儿”与“尖儿”、“崖儿”与“盐儿”等原来不同音的几组词变得同音了。

（6）韵尾是 ŋ 时，有两种情况：

一是辅音韵尾丢失，前面元音变为鼻化元音加卷舌动作。辅音韵尾丢失后，前面的元音如果是 i 或 y，i、y 后要加鼻化的 ə。例如：

杠儿 $kãr^{312}$　样儿 $iãr^{312}$　黄儿 $xuãr^{42}$

坑儿 $kʻə̃r^{214}$　影儿 $iə̃r^{55}$　公儿 $kũr^{214}$　葱儿 $tɕʻyə̃r^{214}$

二是辅音韵尾丢失，前面元音变不鼻化元音加卷舌动作，如果前面的元音是 i、u，i、u 后要加不鼻化的 ə。例如：

杠儿 kar^{312}　样儿 iar^{312}　黄儿 $xuar^{42}$

梗儿 $kər^{55}$　影儿 $iər^{55}$　空儿 $kʻuər^{312}$

这样就出现了下面的同音现象：

黄儿＝华儿　梗儿＝哥儿　坑儿＝科儿

小性儿＝小谢儿　空儿＝阔儿　公儿＝锅儿

宁阳方言的儿化韵母跟原韵母的关系见下表。

宁阳方言儿化韵与原韵对照表

儿化韵	原韵母	例子
ar	a	刀把儿
	aŋ	画杠儿 马家庄儿 何家塘儿 沙岗儿
iar	ia	发芽儿 小虾儿
	iaŋ	样儿
uar	ua	棉袜儿 小瓜儿
	uaŋ	蛋黄儿
ər	ə	唱歌儿 小河儿
	əŋ	梗儿 坑儿 种儿
iər	iə	树叶儿
	iŋ	影儿 蛋清儿 明儿 小性儿
uər	uə	水果儿 一伙儿
	uŋ	公儿 空儿
yər	yə	喜鹊儿 小月儿 墙角儿
ɛr	ɛ	小孩儿 瓶盖儿
	ã	猪肝儿 小三儿
iɛr	iɛ	小崖儿 台阶儿
	iã	针尖儿 小眼儿
uɛr	uɛ	一块儿 错踝儿
	uã	拐弯儿 撒欢儿
yɛr	yã	银元儿 圆圈儿
ur	u	小五儿 水珠儿
yur	yu	小组儿 打醋儿

儿化韵	原韵母	例子
yer	y	小雨儿 小曲儿
	yei	壶嘴儿 麦穗儿
	yẽ	重孙儿 合群儿
er	ɿ	树枝儿 写字儿
	ei	小麦儿 烟灰儿
	ẽ	鞋跟儿 书本儿
ier	i	针鼻儿 脸皮儿
	iẽ	笔芯儿 没劲儿
uer	uei	座位儿 小鬼儿
	uẽ	皱纹儿 叫魂儿
ɔr	ɔ	草稿儿 小包儿
iɔr	iɔ	小小儿 树苗儿
əur	əu	小狗儿 落后儿
iəur	iəu	鞋油儿 拾阄儿
ãr	aŋ	茶缸儿 小康儿
iãr	iaŋ	小羊儿 老乡儿
uãr	uaŋ	小筐儿 小王儿
ə̃r	əŋ	小坑儿 窄缝儿
iə̃r	iŋ	油星儿 小瓶儿
ũr	uŋ	小红儿 小翁儿
yə̃r	yŋ	小熊儿 小葱儿

说明：儿化韵母 yer 与 l 声母不能拼合。因此，ly 音节儿化时，读为 luer。例如："小驴儿"读为 ɕiɔ^{55}luer^{42}。

2. 宁阳方言儿化的特殊形式——词中儿化

我们知道，普通话中的儿化都是发生在词尾。宁阳方言中的儿化绝大多数也是发生在词尾，但有些词的儿化却并不发生在词尾，而是发生在词中间的音节上（一般是倒数第二个音节），我们称这种儿化为词中儿化。例如：

夜儿里 iɛr$^{312-42}$li· 昨天

明儿里 miɛr$^{312-42}$li· 明天

过明儿里 kuə$^{312-42}$mer·li· 后天

前儿里 tɕʻiɛr$^{312-42}$li· 前天

大前儿里 ta$^{312-31}$tɕʻiɛr$^{312-42}$li· 大前天

会儿里 xər$^{312-42}$li· 时候

每儿咱 mer$^{42-55}$tsã· 从前，过去

每儿年 mer$^{42-55}$ȵiã· 从前，过去

每儿早 mer$^{42-55}$tsɔ· 从前，过去

改儿早 kɛr$^{55-24}$tsɔ· 以后，其他时间

户儿它 xur$^{42-55}$tʻa· 块，片，附近

门儿底 mer^{42}ti^{55} 门楼下的过道

窝儿里 uər$^{42-55}$li· 地方

麦儿甜 mer$^{214-24}$tʻiã^{42} 很甜

骨儿朵儿 kur$^{214-31}$tuər· 花蕾

馅儿饼 ɕiɛr$^{312-31}$piŋ^{55}

词中儿化词的方言特性很强，是最能体现宁阳方言特色的几种词之一，它与普通话中的同义词在语音形式和构词理据上都相差较远。分析其词形可以发现，这类词中儿化词是

由词组凝固而成的。例如:“夜儿里”可分析为“夜儿”和“里”两部分,“明儿里”可分析为“明儿”和“里”两部分。

四 文白异读

(一)系统的文白异读字

1. 曾梗摄开口一二等入声字,宁阳方言白读均读为ei韵母,而普通话分为 ai、ei、o、ə 四韵,宁阳方言受普通话影响,文读为 ε、ə 等。例如:

例字	文读	白读	例字	文读	白读
白	$pε^{42}$	pei^{42}	百掰柏	$pε^{214}$	pei^{214}
拍	$p‘ε^{214}$	$p‘ei^{214}$	麦脉	$mε^{214}$	mei^{214}
摘窄	$tsε^{214}$	$tsei^{214}$	宅翟	$tsε^{42}$	$tsei^{42}$
拆	$ts‘ε^{214}$	$ts‘ei^{214}$	塞	$sε^{214}$	sei^{214}
墨	$mə^{214}$	mei^{214}	得德	$tə^{214}$	tei^{214}
勒	$lə^{214}$	lei^{214}	则责	$tsə^{214}$	$tsei^{214}$
泽择	$tsə^{42}$	$tsei^{42}$	册测策	$ts‘ə^{214}$	$ts‘ei^{214}$
色	$sə^{214}$	sei^{214}	格隔	$kə^{214}$	kei^{214}
刻	$k‘ə^{214}$	$k‘ei^{214}$	客	$k‘ə^{312}$	$k‘ei^{214}$

2. 宕摄开口三等入声宁阳方言白读为 yə,文读 iɔ,如:

例字	文读	白读	例字	文读	白读
钥	$iɔ^{312}$	$yə^{312}$	药	$iɔ^{312}$	$yə^{214}$
脚	$tɕiɔ^{214}$	$tɕyə^{214}$	嚼	$tɕiɔ^{42}$	$tɕyə^{42}$
削	$ɕiɔ^{214}$	$ɕyə^{214}$			

“跃、虐、疟”三字是例外：“跃”文读 yə^{312}，白读 iɔ^{312}；“虐、疟” 文读 ȵyə^{214}， 白读 yə^{214}。

（二）其他常见的文白异读字（新派年轻人因学普通话而出现的文读不在此例）

1. 文白读音声母不同的

例字	文读	白读	例字	文读	白读
捕	pu^{214}	p‘u^{214}	甩	fɛ^{55}	sɛ^{55}
束输	fu^{214}	pf‘u^{214}	褥	vu^{312}	zəu^{312}
饰	sɿ^{312}	ts‘ɿ^{312}	深伸	sẽ^{214}	ts‘ẽ^{214}
售	səu^{312}	ts‘əu^{312}	畦	tɕ‘i^{42}	ɕi^{42}
阄	tɕiəu^{214}	tɕ‘iəu^{214}	券	tɕ‘yã^{312}	tɕyã^{312}
蔫	ȵiã^{214}	iã^{214}	括	k‘uə^{55}	kuə^{55}

2. 文白读音韵母不同的

例字	文读	白读	例字	文读	白读
笔	pi^{214}	pei^{214}	剥	pə^{214}	pa^{214}
卜	pə˙	pu˙	别	piɛ^{42}	pɛ^{42}
披	p‘i^{214}	p‘ei^{214}	迈	mɛ^{312}	mã^{312}
妹	mei^{312}	mẽ^{312}	装	pfaŋ^{214}	pfə^{214}
戳	pf‘ə^{42}	pf‘aŋ^{42}	摔	fɛ^{214}	fei^{214}
懂	tuŋ^{55}	tuẽ^{55}	内	nei^{312}	nẽ^{312}
弄	nuŋ^{312}	nəŋ^{312}	粘	tsã^{214}	tsẽ^{214}
轴	tsəu^{42}	pfu^{42}	侦贞	tsẽ^{214}	tsəŋ^{214}
怎	tsẽ^{214}	tsəŋ^{214}	蹭	ts‘əŋ^{312}	ts‘aŋ^{312}
蛇	sə^{42}	sa^{42}	什	sẽ^{55}	səŋ^{55}

例字	文读	白读	例字	文读	白读
足	tɕyu^{214}	tɕy^{214}	倾	tɕʻiŋ^{214}	tɕʻyŋ^{214}
黢	tɕʻy^{214}	tɕʻyu^{214}	去	tɕʻy^{312}	tɕʻi^{312}
陷	ɕiã^{312}	ɕyã^{312}	衅	ɕiẽ^{312}	ɕyẽ^{312}
宿	ɕyu^{214}	ɕy^{214}	俗	ɕyu^{42}	ɕy^{42}
屑	ɕiə^{214}	ɕiɔ^{214}	血	ɕyə^{214}	ɕiə^{214}
棵	kʻə^{214}	kʻuə^{214}	核	xə^{42}	xɛ^{42}
还	xɛ^{42}	xã^{42}	横	xəŋ^{312}	xuŋ^{312}
或	xuə^{42}	xuei^{42}	获	xuə^{42}	xuɛ^{42}
含	xã^{42}	xẽ^{42}	矮	ɣɛ^{55}	iɛ^{55}

3. 文白读音声母、韵母都不同的

例字	文读	白读	例字	文读	白读
非	fei^{214}	fi^{214}	肥	fei^{42}	fi^{42}
		ɕy^{214}			ɕy^{42}
堆	tuei^{214}	tɕyei^{214}	嫩	nẽ^{312}	luẽ^{312}
凿	tsɔ^{42}	tɕyə^{42}	瞅	tsʻəu^{214}	tɕʻiəu^{214}
勺	sɔ^{42}	fə^{42}	就	tɕiəu^{312}	tsəu^{312}
缰	tɕiaŋ^{214}	kaŋ^{214}	牵	tɕʻiã^{214}	tɕiẽ^{214}
刚	kaŋ^{214}	tɕiaŋ^{214}	挽	uã^{55}	miã^{55}

4. 文白读音韵母、声调都不同的

例字	文读	白读	例字	文读	白读
雹	pɔ^{214}	pə^{42}	谜	mi^{42}	mẽ^{214}

5. 文白读音声母、韵母、声调都不同的

例字	文读	白读
酿	niaŋ^{312}	zaŋ^{55}

五　宁阳方音跟普通话语音的比较

（一）声母、韵母、声调的比较

1. 声母的比较

宁阳方言有 24 个声母，普通话 22 个。宁阳方言声母与普通话声母的比较见下表。

宁阳方言声母与普通话声母对照表

宁阳方言	普通话	例字	例外字（宁阳音-普通话音）
p	p	巴保别办	
p‘	p‘	爬铺批排	膊胳～ p‘a˙- po˙ 捕 p‘u^{214}- pu^{214}
m	m	妈买妙莫	
pf	tʂ	猪中追庄	触接～ pfu^{214}- tʂ‘u^{51}
pf‘	tʂ‘	出充吹疮	殊 pf‘u^{55}- ʂu^{55}
f	ʂ	水叔甩刷	
	f	法访冯分	
v	ʐ	如若瑞入	
t	t	搭得第杜	
t‘	t‘	他特提秃	
n	n	那努弄奶	嚷嚷 naŋ$^{214-31}$naŋ˙- raŋ^{55}raŋ˙
l	l	拉李路驴	嫩 luẽ^{312}- nən^{51}
ts	ts	自砸早脏	糙粗～ tsɔ˙- ts‘au^{55}
	tʂ	知扎找张	

宁阳方言	普通话	例字	例外字（宁阳音-普通话音）
ts‘	ts‘	刺擦操才	蛴～螬 ts‘ɿ^{55}- tɕ‘i^{35} 嗽咳～ ts‘ɔ˙- sou˙ 秩 ts‘ɿ^{42}- tʂʅ^{51} 深伸 ts‘ẽ^{214}- ʂən^{55} 饰 ts‘ɿ^{312}- ʂʅ^{51} 售 ts‘əu^{312}- ʂou^{51} 龇 ts‘ɿ^{214}- tsɿ^{55}
	tʂ‘	尺查长产	
s	s	思撒三臊	
	ʂ	是沙山少	
z	ʐ	日热然让	
tɕ	tɕ	鸡家建江	堆 tɕyei^{214}- tuei^{55} 凿 tɕyə^{42}- tsau^{35} 刚 tɕiaŋ^{214}- kaŋ^{55}
	ts	组作最钻	
tɕ‘	tɕ‘	七去强千	阄儿 tɕ‘iəur^{214}- tɕiour^{55}
	ts‘	粗错醋催	
ȵ	n	牛娘女你	谬 ȵiəu^{312}- miou^{51}
ɕ	ɕ	西小想兴	畦 ɕi^{42}- tɕ‘i^{35}
	s	苏孙酸碎	
k	k	歌干根梗	括 kuə^{55}- k‘uo^{51}
k‘	k‘	渴看啃坑	
x	x	海黑好横	
ɣ	ø	恩昂欧袄	
ø	ø	衣阴无雨	芒麦～ uaŋ^{42}- maŋ^{35} 蔫 iã^{214}- nian^{55}
	ʐ	闰润	

2. 韵母的比较

宁阳方言有韵母38个，普通话39个。宁阳方言韵母与普通话韵母的比较见下表。

宁阳方言韵母与普通话韵母对照表

宁阳方言	普通话	例字	例外字（宁阳音-普通话音）
ər	er	二而耳儿	
ɿ	ɿ	字刺思	着助词 tsɿ˙- tʂɤ˙
	ʅ	知吃是日	
i	i	必批米起	的地得 li˙- tɤ˙
	ei	飞肥匪	
u	u	无虎古努	
	ou	谋牟轴帚	
y	y	雨取须	
	u	俗宿足	
yu	u	足粗俗宿	
a	a	八爬妈发	了 la˙ 或 lia˙- lɤ˙
	ua	抓爪刷要	
ia	ia	牙瞎家掐	
ua	ua	瓦瓜夸花	
ə	ɤ	歌革喝鹅	
	o	播泼摸佛	
	uo	桌戳说所	

宁阳方言	普通话	例字	例外字（宁阳音-普通话音）
iə	iɛ	爷血接切	
uə	uo	我果扩火	棵kʻuə^{214}- kʻɤ^{55}
yə	yɛ	月决确雪	钥药 yə^{214}- iau^{51} 脚角 tɕyə^{214}- tɕiau^{312} 凿 tɕyə^{42}- tsau^{35}
ɛ	ai	爱该开海	核 xɛ^{42}- xɤ^{35}
iɛ	iɛ	解鞋介也	崖 iɛ^{42}- ia^{35}
	ai	矮挨	
uɛ	uai	歪怪快怀	
ei	o	伯墨	
	ei	北培梅给	笔 pei^{214}- pi^{214}
	uei	追吹水谁	
	ai	白拆麦摘	
	ɤ	色客责策	
uei	uei	伟鬼毁亏	
yei	uei	嘴堆摧岁	
ɔ	au	袄高靠号	否 fɔ^{55}- fou^{214} 剖 pʻɔ^{214}- pʻou^{55} 了 lɔ˙- lɤ˙
iɔ	iau	咬交敲小	跃 iɔ^{312}- yɛ^{51} 屑 ɕiɔ^{214}- ɕiɛ^{51}
əu	ou	藕狗扣后	涂糊～ təu˙- tʻu˙ 褥 zəu^{312}- ʐu^{51}

宁阳方言	普通话	例字	例外字（宁阳音-普通话音）
iəu	iou	有久求修	
ã	an	安干看旱	
iã	ian	淹尖千先	
uã	uan	晚管宽欢	
yã	yan	元卷劝宣	
ẽ	ən	恩根啃很	
iẽ	in	银紧亲心	讯汛迅 ɕiẽ^{312}- ɕyn^{51}
uẽ	uən	文滚昆混	嫩 luẽ^{312}- nən^{51}
yẽ	yn	云军群训	衅 ɕyẽ^{312}- ɕin^{51}
	uən	闰尊寸孙	
aŋ	aŋ	昂钢康夯	
	uaŋ	庄疮双放	
iaŋ	iaŋ	仰江枪香	
uaŋ	uaŋ	王逛框慌	
əŋ	əŋ	争曾生横	
	uŋ	中肿充荣	
	ən	贞侦怎什	
iŋ	iŋ	英京轻兴	
uŋ	uŋ	冬公空红	
yŋ	yŋ	永用穷凶	
	uŋ	总葱松送	

3. 声调的比较

宁阳方言的 4 个调类与普通话相同，但其调值不同，在每类归字上也有差别。详见下表。

宁阳方言声调与普通话声调对照表

宁阳方言	普通话	例字
阴平214	阴平55	波家瓜区 杀憋脱缺
	阳平35	博答哲福
	上声214	北塔甲雪
	去声51	浙寂筑郁 纳扩木绿
阳平42	阳平35	皮茶红常 迷劳连龙 直及独局
上声55	上声214	好几古许 马椅鲁雨
去声312	去声51	市巨在像 世要信唱 利怒卖亮 住袋调郑 秘陆灭落

（二）宁阳人学习普通话语音应注意的问题

《中华人民共和国国家通用语言文字法》规定，“国家通用语言文字是普通话和规范汉字”，“国家机关以普通话和规范汉字为公务用语用字”，“国家推广普通话，推行规范汉字”。认真贯彻国家语言文字法，学习和使用普通话是每个公民的义务。要想学好普通话，就要找出自己所使用方言的特点，找出自己方言与普通话的对应关系。

从前面的比较可以看出，宁阳方言声、韵、调跟普通话声、韵、调的关系，有的是一对一的关系，即宁阳方言读同一类的字，在普通话里也读同一类，如宁阳方言的 p 声母字，普通话也是 p 声母。有的是一对多的关系，即宁阳方言读同一类的字，在普通话里分为好几类，例如：宁阳方言的 f 声母字，普通话分读 ʂ、f 两个声母；宁阳方

言的 ə 韵母字，在普通话里分读 ɤ、o、uo 三个韵母；宁阳方言的阴平字，在普通话里分读阴平、阳平、上声、去声四个调类。宁阳人学习普通话的关键就在于找出诸如上面提到的宁阳方言与普通话不同的地方，并加以纠正。一对一的关系较易把握，一对多的关系是其中的难点。下面分别从声、韵、调三个方面谈谈宁阳人学习普通话语音时应该注意的问题。

1. 声母方面

（1）宁阳方言的 pf、pfʻ、v 声母，普通话没有。宁阳方言读 pf、pfʻ、v 声母的字，普通话都读 tʂ、tʂʻ、ʐ 声母。宁阳方言的 pf、pfʻ、v 声母字除单元音韵母 u 以外，其余都是开口呼，宁阳人学习普通话，要将读 pf、pfʻ、v 声母的字读为 tʂ、tʂʻ、ʐ 声母，而且韵母都要读为合口呼。详见下表。

宁阳方言 pf、pfʻ、v 声母字与普通话 tʂ、tʂʻ、ʐ 声母字关系对照表

宁阳方言		普通话		例字
声母	韵母	声母	韵母	
pf	u	tʂ	u	朱侏诛珠株蛛诸猪竹逐烛主拄渚煮嘱瞩伫贮助住注驻柱炷蛀祝著铸筑
	a		ua	抓爪
	ə		uo	拙捉桌涿灼酌茁卓浊镯啄琢着擢濯
	ε		uai	拽跩

宁阳方言		普通话		例字
声母	韵母	声母	韵母	
pf	ei	tʂ	uei	椎锥追坠缀惴缒赘
	ã		uan	专砖转传赚撰篆
	ẽ		uən	谆准
	aŋ		uaŋ	庄桩妆装壮状撞幢
	əŋ		uŋ	中忠盅钟衷终肿种冢踵仲众重
pfʻ	u	tʂʻ	u	出初雏除锄厨橱处杵础储褚楚绌黜畜搐触矗憷
	a		ua	欻
	ə		uo	戳龊辍绰
	ɛ		uai	揣搋踹
	ei		uei	吹炊垂陲捶棰锤椎槌
	ã		uan	川穿传船椽喘串钏
	ẽ		uən	春椿纯唇淳鹑醇蠢
	aŋ		uaŋ	创疮窗床闯怆
	əŋ		uŋ	充冲忡憧虫重崇宠
v	u	ʐ	u	如儒濡孺襦蠕汝乳辱入
	ə		uo	若弱
	ei		uei	蕊锐瑞睿蚋
	ã		uan	阮软
	əŋ		uŋ	戎绒茸荣嵘容蓉溶榕熔融

（2）宁阳方言的 f 声母，普通话分读为 f、ʂ 两个声母。宁阳人学习普通话，要记住宁阳的 f 声母字在普通话中哪些读 f、哪些读 ʂ。宁阳方言的 f 声母拼开口呼韵母的字，普通话读 ʂ 声母时，韵母是合口呼。详见下表。

宁阳方言 f 声母字普通话读 f、ʂ 声母字表

宁阳方言		普通话		常用字
声母	韵母	声母	韵母	
f	i	f	ei	飞非菲绯扉诽肥匪费肺废
	u	f	u	夫福幅复腹符肤覆附伏府父
		ʂ		书抒舒枢叔淑姝梳疏蔬输孰秫秫熟塾赎暑署薯曙黍属蜀鼠数术述戍束树竖恕庶腧墅漱
	a	f	a	发法砝乏伐阀罚筏垡
		ʂ	ua	刷耍
	ə	f	o	佛
		ʂ	uo	说硕妁缩所朔烁
	ɛ	ʂ	uai	衰摔甩帅率蟀
	ei	f	ei	妃扉诽肥沸匪费肺废
		ʂ	uei	水睡税
	ɔ	f	ou	否
	ã	f	an	番翻帆幡烦繁凡矾反返贩犯
		ʂ	uan	拴栓闩涮
	ẽ	f	ən	分纷吩坟粉芬粪愤忿份氛
		ʂ	uən	顺舜瞬
	aŋ	f	aŋ	方芳房访仿防纺坊妨放
		ʂ	uaŋ	双霜孀爽
	əŋ	f	əŋ	风讽疯丰封蜂峰锋逢冯凤奉

（3）宁阳方言的 ts、ts‘、s、z 声母，普通话分为 ts、ts‘、s 和 tʂ、tʂ‘、ʂ、ʐ 两套。ts、ts‘、s、z 是舌尖前音，tʂ、tʂ‘、ʂ、ʐ 是舌尖后音。宁阳方言没有普通话的 tʂ、tʂ‘、ʂ、ʐ 四个声母。tʂ、tʂ‘、ʂ、ʐ 的发音除了发音部位比 ts、ts‘、s、z 靠后以外，还要将舌尖卷起。

宁阳人学习普通话，除了要掌握 tʂ、tʂ‘、ʂ、ʐ 的发音以外，还要记住哪些字普通话读 ts、ts‘、s 声母，哪些字普通话读 tʂ、tʂ‘、ʂ、ʐ 声母。详见下表。

宁阳方言 ts 组声母与普通话 ts、tʂ 两组声母对照字表

宁阳方言		普通话		常用字
声母	韵母	声母	韵母	
ts	ɿ	ts	ɿ	资淄兹姿滋咨姊子紫字自恣
		tʂ	ʅ	支知支只职织值直侄指纸志
ts‘		ts‘	ɿ	泚词辞磁慈瓷此雌祠赐次刺
		tʂ‘	ʅ	吃尺持迟池齿耻痴赤翅
s		s	ɿ	思丝斯司私撕死似寺祀饲嗣
		ʂ	ʅ	师室视失诗时十实使始事是
z		ʐ	ʅ	日
ts	a	ts	a	咋匝砸杂
		tʂ		扎眨渣楂札铡榨闸炸乍
ts‘		ts‘		擦礤嚓
		tʂ‘		插叉察杈茶查茬搽岔
s		s		仨萨撒洒
		ʂ		沙杀霎沙纱蛇煞刹傻厦啥

宁阳方言		普通话		常用字
声母	韵母	声母	韵母	
ts	ə	ts	ɤ	则责仄泽择
		tʂ		遮浙折蜇哲褶辙蛰蔗者这
tsʻ		tsʻ		册策测侧厕
		tʂʻ		车扯彻撤澈掣
s		s		啬涩穑瑟
		ʂ		赊舌蛇舍射社设摄涉
z		ʐ		热惹
ts	ɛ	ts	ai	灾栽宰崽载再在
		tʂ		斋摘窄宅寨债
tsʻ		tsʻ		猜才材财采踩彩蔡菜
		tʂʻ		差钗柴豺
s		s		腮鳃赛
		ʂ		筛晒
ts	ei	ts	ei	贼
		tʂ	ai	宅窄摘寨
tsʻ		tsʻ	ɤ	册策测
		tʂʻ	ai	拆
s		s	ɤ	色
		ʂ	ei	谁
ts	ɔ	ts	au	遭糟凿早枣澡藻造灶
		tʂ		召招昭诏钊找赵照罩兆
tsʻ		tsʻ		操曹槽草肏

宁阳方言		普通话		常用字
声母	韵母	声母	韵母	
tsʻ	ɔ	tʂʻ	au	超抄潮朝炒吵钞
s		s		臊扫骚嫂
		ʂ		烧捎筲少绍邵哨溮
z		ʐ		饶扰娆
ts	əu	ts	ou	邹走揍奏
		tʂ		周粥州洲舟肘咒皱昼纣
tsʻ		tsʻ		凑
		tʂʻ		抽愁仇稠绸丑筹酬臭
s		s		搜艘叟
		ʂ		收手首守受瘦寿兽
z		ʐ		柔揉蹂肉
ts	ã	ts	an	簪咱攒暂赞
		tʂ		沾粘毡展盏站占栈战蘸
tsʻ		tsʻ		参餐蚕残惨惭灿
		tʂʻ		搀馋缠蝉产铲忏颤阐
s		s		三叁伞散
		ʂ		山删衫珊煽闪陕善扇擅赡骟
z		ʐ		然染燃冉
ts	ẽ	ts	ən	怎
		tʂ		真针珍诊镇阵震振
tsʻ		tsʻ		岑参
		tʂʻ		陈沉趁臣尘称衬

宁阳方言		普通话		常用字
声母	韵母	声母	韵母	
s	ẽ	s	ən	森
		ʂ		身深伸神沈审肾慎
z		ʐ		人仁忍刃任认韧纫
ts	aŋ	ts	aŋ	脏赃葬藏
		tʂ		张章彰长掌丈仗涨账胀
tsʻ		tsʻ		仓苍舱沧藏
		tʂʻ		昌倡娼长常尝肠场厂鲿唱
s		s		桑丧搡嗓
		ʂ		商伤商墒赏晌上尚
z		ʐ		瓤穰壤嚷让
ts	əŋ	ts	əŋ	增赠曾憎
		tʂ		蒸争征挣睁整筝正证郑症政
tsʻ		tsʻ		层曾蹭
		tʂʻ		撑成呈澄惩乘诚城程承丞秤
s		s		僧
		ʂ		生声升笙牲绳省圣剩盛胜
z		ʐ		仍扔

（4）宁阳方言的 ts、tsʻ、s 声母不拼合口呼韵母，普通话 ts 组声母拼合口呼的字，宁阳方言读为 tɕ、tɕʻ、ɕ 拼撮口呼。因此，宁阳方言的 tɕ、tɕʻ、ɕ 声母，凡是拼齐齿呼韵母的字，普通话也读 tɕ、tɕʻ、ɕ 声母，而拼撮口呼韵母时，普通话分为 tɕ、tɕʻ、ɕ（拼撮口呼） 和 ts、tsʻ、s

（拼合口呼）两套。详见下表。

宁阳 tɕ 组普通话读 tɕ、ts 两组字表

宁阳方言		普通话		常用字
声母	韵母	声母	韵母	
tɕ	y	ts	u	足阻
		tɕ	y	聚菊驹局举炬据居具句剧锯
tɕʻ		tsʻ	u	
		tɕʻ	y	趋区曲瞿屈驱蛆渠娶取趣去
ɕ		s	u	俗宿塑
		ɕ	y	须虚旭墟需恤蓄徐许续序叙
tɕ	yu	ts	u	组租足族卒祖阻诅
tɕʻ		tsʻ		粗促簇猝醋
ɕ		s		苏速酥肃宿俗塑诉素嗉谡
tɕ	yə	ts	uo	作昨左佐做坐座
		tɕ	yɛ	决撅觉诀绝爵嚼掘倔
tɕʻ		tsʻ	uo	搓撮错挫措锉
		tɕʻ	yɛ	缺雀却确阙瘸鹊
ɕ		s	uo	梭唆蓑索锁琐唢
		ɕ	yɛ	靴雪削薛穴谑
tɕ	yei	ts	uei	嘴醉最罪
tɕʻ		tsʻ		崔摧催脆粹翠
ɕ		s		虽尿随遂隋髓穗岁碎
tɕ	yã	ts	uan	钻纂攥
		tɕ	yan	捐娟鹃镌卷倦眷圈

宁阳方言		普通话		常用字
声母	韵母	声母	韵母	
tɕʻ	yã	tsʻ	uan	汆蹿篡窜攒
		tɕʻ	yan	圈泉全拳颧犬权劝
ɕ		s	uan	酸蒜算
		ɕ	yan	轩暄谖玄璇旋悬眩选宣绚
tɕ	yẽ	ts	uən	遵尊撙
		tɕ	yn	君均军俊竣郡骏
tɕʻ		tsʻ	uən	村存寸
		tɕʻ	yn	群裙
ɕ		s	uən	孙笋榫损
		ɕ	yn	熏巡寻旬荀循醺逊驯训
tɕ	yŋ	ts	uŋ	宗综踪鬃总纵粽
		tɕ	yŋ	迥炯
tɕʻ		tsʻ	uŋ	葱匆聪丛从
		tɕʻ	yŋ	穷琼穹
ɕ		s	uŋ	松送讼颂宋诵
		ɕ	yŋ	兄凶胸匈熊雄

（5）宁阳的 ɣ 声母字，普通话是开口呼的零声母。宁阳人学习普通话，只要将韵母前的 ɣ 声母去掉，读为开口呼的零声母就可以了，如“阿、鹅、爱、安”等字。

2. 韵母方面

宁阳方言的韵母与普通话韵母对应关系较为复杂，其中有许多出入是与声母密切相关的。比如，宁阳方言 pf、

pf‘、f、v 四个声母后的开口呼韵母，普通话读为 tʂ、tʂ‘、ʂ、ʐ 时，韵母为合口呼；宁阳方言 tɕ、tɕ‘、ɕ 声母后的撮口呼韵母，凡普通话读为 ts、ts‘、s 声母的，韵母要读合口呼（参见上文“声母方面”相关内容）。除此以外，宁阳人学习普通话韵母时还要注意以下几个方面：

（1）宁阳方言的韵母 ɛ、uɛ 和 ɔ、iɔ，分别对应普通话的 ai、uai 和 au、iau。宁阳人学习普通话的 ai、uai 和 au、iau 四个韵母时，要注意舌位由最低向最高滑动。

（2）宁阳方言的韵母 ã、iã、uã、yã 和 ẽ、iẽ、uẽ、yẽ，分别对应普通话的 an、ian、uan、yan 和 ən、in、uən、yn。宁阳方言的主要元音鼻化而且没有鼻辅音韵尾，普通话是主要元音没有鼻化而末了要以鼻辅音 n 收尾。学习普通话这八个韵母的关键就在于元音不带鼻化，在收尾时一定要将舌位移到发 n 的位置然后软腭下垂发出 n 的本音。

（3）宁阳方言的 iə 韵母，对应于普通话的 iɛ 韵母。宁阳方言介音 i 后的主要元音是中央元音 ə 而普通话是前半低元音 ɛ。宁阳人学习普通话时，只要将主要元音 ə 发得稍微靠前稍低一点就可以了。这部分字详见下表。

宁阳方言 iə 韵母字与普通话 iɛ 韵母字对应表

宁阳方言	普通话	常用字
iə	iɛ	憋鳖别瘪爹跌谍喋蝶叠节疖结接揭劫杰桀拮洁桔捷竭睫截姐借褯咧裂列烈趔劣猎灭蔑篾捏聂镊蹑臬镍啮孽蘖撇瞥切茄且窃妾怯挈锲惬趄帖贴铁些楔歇蝎协胁邪挟携斜偕谐撷颉勰写血泄泻卸亵谢榭耶椰掖噎爷冶野业邺叶页曳夜液腋谒烨

（4）宁阳方言的 iɛ 韵母，普通话读为 iɛ、ai、ia 三个韵母。这部分字详见下表。

宁阳方言 iɛ 韵母字与普通话 iɛ、ai、ia 韵母字关系表

宁阳方言	普通话	常用字
iɛ	iɛ	阶街皆秸解戒诫介界芥疥蚧届鞋蟹械懈邂
	ai	挨矮
	ia	崖涯

（5）宁阳方言的韵母 ə 与普通话韵母 ɤ、o、uo 对应。这部分常用字见下表。

宁阳方言 ə 韵母字与普通话 ɤ、o、uo 韵母字关系表

宁阳方言	普通话	常用字
ə	ɤ	鹅饿鄂额蛾恶俄娥厄峨扼愕讹遏鳄呃噩颚屙腭萼婀垩哥歌割个各革戈咯阁葛搁胳鸽骼硌疙虼嗝渴可课客柯苛棵克科颗壳磕咳嗑坷恪瞌锞蝌和喝何河合荷貉盒贺鹤禾褐呵阖壑涸阂褐赫颌菏嗬劾诃曷吓这者蜇辙遮哲折浙摺褶蛰蔗谪则泽择责仄啧车彻澈扯撤掣侧测策册厕恻蛇舌佘射赊社摄设舍涉奢赦慑麝色瑟涩塞啬穑热惹
	o	波播博玻勃薄拨伯搏剥泊驳钵脖箔菠渤簸坡婆破泼颇魄粕叵摸莫磨模末魔膜摩默抹沫摹馍漠陌茉蘑寞耱佛
	uo	说硕烁朔妁所缩

（6）宁阳方言的 ei 韵母字，大部分普通话也读 ei，但有一部分字读为 ai、ɤ、o。读 ai、ɤ、o 的常用字见下表。

宁阳方言 ei 韵母字与普通话 ai、ɤ、o 韵母字关系表

宁阳方言	普通话	常用字
ei	ai	掰百佰白柏伯拆拍迫塞摘宅择翟窄麦脉
	ɤ	策册测得德客色择泽则责格隔和刻
	o	墨默

（7）宁阳方言的 yu、yei 两个韵母，普通话没有。宁阳方言 yu、yei 只拼 tɕ、tɕ‘、ɕ，这两个韵母的字，普通话读 ts、ts‘、s 拼合口呼，详见声母方面（4）。

（8）还有一些字，在宁阳方言中的韵母和在普通话中的韵母是不一样的，学习时应特别注意。这部分字见下表。

宁阳方言韵母与普通话韵母不同的部分常用字表

宁阳方言	普通话	常用字
u	o	没蓦
ei	i	披
ã	ai	还迈
ẽ	ei	妹内慰

3．声调方面

（1）调类

宁阳方言的调类和普通话一样，其阳平、上声和去声字在普通话里基本上也读阳平、上声和去声，其阴平字在普通话里大部分也读阴平，小部分则分别读阳平、上声和去声，这部分字主要是古代清入声字和次浊入声字。详见下表。

宁阳方言读阴平，而普通话读阳平、上声和去声的常用字表

宁阳方言	普通话	常用字
阴平214	阳平35	博佛福幅蝠竹足烛答得德督折褶哲蜇则职责札识疾嫉急级吉节结洁决诀菊橘觉角媳革格隔阁
	上声214	笔北百佰伯栢撇瞥法笃塔獭帖铁谷骨渴脚缴甲胛角戟脊曲乞血雪辱眨窄尺色葛拉
	去声51	必不粕僻末沫密蜜脉麦墨默蔑篾灭木覆复腹束肃速煞霎筑作浙质绰触测册策室萨色适入热寂迹泣切却雀确阙血隙恤旭蓄畜宿速各刻克扩阔客霍喝褐页叶悦阅月越恶虐药域益液腋乐狱谒袜握榻踏蹋忑拓纳捺衲镊蹑蜡腊辣烙肋力立粒劣烈列裂猎录禄鹿络落洛骆绿率律略

（2）调值

宁阳方言的四种调值中，上声调值与普通话阴平调值相同，都是 55。宁阳人学习普通话阴平调时，可以用宁阳方言的上声调值去读普通话的阴平字。

宁阳方言的阴平是降升调，与普通话上声调值相同，都是 214。宁阳人学习普通话上声调时，可以用宁阳方言的阴平调值去读普通话的上声字。

宁阳方言的阳平调是中降调，调值 42，普通话去声是全降调，调值 51。两者调形相似。宁阳人学习普通话去声调时，可利用本地方言的阳平调，只是把本地阳平调的起头和结尾都向外扩张一些即可。

宁阳方言没有与普通话阳平相类似的调形，宁阳人学习普通话阳平调时要格外注意。宁阳方言的阴平调在阴平、去声前要变读为 24 调值，这时的调形与普通话阳平相似，调值接近（普通话阳平是 35），可利用这一特点去学习普通话的阳平调。

4. 宁阳方言几个常用词读音与普通话读音对照

词	词性	宁阳方言	普通话	例词
的得地	助词	li˙	tɤ˙	我的　好得很　慢慢地走
着	助词	tsɿ˙	tʂɤ˙	走着　挂着　好着呢
了$_1$	助词	la˙ / lia˙	lɤ˙	走了　下雨了
了$_2$		lɔ˙ / liɔ˙		好了吗　吃了饭了$_1$
在	介词	tɛ^{55}	tsai^{51}	在家里吃饭　书在桌子上
刚	副词	tɕiaŋ^{214}	kaŋ^{55}	刚才　刚吃了饭不饿
就	副、介	tsəu^{312}	tɕiou^{51}	他一会儿就来
还	副词	xã^{42}	xai^{35}	大家看看还有谁没有来
吗	语气词	mə˙	ma˙	他来了吗
呢	助词	ȵi˙	nɤ˙	这事儿怎么办呢 他还没有来呢
不	助词	pə˙	pu^{51}	他来不
否	副词	fɔ^{55}	fou^{214}	是否　能否　否决
别	副词	pɛ^{42}	piɛ^{35}	别让他走了
上	方位词	xaŋ˙	ʂaŋ^{51}	把书放桌子上
上	趋动词	xaŋ˙	ʂaŋ^{51}	他骑上车就走了
时	时间词	sã˙	ʂʅ^{35}	他来时几点啦
去	动词	tɕʻi^{312}	tɕʻy^{51}	你去过北京吗

六　宁阳方音跟古音的比较

这里所谓的古音是指以《切韵》为代表的中古音系。

（一）声母比较

宁阳方言声母同古音声母的比较详见“宁阳方音与古音声母比较表”。表中只反映主要情况，还有一些例外字，例如：“怖”是古滂母字，按规律今在宁阳方言中声母应为 pʻ，实际为 p；“谬”是古明母字，按规律今应为 m，实际为 ȵ；“鸟”是古端母字，按规律今应为 t，实际为 ȵ；“贷”是古透母字，按规律今应为 tʻ，实际为 t；“嫩”是古泥母字，按规律今应为 n，实际为 l；“弄”是古来母字，按规律今应为 l，实际为 n；“爹”是古假摄知母开口字，按规律今应为 ts，实际为 t；“矿”是古见母字，按规律今应为 k，实际为 kʻ。

（二）韵母比较

宁阳方言与古音韵母的比较详见“宁阳方音与古音韵母比较表”。表中只反映主要情况，还有一些例外字，例如：“罢”是古蟹摄并母开口二等字，按规律今在宁阳方言中韵母应为 ɛ，实际为 a；“妹”是古蟹摄明母合口一等字，按规律今应为 ei，实际为 ẽ；“迈”是古蟹摄明母开口二等字，按规律今应为 ɛ，实际为 ã；“笔”是古臻摄帮母开口三等入声字，按规律今应为 i，实际为 ei；“迅”是古臻摄心母合口三等去声字，按规律今应为 yẽ，实际为 iẽ；“聘”是古梗摄滂母开口三等去声字，按规律今应为 iŋ，实际为 iẽ，等等。

宁阳方音与古音声母比较表

		清		全浊 平	全浊 仄
帮组		**帮** 波 pə^{214}	**滂** 坡 pʻə^{214}	**并** 婆 pʻə^{42}	勃 pə^{42}
非组		**非** 法 fa^{214}	**敷** 俘 fu^{42}		**奉** 乏 fa^{42}
端组		**端** 答 ta^{214}	**透** 他 tʻa^{214}	**定** 徒 tʻu^{42}	毒 tu^{42}
精组	今洪	**精** 杂 tsa^{42}	**清** 擦 tsʻa^{214}	**从** 残 tsʻã^{55}	在 tsɛ^{312}
	今细	嘴 tɕyei^{55}	脆 tɕʻyei^{312}	齐 tɕʻi^{42}	罪 tɕyei^{312}
知组	古合口、江开	**知** 竹 pfu^{214} 桌 pfə^{214}	**彻** 宠 pfʻəŋ^{55} 戳 pfʻə^{214}	**澄** 除 pfʻu^{42}	住 pfu^{312} 撞 pfaŋ^{312}
	其他	蜇 tsə^{214}	超 tsʻɔ^{214}	茶 tsʻa^{42}	召 tsɔ^{214}
庄组	古合口、江开、宕开三	**庄** 茁 pfə^{55} 庄 pfaŋ^{214}	**初** 初 pfʻu^{214} 窗 pfʻaŋ^{214}	**崇** 锄 pfʻu^{42} 床 pfʻaŋ^{42}	助 pfu^{312} 状 pfaŋ^{312}
	其他	楂 tsa^{214}	叉 tsʻa^{214}	柴 tsʻɛ^{42}	闸 tsa^{55}
章组	古合口、宕开三	**章** 众 pfəŋ^{312} 酌 pfə^{42}	**昌** 出 pfʻu^{214} 绰 pfʻə^{312}	**船** 船 pfʻã^{42}	顺 fẽ^{312}
	其他	遮 tsə^{214}	车 tsʻə^{214}	神 sẽ^{42}	射 sə^{312}
日母					
见组	今洪	**见** 高 kɔ^{214}	**溪** 快 kʻuɛ^{312}	**群** 葵 kʻuei^{42}	柜 kuei^{312}
	今细	街 ɕiɛ^{214}	起 tɕʻi^{55}	桥 tɕʻiɔ^{42}	具 tɕy^{312}
影组		**影** 爱 ɣɛ^{312} 挖 ua^{214} 鸭 ia^{214} 约 yə^{214}			

宁阳方音与古音声母比较表

<table>
<tr><th colspan="2" rowspan="2">次浊</th><th rowspan="2">清</th><th colspan="2">全浊</th><th colspan="2" rowspan="2"></th></tr>
<tr><th>平</th><th>仄</th></tr>
<tr><td colspan="2">**明** 暮 mə^{42}</td><td></td><td colspan="2"></td><td colspan="2">帮组</td></tr>
<tr><td colspan="2">**微** 尾 uei^{55}</td><td></td><td colspan="2"></td><td colspan="2">非组</td></tr>
<tr><td>**泥** 怒 nu^{312}</td><td>**来** 路 lu^{312}</td><td></td><td colspan="2"></td><td colspan="2">端组</td></tr>
<tr><td colspan="2" rowspan="2"></td><td>**心** 丧 saŋ^{214}</td><td>**邪** 词 tsʻɿ^{42}</td><td>寺 sɿ^{312}</td><td>今洪</td><td rowspan="2">精组</td></tr>
<tr><td>雪 ɕyə^{214}</td><td>祥 ɕiaŋ^{42}</td><td>讼 ɕyŋ^{312}</td><td>今细</td></tr>
<tr><td colspan="2" rowspan="2"></td><td rowspan="2"></td><td colspan="2" rowspan="2"></td><td>古合口、江开</td><td rowspan="2">知组</td></tr>
<tr><td>其他</td></tr>
<tr><td colspan="2" rowspan="2"></td><td>**生** 拴 fã^{214}
双 faŋ^{214}</td><td colspan="2" rowspan="2"></td><td>古合口、江开、宕开三</td><td rowspan="2">庄组</td></tr>
<tr><td>沙 sa^{214}</td><td>其他</td></tr>
<tr><td colspan="2" rowspan="2"></td><td>**书** 书 fu^{214}
烁 fə^{312}</td><td>**禅** 纯 pfẽ^{42}</td><td>睡 fei^{312}
勺 fə^{42}</td><td>古合口、宕开三</td><td rowspan="2">章组</td></tr>
<tr><td>手 səu^{55}</td><td>时 sɿ^{42}</td><td>社 sə^{312}</td><td>其他</td></tr>
<tr><td colspan="2">**日** 然 zã^{42} 软 vã^{55}
闰 yẽ^{312} 二 ər^{312}</td><td></td><td colspan="2"></td><td colspan="2">日母</td></tr>
<tr><td colspan="2">**疑** 昂 ɣaŋ^{42} 瓦 ua^{55}</td><td>**晓** 花 xua^{214}</td><td>**匣** 华 xua^{42}</td><td>话 xua^{312}</td><td>今洪</td><td rowspan="2">见组</td></tr>
<tr><td colspan="2">逆 ȵi^{312} 牙 ia^{42}</td><td>歇 ɕiə^{214}</td><td>鞋 ɕiɛ^{42}</td><td>械 ɕiɛ^{312}</td><td>今细</td></tr>
<tr><td>**云** 荣 vəŋ^{42}
友 iəu^{55}</td><td>**以** 锐 vei^{312}
油 iəu^{42}</td><td></td><td colspan="2"></td><td colspan="2">影组</td></tr>
</table>

宁阳方音与古音韵母比较表（1）

		一等				二等			
		帮系	端泥组	精组	见系	帮系	泥组	知庄组	见系
果开	例字		多 他	左	个 阿				
	宁阳音		tuə^{214} t‘a^{214}	tɕyə^{55}	kə^{312} ɣa^{55}				
果合	例字	波	剁	坐	火 科				
	宁阳音	pə^{214}	tuə^{312}	tɕyə^{312}	xuə^{55} k‘ə^{214}				
假开	例字					麻	拿	茶	牙 哈
	宁阳音					ma^{42}	na^{42}	ts‘a^{42}	ia^{42} xa^{214}
假合	例字							傻	瓜
	宁阳音							sa^{55}	kua^{214}
遇合	例字	布 模	堵 都	组 错	姑				
	宁阳音	pu^{312} mu^{42} （mə^{42}）	tu^{55} təu^{214}	tɕyu^{214} tɕ‘yə^{312}	ku^{214}				
蟹开	例字	贝	戴	灾	该	败	奶	债	街佳骇
	宁阳音	pei^{312}	tɛ^{312}	tsɛ^{214}	kɛ^{214}	pɛ^{312}	nɛ^{55}	tsɛ^{312}	tɕiɛ^{214} tɕia^{214} xɛ^{42}
蟹合	例字	背	对 磊	罪	回 外			拽	怪 话
	宁阳音	pei^{312}	tuei^{312} lei^{55}	tɕyei^{312}	xuei^{42} uɛ^{312}			pfɛ^{312}	kuɛ^{312} xua^{312}
止开	例字								
	宁阳音								

宁阳方音与古音韵母的比较表（1）

三四等									
帮系	端组	泥组	精组	庄组	知章组	日母	见系		
							茄	例字	果开
							tɕʻiə^{42}	宁阳音	
							瘸	例字	果合
							tɕʻyə^{42}	宁阳音	
			姐		爹 社	惹	爷 也	例字	假开
			tɕiə^{55}		tiə^{214} sə^{312}	zə^{55}	iə^{42} iɛ^{42}	宁阳音	
								例字	假合
								宁阳音	
夫		女	须	助 所	猪	如	举	例字	遇合
fu^{214}		ȵy^{55}	ɕy^{214}	pfu^{312} fə^{55}	pfu^{214}	vu^{42}	tɕy^{55}	宁阳音	
闭	低	犁	西		制		鸡	例字	蟹开
pi^{312}	ti^{214}	li^{42}	ɕi^{214}		tsɿ^{312}		tɕi^{214}	宁阳音	
废			岁		赘	芮	桂 锐	例字	蟹合
fei^{312}			ɕyei^{312}		pfei^{312}	vei^{312}	kuei^{312} vei^{312}	宁阳音	
皮 悲	地	你	思	史	治	儿	饥	例字	止开
pʻi^{42} pei^{214}	ti^{312}	ȵi^{55}	sɿ^{214}	sɿ^{55}	tsɿ^{312}	ər^{42}	tɕi^{214}	宁阳音	

宁阳方音与古音韵母比较表（2）

		一等				二等			
		帮系	端泥组	精组	见系	帮系	泥组	知庄组	见系
止合	例字								
	宁阳音								
效开	例字	保	刀	早	高	包	闹	罩	咬 搞
	宁阳音	pɔ^{55}	tɔ^{214}	tsɔ^{55}	kɔ^{214}	pɔ^{214}	nɔ^{312}	tsɔ^{312}	iɔ^{55} kɔ^{55}
流开	例字	母 茂	头	走	狗				
	宁阳音	mu^{55} mɔ^{312}	t‘əu^{42}	tsəu^{55}	kəu^{55}	mu^{55}	mɔ^{312}		
咸舒开	例字		胆	三	甘			站	监 尴
	宁阳音		tã^{55}	sã^{214}	kã^{214}			tsã^{312}	tɕiã^{214} kã^{214}
咸舒合	例字								
	宁阳音								
深舒开	例字								
	宁阳音								
山舒开	例字		坛	赞	寒	班		盏	间
	宁阳音		t‘ã^{42}	tsã^{312}	xã^{42}	pã^{214}		tsã^{55}	tɕiã^{214}
山舒合	例字	伴	短	酸	官			涮	关
	宁阳音	pã^{312}	tuã^{55}	ɕyã^{214}	kuã^{214}			fã^{312}	kuã^{214}

宁阳方音与古音韵母比较表（2）

三四等									
帮系	端组	泥组	精组	庄组	知章组	日母	见系		
飞		累	虽	揣	追	蕊	鬼	例字	止合
fei^{214} fi^{214}		lei^{312}	çyei^{214}	pfʻε^{55}	pfei^{214}	vei^{312}	kuei^{55}	宁阳音	
表	掉	料	消		照	扰	晓	例字	效开
piɔ^{55}	tiɔ^{312}	liɔ^{312}	çiɔ^{214}		tsɔ^{312}	zɔ^{55}	çiɔ^{214}	宁阳音	
浮 否	流	柳 廖	酒	搜 漱	周	柔	牛	例字	流开
fu^{42} fɔ^{55}	liəu^{42}	liəu^{55} liɔ^{312}	tçiəu^{55}	səu^{214} fu^{312}	tsəu^{214}	zəu^{42}	ȵiəu^{42}	宁阳音	
贬	店	念	尖		占	染	剑	例字	咸舒开
piã^{55}	tiã^{312}	ȵiã^{312}	tçiã^{214}		tsã^{312}	zã^{55}	tçiã^{312}	宁阳音	
凡								例字	咸舒合
fã^{42}								宁阳音	
品		林	心	森	深	任	金	例字	深舒开
pʻiẽ^{55}		liẽ^{42}	çiẽ^{214}	sẽ^{214}	sẽ^{214}	zẽ^{312}	tçiẽ^{214}	宁阳音	
变	田	连	煎		展	然	建	例字	山舒开
piã^{312}	tʻiã^{42}	liã^{42}	tçiã^{214}		tsã^{55}	zã^{42}	tçiã^{312}	宁阳音	
反 晚		恋	选		转	软	娟沿婉	例字	山舒合
fã^{55} uã^{55}		liã^{312}	çyã^{55}		pfã^{312}	vã^{55}	tçyã^{214} iã^{42} uã^{55}	宁阳音	

宁阳方音与古音韵母比较表（3）

		一等				二等			
		帮系	端泥组	精组	见系	帮系	泥组	知庄组	见系
臻舒开	例字		吞		根				
	宁阳音		t‘uẽ^{214}		kẽ^{214}				
臻舒合	例字	本	顿	村	婚				
	宁阳音	pẽ^{55}	tuẽ^{312}	tɕ‘yẽ^{214}	xuẽ^{214}				
宕舒开	例字	帮	郎	仓	缸				
	宁阳音	paŋ^{214}	laŋ^{42}	ts‘aŋ^{214}	kaŋ^{214}				
宕舒合	例字				光				
	宁阳音				kuaŋ^{214}				
江舒开	例字					邦	攮	窗	杠 讲
	宁阳音					paŋ^{214}	naŋ^{55}	pf‘aŋ^{214}	kaŋ^{312} tɕiaŋ^{55}
曾舒开	例字	朋	能	增	恒				
	宁阳音	p‘əŋ^{42}	nəŋ^{42}	tsəŋ^{214}	xəŋ^{42}				
曾舒合	例字				弘				
	宁阳音				xuŋ^{42}				
梗舒开	例字					猛	冷	撑	耕 杏
	宁阳音					məŋ^{55}	ləŋ^{55}	ts‘əŋ^{214}	kəŋ^{214} ɕiŋ^{312}

宁阳方音与古音韵母比较表（3）

三四等									
帮系	端组	泥组	精组	庄组	知章组	日母	见系	例字/宁阳音	韵摄
贫		邻	进	衬	珍	人	斤	例字	臻舒开
p‘iẽ^{42}		liẽ^{42}	tɕiẽ^{312}	ts‘ẽ^{312}	tsẽ^{55}	zẽ^{42}	tɕiẽ^{214}	宁阳音	臻舒开
分文		轮	俊		春	闰	军	例字	臻舒合
fẽ^{214} uẽ^{42}		luẽ^{42}	tɕyẽ^{312}		pf‘ẽ^{214}	yẽ^{312}	tɕyẽ^{214}	宁阳音	臻舒合
		凉	奖	庄	张	让	向	例字	宕舒开
		liaŋ^{42}	tɕiaŋ^{55}	pfaŋ^{214}	tsaŋ^{214}	zaŋ^{312}	ɕiaŋ^{312}	宁阳音	宕舒开
方 忘							逛	例字	宕舒合
faŋ^{214} uaŋ^{312}							kuaŋ^{312}	宁阳音	宕舒合
								例字	江舒开
								宁阳音	江舒开
冰		陵			证	仍	兴	例字	曾舒开
piŋ^{214}		liŋ^{42}			tsəŋ^{312}	zəŋ^{42}	ɕiŋ^{214}	宁阳音	曾舒开
								例字	曾舒合
								宁阳音	曾舒合
兵	钉	领	井		郑		惊	例字	梗舒开
piŋ^{214}	tiŋ^{214}	liŋ^{55}	tɕiŋ^{55}		tsəŋ^{312}		tɕiŋ^{55}	宁阳音	梗舒开

宁阳方音与古音韵母比较表（4）

		一等				二等			
		帮系	端泥组	精组	见系	帮系	泥组	知庄组	见系
梗舒合	例字								轰横
	宁阳音								xuŋ^{214} xəŋ^{312}
通舒合	例字	蒙	东	总	公				
	宁阳音	məŋ^{42}	tuŋ^{214}	tɕyŋ^{55}	kuŋ^{214}				
咸入开	例字		答	杂	喝			炸	夹
	宁阳音		ta^{214}	tsa^{42}	xə^{214}			tsa^{312}	tɕia^{214}
咸入合	例字								
	宁阳音								
深入开	例字								
	宁阳音								
山入开	例字		辣	撒	割	八		铡	瞎
	宁阳音		la^{214}	sa^{55}	kə^{214}	pa^{214}		tsa^{42}	ɕia^{214}
山入合	例字	抹	夺	撮	活			刷	刮
	宁阳音	mə^{55}	tuə^{42}	tɕʻyə^{214}	xuə^{42}			fa^{214}	kua^{55}
臻入开	例字								
	宁阳音								

宁阳方音与古音韵母比较表（4）

三四等									
帮系	端组	泥组	精组	庄组	知章组	日母	见系		
							萤永	例字	梗舒合
							iŋ^{42} yŋ^{55}	宁阳音	
风		浓	松	崇	忠	绒	共凶荣	例字	通舒合
fəŋ^{214}		nuŋ^{42}	ɕyŋ^{214}	pf'əŋ^{42}	pfəŋ^{214}	vəŋ^{42}	kuŋ^{312} ɕyŋ^{214} vəŋ^{42}	宁阳音	
	碟	聂	接		涉		劫 颊	例字	咸入开
	tiə^{42}	ȵiə^{312}	tɕiə^{214}		sə^{312}		tɕiə^{42} tɕia^{214}	宁阳音	
乏								例字	咸入合
fa^{42}								宁阳音	
		立	集	涩	蛰	入	急	例字	深入开
		li^{214}	tɕi^{42}	sə^{312}	tsə^{42}	vu^{214}	tɕi^{214}	宁阳音	
灭	铁	烈	泄 薛		浙	热	杰	例字	山入开
miə^{214}	t'iə^{214}	liə^{214}	ɕiə^{312} ɕyə^{214}		tsə^{214}	zə^{214}	tɕiə^{42}	宁阳音	
发 袜		劣	雪		拙		决	例字	山入合
fa^{214} ua^{214}		liə^{214}	ɕyə^{214}		pfə^{42}		tɕyə^{214}	宁阳音	
密		栗	七	虱	侄	日	吉	例字	臻入开
mi^{214}		li^{312}	tɕ'i^{214}	sɿ^{214}	tsɿ^{42}	zɿ^{312}	tɕi^{214}	宁阳音	

宁阳方音与古音韵母比较表（5）

		一等				二等			
		帮系	端泥组	精组	见系	帮系	泥组	知庄组	见系
臻入合	例字	饽 勃	突	卒	骨				
	宁阳音	pu^{42} pə^{42}	tʻu^{214}	tɕyu^{42}	ku^{214}				
宕入开	例字	搏 幕	托	作	各				
	宁阳音	pə^{214} mu^{312}	tʻuə^{214}	tɕyə^{214}	kə^{214}				
宕入合	例字				郭				
	宁阳音				kuə^{214}				
江入开	例字					驳朴		桌	学 握
	宁阳音					pə^{42} pʻu^{55}		pfə^{214}	ɕyə^{42} uə^{214}
曾入开	例字	北	得	贼	黑				
	宁阳音	pei^{214}	tei^{214}	tsei^{42}	xei^{214}				
曾入合	例字				国				
	宁阳音				kuə^{55}				
梗入开	例字					白		窄	隔
	宁阳音					pei^{42}		tsei^{214}	kei^{214}
梗入合	例字								划 获
	宁阳音								xua^{312} xuɛ^{42}
通入合	例字	扑	独	族	谷 沃				
	宁阳音	pʻu^{214}	tu^{42}	tɕyu^{42}	ku^{214} uə^{214}				

宁阳方音与古音韵母比较表（5）

三四等									
帮系	端组	泥组	精组	庄组	知章组	日母	见系		
物佛		律	恤	蟀	出		屈倔	例字	臻入合
ɣu^{312} fə^{42}		ly^{214}	ɕy^{214}	fɛ^{312}	pfʻu^{214}		tɕʻy^{214} tɕyə^{55}	宁阳音	
		略	嚼		酌	弱	药	例字	宕入开
		luə^{214}	tɕyə^{42}		pfə^{42}	və^{312}	yə^{214}	宁阳音	
缚							钁	例字	宕入合
fu^{312}							tɕyə^{214}	宁阳音	
								例字	江入开
								宁阳音	
逼		力	息	色	直		极	例字	曾入开
pi^{214}		li^{214}	ɕi^{214}	sei^{214}	tsʅ^{42}		tɕi^{42}	宁阳音	
							域	例字	曾入合
							y^{214}	宁阳音	
碧	笛	溺	积		尺		击液	例字	梗入开
pi^{312}	ti^{42}	ȵi^{312}	tɕi^{214}		tsʻʅ^{214}		tɕi^{214} iə^{214}	宁阳音	
							役	例字	梗入合
							i^{312}	宁阳音	
目		六陆	续促	缩	竹	肉辱	菊	例字	通入合
mu^{312}		liəu^{312} lu^{312}	ɕy^{312} tɕʻyu^{42}	fə^{42}	pfu^{214}	zəu^{312} vu^{214}	tɕy^{214}	宁阳音	

（三）声调比较

宁阳方音与古音声调比较表

		阴平［214］	阳平［42］	上声［55］	去声［312］
平	清	妻 tɕʻi^{214} 坡 pʻə^{214}			
	全浊		词 tsʻɿ^{42} 徒 tʻu^{42}		
	次浊		麻 ma^{42} 林 liẽ^{42}		
上	清			手 səu^{55} 宠 pfʻəŋ^{55}	
	全浊				在 tsɛ^{312} 混 xuẽ^{312}
	次浊			礼 li^{55} 瓦 ua^{55}	
去	清				叫 tɕiɔ^{312} 锻 tuã^{312}
	全浊				垫 tiã^{312} 段 tuã^{312}
	次浊				岸 ɣã^{312} 路 lu^{312}
入	清	得 tei^{214} 福 fu^{214}			
	全浊		薄 pə^{42} 伏 fu^{42}		
	次浊	摸 mə^{214} 劣 liə^{214}			逆 ȵi^{312} 六 liəu^{312}

上表只是反映了中古声调在宁阳方言中的主要变化情况，还有一些不符合上述规律的例外字，例如:“蛙”是古影母平声字，按规律今在宁阳方言中声调应为阴平，实际却为阳平;“期”是古群母平声字，按规律今应为阳平，实际却为阴平;“权”是古群母平声字，按规律今应为阳平，实际却为上声;“己”是古见母上声字，按规律今应为上声，实际却为阴平;“纪”是古见母上声字，按规律今应为上声，实际却为去声;“技”是古群母上声字，按规律今应为去声，实际却为阴平;“炬、苣”是古群母上声字，按规律今应为去声，实际却为上声;“署”是古书母上声字，按规律今应为上声，实际却为阳平;“播”是古帮母去声字，按规律今应为去声，实际却为阴平;“置”是古知母去声字，按规律今应为去声，实际却为阳平;“智”是古知母去声字，按规律今应为去声，实际却为阴平;“国”是古见母入声字，按规律今应为阴平，实际却为上声;“跌”是古定母入声字，按规律今应为阳平，实际却为阴平;“茁”是古庄母入声字，按规律今应为阴平，实际却为上声;“设”是古书母入声字，按规律今应为阴平，实际却为去声;“涉”是古禅母入声字，按规律今应为阳平，实际却为去声;“酌”是古章母入声字，按规律今应为阴平，实际却为阳平，等等。

第三章 词 汇

凡 例

1．本词汇收入宁阳方言词约6000余条，大体按意义分为23类。

2．意义相同、相近的词尽量排在一起。较常用的排在前面，同义词缩一格列在下面。意义能互相说明的，不再另加注释。

3．每个词条先列汉字，后注音，难懂的词在音后用小字加上释义，有的加例句。

4．多义项用①②③标示。

5．有的词本字不详时，用同音字代替，字下加波浪线。

6．本词汇按实际读音标注。

一 天文

老爷儿爷儿 lɔ$^{55\text{-}24}$iər˙ iər˙ 太阳

姥姥地儿 lɔ$^{55\text{-}24}$lɔ˙ tier^{312} 太阳照到的地方

阴凉儿 iẽ^{214}liãr^{42}

月老娘 yə$^{312\text{-}31}$laŋ$^{55\text{-}24}$ȵiaŋ˙ 月亮

月亮地儿 yə$^{312\text{-}42}$liaŋ˙ tier^{312} 月亮照到的地方

月牙儿 yə$^{312\text{-}31}$iar^{42} 农历月初形状如钩的月亮

星 ɕiŋ^{214}

勺子星 fə$^{42\text{-}55}$tsɿ˙ ɕiŋ^{214} 北斗星

扫帚星 sɔ$^{55-42}$pfu· çiŋ^{214} 彗星

牛郎星 ȵiəu^{42}laŋ^{42}çiŋ^{214}

织女星 tsʅ$^{214-31}$ȵy^{55}çiŋ^{214}

贼星 tsei$^{42-55}$çiŋ· 流星

月黑头 yə$^{312-42}$xei· t‘əu^{42} 没有月光的黑夜

刮风 kua^{55}fəŋ^{214}

刮大风 kua^{55}ta$^{312-31}$fəŋ^{214}

起风了 tç‘i^{55}fəŋ$^{214-31}$la· 开始刮风了

刹风了 sa$^{214-24}$fəŋ$^{214-31}$la· 风停下来了

拳风 tç‘yã$^{42-55}$fəŋ· 旋风

西北风 çi$^{214-31}$pei· fəŋ^{214}

西北风气儿 çi$^{214-31}$pei· fəŋ$^{214-24}$tç‘ier^{312} 有点儿小西北风

东北风 tuŋ$^{214-31}$pei· fəŋ^{214}

顶风 tiŋ$^{55-24}$fəŋ·

催风 tç‘yei$^{214-31}$fəŋ· 顺风

返潮 fã^{55}ts‘ɔ^{42}

屋檐风 u^{214}iã^{42}fəŋ^{214} 顺着屋檐刮来的风

过堂风 kuə$^{312-31}$t‘aŋ^{42}fəŋ^{214}

晴天 tç‘iŋ^{42}t‘iã^{214} 天气晴朗

响晴 çiaŋ^{55}tç‘iŋ^{42} 天晴得非常好

好天 xɔ^{55}t‘iã^{214} 晴天

阴天 iẽ$^{214-24}$t‘iã^{214}

连阴天 liã$^{42-55}$iẽ· t‘iã^{214}

半阴天 pã$^{312-42}$iẽ· t‘iã^{214} 多云的天气

雾娄天 u$^{312-42}$ləu· t‘iã^{214} 有雾的天气

大雾 ta$^{312-31}$u^{312}

云彩 yẽ$^{42-55}$tsʻɛ· 云

云来接 yẽ^{42}lɛ^{42}tɕiə^{214} 落日前，西方天空出现的黑云

虹 tɕiaŋ^{312} 彩虹

云莫 yẽ$^{42-55}$mə· 大雨来临时，急剧运动的云

打雷 ta^{55}lei^{42}

打呱啦 ta^{55}kua$^{214-31}$la· 霹雷

打闪 ta^{55}sã^{55}

下雨 ɕia$^{312-31}$y^{55}

嘀嗒 ti$^{214-31}$ta· 下小雨

牛毛雨 ȵiəu^{42}mɔ^{42}y^{55} 毛毛雨

麻秆子雨 ma^{42}kã$^{55-24}$tsɿ·y^{55} 像麻秆子似的直落的大雨

过路子雨 kuə$^{312-42}$lu·tsɿ·y^{55} 下一小阵儿就晴天的雨

濛生 məŋ$^{214-31}$səŋ· 飘毛毛细雨

淋拉 liẽ$^{42-31}$la· 雨淅淅沥沥地下：天～起来没完啦

瓢泼大雨 pʻiɔ^{42}pʻə$^{214-24}$ta$^{312-31}$y^{55} 像用瓢泼水似的大雨

雷暴雨 lei$^{42-55}$pɔ·y^{55}

潲雨 sɔ$^{312-42}$y· 因风吹而斜落下来的雨

急雨 tɕi$^{214-31}$y· 下得很急的雨

涝雨 lɔ$^{312-42}$y· 过量的雨

住点儿 pfu$^{312-31}$tiɛr^{55} 停止下雨

冻冻 tuŋ$^{312-31}$tuŋ· 冰块儿；冰

冻冻碴子 tuŋ$^{312-31}$tuŋ·tsʻa$^{55-24}$tsɿ· 水中初结的薄冰

琉琉 liəu$^{42-55}$liəu· 冰锥：你看那一溜～多好看！

上冻 saŋ$^{312-31}$tuŋ^{312} 结冰

冻干 tuŋ$^{312-42}$kã˙ 因物体内水分冰结而显得干燥：天冷，轧的面条～了

化冻 xua$^{312-31}$tuŋ^{312} 冰融化

雹子 pə$^{42-55}$tsʅ˙ 冰雹

霜雪 faŋ$^{214-31}$ɕyə˙ 霜

下霜 ɕia$^{312-31}$faŋ^{214}

霜子 faŋ$^{214-24}$tsʅ˙ 霰

雪 ɕyə^{214}

飘雪花儿 p‘iɔ$^{214-24}$ɕyə$^{214-24}$xuar^{214} 下小雪

下棉花套子 ɕia$^{312-31}$miã$^{42-55}$xua˙ t‘ɔ$^{312-42}$tsʅ˙ 下大片大片的雪花

化雪 xua$^{312-31}$ɕyə^{214} 雪融化

露水 lu$^{312-42}$fei˙

二 地理、地名、方位

地 ti^{312}

就地 tɕiəu$^{312-31}$ti^{312} 地面：麦子撒了一～

地方儿 ti$^{312-42}$fer˙ 某个小地方

平地 p‘iŋ^{42}ti^{312} ①地势平坦的土地 ②把地整平

涝洼地 lɔ$^{312-42}$ua˙ ti^{312} 地势较洼、常年偏涝的地

水浇地 fei^{55}tɕiɔ$^{214-24}$ti^{312} 能用水浇到的好地

旱地 xã$^{312-31}$ti^{312}

岭地 liŋ^{55}ti^{312} 高坡地；丘陵地

薄地 pə^{42}ti^{312} 贫瘠的土地

碱窝 tɕiã^{55}uə^{214} 盐碱地

好地 xɔ^{55}ti^{312} 肥沃的土地

垡子地 fa$^{42-55}$tsʅ˙ ti^{312} 刚耕过的田地，也泛指耕种的土地

春地 pf‘ẽ$^{214-24}$ti^{312} 春天下种的地

埨子 luẽ$^{55-24}$tsɿ· 土垄

崖子 iε$^{42-55}$tsɿ· 坡儿：这个～忒陡 | 这个～是个漫坡儿

崖子头 iε$^{42-55}$tsɿ· t‘əu^{42} ①坡顶 ②崖顶

上坡地 saŋ$^{312-42}$p‘ə· ti^{312} 地势较高的地

下坡地 ɕia$^{312-42}$p‘ə· ti^{312} 地势较低的地

上分头儿 saŋ$^{312-42}$fẽ· t‘əur^{42} 地沟的上半部分

下分头儿 ɕia$^{312-42}$fẽ· t‘əur^{42} 地沟的下半部分

沙窝 sa$^{214-24}$uə^{214} 沙土地

沙土地 sa$^{214-31}$t‘u^{55}ti^{312} 含沙量较多的地

河淤地 xə^{42}y$^{214-24}$ti^{312} 河边淤积而成的地

瓜地 kua$^{214-24}$ti^{312}

菜地 ts‘ε$^{312-31}$ti^{312}

菜园 ts‘ε$^{312-31}$yã^{42}

果园 kuə^{55}yã^{42}

坡 p‘ə^{214} 田地；野外：下～ | 到～里

坡儿 p‘ər^{214} 地形倾斜的地方

斜坡儿 ɕiə^{42}p‘ər·

陡坡儿 təu^{55}p‘ər· 斜度大的坡儿

漫坡儿 mã$^{312-31}$p‘ər· 斜度小的坡儿

山 sã^{214}

山顶 sã$^{214-31}$tiŋ^{55}

半山腰 pã$^{312-31}$sã$^{214-24}$iɔ^{214}

　山半空遥儿 sã^{214}pã$^{312-42}$xuŋ· iɔr^{42}

山根儿 sã$^{214-24}$ker^{214} 山脚下

山沟 $sã^{214-24}kəu^{214}$

山洞 $sã^{214-24}tuŋ^{312}$

山坡儿 $sã^{214-24}p‘ər^{214}$

山前 $sã^{214}tɕ‘iã^{42}$

山后 $sã^{214-24}xəu^{312}$

河 $xə^{42}$

淹子 $iã^{214-31}tsɿ^{·}$ 河中水较深的地方

沟 $kəu^{214}$

水沟 $fei^{55}kəu^{214}$

河沟子 $xə^{42}kəu^{214-31}tsɿ^{·}$

龙沟 $luŋ^{42-55}kəu^{·}$ 浇地用的小水沟

干渠 $kã^{312-31}tɕ‘y^{·}$ 水渠

河崖 $xə^{42}iɛ^{42}$ 河边

坝 pa^{312}

坝身 $pa^{312-31}sẽ^{214}$

桥 $tɕ‘iɔ^{42}$

桥洞子 $tɕ‘iɔ^{42}tuŋ^{312-42}tsɿ^{·}$ 桥洞

湖 xu^{42}

坑 $k‘əŋ^{214}$

　坑子 $k‘əŋ^{214-31}tsɿ^{·}$

石坑 $sɿ^{42}k‘əŋ^{214}$ 采石后形成的坑

湾 $uã^{214}$ 大水坑，水塘

　湾坑 $uã^{214-31}k‘əŋ^{·}$

湾崖 $uã^{214}iɛ^{42}$ 大水坑的边岸

井 $tɕiŋ^{55}$

井壳郎 tɕiŋ^{55}k‘ə$^{214-31}$laŋ· 坍塌后废弃的井

机井 tɕi$^{214-31}$tɕiŋ· 供抽水机抽水的大井

泉眼 tɕ‘yã^{42}iã^{55} 泉

石头 sʅ$^{42-55}$t‘əu·

  石头蛋 sʅ$^{42-55}$t‘əu· tã^{312}

鹅浪石 ɣə$^{42-55}$laŋ· sʅ^{42} 鹅卵石

石子儿 sʅ^{42}tser^{55} 砸碎的小石块儿

火石 xuə^{55}sʅ^{42} 一种撞击时冒火花的石头

青石 tɕ‘iŋ$^{214-31}$sʅ· 一种能烧制白石灰的青色石头

磨石 mə$^{312-42}$sʅ· 用来磨刀的石头

沙 sa^{214}

粗沙 tɕ‘yu$^{214-24}$sa^{214} 没筛过的沙

细沙 ɕi$^{312-31}$sa^{214} 经筛子筛过的沙

土 t‘u^{55}

  土垃 t‘u$^{55-24}$la·

坷垃 k‘ə$^{55-24}$la· 土块儿

埲土 pu$^{42-55}$t‘əu· ①灰尘 ②地上细而干燥的浮土

埲土狼烟 pu$^{42-55}$t‘əu· laŋ^{42}iã^{214} 形容尘土飞扬

泥巴 ȵi$^{42-55}$pa· 泥

泥巴块子 ȵi$^{42-55}$pa· k‘uɛ$^{312-42}$tsʅ· 成块儿的泥

滓泥 tsʅ^{55}ȵi^{42} 沉积在水下的黑泥

炭 t‘ã^{312} 煤

炭泥 t‘ã$^{312-31}$ȵi^{42} 煤泥，从煤矿中抽出的水的沉淀物，含煤末和黑泥，可烧火

石灰 sʅ$^{42-55}$xuei·

石英 sɿ^{42}iŋ^{214}

龙黄 luŋ^{42}xuaŋ^{42} 硫磺

白矾 pei^{42}fã^{42} 明矾

路 lu^{312}

岔路 tsʻa$^{312-31}$lu^{312}

十字路口儿 sɿ^{42}tsɿ$^{312-31}$lu$^{312-31}$kʻəur^{55}

林 liẽ^{42} 坟地

坟头子 fẽ$^{42-55}$tʻəu· tsɿ· 坟

墓子 mu$^{312-42}$tsɿ· 用砖石砌成的坟

庄 pfaŋ^{214} 村庄

集 tɕi^{42} 集市

城 tsʻəŋ^{42}

城壳郎子 tsʻəŋ^{42}kʻə$^{214-31}$laŋ· tsɿ· 指城墙以内的整个地方

胡同 xu$^{214-24}$tʻuŋ·

  胡同道子 xu$^{214-24}$tʻuŋ· tɔ$^{312-42}$tsɿ·

窑 iɔ^{42} ①煤矿 ②烧制砖瓦的地方

街 tɕiɛ^{214}

大街 ta$^{312-31}$tɕiɛ^{214}

牌坊 pʻɛ$^{42-55}$faŋ·

哪窝儿间 na^{55}uər$^{42-55}$tɕiã· 哪个地方；哪里：你这待～哩？

  哪窝儿里 na^{55}uər$^{42-55}$li·

半空遥儿 pã$^{312-42}$xuŋ· iɔr^{42} 中间；一半：俺到～里啦 | 你怎么干到～就停了？

浮皮儿 fu$^{312-31}$pʻier^{42} 表面；表层：拿～的就行，别往下扒 | ～没好的

底下 ti$^{55-24}$ɕia· 下层；下面：～净好的 | 别拿～的

家西 tɕia$^{214-24}$ɕi^{214} 村西

家南 tɕia^{214}nã^{42} 村南

家北 tɕia$^{214-24}$pei^{214} 村北

家东 tɕia$^{214-24}$tuŋ^{214} 村东

头 tʻəu· 方位词后缀：上～ | 下～ | 前～ | 后～ | 里～ | 外～

边儿 piɛr· 方位词后缀：上～ | 下～ | 前～ | 后～ | 东～ | 西～ | 南～ | 北～

旁边儿 pʻaŋ^{42}piɛr^{214} 附近

当中 taŋ$^{214-24}$pfəŋ^{214} 中间；中央：路～ | 院子～

当中间儿里 taŋ$^{214-24}$pfəŋ^{214}tɕiɛr$^{214-42}$li·

头直上 tʻəu^{42}tsʅ$^{42-55}$xaŋ· 头的正上方

坡里 pʻə$^{214-31}$li· 农田里

地里 ti$^{312-42}$li·

庄儿里 pfãr$^{214-31}$li·

屋里 u$^{214-31}$li·

屋当门里 u$^{214-24}$taŋ$^{214-24}$mẽ· li· 屋里对着门的空间

天井里 tʻiã$^{214-24}$tɕiŋ· li· 院子里

门外头 mẽ^{42}uɛ$^{312-42}$tʻəu·

门外 mẽ^{42}uɛ^{312}

就地下 tɕiəu$^{312-31}$ti$^{312-42}$ɕia· 地上；地面上：他骨堆到～抽烟

左首儿 tɕyə^{55}səur^{55} 左边

右首儿 iəu$^{312-31}$səur^{55} 右边

上 xaŋ· 方位词：天～ | 地～ | 山～ | 路～ | 街～ | 树～ | 屋～

胡同道子里 xu$^{214-24}$tʻuŋ· tɔ$^{312-42}$tsʅ· li· 胡同里

井里 tɕiŋ$^{55-24}$li·

河里 xə$^{42-55}$li˙

湾里 uã$^{214-31}$li˙

泥家村 mi$^{42-55}$tɕia˙ tɕ‘yẽ^{214} 地名，在宁阳镇

牛家村 iəu$^{42-55}$tɕia˙ tɕ‘yẽ^{214} 地名，在泗店镇

寺头 ts‘ʅ$^{312-31}$t‘əu^{42} 地名，在东疏镇

王卞 uaŋ$^{42-55}$miã˙ 地名，在鹤山乡

苏家楼 ɕyu$^{214-31}$tɕia˙ ləu^{42} 地名，在伏山镇

西代村 ɕi^{214}tɛ$^{312-42}$tɕ‘yẽ˙ 地名，在泗店镇

黄家庵 xuaŋ$^{42-55}$tɕia˙ ɣã^{214} 地名，在堽城镇

沙岗儿 sa$^{214-31}$kar˙ 地名，在堽城镇

茅庄 mɔ$^{42-55}$pfaŋ˙ 地名，在堽城镇

刘伶墓 liəu$^{42-55}$liəu˙ mu^{312} 地名，在堽城镇

葛石店 kə$^{214-31}$sʅ˙ tiã^{312} 地名，在葛石镇

柳沟 liəu$^{55-24}$kəu˙ 地名，在葛石镇

四旺 sʅ$^{312-42}$uaŋ˙ 地名，在葛石镇

南驿 nã$^{42-55}$i˙ 地名，在磁窑镇

磁窑 ts‘ʅ$^{42-55}$iɔ˙ 地名，在磁窑镇

花观 xua$^{214-31}$kuã˙ 地名，在磁窑镇

马家庄儿 ma$^{55-24}$tɕia˙ pfar^{214} 地名，在蒋集镇

圩子 uei$^{42-55}$tsʅ˙ 地名，在蒋集镇

何家堂儿 xə$^{42-55}$tɕia˙ t‘ar^{42} 地名，在蒋集镇

北鄙 pei$^{214-31}$pei˙ 地名，在东庄乡

三 时间、节令

今年 ɕiẽ^{214}ȵiã^{42}

明年 miŋ^{42}ȵiã^{42} 较常用于书面语

　过年 kuə$^{312-31}$ȵiã^{42} 口语，较常用

　来年 lɛ^{42}ȵiã^{42}

　转年 pfã$^{55-24}$ȵiã·

去年 tɕʻy$^{312-31}$ȵiã^{42} 较常用于书面语

　年时 ȵiã$^{42-55}$sɿ· 口语

前年 tɕʻiã$^{42-55}$ȵiã·

大前年 ta$^{312-31}$tɕʻiã$^{42-55}$ȵiã·

后年 xəu$^{312-31}$ȵiã^{42}

上半年 saŋ$^{312-42}$pã· ȵiã^{42}

下半年 ɕia$^{312-42}$pã· ȵiã^{42}

后半年 xəu$^{312-42}$pã· ȵiã^{42}

头年里 tʻəu^{42}ȵiã$^{42-55}$li· 年前一段较短的时间

年出头儿 ȵiã^{42}pfʻu$^{214-31}$tʻəur· 年初

过年 kuə$^{312-42}$ȵiã^{42} 年后

擦过年 tsʻa^{214}kuə$^{312-42}$ȵiã^{42} 年初，刚过了年的一段时间

年根子 ȵiã^{42}kẽ$^{214-31}$tsɿ· 年底

　年根儿 ȵiã^{42}ker^{214}

　年根子底下 ȵiã^{42}kẽ$^{214-31}$tsɿ· ti$^{55-24}$ɕia·

春节 pfʻẽ$^{214-24}$tɕiə^{214}

　年下 ȵiã$^{42-55}$ɕia·

正月十五儿 tsəŋ$^{214-31}$yə^{55}sɿ^{42}ur^{55} 元宵节

二月二 ər$^{312-42}$yə· ər^{312} 节日，农历二月初二

三月三 sã$^{214-31}$yə· sã^{214} 节日，有庙会

春天 pfẽ$^{214-24}$tʻiã^{214}

　春上 pfẽ$^{214-31}$xaŋ˙

开春 kʻɛ$^{214-24}$pfẽ^{214}

立春 li$^{214-24}$pfẽ^{214}

　打春 ta^{55}pfẽ^{214}

清明 tɕʻiŋ$^{214-31}$miŋ^{55}

立夏 li$^{214-24}$ɕia^{312}

夏天 ɕia$^{312-31}$tʻiã^{214}

麦口 mei$^{214-31}$kʻəu^{55} 接近麦收时节

麦里 mei$^{214-31}$li˙ 收割小麦的季节

过麦 kuə$^{312-31}$mei^{214} 过麦收时节

过麦 kuə$^{312-42}$mei^{214} 过了麦收时节

五端午儿 u^{55}tuã$^{214-31}$ur^{55} 端午节

三夏 sã$^{214-24}$ɕia^{312}

伏里天 fu$^{42-55}$li˙ tʻiã^{214}

三伏天 sã^{214}fu^{42}tʻiã^{214}

立秋 li$^{214-24}$tɕʻiəu^{214}

秋天 tɕʻiəu$^{214-24}$tʻiã^{214}

秋收 tɕʻiəu$^{214-24}$səu^{214}

秋下 tɕʻiəu$^{214-24}$ɕia^{312} 秋收以后

　秋后 tɕʻiəu$^{214-24}$xəu^{312}

秋里 tɕʻiəu$^{214-31}$li˙ ①秋天 ②秋收季节

秋发凉儿 tɕʻiəu$^{214-24}$fa^{214}liãr^{42} 秋天渐渐有了凉意

八月十五儿 pa$^{214-31}$yə˙ sʅ^{42}ur^{55} 中秋节

霜降 faŋ$^{214-24}$tɕiaŋ^{312}

立冬 li$^{214-24}$tuŋ^{214}

冬天 tuŋ$^{214-24}$t‘iã^{214}

冬里 tuŋ$^{214-31}$li·

冬至 tuŋ$^{214-24}$tsʅ^{312}

交九 tɕiɔ$^{214-31}$tɕiəu^{55} 进入数九寒天

十月一儿 sʅ$^{42-55}$yə· ier^{214} 农历十月初一，民间上坟烧纸的日子

腊八儿 la$^{214-31}$par^{55} 农历腊月初八，民间这一天有喝小米粥（宁阳人俗称黏粥）的习俗

腊月 la$^{214-31}$yə^{55} 农历十二月

小年儿 ɕiɔ^{55}ȵiɛr^{42} 农历腊月二十三

大年三十儿 ta$^{312-31}$ȵiã^{42}sã^{214}ser^{42} 农历腊月最后一天

除夕 pf‘u^{42}ɕi^{214}

年五更 ȵiã^{42}u$^{214-24}$tɕiŋ·

历冬无夏 li^{42}tuŋ$^{214-24}$u^{55}ɕia^{312} 不论寒暑；常年地：人家小二～不生点儿毛病

大尽 ta$^{312-42}$tɕiẽ· 农历有 30 天的月份

小尽 ɕiɔ$^{55-24}$tɕiẽ· 农历只有 29 天的月份

今门儿 tɕi$^{214-31}$mer· 今天

夜儿里 iɛr$^{312-42}$li· 昨天

明儿里 miɛr$^{312-42}$li· 明天

前儿里 tɕ‘iɛr^{42}li· 前天

大前儿里 ta$^{312-31}$tɕ‘iɛr$^{312-42}$li· 大前天

过门儿里 kuə$^{312-42}$mer· li· 后天

大过门儿里 ta$^{312-31}$kuə$^{312-42}$mer· li· 大后天

清早 tɕ‘iŋ$^{214-24}$tsɔ· / tɔ· 清晨，早晨

傍明儿 paŋ^{214}miə̃r^{42} 黎明

东发亮儿 tuŋ$^{214-24}$fa$^{214-24}$liãr^{312} 清晨东方有亮光

饭时儿 fã$^{312-31}$ser^{42} 吃饭的时间

清早饭时儿 tɕʻiŋ$^{214-24}$tsɔ· / tɔ·fã$^{312-31}$ser^{42} 吃早晨饭的时间

头午 tʻəu^{42}u^{55} 上午

　头晌午 tʻəu^{42}saŋ$^{55-24}$u·

　头半霎儿 tʻəu$^{42-55}$pã· sar^{214}

小晌午 ɕiɔ^{55}saŋ$^{55-24}$u· 接近中午的时候

晌午顶儿 saŋ$^{55-24}$u· tiə̃r^{55} 正午

晌午歪 saŋ$^{55-24}$u· uɛ^{214} 正午偏后

晌午饭时儿 saŋ$^{55-24}$u· fã$^{312-31}$ser^{42} 吃中午饭的时间

过午 kuə$^{312-31}$u· 下午

　过半霎儿 kuə$^{312-31}$pã· sar^{214}

天夕 tʻiã$^{214-24}$ɕi^{214} 太阳接近落山的时候

傍黑儿 paŋ$^{214-24}$xer^{214} 天将要黑的时候，黄昏

白天 pei^{42}tʻiã^{214}

　白下 pei$^{42-55}$ɕia·

　白下里 pei$^{42-55}$ɕia· li·

黑天 xei$^{214-24}$tʻiã^{214}

　黑下 xei$^{214-24}$ɕia·

　黑下里 xei$^{214-24}$ɕia· li·

　哄上 xuŋ$^{312-42}$xaŋ·

哄上饭时儿 xuŋ$^{312-42}$xaŋ· fã$^{312-31}$ser^{42} 吃晚饭的时间

吃哄上饭 tsʻɿ^{214}xuŋ$^{312-42}$xaŋ· fã^{312} 吃晚饭

半夜 pã$^{312-31}$iə^{312} 零点时分

半夜里 pã$^{312-31}$iɔ$^{312-42}$li·

二半夜 ər$^{312-42}$pã· iə^{312}

前半夜 tɕʻiã$^{42-55}$pã· iə^{312} 上半夜

后半夜 xəu$^{312-42}$pã· iə^{312} 下半夜

年景儿 ȵiã^{42}tɕiə̃r^{55}

年月儿 ȵiã$^{42-55}$yər·

打通宵 ta^{55}tʻuŋ$^{214-24}$ɕiɔ^{214} 一整夜不睡觉

一黑下 i$^{214-24}$xei$^{55-24}$ɕia· 整个夜晚

年 ȵiã^{42}

月 yə^{214}

天 tʻiã^{214}

月底 yə$^{214-31}$ti·

年把 ȵiã^{42}pa^{42} 一年多：他走了～了

成年价 tsʻəŋ^{42}ȵiã$^{42-55}$tɕia· 整个一年

月把 yə^{214}pa^{42} 一个多月

成月里 tsʻəŋ^{42}yə$^{214-31}$li· 整个月

天把儿 tʻiã^{214}par^{42} 一天多

好几年 xɔ^{55}tɕi^{55}ȵiã^{42} 好多年

好几个月 xɔ^{55}tɕi^{55}kə$^{312-31}$yə^{214} 好多个月

好几天 xɔ^{55}tɕi^{55}tʻiã^{214} 好多天

一盼儿 i$^{214-24}$pʻɛr^{312} 一会儿：你再等～吧

一盼子 i^{214}pʻã$^{312-42}$tsɿ·

一霎儿 i$^{214-24}$sar^{214} 一会儿，较短的时间

一会儿 i$^{214-24}$xər^{312}

这 tsə^{312} 现在：～就走

久 $tɕiəu^{55}$ 很长时间以前：我打～了就想来，一直没来了

四 称谓、人品

五服 $u^{55}fu^{42}$

一家子 $i^{214\text{-}24}tɕia^{214\text{-}31}tsɿ^{·}$ 血缘较近的本家

老的 $lɔ^{55\text{-}24}li^{·}$ 父母：当～的真不容易

父亲 $fu^{312\text{-}42}tɕ‘iẽ^{·}$ 多用于书面语

达达 $ta^{42\text{-}55}ta^{·}$ 用于直呼

爹 $tiə^{214}$

爸爸 $pa^{312\text{-}42}pa^{·}$

母亲 $mu^{55\text{-}24}tɕ‘iẽ^{·}$ 多用于书面语

娘 $ȵiaŋ^{42}$ / $ȵia^{312}$ $ȵia^{312}$音用于直呼

妈妈 $ma^{214\text{-}24}ma^{·}$ 部分年轻人使用

老爷 $lɔ^{55\text{-}24}iə^{·}$ 祖父

爷爷 $iə^{42\text{-}55}iə^{·}$

老老爷 $lɔ^{55}lɔ^{55\text{-}24}iə^{·}$ ①曾祖父 ②曾外祖父

奶奶 $nã^{55\text{-}24}nã^{·}$ 祖母

老奶奶 $lɔ^{55}nã^{55\text{-}24}nã^{·}$ 曾祖母

外老爷 $uɛ^{312\text{-}31}lɔ^{55\text{-}24}iə^{·}$ 外祖父

外爷爷 $uɛ^{312\text{-}31}iə^{42\text{-}55}iə^{·}$

姥娘 $laŋ^{55\text{-}24}ȵiaŋ^{·}$ 外祖母

老姥娘 $lɔ^{55}laŋ^{55\text{-}24}ȵiaŋ^{·}$ 曾外祖母

大爷 $ta^{312\text{-}31}iə^{55}$ ①伯父 ②岳父

大娘 $ta^{312\text{-}31}ȵiaŋ^{55}$ ①伯母 ②岳母

二大爷 $ər^{312\text{-}31}ta^{·}iə^{42}$ 二伯父

二大娘 ər$^{312-31}$ta˙ ȵiaŋ^{42} 二伯母

三大爷 sã$^{214-31}$tã˙ iə^{42} 三伯父

三大娘 sã$^{214-31}$tã˙ ȵiaŋ^{42} 三伯母

叔 fu^{214} 叔父

大叔 ta$^{312-31}$fu^{214}

婶子 sẽ$^{55-24}$tsɿ˙ 婶母

大婶子 ta$^{312-31}$sẽ$^{55-24}$tsɿ˙

丈夫 tsaŋ$^{312-42}$fu˙

　女婿 ȵy$^{55-24}$ɕy˙

妻子 tɕʻi$^{214-31}$tsɿ˙

　媳妇儿 ɕi$^{214-31}$fur˙

姊妹 tsɿ$^{55-24}$mẽ˙ ①姐妹 ②兄弟姐妹：下边儿他～五个

姐姐 tɕiə$^{55-24}$tɕiə˙

姐夫 tɕiə$^{55-24}$fu˙

妹妹 mẽ$^{312-42}$mẽ˙

妹夫 mẽ$^{312-42}$fu˙

哥哥 kə$^{55-24}$kə˙

嫂 sɔ^{55}

兄弟 ɕyŋ$^{214-31}$li˙ 弟弟：这是我～

兄弟 ɕyŋ$^{214-24}$li˙ 哥哥与弟弟，弟兄：～俩很好

兄弟媳妇儿 ɕyŋ$^{214-31}$li˙ ɕi$^{214-31}$fur˙ 弟媳

小叔子 ɕiɔ$^{55-24}$fu˙ tsɿ˙

大伯哥 ta$^{312-42}$pei˙ kə^{55} 丈夫的哥哥

小姑子 ɕiɔ$^{55-24}$ku˙ tsɿ˙

大姑子姐 ta$^{312-42}$ku˙ tsɿ˙ tɕiə^{55} 丈夫的姐姐

大姨子 ta$^{312-31}$i$^{42-55}$tsɿ·

小姨子儿 ɕiɔ^{55}i$^{42-55}$tser·

大舅子 ta$^{312-31}$tɕiəu$^{312-42}$tsɿ·

小舅子 ɕiɔ^{55}tɕiəu$^{312-42}$tsɿ· ①妻弟；小内弟 ②詈辞

妻侄 tɕʻi^{214}tsɿ^{42} 妻子的侄子

妻侄女儿 tɕʻi$^{214-24}$tsɿ$^{42-55}$ȵyer·

儿 ər^{42}

儿媳妇儿 ər^{42}ɕi$^{214-31}$fur·

闺女 kuẽ$^{312-31}$ȵy^{55}

闺女女婿 kuẽ$^{312-31}$ȵy^{55}ȵy$^{55-24}$ɕy· 女婿

贵客 kuei$^{312-31}$kʻei^{214}

客 kʻei^{214} ①女婿 ②客人

家 tɕia· ①住宅：这个院儿是小三儿～ ②丈夫：那个高个儿是二妮儿～ ③媳妇：那个扎长辫子的是国锋～

侄儿 tser^{42}

侄女儿 tsɿ$^{42-55}$ȵyer·

孙子儿 ɕyẽ$^{214-31}$tser·

孙女儿 ɕyẽ$^{214-31}$ȵyer·

重孙子儿 pfʻəŋ^{42}ɕyẽ$^{214-31}$tser· 儿子的孙子

重孙女儿 pfʻəŋ^{42}ɕyẽ$^{214-31}$ȵyer· 儿子的孙女

姑 ku^{214}

姑父 ku$^{214-31}$fu·

姨 i^{42}

姨父 i$^{42-55}$fu·

舅 tɕiəu^{312}

舅爷 tɕiɔu$^{312-31}$iə^{42}

妗子 tɕiẽ$^{312-42}$tsɿ˙

表老爷 piɔ^{55}lɔ$^{55-24}$iə˙

表大爷 piɔ^{55}ta˙iə^{42} 父亲的表兄

表舅 piɔ^{55}tɕiəu^{312} 母亲的表兄或表弟

表妗子 piɔ^{55}tɕiẽ$^{312-42}$tsɿ˙ 表舅的妻子

表姨 piɔ^{55}i^{42} 母亲的表姊妹

表姨父 piɔ^{55}i$^{42-55}$fu˙

表叔 piɔ^{55}fu^{214} 父亲的表弟

表婶子 piɔ^{55}sẽ$^{55-24}$tsɿ˙

表哥 piɔ^{55}kə^{55}

表嫂 piɔ^{55}sɔ^{55}

表弟 piɔ^{55}ti^{312}

表姐 piɔ^{55}tɕiə^{55}

表姐夫 piɔ^{55}tɕiə$^{55-24}$fu˙

表妹 piɔ^{55}mẽ^{312}

表侄 piɔ^{55}tsɿ^{42}

外甥 uɛ$^{312-42}$səŋ˙ ①姐姐或妹妹的儿子 ②女儿的儿子

外甥女儿 uɛ$^{312-42}$səŋ˙ȵyer^{55} ①姐姐或妹妹的女儿 ②女儿的女儿

外甥闺女 uɛ$^{312-42}$səŋ˙kuẽ$^{312-31}$ȵy^{55}

重外甥 pf'əŋ^{42}uɛ$^{312-42}$səŋ˙ 姐妹的孙子

连襟 liã^{42}tɕiẽ^{312} 姐妹俩的丈夫之间的关系

两乔儿 liaŋ^{55}tɕ'iɔr^{42}

岳父 yə$^{214-24}$fu^{312}

丈巴大爷 tsaŋ$^{312-42}$pa˙ta$^{312-31}$iə^{55}

老丈人 lɔ^{55}tsaŋ$^{312-42}$zẽ˙

老岳 lɔ^{55}yə^{214}

岳母 yə$^{214-31}$mu˙

丈巴大娘 tsaŋ$^{312-42}$pa˙ta$^{312-31}$ȵiaŋ˙

丈母娘 tsaŋ$^{312-42}$mu˙ȵiaŋ^{42}

老亲 lɔ^{55}tɕʻiẽ^{214} 关系渐远的亲戚

姑奶奶 ku$^{214-31}$nã$^{55-24}$nã˙ 父亲的姑妈

姑老爷 ku$^{214-31}$lɔ$^{55-24}$iə˙ 父亲或母亲的姑父

姨奶奶 i^{42}nã$^{55-24}$nã˙ 父亲的姨母

姨老爷 i^{42}lɔ$^{55-24}$iə˙ 父亲或母亲的姨父

姑姥娘 ku$^{214-31}$laŋ$^{55-24}$ȵiaŋ˙ 母亲的姑妈

姨姥娘 i^{42}laŋ$^{55-24}$ȵiaŋ˙ 母亲的姨母

舅姥娘 tɕiəu$^{312-31}$laŋ$^{55-24}$ȵiaŋ˙ 母亲的舅母

舅老爷 tɕiəu$^{312-31}$lɔ$^{55-24}$iə˙ 父亲或母亲的舅

舅奶奶 tɕiəu$^{312-31}$nã$^{55-24}$nã˙ 父亲的舅母

干爹 kã$^{214-24}$tiə^{214} 义父

干达达 kã$^{214-24}$ta$^{42-55}$ta˙

干娘 kã^{214}ȵiaŋ^{42} 义母

辈儿 per^{312} 辈分

长辈儿 tsaŋ^{55}per^{312} 辈分大的

晚辈儿 uã^{55}per^{312} 辈分小的

亲家 tɕʻiŋ$^{312-42}$tɕia˙

老公公 lɔ^{55}kuŋ$^{214-31}$kuŋ˙ 丈夫的父亲

老婆婆 lɔ^{55}pʻə$^{42-55}$pʻə˙ 丈夫的母亲

出继 pfʻu$^{214-24}$tɕi^{312} 过继给别人做儿子

晚爹 uã^{55}tiə^{214} 继父

晚娘 uã^{55}ȵiaŋ^{42} 继母

公母俩 ku$^{214-31}$mẽ· lia^{55} 夫妻二人

仁兄弟儿 zẽ^{42}ɕyŋ$^{214-24}$tier^{312} 结拜的弟兄

叔伯兄弟 fu$^{214-31}$pei· ɕyŋ$^{214-31}$li· 同祖父而不同父母的兄弟

叔伯姊妹 fu$^{214-31}$pei· tsɿ$^{55-24}$mẽ· 同祖父而不同父母的姐妹

姨兄弟儿 i^{42}ɕyŋ$^{214-24}$tier^{312} 指姐妹的儿子之间的关系

亲亲 tɕʻiẽ$^{214-31}$tɕʻiẽ^{55} 亲戚：咱明儿里走～去吧

亲戚留人 tɕʻiẽ$^{214-31}$tɕʻi^{55}liəu^{42}zẽ^{42} 泛指亲戚朋友

邻居百舍 liẽ^{42}tɕy$^{214-24}$pei$^{214-24}$sə^{312} 泛指邻居

亲戚里道 tɕʻiẽ$^{214-31}$tɕʻi· li^{55}tɔ^{312} 具有亲戚或邻里关系：～的，不用客气

外人 uɛ$^{312-31}$zẽ^{42}

傍 paŋ^{214} （长相或行为）像：这一点儿～他爹 | 脸型儿～她娘

随 ɕyei^{42}

人口 zẽ^{42}kʻəu^{55}

男人 nã^{42}zẽ^{42}

男劳力 nã^{42}lɔ^{55}li^{214}

男子汉 nã^{42}tsɿ^{55}xã^{312}

壮劳力 pfaŋ$^{312-31}$lɔ^{55}li^{214}

女劳力 ȵy^{55}lɔ^{55}li^{214}

爷们儿 iə$^{42-55}$mer· ①成年男子 ②上下辈儿男人之间的互称 ③上辈儿男子与下辈儿男子的合称：俺俩是～

大老爷们儿 ta$^{312-31}$lɔ^{55}iə$^{42-55}$mer· 成年男人

爷俩儿 iə^{42}liar^{55} ①父子二人 ②泛指上下辈儿的两位男子

女人 ȵy$^{55-24}$zẽ·

妇女 fu$^{312-31}$ȵy^{55}

妇道人家 fu$^{312-24}$tɔ· zẽ$^{42-55}$tɕia· 对已婚妇女的蔑称

娘们儿 ȵiaŋ$^{42-55}$mer· ①已婚女人 ②长辈妇女和晚辈的合称

小末嘎儿 ɕiɔ^{55}miə^{214}kar^{42} 排行最小的孩子

孙男娣女 ɕyẽ^{214}nã^{42}ti$^{312-31}$ȵy^{55} 指儿女子孙

男孩儿 nã^{42}xɛr^{42}

男孩子 nã^{42}xɛ$^{42-55}$tsɿ·

女孩儿 ȵy^{55}xɛr^{42}

女孩子 ȵy^{55}xɛ$^{42-55}$tsɿ·

小花子 ɕiɔ$^{55-24}$xua· tsɿ· 小男孩儿

小小儿 ɕiɔ^{55}ɕiɔr^{55}

小闺女儿 ɕiɔ^{55}kuẽ$^{312-31}$ȵyer^{55} 小女孩儿

小妮儿 ɕiɔ^{55}ȵier^{214}

大妮儿 ta$^{312-31}$ȵier^{214} 姐妹中排行第一的

大妮子儿 ta$^{312-31}$ȵi$^{214-31}$tser· 长辈对晚辈女孩儿的爱称

大闺女 ta$^{312-31}$kuẽ$^{312-31}$ȵy^{55} ①已经长大成人的姑娘 ②女孩儿中的老大

老姑娘 lɔ^{55}ku$^{214-31}$ȵiaŋ·

老头儿 lɔ^{55}t'əur^{42}

老头子 lɔ^{55}t'əu$^{42-55}$tsɿ·

老大爷 lɔ^{55}ta$^{312-31}$iə^{55}

老妈儿妈儿 lɔ^{55}mar$^{55-24}$mar· 老年妇女

老妈子 lɔ^{55}ma$^{55-24}$tsɿ· 贬义

老大娘 lɔ^{55}ta$^{312-31}$ȵiaŋ^{55}

奶娃儿娃儿 nɛ$^{214-24}$uar^{55}uar· 吃奶的婴儿

头生儿 t'əu$^{42-55}$sər· 第一胎

二生儿 ər$^{312-42}$sər· 第二胎

双巴儿 faŋ$^{312-42}$par· 双胞胎

庄户人 pfaŋ$^{214-24}$xu$^{312-31}$zẽ^{42} 农民

　乡下人 ɕiaŋ$^{214-24}$ɕia$^{312-31}$zẽ^{42}

城里人 ts'əŋ$^{42-55}$li· zẽ^{42}

　吃国库粮的 ts'ʅ$^{214-24}$kuə^{55}k'u$^{312-31}$liaŋ$^{42-55}$li·

憨般 xã$^{214-31}$pã· 行为举止傻的人

　憨蛋 xã$^{214-24}$tã^{312}

　傻瓜 sa$^{55-24}$kua·

老实人 lɔ$^{55-24}$sʅ· zẽ^{42} 诚实、本分之人

二拼子 ər$^{312-31}$p'iẽ$^{214-31}$tsʅ· 甘愿吃亏、傻里傻气的人

二百五 ər$^{312-31}$pei$^{214-24}$u^{55} 讥称有些傻气、做事莽撞的人

半吊子 pã$^{312-31}$tiɔ$^{312-42}$tsʅ· 不通事理、说话随便、举止不沉稳的人

　二半吊子 ər$^{312-42}$pã· tiɔ$^{312-42}$tsʅ·

二流子 ər$^{312-31}$liəu$^{42-55}$tsʅ· 流里流气的人

破鞋 p'ə$^{312-31}$ɕiɛ^{42} 性生活不检点的人

泼妇 p'ə$^{214-24}$fu^{214}

带犊子 tɛ$^{312-42}$tu· tsʅ· 再婚妇女结婚时带来的前夫的子女

妖冶蛋 iɔ$^{214-24}$iə$^{214-24}$tã^{312} 对好说下流话的孩子的称呼

黑孩子 xei$^{214-24}$xɛ$^{42-55}$tsʅ· 没有户籍的孩子

私孩子 sʅ$^{214-31}$xɛ$^{42-55}$tsʅ· 詈辞

讨巴子 t'ɔ$^{55-24}$pa· tsʅ· 讨来的孩子。也指家长不太关照的孩子

舍巴子 sə$^{55-24}$pa· tsʅ· ①没人要的孩子 ②没人照管的孩子

街孩子 tɕiɛ$^{214-24}$xɛ$^{42-55}$tsʅ˙ 没人管教、整日不进家、在外胡闹的儿童

皮孩子 p‘i^{42}xɛ$^{42-55}$tsʅ˙ 调皮的孩子

街皮 tɕiɛ^{214}p‘i^{42} 整日在外闲逛的调皮孩子

年轻的 n̥iã^{42}tɕ‘iŋ$^{214-31}$li˙

做买卖的 tɕyə$^{312-31}$mɛ$^{55-24}$mɛ˙ li˙ 商人

　做生意的 tɕyə$^{312-31}$səŋ$^{55-24}$i˙ li˙

货郎 xə$^{312-31}$laŋ˙ 在农村流动贩卖日用品的小商人

二道贩子 ər$^{312-31}$tɔ$^{312-31}$fã$^{312-42}$tsʅ˙ 将货物从商人手里批发来，再零售出去，赚取中间差价的人

开药铺的 k‘ɛ$^{214-24}$yə^{214}p‘u$^{312-42}$li˙

先生 ɕiã$^{214-31}$səŋ^{55} 医生

匠人 tɕiaŋ$^{312-42}$zẽ˙ 泛指有手艺的工匠

当工人的 taŋ$^{214-24}$kuŋ$^{214-24}$zẽ$^{42-55}$li˙

种地的 pfəŋ$^{312-31}$ti$^{312-42}$li˙ 农民

当官儿的 taŋ$^{214-24}$kuɛr$^{214-31}$li˙ 官员

当兵的 taŋ$^{214-24}$piŋ$^{214-31}$li˙ 军人

剃头的 t‘i$^{312-31}$t‘əu$^{42-55}$li˙ 理发师

手艺人 səu^{55}i˙ zẽ^{42}

木匠 mu$^{214-24}$tɕiaŋ˙

铁匠 t‘iə$^{214-24}$tɕiaŋ˙

　打铁的 ta^{55}t‘iə$^{214-31}$li˙

送信的 ɕyŋ$^{312-31}$ɕiẽ$^{312-42}$li˙ 邮递员

送信儿的 ɕyŋ$^{312-31}$ɕier$^{312-42}$li˙ 报丧的人

下帖的 ɕia$^{312-31}$t‘iə$^{214-31}$li˙ 送结婚请柬的人

妈儿妈儿 mar$^{55-24}$mar˙ 巫婆

锢锅的 tɕy$^{214-24}$kuə$^{214-31}$li· 修理破锅的

拾娃娃的 sɿ^{42}ua$^{42-55}$ua· li· 接生员

轧衣裳的 tsa^{42}i$^{214-31}$saŋ^{55}li· 裁缝

二婚头 ər$^{312-42}$xuẽ· t‘əu^{42} 第二次结婚的人

相好的 ɕiaŋ$^{312-31}$xɔ$^{55-24}$li· 情人：他是她的～

玩把戏的 uã^{42}pa^{55}ɕi· li· 杂技演员

要饭的 iɔ$^{312-31}$fã$^{312-42}$li· 乞丐

要么儿吃的 iɔ$^{312-31}$mər^{42}ts‘ɿ$^{214-31}$li·

小偷儿 ɕiɔ^{55}t‘əur^{214}

贼 tsei^{42}

三只手 sã$^{214-24}$tsɿ$^{214-31}$səu^{55}

转转子 pfã$^{312-42}$pfã· tsɿ·

□包儿的 k‘ɔ$^{214-24}$pɔr$^{214-31}$li·

短路的 tuã^{55}lu$^{312-42}$li· 拦路抢劫的人

截路的 tɕiə^{42}lu$^{312-42}$li·

有种的 iəu^{55}pfəŋ$^{55-24}$li· 有胆量、有能力的人。含贬义

牛经纪 ȵiəu^{42}tɕiŋ$^{214-31}$tɕi· 牛市撮合买卖的人

南蛮子 nã^{42}mã$^{42-55}$tsɿ· 过去对南方人的称谓。含贬义

异歪头 i^{42}uɛ^{214}t‘əu^{42} 不讲理、要无赖的人

黏黏子 ȵiã$^{214-31}$ȵiã$^{42-55}$tsɿ· ①好纠缠人的人 ②办事不利索的人

酒黏黏子 tɕiəu^{55}ȵiã$^{214-31}$ȵiã$^{42-55}$tsɿ· 过分嗜酒的人

酒晕子 tɕiəu^{55}yẽ$^{214-31}$tsɿ·

老末 lɔ^{55}mə^{214} 总是在活动中落后的人

恶影影 ɣə$^{214-31}$iŋ· iŋ^{214} 特别令人讨厌的人

二不愣 ər$^{312-42}$pu· ləŋ^{312} 过于胆大而不计后果的人

二青头 ər$^{312-42}$tɕʻiŋ· tʻəu^{42} 不怕事儿的人

　愣头青 ləŋ^{312}tʻəu^{42}tɕʻiŋ^{214}

血乎子 ɕiə$^{214-31}$xu· tsɿ· 过于夸张自己痛苦的人

哭败虎儿 ku$^{214-24}$pɛ$^{312-31}$xur^{55} 对好哭的孩子的称呼

哗啦叶子 xua$^{214-31}$la· iə$^{214-31}$tsɿ· 爱滔滔不绝地讲话的人

恶子赖 ɣə$^{214-31}$tsɿ· lɛ^{312} 无赖

赖呆孩子 lɛ$^{214-31}$tɛ^{55}xɛ$^{42-55}$tsɿ· 发育不健康的孩子

笑面虎儿 ɕiɔ$^{312-31}$miã$^{312-31}$xur^{55}

小扒豁儿 ɕiɔ^{55}pa$^{214-24}$xuər^{214} 好说假话挑拨事儿的孩子

败家子儿 pɛ$^{312-31}$tɕia$^{214-31}$tser· 指好浪费、过度糟蹋自家财物的人

　败坏头 pɛ$^{312-42}$xuɛ· tʻəu^{42}

二尾子 ər$^{312-42}$i· tsɿ· 两性人

二混子 ər$^{312-31}$xuẽ$^{312-42}$tsɿ· ①不务正业的人 ②滥竽充数的人

二把刀 ər$^{312-31}$pa^{55}tɔ^{214} 技术不过硬的人

面糊子耳朵 miã$^{312-31}$xu$^{312-42}$tsɿ· ər$^{55-24}$tɔ· 比喻没有主见、易听信别人意见的人

吃气包 tsʻɿ$^{214-24}$tɕʻi$^{312-31}$pɔ^{214} 好吃亏受气的人

拧筋头 ȵiŋ$^{42-55}$tɕiẽ· tʻəu^{42} 脾气执拗、性格倔强的人

犟眼子 tɕiaŋ$^{312-42}$iã· tsɿ· 能和别人争执的倔强之人

假作头 tɕia$^{55-24}$tɕyə· tʻəu^{42} 不愿出头露面的人

末末嘎儿 miə$^{214-31}$miə· kar^{42} 最小或最后一名

离巴头 li$^{312-42}$pa· tʻəu^{42} 外行人

老闷杠 lɔ^{55}mẽ$^{214-24}$kaŋ^{312} 不爱说话的人

　大老闷 ta$^{312-31}$lɔ^{55}mẽ^{214}

坐地户儿 tɕyə$^{312-31}$ti^{55}xur^{312} 祖居该地的人家

外来户儿 uɛ$^{312-31}$lɛ^{42}xur^{312} 从外地迁来的人家

宰巴子 tsɛ$^{55-24}$pa· tsɿ· 屠夫

打狗子 ta$^{55-24}$kəu· tsɿ· 专门杀狗卖肉的人

绝户 tɕyə$^{42-55}$xu· 无子女的人家，也指无儿子的人家

　老绝户 lɔ^{55}tɕyə$^{42-55}$xu·

主儿家 pfur$^{55-24}$tɕia· 雇佣或聘请的一方

包工头儿 pɔ$^{214-24}$kuŋ^{214}t‘əur^{42}

泥瓦匠 ȵi^{42}ua^{55}tɕiaŋ^{312} 建筑工人

小工儿 ɕiɔ$^{55-24}$kũr· 给泥瓦匠做助手的工人

猴七儿 xəu^{42}tɕ‘ier^{214} 比喻爱动的人：这孩子给～样，光炸歪

病秧子 piŋ$^{312-31}$iaŋ$^{214-31}$tsɿ· 经常有病的人

吹呜儿哇儿的 pf‘ei$^{214-24}$ur^{55}uar· li· 吹鼓手

打下作的 ta^{55}ɕia$^{312-42}$tɕyə· li· 作辅助工作的人员

小气鬼 ɕiɔ$^{55-24}$tɕ‘i· kuei^{55}

窝囊废 uə$^{214-31}$naŋ^{55}fei^{312} 懦弱无能的人

　熊包 ɕyŋ^{42}pɔ^{214} 詈辞

孬熊 nɔ^{214}ɕyŋ^{42} 詈辞，指好使怀的人

　孬种 nɔ$^{214-31}$pfəŋ^{55}

老油子 lɔ^{55}iəu$^{42-55}$tsɿ· 处事经验丰富、计谋多而油滑的人

　老油条 lɔ^{55}iəu^{42}t‘iɔ^{42}

老愚末 lɔ^{55}y$^{214-24}$mə^{214} 做事迟缓，常丢三落四的人

泥末 ȵi^{42}mə· 不明事理

泥末头 ȵi^{42}mə· t‘əu^{42} 不明事理之人

认死理 zẽ$^{312-31}$sɿ^{55}li^{55} 头脑不活泛

花姐 xua$^{214-31}$tɕiə^{55} 结婚前夭亡的少女

半大孩子 pã$^{312-42}$ta· xɛ$^{42-55}$tsɿ· 未成年的男孩子，一般指十六七岁左右的男孩子

光棍儿 kuaŋ$^{214-24}$kuer· 单身汉

人头 zẽ^{42}t‘əu^{42} ①地方上有名望的人 ②人的头

大拿 ta$^{312-31}$na^{42} 有实权、说了算数的人

掌眼的 tsaŋ^{55}iã$^{55-24}$li· 有眼力，能帮助别人辨别真假、优劣的人

老婆嘴 lɔ$^{55-24}$p‘ə· tɕyei^{55} 善于传播闲话、拨弄是非的人

碎嘴子 ɕyei$^{312-31}$tɕyei$^{55-24}$tsɿ· 随随便便多说话的人

捣蛋包 tɔ^{55}tã$^{312-31}$pɔ^{214} 调皮鬼

顺毛驴儿 fẽ$^{312-31}$mɔ^{42}luer^{42} 只接受表扬、奉承，不接受批评的人

翻里花儿 fã$^{214-31}$li· xuar^{214} 喻指反复无常的人

肉里刺儿 zəu$^{312-42}$li· ts‘er^{312} 比喻表面老实，不爱说话，但却爱挑剔、有计谋的人

五 人体、疾病、医疗

身体 sẽ$^{214-31}$t‘i^{55}

　身子 sẽ$^{214-31}$tsɿ·

　身子骨儿 sẽ$^{214-31}$tsɿ· kur^{214}

　身板儿 sẽ$^{214-31}$pɛr·

身魄子 sẽ$^{214-31}$p‘ə^{55}tsɿ· 身子骨架

个子 kə$^{312-42}$tsɿ·

高个子 kɔ$^{214-24}$kə$^{312-42}$tsɿ·

矮个子 iɛ^{55}kə$^{312-42}$tsɿ·

　磨锥子 mə$^{312-31}$pfei$^{214-31}$tsɿ·

细高挑儿 ɕi$^{312-31}$kɔ$^{214-31}$t‘iɔr· 细长的身材

猛拉 məŋ$^{55-24}$la· 身个儿稍高：老二比老大个子稍～点儿啦

胖子 p‘aŋ$^{312-42}$tsɿ·

胖墩儿 p‘aŋ$^{312-31}$tuer^{214}

头 t‘əu^{42}

脑袋 nɔ$^{55-24}$tɛ·

脑袋瓜儿 nɔ$^{55-24}$tɛ· kuar^{214} ①头 ②脑筋

脑袋瓜子 nɔ$^{55-24}$tɛ· kua$^{214-31}$tsɿ·

脑子 nɔ$^{55-24}$tsɿ·

头顶 t‘əu^{42}tiŋ^{55}

秃子 t‘u$^{214-31}$tsɿ·

秃头 t‘u^{214}t‘əu^{42}

秃顶 t‘u$^{214-31}$tiŋ^{55}

后脑勺儿 xəu$^{312-31}$nɔ^{55}fər^{42}

后脑勺子 xəu$^{312-31}$nɔ^{55}fə$^{42-55}$tsɿ·

门头 mẽ^{42}t‘əu^{42} 前额

门头囟子 mẽ^{42}t‘əu^{42}ɕiẽ$^{312-42}$tsɿ· 囟门

抬头纹 t‘ɛ^{42}t‘əu^{42}uẽ^{42} 额上的皱纹

皱纹儿 tsəu$^{312-31}$uer^{42}

褶子 tsə$^{214-31}$tsɿ·

顶 tiŋ^{55} 头发按一定方向生长形成的旋涡形中心：他长了俩～

头发 t‘əu$^{42-55}$fa·

肤皮 fu^{214}p‘i^{42} 头皮屑

鬓角子 piẽ$^{312-31}$tɕyə$^{214-31}$tsɿ· 鬓角

颠线儿 tiã$^{214-31}$ɕiɛr· 小孩儿前额上留的一撮头发

把式毛儿 pa$^{55-24}$sɿ· mər^{42} 小男孩儿后脑勺下部留的一小绺头发

梆子头 paŋ$^{214-31}$tsɿ· t‘əu^{42} 长形头，顶部稍尖

辫子 piã$^{312-42}$tsɿ·

毛尾 mɔ$^{42-55}$i· 毛

脖子 pə$^{42-55}$tsɿ·

　胳拉绷儿 kə$^{42-55}$la· pə̃r^{55}

耳道 ər$^{55-24}$tɔ· 耳朵

耳屎儿 ər$^{55-24}$ɕyer· 耳垢

耳道眼儿 ər$^{55-24}$tɔ· iɛr^{55} 耳孔

耳垂儿 ər^{55}pf‘er^{42}

眼 iã^{55}

眼子毛 iã$^{55-24}$tsɿ· mɔ^{42} 睫毛

眉毛 mei^{42}mɔ^{42}

眼珠子 iã^{55}pfu$^{214-31}$tsɿ·

眼皮 iã^{55}p‘i^{42}

　眼皮子 iã^{55}p‘i$^{42-55}$tsɿ·

眼角子 iã^{55}tɕyə$^{214-31}$tsɿ·

眼眶子 iã^{55}k‘uaŋ$^{312-42}$tsɿ· 眼皮的边缘所构成的框儿

眼圈子 iã^{55}tɕ‘yã$^{214-31}$tsɿ·

眯缝眼儿 mi$^{214-31}$fəŋ· iɛr^{55} 细而小的眼睛

双眼皮儿 faŋ$^{214-31}$iã^{55}p‘ier^{42} 上眼皮双层

单眼皮儿 tã$^{214-31}$iã^{55}p‘ier^{42} 上眼皮单层

　肉眼皮 zəu$^{312-31}$iã^{55}p‘i^{42}

眵马糊 ts‘ɿ$^{214-31}$ma· xu^{214} 眼屎

脸 liã^{55}

凹苦脸 ua$^{214-31}$k‘u· liã^{55} 鼻梁及其两侧较凹陷的脸型

酒窝儿 tɕiəu^{55}uər^{214} 微笑时出现在嘴角两边的浅窝儿

哑巴脸 ia$^{55-24}$pa˙ liã^{55} 很少显露出表情的脸

滴泪雀 ti$^{214-24}$lei$^{312-31}$tɕʻyə^{214} 长在眼眶下面的雀斑

雀子 tɕʻyə$^{214-31}$tsɿ˙ 雀斑

鸡屎雀子 tɕi$^{214-31}$sɿ^{55}tɕʻyə$^{214-31}$tsɿ˙

记 tɕi^{312} 皮肤上生的斑痕，有青、红、黑、褐等色

老年斑 lɔ^{55}ȵiã^{42}pã^{214}

鼻子 pi$^{42-55}$tsɿ˙ ①嗅觉器官 ②鼻腔分泌出的液体

酒糟鼻子 tɕiəu^{55}tsɔ$^{214-24}$pi$^{42-55}$tsɿ˙ 像酒糟颜色的一种鼻子

鼻子筒 pi$^{42-55}$tsɿ˙ tʻuŋ^{55} 鼻涕

鼻子水 pi$^{42-55}$tsɿ˙ fei^{55} 因感冒而流出的稀鼻涕

淌鼻子 tʻaŋ^{55}pi$^{42-55}$tsɿ˙ 流鼻涕

淌鼻子水 tʻaŋ^{55}pi$^{42-55}$tsɿ˙ fei^{55} 流稀鼻涕

鼻孔眼子 pi$^{42-55}$xuŋ˙ iã$^{55-24}$tsɿ˙ 鼻孔

鼻窝 pi$^{42-55}$uə˙ 鼻子两边的凹处

鼻疙渣 pi$^{42-55}$kə˙ tsa^{214} 干结的鼻涕

鼻梁 pi^{42}liaŋ^{42}

哼囔鼻儿 xəŋ$^{214-31}$naŋ˙ pier^{42} 鼻子不通气，发音不清

嘴 tɕyei^{55}

嘴唇 tɕyei^{55}pfʻẽ^{42}

嘴角子 tɕyei^{55}tɕyə$^{214-31}$tsɿ˙

胡子 xu$^{42-55}$tsɿ˙

圈腮胡子 tɕʻyã$^{214-31}$sɛ˙ xu$^{42-55}$tsɿ˙ 络腮胡子

山羊胡子 sã$^{214-31}$iaŋ˙ xu$^{42-55}$tsɿ˙ 留在下巴上的一撮较长的胡须，形状像山羊下巴上的一撮长毛

八字胡儿 pa$^{214-24}$tsɿ$^{312-31}$xur^{42}　留在上唇像“八”字形的胡须

腮帮子 sɛ$^{214-24}$paŋ$^{214-31}$tsɿ˙　腮

嘴巴子 tɕyei^{55}pa$^{312-42}$tsɿ˙　下巴

嘴叉子 tɕyei^{55}ts‘a$^{214-31}$tsɿ˙　嘴（指讲话的能力）

　嘴皮子 tɕyei^{55}p‘i$^{42-55}$tsɿ˙

嘴头子 tɕyei^{55}t‘əu$^{42-55}$tsɿ˙　①嘴唇 ②讲话的能力

对嘴子 tuei$^{312-31}$tɕyei$^{55-24}$tsɿ˙　悬雍垂

老妈子嘴 lɔ^{55}ma$^{55-24}$tsɿ˙ tɕyei^{55}　指双唇薄而又向里凹陷的口型

牙 ia^{42}

门牙 mẽ^{42}ia^{42}

后槽牙 xəu$^{312-31}$ts‘ɔ˙ ia^{42}

虎牙 xu^{55}ia^{42}

牙茬子 ia^{42}tsa$^{312-42}$tsɿ˙　牙齿断后残留在牙龈内的部分

牙口 ia^{42}k‘əu˙　牙的咀嚼能力：他～不好，咬不动果子仁儿了

牙巴骨 ia$^{42-55}$pa˙ ku^{214}　牙床骨

牙花子 ia^{42}xua$^{214-31}$tsɿ˙　牙龈

牙缝疙瘩 ia$^{42-55}$fəŋ˙ kə$^{312-31}$ta^{55}　牙龈发炎起的疙瘩

吐沫星子 t‘u$^{312-42}$ma˙ ɕiŋ$^{214-31}$tsɿ˙　说话时迸出的唾液

洌洌 liə^{55}liə˙　口水

淌洌洌 t‘aŋ^{55}liə^{55}liə˙　流口水：孩子又～了，给他垫上个小手巾儿

喉咙 xəu^{42}luŋ^{42}

　嗓子眼儿 saŋ$^{55-24}$tsɿ˙ iɛr^{55}

　合星眼子 xə$^{42-55}$ɕiŋ˙ iã$^{55-24}$tsɿ˙

食道 sɿ^{42}tɔ^{312}

气嗓 tɕʻi$^{312-31}$saŋ^{55} 气管

气嗓头 tɕʻi$^{312-42}$saŋ˙ tʻəu^{42} 喉头

劈拉嗓子 pʻi$^{214-31}$la˙ saŋ$^{55-24}$tsɿ˙ 说话声音沙哑

肩膀头子 tɕiã$^{214-31}$paŋ˙ tʻəu$^{42-55}$tsɿ˙ 肩膀

胳膊 kə$^{214-31}$pʻa˙

胳膊肘子 kə$^{214-31}$pʻa˙ tsəu$^{42-55}$tsɿ˙

胳肢窝 kə$^{214-31}$tsɿ˙ uə^{214} 腋窝

胳膊弯子 kə$^{214-31}$pʻa˙ uã$^{214-31}$tsɿ˙

手 səu^{55}

巧手 tɕʻiɔ^{55}səu^{55} 右手

拙手 pfə$^{214-31}$səu^{55} 左手

手掌 səu^{55}tsaŋ^{55}

手心 səu^{55}ɕiẽ^{214} ①手掌中央 ②手掌

手背 səu^{55}pei^{312}

  手面子 səu^{55}miã$^{312-42}$tsɿ˙

皮锤 pʻi^{42}pfʻei^{42} 拳头

刮子 kua$^{214-31}$tsɿ˙ ①耳光 ②手掌

手指头 səu^{55}tsɿ$^{214-31}$tʻəu˙

大拇指 ta$^{312-42}$mu˙ tsɿ^{214}

  大门指头 ta$^{312-42}$mẽ˙ tsɿ$^{214-31}$tʻəu˙

二门指头 ər$^{312-42}$mẽ˙ tsɿ$^{214-31}$tʻəu˙ 食指

小手指头 ɕiɔ^{55}səu^{55}tsɿ$^{214-31}$tʻəu˙ 小拇指

手指甲 səu^{55}tsɿ$^{214-31}$tɕia˙

  手指甲盖子 səu^{55}tsɿ$^{214-31}$tɕia˙ kɛ$^{312-42}$tsɿ˙

手脖子 səu^{55}pə$^{42-55}$tsɿ˙ 手腕

簸箕 pə$^{312-42}$tɕʻi· 手指头肚儿上像簸箕形的纹理

斗 təu^{55} 手指头肚儿上圆形的纹理

倒刺 tɔ$^{312-31}$tsʻɿ^{312} 手指甲两侧翘起的刺状表皮

胸膛 ɕyŋ$^{214-31}$tʻaŋ^{55}

胸脯棱子 ɕyŋ$^{214-31}$pʻu· ləŋ$^{214-31}$tsɿ·

妈妈 ma$^{214-31}$ma· 乳房

怀里 xuɛ$^{42-55}$li·

肋巴 lei$^{214-31}$pa· 肋骨

肋巴骨 lei$^{214-31}$pa· ku^{214}

肋叉子 lei$^{214-24}$tsʻa$^{214-31}$tsɿ· 指两侧肋骨下部

脊梁 tɕi$^{214-31}$ȵiaŋ· 脊背

脊梁骨 tɕi$^{214-31}$ȵiaŋ· ku^{214}

肺 fi^{312}

胃 uei^{312}

肝花 kã$^{214-31}$xua· 肝脏

脾 pʻi^{55}

心 ɕiẽ^{214}

心壳郎子 ɕiẽ$^{214-31}$kʻə· laŋ$^{214-31}$tsɿ· ①胸部，胸腔 ②心胸：他～甚小

心窝儿 ɕiẽ$^{214-24}$uər^{214}

心口窝儿 ɕiẽ$^{214-31}$kʻəu· uər^{214}

心口 ɕiẽ$^{214-31}$kʻəu·

肚子 tu$^{312-42}$tsɿ·

小肚子 ɕiɔ^{55}tu$^{312-42}$tsɿ·

肚脐眼儿 tu$^{312-42}$tɕʻi· iɛr^{55} 肚脐

阑尾 lã^{42}uei^{55}

肠子 tsʻaŋ$^{42-55}$tsɿ˙

大肠 ta$^{312-42}$tsʻaŋ˙

小肠 ɕiɔ$^{55-24}$tsʻaŋ˙

腰 iɔ^{214}

肾 sẽ^{312}

　腰子 iɔ$^{214-31}$tsɿ˙

尿泡 ɕyei$^{214-31}$pʻɔ˙ 膀胱

腋折子 iə$^{214-24}$tsə$^{42-55}$tsɿ˙ 腹股沟

腚 tiŋ^{312} 臀部

　腚垂子 tiŋ$^{312-31}$pfʻei$^{42-55}$tsɿ˙

腚眼子 tiŋ$^{312-31}$iã$^{55-24}$tsɿ˙ 肛门

　腚眼儿 tiŋ$^{312-31}$iɛr^{55}

迭肚 tiə$^{42-55}$tu˙ 从肛门脱出的肛门扩约肌

腚沟 tiŋ$^{312-31}$kəu^{214}

光腚 kuaŋ$^{214-24}$tiŋ^{312} 裸体

蛋 tã^{312} 睾丸

　蛋子儿 tã$^{312-31}$tser^{55}

　蛋子子 tã$^{312-31}$tsɿ$^{55-24}$tsɿ˙

蛋皮 tã$^{312-31}$pʻi^{42} 阴囊外皮

鸡巴 tɕi$^{214-31}$pa˙

　巴子 pa$^{55-24}$tsɿ˙

雄 ɕyŋ^{42} 精液

衣包子 i$^{214-31}$pɔ˙tsɿ˙ 胎衣

娃儿娃儿屋 uar$^{42-55}$uar˙u^{214} 子宫

来身上 lɛ^{42}sẽ$^{214-31}$xaŋ˙ 来月经

胯骨 kʻua$^{312-42}$ku·

　大胯 ta$^{312-31}$kʻua·

腿 tʻuei^{55}

大腿 ta$^{312-42}$tʻuei·

大腿里子 ta$^{312-42}$tʻuei· li$^{55-24}$tsɿ·

大腿根子 ta$^{312-42}$tʻuei· kẽ$^{214-31}$tsɿ·

腿旮旯 tʻuei^{55}xə· la^{42} 两腿中间

胳拉拜子 kə$^{214-31}$la· pɛ$^{312-42}$tsɿ· 膝盖

小腿 ɕiɔ^{55}tʻuei^{55}

腿肚子 tʻuei^{55}tu$^{312-42}$tsɿ·

腿弯子 tʻuei^{55}uã$^{214-31}$tsɿ· 膝盖后侧可以弯曲的部位

脚脖子 tɕyə$^{214-24}$pə$^{42-55}$tsɿ· 脚腕

脚 tɕyə^{214}

　脚丫子 tɕyə$^{214-24}$ia$^{214-31}$tsɿ·

小脚丫儿 ɕiɔ^{55}tɕyə$^{214-24}$iar^{214}

脚面子 tɕyə^{214}miã$^{312-42}$tsɿ· 脚背

脚底板子 tɕyə$^{214-31}$ti· pã$^{55-24}$tsɿ· 脚掌

脚后跟 tɕyə^{214}xəu$^{312-42}$kẽ·

脚趾头 tɕyə$^{214-24}$tsɿ$^{214-31}$tʻəu·

脚旮旯 tɕyə$^{214-24}$xə· la^{42} 脚趾缝

脚心 tɕyə$^{214-24}$ɕiẽ^{214}

大门脚趾头 ta$^{312-42}$mẽ· tɕyə$^{214-24}$tsɿ$^{214-31}$tʻəu·

二门脚趾头 ər$^{312-42}$mẽ· tɕyə$^{214-24}$tsɿ$^{214-31}$tʻəu·

小脚趾头 ɕiɔ^{55}tɕyə$^{214-24}$tsɿ$^{214-31}$tʻəu·

罗圈腿 luə$^{42-55}$tɕʻyã· tʻuei^{55}

二郎腿 ər$^{312-31}$laŋ^{42}t‘uei^{55}

血 ɕiə^{214}

血管儿 ɕiə$^{214-31}$kuɛr^{55}

筋 tɕiẽ^{214} ①肌腱或骨头上的韧带 ②血管

骨头 ku$^{214-31}$t‘əu·

骨头节子 ku$^{214-31}$t‘əu· tɕiə$^{214-31}$tsʅ· 骨节

骨头架子 ku$^{214-31}$t‘əu· tɕia$^{312-42}$tsʅ· 骨架

脆骨 tɕ‘yei$^{312-42}$ku· 软骨

孬油 nɔ^{214}iəu^{42} 人体新陈代谢产生的油脂

灰不积 xuei$^{214-24}$pu$^{214-31}$tɕi^{55} 从人身体上搓下的小灰蛋儿

貌相 mɔ$^{312-31}$ɕiaŋ^{312} 相貌

病 piŋ^{312}

  疾病 tɕi$^{214-24}$piŋ^{312}

毛病 mɔ$^{42-55}$piŋ· ①病 ②缺陷

慢性病 mã$^{312-31}$ɕiŋ$^{312-31}$piŋ^{312}

病了 piŋ$^{312-42}$la·

  有病 iəu^{55}piŋ^{312}

  不得腔 pu$^{214-31}$tei· tɕ‘iaŋ^{214}

犯事儿 fã$^{312-31}$ser^{312} ①小儿生病的婉语：这孩子小时没少～ ②闯祸，犯法：听说那个坏蛋又～了

不出坦 pu$^{214-24}$pf‘u$^{214-31}$t‘ã· 不舒服

  不得力儿 pu$^{214-31}$tei· lier^{214}

  不得劲儿 pu$^{214-31}$tei· tɕier^{312}

阵号 tsẽ$^{312-42}$xɔ· ①小病小灾：这两天孩子有点儿～ ②症状：你给看看是什么～

拉肚子 la^{214}tu$^{312-42}$tsɿ˙

屙薄儿 ɣə^{214}pər^{42} 动物腹泻：小猪这两天～

拉稀 la$^{214-24}$ɕi^{214}

拉痢 la$^{214-24}$li^{312} 得痢疾

感冒 kã^{55}mɔ˙

冻着了 tuŋ$^{312-42}$tsɿ˙ la˙ / tuŋ$^{312-31}$pfə˙ la˙

闪汗 sã^{55}xã^{312} 出汗后因减掉衣服而害冷

发烧 fa$^{214-24}$sɔ^{214}

发热 fa$^{214-24}$zə^{214}

害冷 xɛ$^{312-31}$ləŋ^{55} 感觉冷

发疟子 fa^{214}yə$^{312-42}$tsɿ˙ 发疟疾

头疼脑热 t'əu^{42}t'əŋ^{42}nɔ^{55}zə^{214} 泛指伤风感冒之类的小病

一垡子 i$^{214-24}$fa$^{42-55}$tsɿ˙ 特指某种疾病流行一阵子，一波儿：这几天感冒的孩子不少，都是～

吓着 ɕia$^{312-31}$pfə^{55} / ɕia$^{312-42}$tsɿ˙ 因惊吓而得病

头疼 t'əu^{42}t'əŋ^{42}

头晕 t'əu^{42}yẽ^{214}

晕车 yẽ$^{214-24}$ts'ə^{214}

晕船 yẽ^{214}pf'ã^{42}

肚子疼 tu$^{312-42}$tsɿ˙ t'əŋ^{42}

偏头疼 p'iã^{214}t'əu^{42}t'əŋ^{42} 头的一侧疼

腰疼 iɔ^{214}t'əŋ^{42}

胃寒 uei$^{312-31}$xã^{42}

胃瓤 uei$^{312-31}$zaŋ^{42} 胃不好

疝气 sã$^{312-31}$tɕ'i^{312}

小肠火 ɕiɔ$^{55-24}$ts'aŋ· xuə^{55} 小便不畅，排尿时尿道疼痛

上火 saŋ$^{312-31}$xuə^{55} 泛指小便发黄、大便干燥，或口中发苦、口舌生疮、眼睛红肿及其他炎症

有火 iəu^{55}xuə^{55}

虚饱 ɕy$^{214-31}$pɔ^{55} 吃了东西不消化，胃里撑胀：我肚子乔～得慌，得吃点儿食母生

胀饱 tsaŋ$^{312-42}$pɔ·

撑胀 ts'əŋ$^{214-24}$tsaŋ^{312}

压住食儿 ia$^{214-24}$pfu· ser^{42}

伤食 saŋ^{214}sɿ^{42}

反登 fã$^{55-24}$təŋ· 反胃欲吐

干哕 kã$^{214-31}$yə· ①反胃欲吐 ②呕吐

恶心 ɣə$^{214-31}$ɕiẽ·

㔏心 li$^{42-55}$ɕiẽ· 胃里烧灼不适，时而吐酸水

吐酸水 t'u^{55}ɕyã$^{214-31}$fei· 胃酸倒流

心口里疼 ɕiẽ$^{214-24}$k'əu$^{55-24}$li· t'əŋ^{42} 胃疼

咳嗽 k'ə$^{55-24}$ts'ɔ·

粘痰 ȵiã^{42}t'ã^{42}

不待吃饭 pu$^{214-24}$tɛ$^{312-31}$ts'ɿ$^{214-24}$fã^{312} 不太想吃饭

生赖 səŋ$^{214-24}$lɛ^{312} 生毛病：这孩子打小好～

出疹子 pf'u$^{214-24}$tsẽ$^{55-24}$tsɿ·

出水痘 pf'u$^{214-24}$fei^{55}təu^{312}

中暑 pfəŋ$^{312-31}$fu^{42}

热着啦 zə$^{214-24}$pfə· la· / zə$^{214-31}$tsɿ· la·

痨病 lɔ$^{42-55}$piŋ· 泛指肺病、气管疾病

脑膜炎 nɔ^{55}mə^{42}iã^{42}

脑出血 nɔ^{55}pfʻu$^{214-24}$ɕyə^{214} / ɕiə^{214}

害眼 xɛ$^{312-31}$iã^{55} 患结膜炎

红眼病 xuŋ^{42}iã^{55}piŋ^{312}

疤拉眼 pa$^{214-31}$la˙ iã^{55} 眼皮上有疤

橛眼儿 tɕyə$^{42-55}$iɛr˙ 眼皮红肿

烂眼子 lã$^{312-42}$iã˙ tsɿ˙ 眼睑周围由于细菌感染而溃烂

斜棱眼儿 ɕiə$^{42-55}$ləŋ˙ iɛr^{55} 一种只能斜视的先天性畸形眼睛

斜棱眼子 ɕiə$^{42-55}$ləŋ˙ iã$^{55-24}$tsɿ˙

抹撒眼 ma$^{214-31}$sa˙ iã^{55} 上眼皮张力较弱，不能完全睁开的一种眼睛

云彩 yẽ$^{42-55}$tsʻɛ˙ 眼球上生的白膜

眵马糊 tsʻɿ$^{214-31}$ma˙ xu^{214} 眼眵

耳膜炎 ər^{55}mə^{42}iã^{42}

害耳道底子 xɛ$^{312-31}$ər$^{55-24}$tɔ˙ ti$^{55-24}$tsɿ˙

耳背 ər^{55}pei^{312} 听觉能力差

耳沉 ər^{55}tsʻẽ^{42}

鼻炎 pi^{42}iã^{42}

鼻窦炎 pi^{42}təu$^{312-31}$iã^{42}

虫牙 pfʻəŋ^{42}ia^{42} 龋齿

牙窟窿 ia^{42}kʻu$^{214-31}$luŋ˙

火牙 xuə^{55}ia^{42} 牙因炎症而疼痛

牙疼 ia^{42}tʻəŋ^{42}

倒牙 tɔ^{55}ia^{42} 牙神经因受酸性食物刺激，咀嚼时感到不舒服

口疮 kʻəu$^{55-24}$pfʻaŋ˙ 口腔内发炎引起的局部溃疡

痣 tsɿ^{312}

刺瘊儿 ts‘ʅ$^{312-31}$xəur^{42} 皮肤上长的较硬的疣

瘊子 xəu$^{42-55}$tsʅ· 疣

糟疙瘩子 tsɔ$^{214-31}$kə· ta$^{214-31}$tsʅ· 毛囊炎、小粉瘤等

黄水疮 xuaŋ^{42}fei^{55}pfʻaŋ^{214} 一种流黄水、易蔓延的疮

老鼠疮 lɔ$^{55-24}$fu· pfʻaŋ^{214} 淋巴结核

搭背疮 ta$^{214-24}$pei$^{312-31}$pfʻaŋ^{214} 长在脊背上的恶疮

对口疮 tuei$^{312-31}$k‘əu^{55}pfʻaŋ^{214} 长在后脑勺上的恶疮

掉迭肚 tiɔ$^{312-31}$tiə$^{42-55}$tu· 脱肛

麻风病 ma^{42}fəŋ$^{214-24}$piŋ^{312}

　大麻风 ta$^{312-31}$ma· fəŋ^{214}

霍乱 xuə^{214}luã^{42}

伤寒 saŋ^{214}xã^{42}

长痄腮 tsaŋ^{55}tsa$^{312-42}$sɛ· 腮腺炎

疙瘩 kə$^{214-31}$ta· ①腮腺炎 ②凸起的肿块

　疙瘩疣子 kə$^{214-31}$ta· iəu$^{42-55}$tsʅ·

　疙瘩疣儿 kə$^{214-31}$ta· iəur^{42}

木疙瘩 mu$^{214-31}$kə· ta^{214} 因蚊虫叮咬或过敏引起的皮肤上起的小疙瘩

羊狗子疯 iaŋ$^{42-55}$kəu· tsʅ· fəŋ^{214} 羊角风

　抽风 ts‘əu$^{214-24}$fəŋ^{214}

半身不遂 pã$^{312-31}$sẽ$^{214-24}$pu^{214}çyei^{42}

长疮 tsaŋ^{55}pfʻaŋ^{214}

流脓 liəu^{42}nuŋ^{42}

丁疙渣儿 tiŋ$^{214-24}$kə$^{214-31}$tsar^{55} （伤口或化脓的疮）结痂

长疖子 tsaŋ^{55}tçiə$^{214-31}$tsʅ·

发汗 fa$^{214-24}$xã^{312} 感冒以后吃药或喝姜汤等使身体出汗

出虚汗 pfʻu$^{214-24}$ɕy$^{214-24}$xã^{312} 因身体虚弱而出汗

请先生 tɕʻiŋ^{55}ɕiã$^{214-31}$səŋ· 请医生看病

看病 kʻã$^{312-31}$piŋ^{312}

候脉儿 xəu$^{312-31}$mer^{214} 医生给病人切脉儿

拿药 na^{42}yə^{214}

熬药 ɣɔ^{42}yə^{214} 煎中药

吃药 tsʻɿ$^{214-24}$yə^{214} 服片剂药

喝药 xə$^{214-24}$yə^{214} ①服中药汤剂 ②服毒

舌苔 sə^{42}tʻɛ^{214}

药单子 yə$^{214-24}$tã$^{214-31}$tsɿ·

药罐子 yə^{214}kuã$^{312-42}$tsɿ·

药引子 yə$^{214-31}$iẽ$^{55-24}$tsɿ·

剂子 tɕi$^{312-42}$tsɿ· （一付中药的）剂量：这回儿开的药～不小

洋糖 iaŋ^{42}tʻaŋ^{42} 一种带甜味的块状驱蛔虫药，多用于小儿

草药 tsʻɔ^{55}yə^{214}

药锅 yə$^{214-24}$kuə^{214} 煎中药的锅

药铺 yə$^{214-24}$pʻu^{312}

打针 ta^{55}tsẽ^{214} 注射

　扎针 tsa$^{214-24}$tsẽ^{214}

打吊针 ta^{55}tiɔ$^{312-31}$tsẽ^{214} 打点滴输液

针灸 tsẽ$^{214-31}$tɕiəu^{55}

拔火罐子 pa^{42}xuə^{55}kuã$^{312-42}$tsɿ·

开刀 kʻɛ$^{214-24}$tɔ^{214} 动手术

开膛 kʻɛ^{214}tʻaŋ^{42} 剖腹

膏药 kɔ$^{214-31}$yə·

狗皮膏药 kəu^{55}pʻi^{42}kɔ$^{214-31}$yə·

药膏儿 yə$^{214-24}$kɔr^{214}

药面儿 yə$^{214-24}$miɛr^{312}

药片子 yə^{214}pʻiã$^{312-42}$tsɿ· 药片

  药片儿 yə$^{214-24}$pʻiɛr^{312}

药丸儿 yə^{214}uɛr^{42}

眼药水儿 iã$^{55-24}$yə· fer^{55}

驱 tɕʻy^{214} ①走路碰伤脚趾头：看着路上的石头点儿，别～了脚趾头 ②用脚轻轻踢物，使其移动：你把沙包～过来

蹲 tuẽ^{214} 脚、腿因落地过猛而挫伤：别跳了，光～了脚

踒 uə^{214} （手、脚等）猛折而筋骨受伤：手～了 | ～脚脖子了

阻 tɕy^{42} ①阻挡：～住血了 ②踒：～手指头了

着 pfə^{42} （病）传染：他害的这种病～人

种花儿花儿 pfəŋ$^{312-31}$xuar$^{214-31}$xuar· 接种牛痘

偏方 pʻiã$^{214-24}$faŋ^{214}

中邪 pfəŋ$^{312-31}$ɕiə^{42}

败火 pɛ$^{312-31}$xuə^{55} 去火：给孩子弄点儿～的水喝

打火 ta^{55}xuə^{55}

脚气 tɕyə$^{214-24}$tɕʻi·

脚垫 tɕyə$^{214-24}$tiã^{312} 脚掌上的硬茧

虚 ɕy^{214} 浮肿：脚～得穿不上鞋了

大肚子痞 ta$^{312-31}$tu$^{312-42}$tsɿ· pʻi^{55} 黑热病症，腹有肿块，多属肝脏和脾脏肿大

错踝儿 tɕʻyə$^{312-31}$xuɛr^{42} 关节脱臼

老寒腿 lɔ^{55}xã^{42}tʻuei^{55} 腿关节受凉而疼痛

拐拉 kuɛ$^{55-24}$la˙ 走路有些跛

拖趴 tʻuə$^{214-31}$pʻa˙ ①因腿疾而不能走动：听说他～了 ②因患腿疾而不能走动的人：他是个～

岔气儿 tsʻa$^{312-31}$tɕʻier^{312} 因突然的动作扭伤了两肋肌肉，致呼吸时两肋疼痛

转筋儿 pfã$^{312-31}$tɕier^{214} 抽筋儿

出筋儿 pfʻu$^{214-24}$tɕier^{214}

卡巴儿 tɕʻia$^{312-42}$par˙ 因急躁突然休克

还醒 xuã$^{42-55}$ɕiŋ˙ 苏醒：别慌，他一会儿就能～过来

瘪骨 piə$^{55-24}$ku˙ 肢体不灵活，不听使唤：手冻～了

翻白眼 fã^{214}pei^{42}iã^{55}

出头儿 pfʻu^{214}tʻəur^{42} 化脓

发 fa^{214} ①因感染而发炎：劃破的那个地方别着水儿，光～了 ②中医指一种疏散作用：发物 | 发汗

血印 ɕiə$^{214-31}$iẽ˙ 磕碰引起皮下出血而发红：我的腿碰～了

鬼剃头 kuei^{55}tʻi$^{312-31}$tʻəu^{42} 夜间一小块儿头发突然脱落

铺燎 pʻu$^{214-31}$liɔ˙ 由于磨、烧、烫等原因造成的皮肤上起的水泡或血泡

绿纯 ly$^{214-31}$pfẽ˙ 皮肤因遭受抽打而鼓起的条状肿块

疤拉 pa$^{214-31}$la˙ 疤

疥疮 tɕiɛ$^{312-42}$pfaŋ˙

癣 ɕyã^{55}

牛皮癣 ȵiəu^{42}pʻi^{42}ɕyã^{55}

痱子 ɕy$^{312-42}$tsɿ˙ / fi$^{312-42}$tsɿ˙

粉刺 fẽ^{55}tsʻɿ^{312}

瘿布袋 iŋ$^{214-24}$pu˙tɛ^{214} 因缺碘而致的甲状腺肿大

拙拉撇子 pfə$^{214-31}$la· pʻiə$^{214-31}$tsɿ· 用左手拿筷子吃饭的人

结巴子 tɕiə$^{214-31}$pa· tsɿ· 口吃的人

半哑巴 pã$^{312-42}$ia· pa^{214} 说话口齿不清的人

瘸巴 tɕʻyə$^{42-55}$pa· 腿瘸的人

　瘸子 tɕʻyə$^{42-55}$tsɿ·

　瘸巴腿 tɕʻyə$^{42-55}$pa· tʻuei^{55}

罗骨 luə$^{42-55}$ku· ①驼背 ②驼背的人

　罗弓腰 luə$^{42-55}$kuŋ· iɔ^{214}

背躬着腰 pei$^{312-31}$kuŋ$^{214-31}$tsɿ· iɔ^{214} 驼背

罗骨子 luə$^{42-55}$ku· tsɿ· 驼背的人

麻子 ma$^{42-55}$tsɿ·

瞎子 ɕia$^{214-31}$tsɿ·

睁眼瞎 tsəŋ$^{214-31}$iã^{55}ɕia^{214} 眼睛睁着，但看不见东西

雀乎眼 tɕʻyə$^{214-31}$xu· iã^{55} 夜盲症

聋子 luŋ$^{42-55}$tsɿ·

哑巴 ia$^{55-24}$pa·

公鸭嗓儿 kuŋ$^{214-31}$ia· sãr^{55}

花眼 xua$^{214-24}$iã^{55} / xua$^{214-31}$iã·

近视眼 tɕiẽ$^{312-42}$sɿ· iã^{55}

波罗眼 pə$^{312-42}$luə· iã^{55} 白眼珠儿多，黑眼珠儿少，视力很差，甚至无视力

斗眼儿 təu$^{312-42}$iɛr· 两眼珠同步向内斜视

豁子嘴 xuə$^{214-31}$tsɿ· tɕyei^{55} 豁嘴，嘴唇有豁疤

兔唇 tʻu$^{312-31}$pfʻẽ^{42}

地包天 ti$^{312-31}$pɔ$^{214-24}$tʻiã^{214} 下嘴唇长，上嘴唇短

落枕 luə$^{214-24}$tsẽ^{312} 睡觉时，因受凉或姿势不妥等原因引起的脖子疼痛

崴 uɛ^{55} 脚和手扭伤

白公子 pei$^{42-55}$kuŋ˙tsɿ˙ 白癜风患者

挤眨眼子 tɕi$^{214-31}$tsa˙iã$^{55-24}$tsɿ˙ 频繁眨眼的人

咬舌子 iɔ^{55}sə$^{42-55}$tsɿ˙ 因某种毛病或撒娇而发音不准确：他说话有点儿～

六　农业

下坡 ɕia$^{312-31}$p‘ə^{214} 到农田里去劳动

住工 pfu$^{312-31}$kuŋ^{214} 收工

耕地 kəŋ$^{214-24}$ti^{312}

耙地 pa$^{312-31}$ti^{312} 用耙把地表的土弄碎或弄平地面

锄地 pf‘u^{42}ti^{312} 用锄把地面弄松或除掉地面长的杂草

耘地 yẽ^{42}ti^{312} 用耘锄把地面弄松或除掉地面的杂草

锸地 ts‘a^{55}ti^{312} 用铁锨疏松土地：他～哩

种地 pfəŋ$^{312-31}$ti^{312}

耧沟子 ləu^{42}kəu$^{214-31}$tsɿ˙ 把下了种的沟子耧平

耪地 p‘aŋ^{55}ti^{312} 用锄锄草并翻松土地

挡地 taŋ$^{312-31}$ti^{312} 用挡耙子挡平土地或疏松土地

砸坷垃 tsa^{42}k‘ə$^{55-24}$la˙ 把地里的坷垃砸碎

耥沟子 t‘aŋ$^{214-24}$kəu$^{214-31}$tsɿ˙ 用犁把土翻弄成沟

刨地 p‘ɔ^{42}ti^{312} 用镢刨开土地

翻地 fã$^{214-24}$ti^{312} 用锨翻松土地

耱垄 mə$^{312-31}$luŋ^{55} 把垄弄平整

耩子 tɕiaŋ$^{55-24}$tsɿ˙ 耧

耩地 tɕiaŋ^{55}ti^{312} 用耩子下种

沤粪 ɣəu$^{214-24}$fẽ^{312} 沤制肥料

大粪 ta$^{312-42}$fẽ˙ 人的粪便

小粪 ɕiɔ$^{55-24}$fẽ˙ 牲口的粪便

垫栏 tiã$^{312-31}$lã^{42} 往牲口栏里垫土

出栏 pfʻu^{214}lã^{42} 把牲口栏里的粪土清除出来

出粪 pfʻu$^{214-24}$fẽ^{312} 把猪圈里或厕所里的粪清理出来

推粪 tʻuei$^{214-24}$fẽ^{312} 用小土车把粪从家里推到院子外

拉粪 la$^{214-24}$fẽ^{312} 用地排车把粪运到田间

撒粪 sa^{55}fẽ^{312} 用铁锨把田间成堆的粪撒开

上粪 saŋ$^{312-31}$fẽ^{312} 把粪撒到庄稼根部

拾粪 sɿ^{42}fẽ^{312} 到处捡粪

劐氨水儿 xuə$^{214-24}$ɣã$^{214-31}$fer˙ 用播注氨水的耧给庄稼追施氨水

撒化肥 sa^{55}xua$^{312-31}$fi^{42} 把化肥撒到庄稼根部附近

上化肥 saŋ$^{312-31}$xua$^{312-31}$fi^{42} 给庄稼施化肥

埯种 ɣã^{55}pfəŋ^{55} 点播种子

浇地 tɕiɔ$^{214-24}$ti^{312}

叉木 tsʻa$^{312-42}$mu˙ 辘轳的支架

打壳篓 ta^{55}kʻə$^{214-31}$ləu˙ 用壳篓取水浇地

拧二人拧 ȵiŋ^{42}ər$^{312-31}$zẽ^{42}ȵiŋ^{42} 两人或四人拧二人拧取水

推水车 tʻuei$^{214-24}$fei^{55}tsʻə^{214}

潜水泵 tɕʻiã$^{214-31}$fei˙ pəŋ^{312}

小电机 ɕiɔ^{55}tiã$^{312-31}$tɕi^{214}

拉水 la$^{214-24}$fei^{55}

放水 faŋ$^{312-31}$fei^{55}

挑水 t‘iɔ$^{214-24}$fei^{55}

秧果子 iaŋ$^{214-24}$kuə$^{55-24}$tsɿ˙ 把花生仁儿种在地里

秧芋头 iaŋ^{214}y$^{312-42}$t‘əu˙ 把地瓜或地瓜秧埋在地里

秧姜 iaŋ$^{214-24}$tɕiaŋ^{214} 把暖好的姜种埋在地里

暖芋头母子 nã^{55}y$^{312-42}$t‘əu˙ mu$^{55-24}$tsɿ˙ 把用来育秧的地瓜埋在土炕上

暖姜芽子 nã^{55}tɕiaŋ$^{214-24}$ia$^{42-55}$tsɿ˙ 把姜种包好放在温暖处育芽

拔姜 pa^{42}tɕiaŋ^{214} 把成熟的姜从地里拔出

掰姜苗子 pei$^{214-24}$tɕiaŋ$^{214-24}$miɔ$^{42-55}$tsɿ˙ 把姜块上的姜苗掰去

刨果子 p‘ɔ^{42}kuə$^{55-24}$tsɿ˙ 用镢把成熟的花生从地里刨出来

刨芋头 p‘ɔ^{42}y$^{312-42}$t‘əu˙ 用镢把成熟的地瓜从地里刨出来

掰玉蜀黍 pei$^{214-24}$y$^{312-31}$fu^{55}fu˙ 把成熟的玉米从玉米棵上掰下来

翻秧子 fã$^{214-24}$iaŋ$^{214-31}$tsɿ˙ 把长长的地瓜秧子翻到沟儿的另一边去，免得秧上扎根

薅 xɔ^{214} 拔：～草 | ～头发

割草 kə$^{214-24}$ts‘ɔ^{55} 用镰割草

打药 ta^{55}yə^{214}

割麦子 kə$^{214-24}$mei$^{214-31}$tsɿ˙ 收割小麦

刨茬子 p‘ɔ^{42}tsa$^{312-42}$tsɿ˙ 用镢把割掉棵儿的庄稼根部刨出

穿种 pf‘ã$^{214-24}$pfəŋ^{312} 在长着庄稼的地里间种其他庄稼

择果子 tsei^{42}kuə$^{55-24}$tsɿ˙ 把花生从棵儿上摘下来

□ luã^{42} 复收地瓜、花生等：～芋头 | ～果子

□穰 luã^{42}zaŋ^{42} 把打轧过的植物秸穗再轧一遍，以回收穗上残留的籽粒

下苹果 ɕia$^{312-31}$p‘iŋ^{42}kuə^{55} 从树上摘苹果

摘豆角子 tsei$^{214-24}$təu$^{312-31}$tɕyə$^{214-31}$tsɿ˙

打枣 ta^{55}tsɔ^{55} 用长棍子把枣从树上打下来

下枣 ɕia$^{312-31}$tsɔ^{55}

打场 ta^{55}tsʻaŋ^{42} 晾晒、碾轧、拾掇收割到场院里的庄稼

扬场 iaŋ^{42}tsʻaŋ^{42} 把打轧出来的粮食用木锨或簸箕扬起，借风力吹去其中的壳皮和尘土

轧场 ia$^{312-31}$tsʻaŋ^{42} 用碌碡碾轧摊开晒过的庄稼

晒芋头干儿 sɛ$^{312-31}$y$^{312-42}$tʻəu· kɛr^{214} 把地瓜礤成片撒开晾晒

拉瓜秧 la$^{214-24}$kua$^{214-24}$iaŋ^{214} 把结完瓜的瓜秧拔除掉

套牲口 tʻɔ$^{312-31}$səŋ$^{214-31}$kʻəu· 把牛、驴、马等牲口套上犋子准备干活

铡草 tsa^{42}tsʻɔ^{55} 用铡刀把喂牲口的草料铡碎

喂牲口 uei$^{312-31}$səŋ$^{214-31}$kʻəu·

饮牲口 iẽ$^{312-31}$səŋ$^{214-31}$kʻəu· 让牛、驴、马等牲口饮水

嚗 pfʻɛ^{312} ①加料儿使多吃：～肥猪 ②尽量往容器里多装：把布袋～满

遛 liəu^{312} 牵着大牲口慢慢走，使其减轻病痛或消除疲劳

槌 pfʻei^{42} 砸坏公牛的睾丸，去其雄势

骟 sã^{312} 阉割驴马

劁 tɕʻiɔ^{214} 阉割猪

摘 tsei^{42} 阉割牲畜

打苫子 ta^{55}sã$^{214-31}$tsɿ· 用细绳把脱过粒的麦秆或谷秆编成遮盖东西的帘子

打箔 ta^{55}pə^{42} 用细绳把苇子或秫秸编织成帘子

打绳 ta^{55}səŋ^{42} 用麻或苘的茎皮纤维拧结成条状物

杀树 sa$^{214-24}$fu^{312} 砍伐树木

杀麻 sa^{214}ma^{42} 割收麻茎

起石头 tɕʻi^{55}sɿ$^{42-55}$tʻəu· 采石头

打石头 $ta^{55}s\text{ɿ}^{42\text{-}55}t^{‘}əu^{·}$ 把采出的石头打成型

减苗儿 $tɕiã^{312\text{-}31}miɔr^{42}$ 把多余的庄稼苗儿拔掉

剋玉蜀黍 $k^{‘}ei^{214\text{-}24}y^{312\text{-}31}fu^{55}fu^{·}$ 用手指把玉米粒儿从棒子上剥下来

钎高粱 $tɕ^{‘}iã^{214\text{-}24}kɔ^{214\text{-}24}liaŋ^{42}$ 把高粱穗儿从秫秸上削下来

礤芋头 $ts^{‘}a^{214}y^{312\text{-}42}t^{‘}əu^{·}$ 用礤床把地瓜礤成片

板镢子 $pã^{214\text{-}24}tɕyə^{214\text{-}31}ts\text{ɿ}^{·}$ 镢头略呈长等腰三角形的薄而小的镢类农具

镢头 $tɕyə^{214}t^{‘}əu^{42}$ 镢的铁制部分

铁锨 $t^{‘}iə^{214\text{-}24}ɕiã^{214}$

挡耙子 $taŋ^{312\text{-}42}p^{‘}a^{·}ts\text{ɿ}^{·}$ 挡地用的耙子

犁 li^{42}

犁铧 $li^{42}xua^{42}$

犁镜子 $li^{42}tɕiŋ^{312\text{-}42}ts\text{ɿ}^{·}$

笤帚 $t^{‘}iɔ^{42\text{-}55}pfu^{·}$ 用高粱杪儿做成的用来扫地的工具

扫帚 $sɔ^{312\text{-}42}pfu^{·}$ 用竹子枝条做成的用来扫地的工具

地排车 $ti^{312\text{-}31}p^{‘}ɛ^{42}ts^{‘}ə^{214}$ 带两个胶轮的中型农用载重车

胶轮车 $tɕiɔ^{214}luer^{42}ts^{‘}ə^{214}$ 一人手推的独轮车儿，轮在中间，两边载物

小土车 $ɕiɔ^{55}t^{‘}ʮ^{55}ts^{‘}ə^{214}$ 在车轮上面的平板上装载东西的独轮小推车

拖车 $t^{‘}uə^{214\text{-}31}ts^{‘}ə^{·}$ 拖运犁耙等农具的方形木架，无轮拖行

耙 pa^{312}

锄 $pf^{‘}u^{42}$

镰 $liã^{42}$

牛锁头 $ȵiəu^{42}ɕyə^{214\text{-}31}t^{‘}əu^{·}$ 牛鞅

驴夹板子 $ly^{42}tɕia^{214\text{-}31}pã^{·}ts\text{ɿ}^{·}$ 套在驴脖子上的拉套的夹板

挖井 $uã^{214\text{-}24}tɕiŋ^{55}$

打井 ta⁵⁵tɕiŋ⁵⁵

淘井 t'ɔ⁴²tɕiŋ⁵⁵ 把井底淤积的泥沙挖出

洇地 iẽ²¹⁴⁻²⁴ti³¹² 浇地

洇沟子 iẽ²¹⁴⁻²⁴kəu²¹⁴⁻³¹tsɿ·

缰绳 kaŋ²¹⁴⁻³¹səŋ· 牵拴牲口的绳子

撇绳 p'iə²¹⁴⁻³¹səŋ· 掌握牲口干活时行进方向的长绳

絚 kəŋ²¹⁴ 套在牲口身上拉农具的粗绳索

约子 yə³¹²⁻⁴²tsɿ· 捆扎庄稼、柴草、蔬菜等的草绳

襻 p'ã³¹² 推、拉车时，便于肩膀用力的搭在肩膀上的两头与车把或车身相连的宽形带子

搭腰 ta²¹⁴⁻³¹iɔ· 牲口干活时搭在背上的襻带或绳子

肚带 tu³¹²⁻⁴²tɛ· 从牲口的肚子下面通过的系在两根套绳上的绳子

鼻钳 pi⁴²tɕ'iã⁴² 穿在牛鼻子里的半圆形铁环

嘚儿 ter⁴² 催促牲口前进的口令

驾 tɕia⁴²

撒 sa³¹² 让牲口倒退的口令

□ y²¹⁴ 让牲口停止走动的口令

□ i²¹⁴ 让牲口从右侧后转的口令

窝 uə²¹⁴ 让牲口从左侧后转的口令

碌碡 ly²¹⁴⁻³¹pfu· 用来轧场的石磙

筢 p'a⁴² 用竹条或铁丝排列制成的、端部弯曲、用来搂柴草的器具

杈 ts'a²¹⁴ 一端有两个以上略弯的长齿而另一端有长柄的用来挑柴草的农具

抬筐 t'ɛ⁴²k'uaŋ²¹⁴ 用树枝条编成的筐，用时两人用杠子抬

钩担 kəu⁵⁵⁻²⁴tã· 用来担东西的两端用绳拴有钩子的担子

筲 sɔ²¹⁴ 水桶。一般是铁制的，也有竹制、木制的

洋筲 iaŋ^{42}sɔ^{214} 特指铁制水桶

七　商业、文教、娱乐等

赶集 kã^{55}tɕi^{42}

　到集上 tɔ$^{312-31}$tɕi$^{42-55}$xaŋ·

散集 sã$^{312-31}$tɕi^{42} 集市结束

赶会 kã^{55}xuei^{312}

猪市 pfu$^{214-24}$sɿ^{312} 买卖猪的市场

粮食市儿 liaŋ$^{42-55}$sɿ· ser^{312} 买卖粮食的场所

代销点 tɛ$^{312-31}$ɕiɔ$^{214-31}$tiã^{55} 原为替供销社代购代销货物的网点，现也指销售日用杂货的小型商店

　门市部 mẽ$^{42-55}$sɿ· pu^{312}

供销社 kuŋ$^{312-31}$ɕiɔ$^{214-24}$sə^{312}

采购站 ts‘ɛ^{55}kəu$^{214-24}$tsã^{312}

门头 mẽ^{42}t‘əu^{42} ①临街的经商处所 ②门市部

做生意 tɕyə$^{312-31}$səŋ$^{214-24}$i· 经商

　做买卖 tɕyə$^{312-31}$mɛ$^{55-24}$mɛ·

　开铺儿 k‘ɛ$^{214-24}$p‘ur^{312}

混钱 xuẽ$^{312-31}$tɕ‘iã^{42} 挣钱

酒铺儿 tɕiəu^{55}p‘ur^{312}

货郎 xə$^{214-31}$laŋ·

货郎鼓子 xə$^{214-31}$laŋ· ku$^{55-24}$tsɿ·

卖豆腐 mɛ$^{312-31}$təu$^{312-42}$fu·

梆子 paŋ$^{214-31}$tsɿ·

百货商店 pei$^{214-24}$xuə$^{312-31}$saŋ$^{214-24}$tiã^{312}

百货公司 pei$^{214-24}$xuə$^{312-31}$kuŋ$^{214-24}$sɿ^{214}

小店儿 ɕiɔ^{55}tiɛr^{312}

商贩儿 saŋ$^{214-24}$fɛr^{312}

　小贩儿 ɕiɔ^{55}fɛr^{312}

粮食贩子 liaŋ$^{42-55}$sɿ· fã$^{312-42}$tsɿ·

牲口贩子 səŋ$^{214-31}$k‘əu· fã$^{312-42}$tsɿ·

杀猪 sa$^{214-24}$pfu^{214}

卖肉 mɛ$^{312-31}$zəu^{312}

油房 iəu^{42}faŋ^{42}　榨油的作坊

馍馍房 mə$^{42-55}$mə· faŋ^{42}　蒸馒头卖的作坊

理发店 li^{55}fa$^{214-24}$tiã^{312}

剃头挑子 t‘i$^{312-31}$t‘əu^{42}t‘iɔ$^{214-31}$tsɿ·

打铁 ta^{55}t‘iə^{214}

钢 kaŋ^{312}　将用旧了的铁器加钢锻造：～镢

旅店 ly^{55}tiã^{312}

大车店 ta$^{312-31}$ts‘ə$^{214-24}$tiã^{312}　供车马停靠及旅客住宿的简陋的旅店

饭店 fã$^{312-31}$tiã^{312}

　饭馆儿 fã$^{312-31}$kuɛr^{55}

拉脚儿 la$^{214-24}$tɕyər^{214}　出卖苦力给别人拉东西

脚力 tɕyə$^{214-24}$li^{214}　①运费 ②耐力

捞鱼 lɔ^{42}y^{42}　捕鱼

调粉皮 tiɔ$^{312-31}$fẽ^{55}p‘i^{42}　用绿豆、地瓜等的淀粉加工成粉皮

做豆腐 tsəu$^{312-31}$təu$^{312-42}$fu　做豆腐卖

下乡 ɕia$^{312-31}$ɕiaŋ^{214}　到乡村流动销售货物

摆摊儿 pɛ^{55}t‘ɛr^{214}　摆摊位销售货物

收破烂儿 $sɔu^{214-24}p'ə^{312-31}lɛr^{312}$ 收购废品

药铺 $yə^{214-24}p'u^{312}$

开张 $k'ɛ^{214-24}tsaŋ^{214}$

开业 $k'ɛ^{214-24}iə^{312}$

开门儿 $k'ɛ^{214}mer^{42}$ 营业

开市 $k'ɛ^{214-24}sɿ^{312}$ 交易场所开始运行

盘货 $p'ã^{42}xuə^{312}$

掌柜 $tsaŋ^{55}kuei^{312}$ 旧时指商店老板或老板委托的代理人

跑堂的 $p'ɔ^{55}t'ãr^{42-55}li^{·}$ 旧时称饭店的服务员

买么儿的 $mɛ^{55}mər^{42-55}li^{·}$ 顾客

帐房 $tsaŋ^{312-31}faŋ^{42}$

伙计 $xuə^{55-24}tɕi^{·}$

牛经纪 $ȵiəu^{42}tɕiŋ^{214-31}tɕi^{·}$

还价儿 $xuã^{42}tɕiar^{312}$

讲价儿 $tɕiaŋ^{55}tɕiar^{312}$

要谎 $iɔ^{312-31}xuaŋ^{55}$ 要价虚高

卖缺儿 $mɛ^{312-31}tɕ'yər^{214}$ 趁货物缺少而卖高价

快 $k'uɛ^{312}$ 货好销：这个集果子仁儿甚～

迟 $ts'ɿ^{42}$ 集市上货不好销：这个集姜甚～

恶烂 $ɣə^{214-24}lã^{·}$ 行市不好

行市 $xaŋ^{42-55}sɿ^{·}$ 市面上某一商品的价格情况

市场 $sɿ^{312-31}ts'aŋ^{55}$

贱 $tɕiã^{312}$

便宜 $p'iã^{42-55}i^{·}$

贵 $kuei^{312}$

减价 tɕiã^{55}tɕia^{312}

　削价 ɕyə$^{214\text{-}24}$tɕia^{312}

差钱 tsʻa^{214}tɕʻiã^{42} 商品价格下降：粮食又～了

涨价 tsaŋ$^{312\text{-}31}$tɕia^{312}

现钱 ɕiã$^{312\text{-}31}$tɕʻiã^{42}

赊 sə^{214} 暂时不支付现钱

赚头儿 pfã$^{312\text{-}42}$tʻəur˙ 利润

落 luə^{214} 赚：去了所有费用，这次净～一千块

清落 tɕʻiŋ$^{214\text{-}24}$luə^{214} 净赚

本钱 pẽ$^{55\text{-}24}$tɕʻiã˙

够头儿 kəu$^{312\text{-}31}$tʻəur^{42} 数量达到标准

称 tsʻəŋ^{214} ①用秤测重量：你～～看看有多沉 ②买：～盐 | ～肉

掉秤 tiɔ$^{312\text{-}31}$tsʻəŋ^{312} 损耗重量：贩卖青菜都～

　折耗秤 sə$^{42\text{-}55}$xɔ˙ tsʻəŋ^{312}

称称 tsʻəŋ$^{214\text{-}24}$tsʻəŋ˙ 过过秤

　过过 kuə$^{312\text{-}31}$kuə˙

毛着 mɔ$^{42\text{-}55}$tsʅ˙ 毛重

净的 tɕiŋ$^{312\text{-}42}$li˙ 净重

刨去 pʻɔ^{42}tɕʻi˙ 去掉：～皮还剩五斤

花销儿 xua$^{214\text{-}24}$ɕiɔr^{214} 开支

划 xua^{42} 折合成现金为：一个工～五块钱

□ tuẽ^{55} 抵消：咱俩的账～了，谁也不该谁了

作 tɕyə^{55} 折算：这台旧机器～多少钱？

坐 tɕyə^{312} ①扣下（赊欠或应交的）款项或物质：我把你上月欠的款从工资里～下了 ②结果实：果子～果儿了

听 tʻiŋ^{214} 替支付：钱不够我给你～着

开 kʻɛ^{214} ①批发，一批货整体出售：一车瓜都～给贩子了 ②支：单位一天给你～多少钱？ ③挣：你一天能～多少钱？

倒登 tɔ$^{55-24}$təŋ˙ ①贩卖：他～牲口 | 他～电器 ②搬运：～东西 ③腾出：～出两间屋来让客人住 ④轮换，替换：两双鞋～着穿

要 iɔ^{312} 买：我～包糖

打 ta^{55} 买（一般用于流质物）：～酱油儿 | ～酒

拾钱儿 sɿ^{42}tɕʻiɛr^{42} 领回自己应得的钱

买么儿 mɛ^{55}mər^{42} 买东西：我上铺儿里～去

头项 tʻəu$^{42-55}$ɕiaŋ˙ 经济收入的门路

活泛钱 xuə$^{42-55}$fã˙ tɕʻiã^{42} 手头儿能够自由支配的钱

零花钱 liŋ^{42}xua$^{214-24}$tɕʻiã^{42} 日常开支用钱

银元儿 iẽ^{42}yɛr^{42} 硬币

制钱 tsɿ$^{312-31}$tɕʻiã^{42} 旧时传下来的中间有方空的铜钱

单子 tã$^{214-31}$tsɿ˙ 收据

提子 tʻi$^{42-55}$tsɿ˙ 液体量具，由一个圆柱形容器和一个直立的把儿组成

拐尺 kuɛ^{55}tsʻɿ^{214} 木工用的直角尺

发市儿 fa$^{214-24}$sɛr^{312} 买卖兴隆

私塾 sɿ^{214}fu^{42}

学堂 ɕyə^{42}tʻaŋ^{42}

　学校 ɕyə^{42}ɕiɔ^{312}

念书 ȵiã$^{312-31}$fu^{214} 读书

上学 saŋ$^{312-31}$ɕyə^{42}

老师 lɔ^{55}sɿ^{214}

学生 ɕyə$^{42-55}$səŋ˙

校长 ɕiɔ$^{312-31}$tsaŋ^{55}

文教助理员 uẽ$^{42-55}$tɕiɔ˙ pfu$^{312-31}$li˙ yã^{42} 乡镇教育主管部门负责人

夜校 iə$^{312-31}$ɕiɔ^{312}

补习班 pu^{55}ɕi^{42}pã^{214}

扫盲 sɔ^{55}maŋ^{55}

扫盲班 sɔ^{55}maŋ^{55}pã^{214}

看书 k'ã$^{312-31}$fu^{214}

写字儿 ɕiə^{55}tser^{312}

做作业 tɕyə$^{312-31}$tɕyə$^{214-24}$iə˙

同位儿 t'uŋ^{42}uer^{312} 同桌儿

调位儿 t'iɔ^{42}uer^{312}

放学 faŋ$^{312-31}$ɕyə^{42}

　下学 ɕia$^{312-31}$ɕyə^{42}

跑校 p'ɔ^{55}ɕiɔ^{312} 学生在家食宿，每天赶往学校去上课

考试 k'ɔ^{55}sɿ˙

考学 k'ɔ^{55}ɕyə^{42}

升学 səŋ^{214}ɕyə^{42}

推荐 t'uei$^{214-24}$tɕiã˙

蹲级 tuẽ$^{214-24}$tɕi^{214} 留级

跳级 t'iɔ$^{312-31}$tɕi^{214} 越级升入高一级学习

错别字 tɕ'yə$^{312-31}$piə^{42}tsɿ^{312}

　白字儿 pei^{42}tser^{312}

污拉 u$^{214-31}$la˙ 用笔涂抹：他把写好的字都～了

麦假 mei$^{214-31}$tɕia˙ 农村学校麦收时放的假

秋假 tɕ'iəu$^{214-31}$tɕia˙ 农村学校秋收时放的假

暑假 fu^{42}tɕia˙

年假 ȵiã^{42}tɕia˙ 寒假

上课 saŋ$^{312-31}$k'ə^{312}

下课 ɕia$^{312-31}$k'ə^{312}

打铃 ta^{55}liŋ^{42}

点名 tiã^{55}miŋ^{42}

三好儿学生 sã$^{214-31}$xɔr^{55}ɕyə$^{42-55}$səŋ˙

优等生儿 iəu$^{214-31}$təŋ˙ sə̃r^{214}

差等生儿 ts'a$^{214-31}$təŋ˙ sə̃r^{214}

复习 fu^{214}ɕi^{42}

摸底儿 mə$^{214-24}$tier^{55}

期中 tɕ'i$^{214-24}$pfəŋ^{214}

期末 tɕ'i$^{214-24}$mə^{214}

招生儿 tsɔ$^{214-24}$sə̃r^{214}

考场 k'ɔ^{55}ts'aŋ^{55}

试卷儿 sɿ$^{312-31}$tɕyɛr^{312}

交白卷儿 tɕiɔ^{214}pei^{42}tɕyɛr^{312}

欻卷儿 pf'a$^{214-24}$tɕyɛr^{312} 考试时间结束，监考人员强行收卷

张榜 tsaŋ$^{214-24}$paŋ^{55} 发榜

落榜 luə$^{312-31}$paŋ^{55}

小学 ɕiɔ^{55}ɕyə^{42}

高小儿 kɔ$^{214-31}$ɕiɔr^{55}

完小儿 uã^{42}ɕiɔr^{55}

初中 pf'u$^{214-24}$pfəŋ^{214}

高中 kɔ$^{214-24}$pfəŋ^{214}

中专 pfəŋ$^{214-24}$pfã^{214}

大专 ta$^{312-31}$pfã^{214}

大学 ta$^{312-31}$çyə^{42}

师范 sɿ^{214}fã^{42}

党校 taŋ^{55}çiɔ^{312}

培训 p'ei$^{42-55}$çyẽ·

毕业 pi$^{312-31}$iə^{312}

结业 tçiə$^{214-24}$iə^{312}

文凭 uẽ^{42}p'iŋ^{42}

　毕业证 pi$^{312-31}$iə$^{312-31}$tsəŋ^{312}

教室 tçiɔ$^{214-31}$sɿ^{214}

讲台 tçiaŋ^{55}t'ɛ^{42}

粉笔 fẽ^{55}pei^{214}

黑板擦儿 xei$^{214-31}$pã· ts'ar^{214}

抄黑板 ts'ɔ$^{214-24}$xei$^{214-31}$pã· 把老师写在黑板上的东西抄下来

爬黑板 p'a^{42}xei$^{214-31}$pã· 教师指名让学生到黑板上听写或演算

朗读 laŋ$^{312-31}$tu^{55}

默读 mẽ$^{312-31}$tu^{55}

默写 mẽ$^{312-31}$çiə^{55}

心算 çiẽ$^{214-24}$çyã^{312}

珠算 pfu$^{214-24}$çyã^{312}

算盘 çyã$^{312-31}$p'ã^{42}

认字儿 zẽ$^{312-31}$tser^{312}

作文儿 tçyə^{214}uer^{42}

周记 tsəu$^{214-24}$tçi^{312}

打草儿 ta^{55}tsʻɔr^{55} 起草稿

抄写 tsʻɔ$^{214-31}$ɕiə·

及格 tɕi^{42}kə^{214}

满分儿 mã$^{55-24}$fer·

零蛋 liŋ^{42}tã^{312} 零分儿

蘸笔 tsã$^{312-31}$pei^{214} 蘸水笔

铅笔 tɕʻiã$^{214-24}$pei^{214}

钢笔 kaŋ$^{214-24}$pei^{214}

圆珠笔 yã^{42}pfu$^{214-24}$pei^{214}

墨水儿 mei$^{214-31}$fer·

毛笔 mɔ^{42}pei^{214}

砚台 iã$^{312-42}$tʻɛ·

墨汁 mei$^{214-24}$tsʅ^{214}

课本儿 kʻə$^{312-31}$per^{55}

  教材 tɕiɔ$^{312-31}$tsʻɛ^{42}

卷子 tɕyã$^{312-42}$tsʅ·

本子 pẽ$^{55-24}$tsʅ· 写字本儿

备课本儿 pei$^{312-31}$kʻə$^{312-31}$per^{55}

讲义 tɕiaŋ^{55}i^{312}

笔记 pei$^{214-24}$tɕi^{312}

请假 tɕʻiŋ^{55}tɕia^{55}

旷课 kʻuaŋ$^{312-31}$kʻə^{312}

迟到 tsʻʅ^{42}tɔ^{312}

早退 tsɔ^{55}tʻuei^{312}

罚站 fa^{42}tsã^{312}

体罚 tʻi^{55}fa^{42}

逃学 tʻɔ^{42}çyə^{42}

书 fu^{214}

　书本子 fu$^{214-31}$pẽ· tsɿ·

书包 fu$^{214-24}$pɔ^{214}

铅笔盒儿 tçʻiã$^{214-24}$pei^{214}xər^{42}

橡皮 çiaŋ$^{312-31}$pʻi^{42}

小刀儿 çiɔ^{55}tɔr^{214}

粉连纸 fẽ^{55}liã^{42}tsɿ^{55} 有光纸的旧称

尺子 tsʻɿ$^{214-31}$tsɿ·

圆规 yã^{42}kuei^{214}

三角板儿 sã$^{214-24}$tçyə$^{214-31}$pɛr·

地球仪 ti$^{312-31}$tçʻiəu^{42}i^{42}

字帖儿 tsɿ$^{312-31}$tʻiər^{214}

地图儿 ti$^{312-31}$tʻur^{42}

美术儿 mei^{55}fur^{42}

体育 tʻi^{55}y^{312}

语文 y^{55}uẽ^{42}

数学 fu$^{312-31}$çyə^{42}

　算术儿 çyã$^{312-31}$fur^{42}

物理 u$^{312-31}$li^{55}

化学 xua$^{312-31}$çyə^{42}

生物 səŋ$^{214-24}$u^{312}

历史 li$^{312-31}$sɿ^{55}

地理 ti$^{312-31}$li^{55}

政治 tsəŋ$^{312-31}$tsɿ^{312}

外语 uɛ$^{312-31}$y^{55}

　英语 iŋ$^{214-24}$y^{55} / iŋ$^{214-31}$y·

洋码子 iaŋ^{42}ma$^{55-24}$tsɿ· 外文字母

篮球 lã^{42}tɕʻiəu^{42}

排球 pʻɛ^{42}tɕʻiəu^{42}

足球 tɕyu^{214}tɕʻiəu^{42}

乒乓球 pʻiŋ$^{214-24}$pʻa^{214}tɕʻiəu^{42}

宣传队 ɕyã^{55}pfʻã^{42}tuei^{312}

缉 tɕʻi^{214} 把纸订成本儿：～本子

藏老猫忽儿 tsʻaŋ^{42}lɔ$^{55-24}$mɔ· xur^{214} 捉迷藏

扒轱娄儿 pa$^{214-24}$ku$^{214-31}$ləur· 摔跤

　撂轱娄儿 liɔ$^{312-31}$ku$^{214-31}$ləur·

送瞎驴 ɕyŋ$^{312-31}$ɕia^{214}ly^{42} 一种儿童游戏，一人用布蒙住眼睛，众人边用拳捶其背边送几步，然后突然散开，让被蒙者去捉，被捉住者为输

弹琉琉蛋儿 tʻã^{42}liəu$^{42-55}$liəu· tɛr^{312} 一种儿童游戏，用手弹出玻璃球，使之撞击其他的入坑

珠儿珠儿 pfur$^{214-31}$pfur· 珠子：她手里拿着一串～

叼小鸡儿 tiɔ$^{214-24}$ɕiɔ^{55}tɕier^{214} 一种儿童游戏。一人扮狐狸或老鹰，一个较大的孩子扮母鸡（鸡头），其余孩子排成队站在母鸡后，互抓前者后襟当小鸡。被狐狸或老鹰抓到者为输

滚铁环 kuẽ^{55}tʻiə^{214}xuã^{42}

挤压油儿 tɕi^{55}ia^{214}iəur^{42} 一种儿童游戏。冬天，众人背靠着墙互相挤压，取暖逗乐

打瓦 ta^{55}ua^{55} 一种儿童游戏。手持石块投击前面一定距离外立起的薄石

片、砖或瓦片，击倒为过关

拍皮球 pʻei^{214}pʻi^{42}tɕʻiəu^{42}

驱瓦 tɕʻy$^{214-24}$ua^{55} 在地上画一定的方格型范围，单脚踢瓦行走，按规则走完程序为胜

游泳 iəu^{42}yŋ^{214}

打砰砰 ta^{55}pʻəŋ$^{214-31}$pʻəŋ˙ 游泳时双脚交替击水的动作

扒水儿 pa$^{214-31}$fer˙ 俯游

仰水儿 iaŋ$^{55-24}$fer˙ 仰泳

踩水儿 tsʻɛ$^{55-24}$fer˙ 竖立水中，靠两脚的踩力和两手的扒力游泳

吃猛子 tsʻʅ$^{214-24}$məŋ$^{55-24}$tsʅ˙ 游泳时头朝下钻进水里

会水儿 xuei$^{312-31}$fer^{55} 会游泳

打滑擦 ta^{55}xua$^{42-55}$tsʻa˙ 滑冰

行头 ɕiŋ$^{42-55}$tʻəu˙ 一种自制球形玩具。棉絮外用线缠紧，成圆球形，有弹性，可像皮球似的拍打玩耍

打顶脑 ta^{55}tiŋ^{55}nɔ^{55} 一种广场游戏。众人分两组，在广场（或垡子地）的一头画一条线，一组的人先轮流投掷"行头"（脚不能过线），另一组的所有人（留一人在掷"行头"处准备用头顶本方掷回的"行头"）在远处阻挡"行头"，选一位掷得好的人在"行头"停留处掷回"行头"，预留的那位同组人设法在"行头"落地前用头将其顶过线，顶过线为过关，依次进行，两队比输赢

拾子儿 sʅ^{42}tser^{55} 一种儿童游戏。玩具为五个小圆石子儿，一只手把五个小石子儿撒在地上，捡起一个向上抛起的瞬间，再捡起一个，并同时把下落的那个接在手里，依次把地上的全捡在手里为过关

喝浪鼓 xə$^{214-31}$laŋ˙ku^{55} 拨浪鼓，一种儿童玩具

洋茄子 iaŋ^{42}tɕʻiə$^{42-55}$tsʅ˙ 一种作为儿童玩具的小气球

爆仗 pɔ$^{312-42}$tsaŋ˙ 爆竹

火鞭 xuə^{55}piã^{214} 编连成长串的爆竹

呲花 tsʻɿ$^{214-24}$xua^{214} 没响的爆仗从中间掰断，用火一点呲呲地冒花

放花 faŋ$^{312-31}$xua^{214} 放烟火

滴滴金儿 ti$^{42-55}$ti˙ tɕier^{214} 一种儿童烟火。用纸条卷上火药，燃着药多的一端，会不断地迸出很亮的火星儿

寨儿 tsɛr^{312} 陀螺

打寨儿 ta^{55}tsɛr^{312} 玩儿陀螺

牌儿 pʻɛr^{42} 扑克牌

打牌儿 ta^{55}pʻɛr^{42} 玩扑克牌

下棋 ɕia$^{312-31}$tɕʻi^{42}

军棋 tɕyẽ^{214}tɕʻi^{42}

象棋 ɕiaŋ$^{312-31}$tɕʻi^{42}

跳棋 tʻiɔ$^{312-31}$tɕʻi^{42}

连儿 liɛr^{214} 一种石子棋，连成直线为胜

门对子 mẽ^{42}tuei$^{312-42}$tsɿ˙ 春节或婚娶时贴的对联

猜谜 tsʻɛ$^{214-24}$mẽ^{214} 猜谜语

洋戏匣子 iaŋ^{42}ɕi$^{312-31}$ɕia$^{42-55}$tsɿ˙ 收音机

咣咣镲 kuaŋ^{42}kuaŋ˙ tsʻa^{42} 钹

弦子 ɕiã$^{42-55}$tsɿ˙ 用弓毛摩擦琴弦而发声的乐器，包括二胡、板胡、京胡等

呜儿哇儿 ur^{55}uar˙ 唢呐

洋号 iaŋ^{42}xɔ^{312} 号：吹～

打元宝 ta^{55}yã^{42}pɔ^{55} 玩一种纸叠的元宝型玩具，翻面为赢

拿大顶 na^{42}ta$^{312-31}$tiŋ^{55} 倒立

剪子包袱锤 tɕiã$^{55-24}$tsɿ˙ pɔ$^{214-31}$fu˙ pfʻei^{42} 一种游戏。两人或两人

以上同时伸手，握拳为锤，伸二指为剪子，五指全伸为包袱，锤胜剪子，剪子胜包袱，包袱胜锤

压指儿 ia$^{214-24}$tser^{214} 伸指头定输赢的一种游戏

猜拳 tsʻɛ^{214}tɕʻyã^{42} 划拳

翻调挂儿 fã$^{214-24}$tiɔ$^{312-31}$kuar^{312} 翻跟头

打敬礼 ta^{55}tɕiŋ$^{312-31}$li^{55} 行举手礼

舞龙灯 u^{55}luŋ^{42}təŋ^{214}

跑旱船 pʻɔ^{55}xã$^{312-31}$pfã^{42}

踩高跷 tsʻɛ^{55}kɔ$^{214-24}$tɕʻiɔ^{214} 一种民间娱乐活动，表演者踩着有踏脚装置的木棍，边走边表演，做滑稽或惊险动作

跑马卖械 pʻɔ^{55}ma^{55}mɛ$^{312-31}$ɕiɛ^{312} 马戏团表演杂技节目

说书 fə$^{214-24}$fu^{214}

唱戏 tsʻaŋ$^{312-31}$ɕi^{312}

瞎戏 ɕia$^{214-24}$ɕi^{312} 盲艺人在街头演唱的一种地方调

开戏 kʻɛ$^{214-24}$ɕi^{312} 演戏开始

煞戏 sa$^{214-24}$ɕi^{312} 演戏结束

八　红白事、迷信

喜事儿 ɕi^{55}ser^{312}

定婚 tiŋ$^{312-31}$xuẽ^{214}

结婚 tɕiə$^{214-24}$xuẽ^{214}

成亲 tsʻəŋ^{42}tɕʻiẽ^{214}

　台亲 tʻɛ^{42}tɕʻiẽ^{214}

办喜事儿 pã$^{312-31}$ɕi^{55}ser^{312}

娶媳妇 tɕʻy^{55}ɕi$^{214-31}$fu·

出嫁闺女 pfʻu$^{214-24}$tɕia$^{312-31}$kuẽ$^{312-31}$ȵy˙ 将女儿嫁出

倒插门儿 tɔ$^{312-31}$tsʻa^{214}mer^{42} 婚后男方到女方家生活

般配 pã$^{214-24}$pʻei˙ 夫妻双方的条件相当

说媒 fə^{214}mei^{42}

介绍对象 tɕiɛ$^{312-31}$sɔ^{55}tuei$^{312-31}$ɕiaŋ^{312}

娃娃亲 ua$^{42-55}$ua˙ tɕʻiẽ^{214} 幼时由家长定下的亲事

寻 ɕiẽ^{42} 物色女子做媳妇：他到现在还没～上个媳妇 ｜ ～个人儿过日子

换亲 xuã$^{312-42}$tɕʻiẽ˙ 两家互娶对方女儿做媳妇

媒人 mei$^{42-55}$zẽ˙

中间人 pfəŋ$^{214-24}$tɕiã^{214}zẽ^{42}

相亲 ɕiaŋ$^{214-24}$tɕʻiẽ^{214}

对象 tuei$^{312-31}$ɕiaŋ^{312} 他进城～去了

对象 tuei$^{312-31}$ɕiaŋ^{312} 配偶：他有～了

照像 tsɔ$^{312-31}$ɕiaŋ^{312} 照订婚像

换手绢儿 xuã$^{312-31}$səu^{55}tɕyɛr^{312} 男女双方第一次见面时交换手绢

换小柬儿 xuã$^{312-31}$ɕiɔ^{55}tɕiɛr^{55} 订婚双方交换婚证

娶 tɕʻy^{55} 结婚

新客 ɕiẽ$^{214-24}$kʻei^{214} 新郎

新女婿 ɕiẽ$^{214-24}$ȵy$^{55-24}$ɕy˙

养老女婿 iaŋ^{55}lɔ^{55}ȵy$^{55-24}$ɕy˙ 结婚后到女方落户的男子

新媳妇 ɕiẽ$^{214-24}$ɕi$^{214-31}$fu˙ 新娘

团圆媳妇 tʻuã$^{42-55}$yã˙ ɕi$^{214-31}$fu˙ 童养媳

填箱 tʻiã^{42}ɕiaŋ^{214} 结婚时亲朋好友赠送礼金

喝喜酒 xə$^{214-24}$ɕi^{55}tɕiəu^{55}

打嫁妆 ta^{55}tɕia$^{312-42}$pfaŋ˙ 为女儿打制嫁妆

迎客的 iŋ^{42}k‘ei$^{214-31}$li˙ 结婚时新郎一方迎亲的人，分男迎客和女迎客

送客的 ɕyŋ$^{312-31}$k‘ei$^{214-31}$li˙ 送新娘出嫁的主角，分男送客和女送客

送女客 ɕyŋ$^{312-31}$ȵy^{55}k‘ei^{214}

抱鸡的 pɔ$^{312-31}$tɕi$^{214-31}$li˙ 结婚时女方抱母鸡的男童

抬家什的 t‘ɛ^{42}tɕia$^{214-31}$sɿ˙li˙ 抬嫁妆的

放炮的 faŋ$^{312-31}$p‘ɔ$^{312-42}$li˙

伺候客的 ts‘ɿ$^{312-42}$xəu˙k‘ei$^{214-31}$li˙ 招待客人的人

陪客的 p‘ei^{42}k‘ei$^{214-31}$li˙

花轿 xua$^{214-24}$tɕiɔ^{312}

蒙头红子 məŋ^{42}t‘əu^{42}xuŋ$^{42-55}$tsɿ˙ 结婚时新娘头上蒙的红布

拜堂 pɛ$^{312-31}$t‘aŋ^{42}

候喜酒客 xəu$^{312-31}$ɕi^{55}tɕiəu^{55}k‘ei^{214} 用酒席招待前来贺喜的宾朋

摸栗子枣 mə$^{214-24}$li$^{312--42}$tsɿ˙tsɔ^{55} 新婚时让新娘摸栗子和枣，期望新娘早生贵子

点烟 tiã^{55}iã^{214} 新娘与男方家族长辈和前来贺喜的亲朋见面认识并为其点上一支烟，同时得到馈礼的仪式

闹房 nɔ$^{312-31}$faŋ^{42} 闹洞房

听房 t‘iŋ^{214}faŋ^{42} 夜里在洞房外窗下偷听新婚夫妇的悄悄话儿

续弦 ɕy$^{312-31}$ɕyã^{42}

改嫁 kɛ^{55}tɕia^{312}

打离婚 ta^{55}li$^{312-31}$xuẽ^{214} 闹离婚

填房 t‘iã^{42}faŋ^{42}

二婚 ər$^{312-31}$xuẽ^{214}

后婚 xəu$^{312-31}$xuẽ^{214}

怀孕 xuɛ^{42}yẽ^{312}

　有喜 iəu^{55}ɕi^{55}

　害口 xɛ$^{312-31}$kʻəu^{55}

添 tʻiã^{214}　生：她～小孩儿了

报喜 pɔ$^{312-31}$ɕi^{55}

坐月子 tɕyə$^{312-31}$yə$^{214-31}$tsɿ˙

小产 ɕiɔ^{55}tsʻã^{55}

　掉了 tiɔ$^{312-42}$la˙

早产 tsɔ^{55}tsʻã^{55}

接生 tɕiə$^{214-24}$səŋ^{214}

下生 ɕia$^{312-31}$səŋ^{214}　孩子生下来

衣胞子 i$^{214-31}$pɔ˙tsɿ˙　胎盘

占床 tsã$^{312-31}$pfʻaŋ^{42}　妇女生孩子了

葡萄胎 pʻu^{55}tʻɔ˙tʻɛ^{214}

脐带儿 tɕʻi$^{42-55}$tɛr˙

看月子 kã$^{312-31}$yə$^{214-31}$tsɿ˙　娘家人或其他亲朋前来看望刚生了孩子的妇女和婴儿

　吃面 tsʻɿ$^{214-24}$miã^{312}

　吃喜面 tsʻɿ$^{214-24}$ɕi^{55}miã^{312}

看半月 kʻã$^{312-31}$pã$^{312-31}$yə^{214}　生了孩子半个月，娘家人再次前来看望

满月 mã$^{55-24}$yə˙　生孩子后满三十天

住满月 pfu$^{312-31}$mã$^{55-24}$yə˙　婴儿出生满三十天后，母亲带着孩子去住娘家

双生儿 faŋ$^{312-42}$sə̃r˙　双胞胎

　双把儿 faŋ$^{312-42}$par˙

喝喝 $xə^{214\text{-}24}xə^{·}$ 婴儿吃奶

喝妈妈 $xə^{214\text{-}24}ma^{214\text{-}31}ma^{·}$

红鸡蛋 $xuŋ^{42}tɕi^{214\text{-}24}tã^{312}$ 生孩子后表面染成红色的熟鸡蛋，以示喜庆

拉巴 $la^{214\text{-}31}pa^{·}$ 生育、抚养子女：～个孩子真不易

淘 $t'ɔ^{42}$ 抚养孩子：我什么时候把你～大哎

生儿 $sər^{214}$ ①生日：孩子们都来给他娘做～ ②岁（用于小孩子）：她的孩子都俩～了

做生儿 $tsəu^{312\text{-}31}sər^{214}$ 给老人过生日

上寿 $saŋ^{312\text{-}31}səu^{312}$ 给老人祝寿

丧事儿 $saŋ^{214\text{-}24}ser^{312}$

白事儿 $pei^{42}ser^{312}$

人情 $zẽ^{42}tɕ'iŋ^{42}$ 去死者家吊唁、送丧礼：他上赵家庄～去了

喜丧 $ɕi^{55}saŋ^{214}$ 高寿人的丧事

咽气 $iã^{312\text{-}31}tɕ'i^{312}$ 死亡的婉语

倒头 $tɔ^{55}t'əu^{42}$

老了 $lɔ^{55\text{-}24}la^{·}$

不在了 $pu^{214}tsɛ^{312\text{-}42}la^{·}$

孝子 $ɕiɔ^{312\text{-}31}tsɿ^{55}$ ①孝敬父母的人 ②死者的儿子

孝帽子 $ɕiaŋ^{312\text{-}31}mɔ^{312\text{-}42}tsɿ^{·}$ 男孝子和来吊唁的男近亲戴的白布帽子

大头 $ta^{312\text{-}31}t'əu^{42}$ 死者女儿、儿媳头上戴的圆锥顶白布

孝 $ɕiɔ^{312}$ 泛指发丧时死者亲属、亲戚穿戴的白布孝衣

孝绳 $ɕiɔ^{312\text{-}31}səŋ^{42}$ 孝子腰间扎的麻绳

破孝 $p'ə^{312\text{-}31}ɕiɔ^{312}$ 裁制孝服、孝帽、孝带等

覆鞋 $fu^{214}ɕiɛ^{42}$ 人死后，在其晚辈亲属的鞋的前半部缝上白布

白鞋 $pei^{42}ɕiɛ^{42}$ 覆有白布的鞋

净面 tɕiŋ312-31miã312 入殓时，用水把死者的面部擦干净

入殓 vu214-24liã312 把死者放入棺材

火化 xuə55xua312

 炼 liã312

发丧 fa214-24saŋ214

出丧 pf'u214-24saŋ214 出殡

祭奠 tɕi312-31tiã55

路祭 lu312-31tɕi312 出殡时在途中给死者举行祭奠仪式

摆供 pɛ55kuŋ312 摆上祭品

烧香 sɔ214-24ɕiaŋ214

烧纸 sɔ214-24tsʅ55

火纸 xuə55tsʅ55

香篓子 ɕiaŋ214-24ləu55-24tsʅ· 香炉

鞠躬 tɕy214-24kuŋ214

磕头 k'ə214t'əu42

八拜九叩 pa214-24pɛ312-31tɕiəu55k'əu312

祭客 tɕi312-31k'ei214 祭奠的客人

夜祭 iə312-31tɕi312 发丧前一天晚上举行的祭奠仪式

乐行 yə312-42xaŋ· ①办丧事时请的乐队：请～ ②办丧事时请的乐队队员：请六个～

吹鼓手 pf'ei214-24ku55səu55 办丧事时请的乐队队员

花圈 xua214-24tɕ'yã214

扎纸 tsa214-31tsʅ55 用纸为死者扎制的冥间用品

主楼子 pfu55ləu42-55tsʅ· 用纸为死者扎的主要楼房

纸马 tsʅ55ma55

纸牛 tsɿ^{55}ȵiəu^{42}

摇钱树 iɔ^{42}tɕʻiã^{42}fu^{312}

聚宝盆 tɕy$^{312-31}$pɔ^{55}pʻẽ^{42}

老盆 lɔ^{55}pʻẽ^{42} 放在灵位前，守灵时烧纸钱用的瓦盆，出殡时到大门外由长子摔碎

寿衣 səu$^{312-31}$i^{214}

送老的衣裳 ɕyŋ$^{312-31}$lɔ$^{55-24}$li· i$^{214-31}$saŋ·

阴亲 iẽ$^{214-24}$tɕʻiẽ^{214} 双方亲属为死时没有配偶的男女（多为年轻男女）确定的婚姻关系

忙人 maŋ^{42}zẽ^{42} 帮助办理丧事的人

忙头儿 maŋ^{42}tʻəur^{42} 忙人中的领头儿者

哀杖 ɣɛ$^{214-24}$tsaŋ^{312} 哭丧棒

停尸箔 tʻiŋ^{42}sɿ^{214}pə^{42} 停放尸体的箔

烧倒头纸 sɔ$^{214-24}$tɔ^{55}tʻəu^{42}tsɿ^{55} 人死后，死者的女儿在灵前烧的第一遍纸

守灵 səu^{55}liŋ^{42}

诈尸 tsa^{42}sɿ^{214}

板 pã^{55} 棺材

打板 ta^{55}pã^{55} 做棺材

寿材 səu$^{312-31}$tsʻɛ^{42} 用来做棺材的木料

牌位儿 pʻɛ$^{42-55}$uɛr· 泛指神牌、灵牌或其他题着名字作为祭祀对象的木牌儿或纸牌儿

看坟 kʻã$^{312-31}$fẽ^{42} ①找风水先生看坟地的脉象 ②看护墓地

挖坟 uã^{214}fẽ^{42} 为下葬准备墓穴

送信儿 ɕyŋ$^{312-31}$ɕier^{312} 报丧

送倒头信儿 $\text{ɕyŋ}^{312-31}\text{tɔ}^{55}\text{t‘əu}^{42}\text{ɕier}^{312}$ 人死后立即给死者至亲报丧

下葬 $\text{ɕia}^{312-31}\text{tsaŋ}^{312}$

埋 mɛ^{42}

数三 $\text{fu}^{312-31}\text{sã}^{214}$ 死者下葬后的第三天夜里，死者的儿子、侄子到坟前摆供烧纸

期 tɕ‘i^{214} 为新近死去的亲人烧纸上香祭奠的日期，男六天一期，女七天一期，逢“期”日，死者子女到坟前祭拜。五期最重要，至亲也要参加仪式。一般烧到十期为止

五期 $\text{u}^{55}\text{tɕ‘i}^{214}$ 死后第五个“期”日举行的祭奠活动。除烧纸上香祭奠外，还要圆坟

拔林 $\text{pa}^{42}\text{liẽ}^{42}$ 更换新的墓地

行穴 $\text{ɕiŋ}^{42}\text{ɕyə}^{42}$ 按秩序埋葬

跳井 $\text{t‘iɔ}^{312-31}\text{tɕiŋ}^{55}$ 投井自杀

喝药 $\text{xə}^{214-24}\text{yə}^{214}$ ①服毒自杀 ②吃药

倒气儿 $\text{tɔ}^{312-31}\text{tɕ‘ier}^{312}$ 临死前用力呼吸

外柜 $\text{uɛ}^{312-31}\text{kuei}^{312}$ 发丧时，在丧家门外负责接收和登记亲友赙仪的人

发送 $\text{fa}^{214-24}\text{ɕyŋ}^{312}$ 办理丧事

跪棚 $\text{kuei}^{312-31}\text{p‘əŋ}^{42}$ 发丧时，晚辈亲属跪在灵棚两侧答谢亲友的吊唁

谢客 $\text{ɕiə}^{312-31}\text{k‘ei}^{214}$ 孝子给前来吊丧的人磕头回礼

林 liẽ^{42} ①坟地 ②祖茔

打狗饼子 $\text{ta}^{55}\text{kəu}^{55}\text{piŋ}^{55-24}\text{tsɿ}^{\cdot}$ 为死者准备的去阴间路上喂狗用的面饼

长明灯 $\text{ts‘aŋ}^{42}\text{miŋ}^{42}\text{təŋ}^{214}$

天堂 $\text{t‘iã}^{214}\text{t‘aŋ}^{42}$

仙界 $\text{ɕiã}^{214-24}\text{tɕiɛ}^{312}$

神界 sẽ^{42}tɕiɛ^{312}

阴曹地府 iẽ^{214}ts'ɔ^{42}ti$^{312-31}$fu^{55}

地狱 ti$^{312-31}$y^{214}

上帝 saŋ$^{312-31}$ti^{312}

玉皇大帝 y$^{312-31}$xuaŋ^{42}ta$^{312-31}$ti^{312}

观音菩萨 kuã$^{214-24}$iẽ$^{214-24}$p'u$^{42-55}$sa·

菩萨 p'u$^{42-55}$sa·

佛 fə^{42}

和尚 xə$^{42-55}$saŋ·

道士 tɔ$^{312-42}$sɿ·

尼姑 ȵi$^{42-55}$ku·

姑姑子 ku$^{214-31}$ku· tsɿ·

庙 miɔ^{312}

家庙 tɕia$^{214-24}$miɔ^{312} 同族人共同祭祀祖先的庙堂

寺 sɿ^{312}

观 kuã^{312}

神 sẽ^{42}

神仙 sẽ^{42}ɕiã·

仙家 ɕiã$^{214-31}$tɕia·

保家客 pɔ^{55}tɕia$^{214-24}$k'ei^{214}

鬼 kuei^{55}

小鬼儿 ɕiɔ^{55}kuer^{55}

吊死鬼 tiɔ$^{312-42}$sɿ· kuei^{55} 迷信认为上吊而死的人变成的鬼

魂儿 xuer^{42}

鬼火 kuei^{55}xuə^{55}

阎王 iã$^{42-55}$uaŋ· ①阎罗 ②比喻脾气暴的人

愿悠 yã$^{312-42}$iəu· 祷告

叫魂儿 tɕiɔ$^{312-31}$xuer^{42} 招魂。迷信认为孩子受了惊吓，丢了魂，需要招魂儿。方式有多种，主要是呼叫孩子的名字，叫其回家

浇奠 tɕiɔ$^{214-24}$tiã· 将酒、茶水或饭菜的汤水浇在地上，以飨神鬼

请老的 tɕʻiŋ^{55}lɔ$^{55-24}$li· 年三十下午，在大门外烧纸磕头、双手捧牌位儿把已故老人请回家过年，在堂屋大桌上摆供品，椅子上不能坐人

上供 saŋ$^{312-31}$kuŋ^{312} 摆设祭品

供养 kuŋ$^{312-42}$iaŋ·

香台子 ɕiaŋ$^{214-24}$tʻɛ$^{42-55}$tsɿ· 设在堂屋门前祭天用的台子

包锞子 pɔ^{214}kʻə$^{312-42}$tsɿ·

烧锞子 sɔ^{214}kʻə$^{312-42}$tsɿ·

脱生 tʻuə$^{214-31}$səŋ· 迷信认为人死后转生：下辈子叫你～个驴

遭魔 tsɔ^{214}mə^{42} 酒后夜间摸黑走路，突然周围变得漆黑，唯有前面一条明亮的小路儿，顺路行走，或是原地转圈儿，或是引向枯井

紧 tɕiẽ^{55} 迷信的人认为有鬼神作怪：这个屋里甚～，都不敢住

算卦 ɕyã$^{312-31}$kua^{312}

看风水 kʻã$^{312-31}$fəŋ$^{214-31}$fei·

破解 pʻə$^{312-31}$tɕiɛ^{55} 道士或巫婆给出解决有关神鬼方面问题的办法

下神 ɕia$^{312-31}$sẽ^{42}

送送 ɕyŋ$^{312-31}$ɕyŋ· / ɕyŋ$^{312-42}$ɕyŋ· （迷信）把鬼神送出门

叫叫 tɕiɔ$^{312-31}$tɕiɔ· / tɕiɔ$^{312-42}$tɕiɔ· （迷信）把丢在外面的魂儿叫回家

狐狸精 xu$^{214-24}$li· tɕiŋ^{214}

附身 fu^{42}sẽ^{214} 鬼神附体

找算 tsɔ$^{55-24}$ɕyã˙

许愿 ɕy^{55}yã^{312}

还愿 xuã^{42}yã^{312}

求雨 tɕʻiəu^{42}y^{55}

命 miŋ^{312}

运气 yẽ$^{312-31}$tɕʻi^{312}

时气 sɿ$^{42-55}$tɕʻi˙

生死簿 səŋ$^{214-24}$sɿ^{55}pu^{312}

九　房舍、器物

屋 u^{214}

房子 faŋ$^{42-55}$tsɿ˙

宅子 tsei$^{42-55}$tsɿ˙　房舍

院子 yã$^{312-42}$tsɿ˙

家 tɕia^{214}

四合院儿 sɿ$^{312-31}$xə^{42}yɛr^{312}

应门墙 iŋ^{214}mẽ^{42}tɕʻiaŋ^{42}　影壁

院墙 yã$^{312-42}$tɕʻiaŋ˙　院子周围的墙

墙头 tɕʻiaŋ^{42}tʻəu^{42}

起脊儿 tɕʻi^{55}tɕier^{214}　房屋顶沿中间线凸起

平上顶 pʻiŋ$^{42-55}$xaŋ˙tiŋ^{55}　平顶屋顶，常用来晒粮食

天井 tʻiã$^{214-24}$tɕiŋ˙　院子

夹胡道子 tɕia$^{214-24}$xu˙tɔ$^{312-42}$tsɿ˙　两墙之间的小通道

夹胡道儿 tɕia$^{214-24}$xu˙tɔr^{312}

屋当门 u$^{214-24}$taŋ$^{214-24}$mẽ˙　房屋内冲门的地方

里屋 $li^{55-24}u^{·}$ 不正对屋门的房间

里间 $li^{55-24}tɕiã^{·}$

外间 $uɛ^{312-42}tɕiã^{·}$ 正对屋门的一间屋

配房儿 $p‘ei^{312-31}fãr^{42}$ 厢房

堂屋 $t‘aŋ^{42-55}u^{·}$ 正房

东屋 $tuŋ^{214-31}u^{·}$ 东厢房

西屋 $ɕi^{214-31}u^{·}$ 西厢房

南屋 $nã^{42-55}u^{·}$ 和正房相对、门朝北的屋

饭屋 $fã^{312-42}u^{·}$ 厨房

炕 $k‘aŋ^{312}$ 床，分为木炕和土炕两种

锁皮厅 $ɕyə^{55}p‘i^{42}t‘iŋ^{214}$ 两头房间向前突出，中间几间后缩的房子，整体呈“凹”形，像旧式锁的样子

二起楼 $ər^{312-31}tɕ‘i^{55}ləu^{42}$ 二层楼房

草屋 $ts‘ɔ^{55-24}u^{·}$ 用麦秸苫顶的屋子

瓦屋 $ua^{55-24}u^{·}$ 用瓦盖顶的房子

大屋窖 $ta^{312-31}u^{214-24}tɕiɔ^{312}$ 上面盖房，下面挖窖，用以存放红薯

顶棚 $tiŋ^{55-24}p‘əŋ^{·}$ 室内顶部用来挡灰尘的棚子

虚棚子 $ɕy^{214-31}p‘əŋ^{·}tsɿ^{·}$ 里屋床铺上面用箔搭成的顶棚

坷塔儿 $k‘ə^{214-31}t‘ar^{·}$ 在墙壁或井壁上挖的浅坑儿，供人蹬踏

提搭 $t‘i^{42-55}ta^{·}$ 房门或院门下部可以随时拿掉或安上的活动门槛

过木 $kuə^{312-42}mu^{·}$ 门窗上面的横木

宅基地 $tsei^{42}tɕi^{214-24}ti^{312}$ 准备修建房舍的地

地工 $ti^{312-42}kuŋ^{·}$ 地基

地槽 $ti^{312-31}ts‘ɔ^{42}$

满外 $mã^{55}uɛ^{312}$ 指房子的建筑宽度

净里 tɕiŋ$^{312-31}$li^{55} 指房子的使用宽度

二五的墙 ər$^{312-31}$u$^{55-24}$li˙ tɕʻiaŋ^{42} 厚度为二十五厘米的砖墙

三八的墙 sã$^{214-24}$pa$^{214-31}$li˙ tɕʻiaŋ^{42} 厚度为三十八厘米的砖墙

屋梁 u^{214}liaŋ^{42}

屋团 u^{214}tʻuã^{42} 檩

屋脊 u$^{214-24}$tɕi^{214}

屋笆箔 u$^{214-24}$pa$^{214-31}$pə˙ 屋团上面铺的一层箔：他躺着没事儿数～哩

屋山 u$^{214-24}$sã^{214} 房屋的山墙

屋檐 u^{214}iã^{42}

屋壳廊子 u$^{214-24}$kʻə$^{214-31}$laŋ˙ tsɿ˙ 没顶的房屋

缺眼 tɕʻyə$^{214-31}$iã˙ 在旧式房屋山墙上端垒成的具有一定形状的小洞儿，既为通风，也为装饰

坷塔子 kʻə$^{214-31}$tʻa˙ tsɿ˙ 屋内前后墙上挖的小方洞，用来放置小件物品

山橱 sã^{214}pfʻu^{42} 屋内山墙上挖的方洞，用来放置小物品

厦檐 sa$^{312-42}$iã˙ 房前突出来用于遮挡风雨的宽屋檐

叉手 tsʻa$^{312-31}$səu^{55} 与屋梁构成三角架的两根人字形斜木

苇箔 uei^{55}pə^{42} 用苇子秆编成的箔

棚子 pʻəŋ$^{42-55}$tsɿ˙ 搭建的简易草棚，用来放杂物

　敞棚 tsʻaŋ$^{55-24}$pʻəŋ˙

旮旯儿 xə^{42}lar^{42} 角落

　旮旯子 xə^{42}la$^{42-55}$tsɿ˙

门楼子 mẽ^{42}ləu$^{42-55}$tsɿ˙ 用作大门的一间或半间起脊的屋子

门 mẽ^{42}

外门 uɛ$^{312-31}$mẽ^{42} 院门

门山坎 mẽ^{42}sã$^{214-31}$kʻã˙ 门上横梁上面的缝隙

门鼻子 mẽ^{42}pi$^{42-55}$tsɿ˙ 钉在门上的铜制或铁制的鼻儿，用以锁门

穿铤 pfã$^{214-31}$t'iŋ˙ 用来穿在门鼻子上锁门的铁棒

门欠子 mẽ^{42}tɕ'iã$^{312-42}$tsɿ˙ 门槛

门枕 mẽ^{42}tsẽ^{55} 支撑大门转轴的墩子，一般为石制

门关儿 mẽ^{42}kuɛr^{214} 门闩

过门石 kuə$^{312-42}$mẽ˙ sɿ^{42} 铺设在门口的石板

门台子 mẽ^{42}t'ɛ$^{42-55}$tsɿ˙ 台阶

吊挂子 tiɔ$^{312-31}$kua$^{312-42}$tsɿ˙ 一种锁门的铁挂儿，丁字形扁铁，带链儿，从里边将两扇门别住，外头挂在门框上部横梁上的铁鼻儿上锁住

门帘 mẽ$^{42-55}$liã˙

高槛 kɔ$^{214-24}$tɕiã˙ 用谷物秸秆编制成的一种较苫子厚些的帘状物，冬天挂在屋门上御寒

窗户 pfaŋ$^{214-31}$xu˙

窗户台 pfaŋ$^{214-31}$xu˙ t'ɛ^{42}

　窗台子 pfaŋ$^{214-24}$t'ɛ$^{42-55}$tsɿ˙

雨搭 y$^{55-24}$ta˙ 门窗上面挡雨的东西

阳沟 iaŋ$^{42-55}$kəu˙ 由院内向外排水的墙根部的洞

栏 lã^{42} 用来喂养牲畜的地方

牛棚 ȵiəu^{42}p'əŋ^{42} 饲养牛的棚或简易房屋

　牛栏 ȵiəu^{42}lã^{42}

牛槽 ȵiəu^{42}ts'ɔ^{42} 盛放牛食的槽子

羊栏 iaŋ^{42}lã^{42} 羊圈

猪圈 pfu$^{214-24}$tɕyã^{312}

猪食槽子 pfu^{214}sɿ^{42}ts'ɔ$^{42-55}$tsɿ˙

鸡窝 tɕi$^{214-24}$uə^{214}

茅子 mɔ$^{42-55}$tsɿ˙ 厕所

窨子 iẽ$^{312-42}$tsɿ˙ 垂直地面挖出的深洞，似井无水，底部开阔，存放地瓜、姜等农产品

桌子 pfə$^{214-31}$tsɿ˙

大桌子 ta$^{312-31}$pfə$^{214-31}$tsɿ˙ 泛指高腿的桌子

八仙桌子 pa$^{214-24}$ɕiã$^{214-24}$pfə$^{214-31}$tsɿ˙

矮桌子 iɛ^{55}pfə$^{214-31}$tsɿ˙ 吃饭、切菜用的低矮的小桌子

饭桌子 fã$^{312-31}$pfə$^{214-31}$tsɿ˙

条几 tʻiɔ^{42}tɕi^{214} 正房中对着门靠北墙放置的条案，常与八仙桌配套使用

条山几 tʻiɔ^{42}sã$^{214-24}$tɕi^{214}

抽屉 tsʻəu$^{214-31}$tʻi˙

抽抽桌子 tsʻəu$^{214-31}$tsʻəu˙pfə$^{214-31}$tsɿ˙ 一种带抽屉的桌子

二抽桌儿 ər$^{312-31}$tsʻəu$^{214-24}$pfər^{214} 有两个抽屉的长方形桌子

三抽桌儿 sã$^{214-24}$tsʻəu$^{214-24}$pfər^{214} 有三个抽屉的长方形桌子

柜 kuei^{312} 盛放衣物的长方体家具，有带四条腿儿的架子与之配套，以前常作为嫁妆

大立橱 ta$^{312-31}$li^{214}pfʻu^{42} 一种靠墙放的高大的衣橱

椅子 i$^{55-24}$tsɿ˙

高脚 kɔ$^{214-31}$tɕyə˙ 专用于抹墙、盖屋等登高用的高凳子

杌子 u$^{312-42}$tsɿ˙ 没有靠背和扶手儿的方形或圆形高凳

板凳 pã^{55}təŋ^{312} 长条形高凳

板凳子 pã^{55}təŋ$^{312-42}$tsɿ˙ 矮小的坐凳

马札子 ma^{55}tsa$^{214-31}$tsɿ˙ 一种小型坐具，腿儿交叉，上面绷帆布或穿麻绳，可以合拢，便于携带

墩子 tuẽ$^{214-31}$tsɿ˙ 矮而粗大的整块木头，分为坐墩和菜墩

铺墩 $p^{‘}u^{312\text{-}31}tu\tilde{e}^{214}$ 用玉米皮、麦秸或草等编成的厚而圆的垫子

床 $pf^{‘}aŋ^{42}$

铺 $p^{‘}u^{312}$

木炕 $mu^{214\text{-}24}k^{‘}aŋ^{312}$ 木制床

土炕 $t^{‘}u^{55}k^{‘}aŋ^{312}$ 用土坯垒的床

箔 $pə^{42}$

席 $ɕi^{42}$

盖体 $kɛ^{312\text{-}42}t^{‘}i^{·}$ 被子

盖体面儿 $kɛ^{312\text{-}42}t^{‘}i^{·}$ $miɛr^{312}$ 被面儿

盖体里儿 $kɛ^{312\text{-}42}t^{‘}i^{·}$ $lier^{55}$ 被里

褥子 $zəu^{312\text{-}42}tsɿ^{·}$

草褥子 $ts^{‘}ɔ^{55}zəu^{312\text{-}42}tsɿ^{·}$ 用厚厚的麦秸代替棉花缝制而成的褥子

枕头 $ts\tilde{e}^{312\text{-}42}t^{‘}əu^{·}$

豆枕 $təu^{312\text{-}42}ts\tilde{e}^{·}$

床头 $pf^{‘}aŋ^{42}t^{‘}əu^{42}$

床帮 $pf^{‘}aŋ^{42}paŋ^{214}$

床沿儿 $pf^{‘}aŋ^{42}iɛr^{312}$

蚊帐 $u\tilde{e}^{42\text{-}55}tsaŋ^{·}$

蚊帐钩子 $u\tilde{e}^{42\text{-}55}tsaŋ^{·}$ $kəu^{214\text{-}31}tsɿ^{·}$

毯子 $t^{‘}\tilde{a}^{55\text{-}24}tsɿ^{·}$

被窝儿 $pei^{312\text{-}31}uər^{214}$

被面儿 $pei^{312\text{-}31}miɛr^{312}$

被套 $pei^{312\text{-}31}t^{‘}ɔ^{312}$

套盖体 $t^{‘}ɔ^{312\text{-}31}kɛ^{312\text{-}42}t^{‘}i^{·}$ 用棉花和布缝制被子

凉席子 $liaŋ^{42}ɕi^{42\text{-}55}tsɿ^{·}$

蒲扇 p‘u^{55}sã˙ 用蒲葵叶子做的扇子

火盆 xuə^{55}p‘ẽ^{42}

𬉼火 ɣəu^{55}xuə^{55} 点着柴草后，只让其冒烟，不让其有明火

气管子 tɕ‘i$^{312-31}$kuã$^{55-24}$tsɿ˙ 打气筒

洋钉子 iaŋ^{42}tiŋ$^{214-31}$tsɿ˙ 元钉

鞋寨子 ɕiɛ^{42}tsɛ$^{312-42}$tsɿ˙ 钉鞋底用的元钉

铁条 t‘iə^{214}t‘iɔ^{42} 铁丝

小手巾儿 ɕiɔ^{55}səu$^{55-24}$tɕier˙ 手帕

刮头篦子 kua^{214}t‘əu^{42}pi$^{312-42}$tsɿ˙ 竹制的梳头用具，中间有梁儿，两侧有密齿

烟袋 iã$^{214-24}$tɛ^{312} 一种吸烟用具，一般在细竹管的一端安着烟袋窝儿，可以装烟，另一端安着玉石或翡翠等制成的嘴儿，可以衔在嘴里吸，细竹管上用细绳挂一个小布袋儿或小皮袋儿，用以盛烟备用

烟袋嘴子 iã$^{214-24}$tɛ$^{312-31}$tɕyei$^{55-24}$tsɿ˙ 安在旱烟袋的一端衔在嘴里抽烟的短管头，一般用瓷料、玉石或金属制成

烟袋杆子 iã$^{214-24}$tɛ$^{312-31}$kã$^{55-24}$tsɿ˙ 烟袋窝儿和烟袋嘴儿中间的空心的木管或竹管

烟袋窝子 iã$^{214-24}$tɛ$^{312-31}$uə$^{214-31}$tsɿ˙ 烟袋上放烟叶在里面燃烧的金属窝儿

烟包子 iã$^{214-24}$pɔ$^{214-31}$tsɿ˙ 挂在旱烟袋上盛烟丝或碎烟叶的小布袋儿

经子 tɕiŋ$^{214-31}$tsɿ˙ 编帘子、席子、箔等用的细麻绳

纸经子 tsɿ^{55}tɕiŋ$^{214-31}$tsɿ˙ 用纸搓成的细绳

井绳 tɕiŋ$^{55-24}$səŋ˙ 从井中汲水用的绳子

褡子 ta$^{214-31}$tsɿ˙ 搭在自行车大梁两边放东西的布袋

布袋 pu$^{312-42}$tɛ˙ 装粮食或面粉用的细而长的大口袋

把棍子 pa$^{312-31}$kuẽ˙ tsɿ˙ 直而光滑的小木棍子

　把棍儿 pa$^{312-31}$kuer˙

拄棍子 pfu$^{55-24}$kuẽ˙ tsɿ˙ 手杖

　拄棍儿 pfu$^{55-24}$kuer˙

信瓤儿 ɕiẽ$^{312-31}$zãr^{42} 装在信封中的信

信皮儿 ɕiẽ$^{312-31}$p‘ier^{42} 信封

戳子 pf‘ə$^{214-31}$tsɿ˙ 图章

痒痒挠儿 iaŋ$^{55-24}$iaŋ˙ nɔr^{42} 竹木制的一端有弯状齿的挠痒用具

火柴 xuə^{55}ts‘ɛ^{42}

　洋火 iaŋ^{42}xuə^{55}

火石 xuə^{55}sɿ^{42}

火绳 xuə^{55}səŋ^{42}

洋油 iaŋ^{42}iəu^{42} 点灯用的煤油

吸铁石 ɕi$^{214-31}$t‘iə˙ sɿ^{42} 磁石

臭球儿 ts‘əu$^{312-31}$tɕ‘iəur^{42} 卫生球

洋红 iaŋ^{42}xuŋ^{42} 粉红颜料

洋蓝 iaŋ^{42}lã^{42} 深蓝色颜料

盒子枪 xə$^{42-55}$tsɿ˙ tɕ‘iaŋ^{214} 驳壳枪

土枪 t‘u^{55}tɕ‘iaŋ^{214} 火枪

锅 kuə^{214}

铁锅 t‘iə$^{214-24}$kuə^{214} 生铁铸的锅

铝锅 ly^{55}kuə^{214} 用铝制成的锅

炒瓢 ts‘ɔ^{55}p‘iɔ^{42} 炒菜用的带柄的铁锅

俩鼻儿锅 lia^{55}pier^{42}kuə^{214} 带两个耳鼻儿的锅

小锅儿 ɕiɔ^{55}kuər^{214}

大锅 ta$^{312-31}$kuə^{214}

锅盖 kuə$^{214-24}$kɛ^{312}

锅拔 kuə$^{214-31}$p'ei˙ 用秫秸莛子或薄木板串成的平面锅盖

锅台 kuə^{214}t'ɛ^{42}

风械 fəŋ$^{214-31}$ɕiɛ˙ 风箱

座位儿 tɕyə$^{312-42}$uer˙ ①坐的地方 ②坐具

戗除刀儿 tɕ'iaŋ^{55}fu˙ tɔr^{214} 锅铲

锅门脸 kuə^{214}mẽ^{42}liã^{55} 灶门周围的部分

灶火窝 tsɔ$^{312-42}$xu˙ uə^{214} 灶门前放柴禾的地方

烟筒 iã$^{214-31}$t'uŋ˙

灶毒 tsɔ$^{312-31}$tu^{42}

勺子 fə$^{42-55}$tsɿ˙

铁勺子 t'iə$^{214-24}$fə$^{42-55}$tsɿ˙

粗碗 tɕ'yu$^{214-24}$uã^{55} 质地较粗糙的瓷碗

细碗 ɕi$^{312-31}$uã^{55} 质地细密的瓷质碗

海碗 xɛ^{55}uã^{55} 特大的碗

笼扇 luŋ$^{42-55}$sã˙ 笼屉

笼布 luŋ$^{42-55}$pu˙ 盖熟食的布

箅子 pi$^{312-42}$tsɿ˙ 用竹、木或金属制成的放在锅中蒸馏食物的器具

炭锨子 t'ã$^{312-31}$ɕiã$^{214-31}$tsɿ˙ 小型煤铲子

火钩子 xuə^{55}kəu$^{214-31}$tsɿ˙ 钩通火炉的铁制工具

火棍 xuə$^{55-24}$kuẽ˙ 烧火做饭时用来添柴拨火的木棍儿或铁棍儿

笊篱 tsɔ$^{312-42}$li˙

刷帚 fa$^{214-31}$pfu˙ 炊帚。用来扫面或刷锅碗瓢盆儿

轴子 pfu$^{42-55}$tsɿ˙ 较短、较细的擀面杖

翻饼批子 $fã^{214-24}piŋ^{55}p'i^{214-31}tsɿ^{·}$ 烙饼时用来翻饼的长条木片

盒子 $xə^{42-55}tsɿ^{·}$ 抬礼品或食品的圆形或方形大木盒，分数层

油撇子 $iəu^{42}p'iə^{214-31}tsɿ^{·}$ 舀油的小勺儿

溜子 $liəu^{312-42}tsɿ^{·}$ 漏斗

礤床子 $ts'a^{214-31}pf'aŋ^{·}tsɿ^{·}$ 把瓜、萝卜等礤成丝儿或片儿的器具

水瓢 $fei^{55}p'iɔ^{42}$ 用对半剖开的大葫芦做成的舀水的器具

舀子 $iɔ^{55-24}tsɿ^{·}$ 舀水用的器具，底平，口圆，有柄，多用铝或铁皮制成

瓢子 $p'iɔ^{42-55}tsɿ^{·}$ 撮取面粉用的瓢

筷子 $k'uɛ^{312-42}tsɿ^{·}$ 用竹、木、金属等制成的夹饭菜的细长棍儿

小勺儿 $ɕiɔ^{55}fər^{42}$ 羹匙

暖壶 $nã^{55}xu^{42}$ 暖水瓶

暖瓶 $nã^{55}p'iŋ^{42}$

铫子 $tiɔ^{312-42}tsɿ^{·}$ 烧开水用的壶

憋里气 $piə^{214-24}li^{·}tɕ'i^{312}$ 用生铁铸成专用于取暖的炉子，需烟筒与房子外面相通

炉子 $lu^{42-55}tsɿ^{·}$ 供做饭、烧水、取暖用的器具

炉箅子 $lu^{42}pi^{312-42}tsɿ^{·}$ 炉膛和炉底之间承接柴(煤)漏灰的铁屉子

柴草 $ts'ɛ^{42}ts'ɔ^{55}$ 泛指烧火做饭用的木柴、杂草

柴火 $ts'ɛ^{42-55}xu^{·}$

劈柴 $p'i^{214}ts'ɛ^{42}$ 供烧火用的劈开的木柴

茶壶 $ts'a^{42}xu^{42}$ 沏茶用的壶

茶缸子 $ts'a^{42}kaŋ^{214-31}tsɿ^{·}$ 搪瓷杯子

茶碗儿 $ts'a^{42}uɛr^{55}$ 喝茶的小碗

茶盘子 $ts'a^{42}p'ã^{42-55}tsɿ^{·}$ 放茶具的搪瓷盘子

闷茶 $mẽ^{312-31}ts'a^{42}$ 沏茶

酽茶 iã$^{312-31}$ts‘a^{42} 浓茶

酒壶 tɕiəu^{55}xu^{42} 一种细而高的盛酒器具，口大且向外翻，颈细底大，多用锡或陶瓷制成

酒瓯子 tɕiəu^{55}ɣəu$^{214-31}$tsɿ˙ 小酒杯，酒盅

醋墩子 tɕ‘yu$^{312-31}$tuẽ$^{214-31}$tsɿ˙ 用餐时放醋和汤匙的小碟子

碟子 tiə$^{42-55}$tsɿ˙ 盛菜蔬或调料的餐具，比盘子小，底平且浅

果碟子 kuə^{55}tiə$^{42-55}$tsɿ˙ 酒席上盛放糖果点心的碟子

铜盆 t‘uŋ^{42}p‘ẽ^{42} 铜质的洗脸盆

面盆 miã$^{312-31}$p‘ẽ^{42} 和面用的盆子

二盆 ər$^{312-42}$p‘ẽ˙ 中型的瓦盆

洗脸盆子 ɕi^{55}liã^{55}p‘ẽ$^{42-55}$tsɿ˙

洋瓷盆子 iaŋ^{42}ts‘ɿ^{42}p‘ẽ$^{42-55}$tsɿ˙ 搪瓷盆

托盘 t‘uə^{214}p‘ã^{42} 端饭菜用的长方形木制盘子

肥皂 ɕy$^{42-55}$ts‘ɔ˙ / fi$^{42-55}$tsɔ˙

　胰子 i$^{42-55}$tsɿ˙

洗衣粉 ɕi^{55}i$^{214-31}$fẽ^{55}

碱面子 tɕiã^{55}miã$^{312-42}$tsɿ˙ 纯碱

毛巾 mɔ^{42}tɕiẽ^{214}

　手巾 səu$^{55-24}$tɕiẽ˙

鞋刷子 ɕiɛ^{42}fa$^{214-31}$tsɿ˙

蒜臼子 ɕyã$^{312-31}$tɕiəu$^{312-42}$tsɿ˙ 用石头等制成的中间凹陷的捣蒜用具

蒜槌子 ɕyã$^{312-31}$pf‘ei$^{42-55}$tsɿ˙ 捣蒜泥的槌子，一般为石槌或木槌

筢子 p‘a$^{42-55}$tsɿ˙ 用竹片做的摊煎饼的工具

抹布 ma$^{214-24}$pu˙

搓板 tɕ‘yə$^{214-31}$pã^{55}

尿罐子 ȵiɔ$^{312-31}$kuã$^{312-42}$tsɿ˙ 便壶

灯 təŋ^{214}

洋油灯 iaŋ^{42}iəu^{42}təŋ^{214}

灯罩子 təŋ^{214}tsɔ$^{312-42}$tsɿ˙

提灯 tʻi^{42}təŋ^{214}

灯芯儿 təŋ$^{214-24}$çier^{214}

灯篓 təŋ$^{214-31}$ləu˙ 灯笼

电把子 tiã$^{312-31}$pa$^{312-42}$tsɿ˙ 电闸

电锅 tiã$^{312-31}$kuə^{214} ①发电机 ②用电加热的锅

电灯 tiã$^{312-31}$təŋ^{214}

电棒子 tiã$^{312-31}$paŋ$^{312-42}$tsɿ˙ 手电筒

　手灯 səu^{55}təŋ^{214}

拉盒儿 la^{214}xər^{42} 电灯开关

面灯 miã$^{312-31}$təŋ^{214} 正月十五夜晚用的用面捏成的灯

饭盒儿 fã$^{312-31}$xər^{42}

水瓮 fei^{55}uŋ^{312}

大瓮 ta$^{312-31}$uŋ^{312}

囤 tuẽ^{312} 用荆条编成的体形高大的圆形器具，用来贮存粮食

小罐儿 çiɔ^{55}kuɛr^{312} 小型罐子

罐子 kuã$^{312-42}$tsɿ˙ ①盛流体、谷物等的陶瓷器皿 ②特指便壶

碾 ȵiã^{312}

碾盘 ȵiã$^{312-31}$pʻã^{42}

碾滚子 ȵiã$^{312-31}$kuẽ$^{55-24}$tsɿ˙

碾棍 ȵiã$^{312-31}$kuẽ^{312} 推碾用的棍子

磨 mə^{312}

磨眼儿 mə$^{312-31}$iɛr^{55} 磨顶中央往下漏粮食的垂直小洞儿

磨台 mə$^{312-31}$t‘ɛ^{42} 放磨具的石台子

磨道 mə$^{312-31}$tɔ^{312} 磨台周围推磨时走的圆圈

磨系儿 mə$^{312-31}$ɕier^{312} 拴在石磨上固定磨棍的绳子

磨沟儿 mə$^{312-31}$kəur^{214} 两个磨扇对着的一面上打出的小沟儿

推磨 t‘uei$^{214-24}$mə^{312}

轧碾 ia$^{312-31}$ȵiã^{312} 推碾

罗 luə^{42}

罗面 luə^{42}miã^{312}

面撑子 miã$^{312-31}$ts‘əŋ$^{214-31}$tsɿ· 罗面时支撑箩来回晃动的棍子

鏊子 ɣɔ$^{312-42}$tsɿ· 用生铁铸成、中心稍凸的平面圆形器具，有三个很短的支腿儿，主要用来摊煎饼或烙饼

杠子 kaŋ$^{312-42}$tsɿ· 专用来抬东西的粗棍

挑子 t‘iɔ$^{214-31}$tsɿ· 两头带钩的扁担与所挑东西的合称

棒槌 paŋ$^{312-42}$pf‘ei· 洗衣物时用来棰打衣物的木棒

自行车 tsɿ$^{312-31}$ɕiŋ^{42}ts‘ə^{214}

洋车 iaŋ^{42}ts‘ə^{214}

电驴子 tiã$^{312-31}$ly$^{42-55}$tsɿ· 摩托车

辘轳 lu$^{214-31}$lu· 一种汲水工具

壳娄 k‘ə$^{214-31}$ləu· 一种比筲大的汲水器具，尖底

二人拧 ər$^{312-31}$zẽ^{42}ȵiŋ^{42} 两人一块儿用力拧的汲水器具

水车 fei^{55}ts‘ə^{214} 推磨似的转动汲水的器具

恶撒 ɣə$^{214-31}$sa· 碎柴草与尘土的混合物

粪箕子 fẽ$^{312-31}$tɕi$^{214-31}$tsɿ· 用荆条编成的簸箕形的筐，有高高的三叉挎梁，用肩背

筦子 yã$^{214-24}$tsɿ˙ 用柳条、竹篾等编成的有挎梁的盛东西的半球形器具

篓 ləu^{55} 用荆条编制的长圆形或长方形的筐，体形较大，一般用来盛运东西

簸箕 pə$^{312-42}$tɕʻi˙ 用来簸东西的条编器具

笸篮 pu^{55}lã˙ 即笸箩，用去皮柳条编的口大底浅的筐，用来晒粮、盛粮等

擀面杖 kã^{55}miã$^{312-31}$tsaŋ^{312}

纺车 faŋ^{55}tsʻə^{214}

顶锥儿 tiŋ$^{55-24}$pfer˙ 顶针

针 tsẽ^{214}

线 ɕiã^{312}

麻线 ma$^{42-55}$ɕiã˙ 用麻的纤维搓成的细绳，主要用于纳鞋底做鞋

针锥 tsẽ$^{214-31}$pfei˙ 纳鞋底时扎针眼儿用的锥子

大钢挡针 ta$^{312-31}$kaŋ$^{312-42}$taŋ˙ tsẽ^{214} 一种较粗长的大针，一般用于纳鞋底、做棉被

绣花针 ɕiəu$^{312-31}$xuar$^{214-24}$tsẽ^{214}

纳鞋底 na^{214}ɕiɛ^{42}ti^{55}

搓麻线 tɕʻyə$^{214-24}$ma$^{42-55}$ɕiã˙

糊袼褙子 xu^{42}kə$^{214-31}$pei˙ tsɿ˙

铺衬 pʻu$^{312-31}$tsʻẽ˙ 碎布块儿

布拉条子 pu$^{312-31}$la˙ tʻiɔ$^{42-55}$tsɿ˙ 做衣服剪下的碎布条

伞 sã^{55}

蓑衣 ɕyə$^{214-31}$i˙

草帽子 tsʻɔ^{55}mɔ$^{312-42}$tsɿ˙

包袱 pɔ$^{214-31}$fu˙

背褡子 pei$^{312-31}$ta$^{214-31}$tsɿ˙ 搭在肩上的褡裢

麻袋 ma^{42}tɛ^{312}

针线筐子 tsẽ$^{214\text{-}24}$ɕiã· k'uaŋ$^{214\text{-}31}$tsʅ· 放针、线、碎布的小筐

缝纫机 fəŋ^{42}zẽ$^{312\text{-}31}$tɕi^{214}

轧衣裳机子 tsa^{42}i$^{214\text{-}31}$saŋ· tɕi$^{214\text{-}31}$tsʅ·

剪子 tɕiã$^{55\text{-}24}$tsʅ·

尺子 ts'ʅ$^{214\text{-}31}$tsʅ·

尺棒子 ts'ʅ^{214}paŋ$^{312\text{-}42}$tsʅ·

二尺杆子 ər$^{312\text{-}31}$ts'ʅ$^{214\text{-}24}$kã$^{214\text{-}31}$tsʅ· 二尺长的棍子，上面刻有尺度

推子 t'uei$^{214\text{-}31}$tsʅ· 理发用具

剃头刀子 t'i$^{312\text{-}31}$t'əu^{42}tɔ$^{214\text{-}31}$tsʅ·

砍刀 k'ã$^{55\text{-}24}$tɔ· 用来砍硬东西的刀，略像菜刀，但刀背较厚

刮刀 kua$^{55\text{-}24}$tɔ· 杀猪时用来剐猪毛的长方形刀具

契刀 tɕ'i$^{312\text{-}42}$tɔ· 杀猪或割肉用的刀

穿梃 pf'ã$^{214\text{-}31}$t'iŋ^{55} ①杀猪时用于打通皮肉之间通道的长铁棍儿 ②从两扇门的门鼻儿穿过，一头带铁疙瘩，另一头挂锁的铁棍儿

秤 ts'əŋ^{312} ①测重量的器具 ②重量：称称看看够～不

秤杆子 ts'əŋ$^{312\text{-}31}$kã$^{55\text{-}24}$tsʅ·

秤砣 ts'əŋ$^{312\text{-}31}$t'uə^{42}

秤毫 ts'əŋ$^{312\text{-}31}$xɔ^{42}

磅秤 paŋ$^{312\text{-}31}$ts'əŋ^{312}

粉线布袋儿 fẽ^{55}ɕiã$^{312\text{-}31}$pu$^{312\text{-}42}$tɛr· 妇女做衣被时用来打直线的工具，袋内装有白粉和细绳儿

熨头 yẽ$^{312\text{-}42}$t'əu· 熨斗

磨石 mə$^{312\text{-}42}$sʅ· 磨刀石

被烘子 pei$^{312\text{-}31}$xuŋ$^{214\text{-}31}$tsʅ· 条编网状筐，反扣在火盆上，用以烘干、

烘热被褥等

棉花套子 miã$^{42-55}$xua· t'ɔ$^{312-42}$tsʅ· 做棉衣、棉被用的棉絮

网套 uaŋ^{55}t'ɔ^{312} 用线网起来的做被子用的棉花

洋布 iaŋ$^{42-55}$pu· 机器织出的布

唐绒 t'aŋ^{42}vəŋ^{42} 条绒

铁镲子 t'iə$^{214-24}$ts'a$^{55-24}$tsʅ· 撮垃圾的铁簸箕

苫子 sã$^{214-31}$tsʅ· 用谷草或麦秆等编的帘状物，用于遮盖和铺垫

脊瓦 tɕi$^{214-31}$ua· 扣在屋脊或墙头上的瓦

沙灰 sa$^{214-24}$xuei^{214} 砌墙用的沙子、石灰（或水泥）和水的混合物

水泥 fei^{55}ȵi^{42}

洋灰 iaŋ^{42}xuei^{214}

泥巴 ȵi$^{42-55}$pa· 泥

十 饮食

饭 fã^{312}

面饭 miã$^{312-31}$fã^{312} 面食

饭食 fã$^{312-42}$sʅ· 饭菜

伙食 xuə$^{55-24}$sʅ·

清早饭 tɕ'iŋ$^{214-24}$tsɔ· / tɔ· fã^{312} 早饭

晌午饭 saŋ$^{55-24}$u· fã^{312} 中午饭

哄上饭 xuŋ$^{312-42}$xaŋ· fã^{312} 晚饭

成席 ts'əŋ^{42}ɕi^{42} 准备酒席

酒席 tɕiəu^{55}ɕi^{42}

四八儿的席 sʅ$^{312-31}$par$^{214-31}$li· ɕi^{42}

家常饭 tɕia^{214}ts'aŋ^{42}fã^{312}

吃头儿 ts'ɿ$^{214-31}$t'əur· 泛指可以吃的东西：有～吗？我饿了

煎饼 tɕiã$^{214-31}$miŋ·

糊豆 xu$^{42-55}$təu· 用粗粮面煮制的半流质食品

黏粥 ȵiã$^{42-55}$pfu· 较稠的小米粥

馍馍 mə$^{42-55}$mə· 馒头

高桩子馍馍 kɔ$^{214-24}$pfaŋ$^{214-31}$tsɿ· mə$^{42-55}$mə· 一种个头较高的馒头

包子 pɔ$^{214-31}$tsɿ· ①水饺 ②蒸笼包子

大包子 ta$^{312-31}$pɔ$^{214-31}$tsɿ· 用蒸笼蒸的个头较大的包子

菜包子 ts'ɛ$^{312-31}$pɔ$^{214-31}$tsɿ· 以面粉或粗面为皮儿，主要以蔬菜为馅儿蒸制的包子

糖包子 t'aŋ^{42}pɔ$^{214-31}$tsɿ· 以糖为馅儿包成的三角形包子

　糖包儿 t'aŋ^{42}pɔr^{214}

窝窝 uə$^{214-31}$uə· 窝头

　窝窝头 uə$^{214-31}$uə· t'əu^{42}

煎包儿 tɕiã$^{214-24}$pɔr^{214} 锅贴儿

花卷儿 xua$^{214-31}$tɕyɛr·

卷子 tɕyã$^{55-24}$tsɿ·

枣卷子 tsɔ^{55}tɕyã$^{55-24}$tsɿ· 一种蒸制的卷有枣的面食

呱嗒儿 kua$^{214-31}$tar· 用粗粮面儿制成的较厚的椭圆形饼子，烀在锅内壁蒸烙或下水煮皆可

鼓鼓 ku$^{55-42}$ku· 一种带馅儿的用粗面蒸制的枣核形大包子

饼 piŋ^{55} ①烙制的食品，品种较多 ②由油料植物籽实榨油后剩下的渣压成的块状物：果子～

果子饼 kuə$^{55-24}$tsɿ· piŋ^{55} 榨过油的花生渣压制而成的饼

菜饼 ts‘ɛ$^{312-31}$piŋ^{55} 馅儿饼

油饼 iəu^{42}piŋ^{55}

单饼 tã$^{214-31}$piŋ· 单层薄饼

烧饼 sɔ$^{214-31}$piŋ·

面条儿 miã$^{312-31}$t‘iɔr^{42}

面汤 miã$^{312-31}$t‘aŋ^{214} 水煮面条儿

汤 t‘aŋ^{214} ①炝锅后加水放盐烧制的白面稀汤 ②煮过面条或水饺的水：包子～

咸汤 çiã^{42}t‘aŋ^{214} 汤①

疙瘩汤 kə$^{214-31}$ta· t‘aŋ^{214} 煮有面糊疙瘩的汤

鸡蛋汤 tçi$^{214-24}$tã$^{312-31}$t‘aŋ^{214}

齐子 tç‘i$^{42-55}$tsɿ· 指甲大小的菱形薄面片儿，下水煮食

面叶子 miã$^{312-31}$iə$^{214-31}$tsɿ· 用麦面擀制成的薄面片儿，下水煮食

圪巴 kə$^{214-31}$pa· 粘稠液体干后的残留物：锅～ | 衣裳上有～

炸鱼 tsa^{42}y^{42} 把鱼放在滚热的油锅里炸

炸虾米 tsa^{42}çia$^{214-31}$mi·

炸鱼棍儿 tsa^{42}y^{42}kuer^{312}

炸藕夹子 tsa^{42}ɣəu^{55}tçia$^{214-31}$tsɿ· 藕片夹馅后沾面糊炸制成食品

　炸耦合儿 tsa^{42}ɣəu^{55}xər^{42}

炸面糊儿 tsa^{42}miã$^{312-31}$xur^{312}

油条 iəu^{42}t‘iɔ^{42}

　香油果子 çiaŋ^{214}iəu^{42}kuə$^{55-24}$tsɿ·

炸头儿 tsa$^{42-55}$t‘əur· 泛指油炸食物

酵子 tçiɔ$^{312-42}$tsɿ· 用来发面的酵头

剂子 tçi^{42}tsɿ· 做面食时分成的块儿

死面 sɿ^{55}miã^{312} 未发制的面

发面 fa$^{214\text{-}24}$miã^{312}

丸子 uã$^{42\text{-}55}$tsɿ˙

面䉾 miã$^{312\text{-}31}$pu^{42} 做面食时，为防止面团粘连而加的面粉

馓子 sã$^{55\text{-}24}$tsɿ˙ 油炸面食，细条相连，叠排成把儿

麻叶儿 ma$^{42\text{-}55}$iər˙ 油炸的薄面片，或甜或咸，入口焦酥

拧紧儿 ȵiŋ$^{42\text{-}55}$tɕier˙ 两三片薄面片叠放拧转炸制而成，酥如麻叶儿

蜜食 mi$^{214\text{-}24}$sɿ˙ 用蜜、糖、面加芝麻调和后炸制而成的点心

饼干儿 piŋ^{55}kɛr^{214}

花生蘸 xua$^{214\text{-}24}$səŋ$^{214\text{-}24}$tsã^{312} 蘸有含糖面壳的熟花生米

点心 tiã$^{55\text{-}24}$ɕiẽ˙

圆酥 yã^{42}ɕyu^{214} 桃酥

　口酥 k'əu^{55} ɕyu^{214}

炒糖 ts'ɔ^{55}t'aŋ^{42} 用糖、油及面粉制成的粗条状点心

糖豆儿 t'aŋ^{42}təur^{312} 豆粒大小的球形水果糖

月饼 yə$^{214\text{-}31}$piŋ˙

点心包子 tiã$^{55\text{-}24}$ɕiẽ˙ pɔ$^{214\text{-}31}$tsɿ˙ 正席前吃点心时吃的袖珍小水饺

锅圪巴 kuə$^{214\text{-}24}$kə$^{214\text{-}31}$pa˙ 锅身上残留的食物渣

芋头干儿 y$^{312\text{-}42}$t'əu˙ kɛr^{214} 晒干的地瓜片儿

芋头面儿 y$^{312\text{-}42}$t'əu˙ miɛr^{312}

　芋头面子 y$^{312\text{-}42}$t'əu˙ miã$^{312\text{-}42}$tsɿ˙

玉蜀黍面儿 y$^{312\text{-}31}$fu^{55}fu˙ miɛr^{312}

　玉蜀黍面子 y$^{312\text{-}31}$fu^{55}fu˙ miã$^{312\text{-}42}$tsɿ˙

白面 pei^{42}miã^{312} 小麦磨成的面

烧饼卷儿 sɔ$^{214\text{-}31}$piŋ˙ tɕyɛr^{55} 长条烧饼

挂面 kua$^{312-31}$miã^{312}

头和面 t‘əu$^{42-55}$xuə· miã^{312} 小麦磨出的第一和面

二和面 ər$^{312-42}$xuə· miã^{312} 小麦磨出的第二和面

麸子 fu$^{214-31}$tsʅ· 小麦磨完面剩下的皮儿

糁子 sẽ$^{214-31}$tsʅ· 碾成小碎渣的粮食

芋头糁子 y$^{312-42}$t‘əu· sẽ$^{214-31}$tsʅ· 地瓜干碾一遍形成的小碎块儿

玉蜀黍糁子 y$^{312-31}$fu^{55}fu· sẽ$^{214-31}$tsʅ· 玉米磨一遍形成的小碎渣儿

豆糁子 təu$^{312-31}$sẽ$^{214-31}$tsʅ· 碾成小碎渣的豆子

豆扁儿 təu$^{312-31}$piɛr^{55} 轧扁的豆子

小豆腐 ɕiɔ^{55}təu$^{312-42}$fu· 用剁碎的蔬菜或植物叶和豆糁子掺在一块蒸制的食品

粉皮 fẽ^{55}p‘i^{42}

粉条儿 fẽ^{55}t‘iɔr^{42}

粉面 fẽ^{55}miã^{312} 地瓜粉

凉粉 liaŋ^{42}fẽ^{55}

藕粉 ɣəu^{55}fẽ^{55}

奶粉 nɛ^{55}fẽ^{55}

豆奶粉 təu$^{312-31}$nɛ^{55}fẽ^{55}

鸡蛋糕 tɕi$^{214-24}$tã$^{312-31}$kɔ^{214} ①面粉加鸡蛋制成的糕点 ②鸡蛋加水蒸制的食物

面包 miã$^{312-31}$pɔ^{214}

喀 k‘a^{312} 食用油或面食制品因久存变质而稍带苦味：这桶油发～了，不能吃了

呼浓味儿 xu$^{214-31}$nuŋ· uer^{312} 吃过葱、蒜后口腔残留的气味儿

口重 k‘əu^{55}pfəŋ^{312} 能吃咸：这个人～，不嫌咸

发物 fa$^{214-24}$u˙ 指某种富有刺激性、能使疮或病复发的食物

就头儿 tɕiəu$^{42-55}$tʻəur˙ 泛指帮助下饭的菜

咸鸡蛋 ɕiã^{42}tɕi$^{214-24}$tã^{312}

咸鸭蛋 ɕiã^{42}ia$^{214-24}$tã^{312}

豆腐 təu$^{312-42}$fu˙

豆腐皮儿 təu$^{312-42}$fu˙ pʻier^{42}

　豆腐皮子 təu$^{312-42}$fu˙ pʻi$^{42-55}$tsɿ˙

青菜 tɕʻiŋ$^{214-24}$tsʻɛ^{312} 素菜

肉菜 zəu$^{312-31}$tsʻɛ^{312} 荤菜

咸菜 ɕiã$^{42-55}$tsʻɛ˙

咸菜疙瘩 ɕiã$^{42-55}$tsʻɛ˙ kə$^{214-31}$ta˙ 腌制好未切开的蔓菁或水萝卜

木耳 mu$^{214-31}$ər˙

银耳 iẽ^{42}ər˙

蘑菇 mə$^{42-55}$ku˙

针针 tsẽ$^{214-24}$tsẽ^{214} 金针菇

虾皮儿 ɕia^{214}pʻier^{42}

虾仁儿 ɕia^{214}ier^{42}

海米 xɛ^{55}mi^{55}

参 sẽ^{214}

人参 zẽ^{42}sẽ^{214}

海参 xɛ^{55}sẽ^{214} / xɛ$^{55-24}$sẽ˙

海带 xɛ^{55}tɛ^{312}

海货 xɛ^{55}xuə^{312}

鲜鱼 ɕiã^{214}y^{42}

糖醋鱼 tʻaŋ^{42}tɕʻyu$^{312-31}$y^{42}

醋熘白菜 tɕʻyu$^{312-31}$liəu$^{214-24}$pei$^{42-55}$tsʻɛ˙

红烧肉 xuŋ^{42}sɔ$^{214-24}$zəu^{312}

肉丸子 zəu$^{312-31}$uã$^{42-55}$tsʅ˙

猪头肉 pfu^{214}tʻəu^{42}zəu^{312} / pfu$^{214-31}$tʻəu˙ zəu^{312}

　猪脸子肉 pfu$^{214-24}$liã$^{55-24}$tsʅ˙zəu^{312} / pfu$^{214-31}$liã$^{55-24}$tsʅ˙zəu^{312}

猪腰子 pfu$^{214-24}$iɔ$^{214-31}$tsʅ˙ 猪肾

猪肝花 pfu$^{214-24}$kã$^{214-31}$xua˙ 猪肝

猪肺 pfu$^{214-24}$fi^{312}

猪心 pfu$^{214-24}$ɕiẽ^{214}

猪耳道 pfu$^{214-24}$ər$^{55-24}$tɔ˙ 猪耳朵

猪蹄儿 pfu^{214}tʻier^{42}

　猪蹄子 pfu$^{214-24}$tʻi$^{42-55}$tsʅ˙

猪肚儿 pfu$^{214-24}$tur^{55} / pfu$^{214-31}$tur˙

猪肠子 pfu$^{214-24}$tsʻaŋ$^{42-55}$tsʅ˙

猪尾巴 pfu$^{214-24}$i$^{55-24}$pa˙ / pfu$^{214-31}$i$^{55-24}$pa˙

猪下水 pfu$^{214-24}$ɕia$^{312-42}$fei˙

　猪下货 pfu$^{214-24}$ɕia$^{312-42}$xuə˙

猪舌头 pfu$^{214-24}$sə$^{42-55}$tʻəu˙

猪血 pfu$^{214-24}$ɕiə^{214}

里脊肉 li$^{55-24}$tɕi˙ zəu^{312}

五花肉 u^{55}xua$^{214-24}$zəu^{312}

瘦肉 səu$^{312-31}$zəu^{312}

肥肉 fi^{42}zəu^{312} / ɕy^{42}zəu^{312}

前槽 tɕʻiã^{42}tsʻɔ^{42} 猪被杀劈开后的脖子附近部分

后尾尖 xəu$^{312-31}$i˙ tɕiã^{214} 猪被杀劈开后的臀部

板油 $pã^{55}iəu^{42}$ 猪体腔内壁上呈板状的脂肪

花油 $xua^{214}iəu^{42}$ 贴着猪的肠胃外面呈网状的脂肪

牛百叶儿 $ȵiəu^{42}pei^{214-24}iər^{214}$

牛蹄筋儿 $ȵiəu^{42}tʻi^{42}tɕier^{214}$

鸡头 $tɕi^{214}tʻəu^{42}$

鸡翅膀 $tɕi^{214}tsʻɿ^{312-42}paŋ^{·}$

鸡腿 $tɕi^{214-31}tʻuei^{·}$

鸡脖子 $tɕi^{214-24}pə^{42-55}tsɿ^{·}$

鸡爪子 $tɕi^{214-24}pfa^{55-24}tsɿ^{·}$

鸡哺翅 $tɕi^{214-24}pu^{42-55}tsʻɿ^{·}$

鸡杂儿 $tɕi^{214}tsar^{42}$

打鸡蛋 $ta^{55}tɕi^{214-24}tã^{312}$

炒鸡蛋 $tsʻɔ^{55}tɕi^{214-24}tã^{312}$

蒸鸡蛋糕 $tsəŋ^{214-24}tɕi^{214-24}tã^{312-31}kɔ^{214}$

煮鸡蛋 $pfu^{55}tɕi^{214-24}tã^{312}$

荷包鸡蛋 $xə^{42-55}pɔ^{·}\ tɕi^{214-24}tã^{312}$ 打开皮儿整个放在汤里煮熟的鸡蛋

鸡蛋面条儿 $tɕi^{214-24}tã^{312-31}miã^{312-31}tʻiɔr^{42}$ ①加鸡蛋和成的面擀成的面条儿 ②带有荷包蛋的面条儿

糖 $tʻaŋ^{42}$

红糖 $xuŋ^{42}tʻaŋ^{42}$

白糖 $pei^{42}tʻaŋ^{42}$

白砂糖 $pei^{42}sa^{214}tʻaŋ^{42}$

面糖 $miã^{312-31}tʻaŋ^{42}$

花糖 $xua^{214}tʻaŋ^{42}$ 糖块

冰糖 $piŋ^{214}tʻaŋ^{42}$

糖葫芦儿 tʻaŋ^{42}xu$^{42-55}$ləur˙

油 iəu^{42}

果子油 kuə$^{55-24}$tsɿ˙ iəu^{42} 花生油

豆油 təu$^{312-31}$iəu^{42}

香油 ɕiaŋ^{214}iəu^{42} 芝麻磨成的油

麻汁 ma$^{42-55}$tsɿ˙ 芝麻酱

棉籽油 miã^{42}tsɿ^{55}iəu^{42}

菜籽油 tsʻɛ$^{312-31}$tsɿ^{55}iəu^{42}

大油 ta$^{312-31}$iəu^{42} 猪肥肉炼成的油

麻籽油 ma^{42}tsɿ^{55}iəu^{42} 蓖麻油

盐 iã^{42}

酱油 tɕiaŋ$^{312-31}$iəu^{42}

醋 tɕʻyu^{312}

忌讳 tɕi$^{312-42}$xuei˙

花椒面儿 xua$^{214-24}$tɕiɔ$^{214-24}$miɛr^{312}

五香面儿 u^{55}ɕiaŋ$^{214-24}$miɛr^{312}

芝麻盐 tsɿ$^{214-31}$ma˙ iã^{42} 将芝麻炒熟磨碎加盐拌匀制成的佐料

味精 uei$^{312-31}$tɕiŋ^{214}

材料面 tsʻɛ$^{42-55}$liɔ˙ miɛr^{312} 用多种中药材混合后磨成的细末，做调味品

炉花椒 lu^{42}xua$^{214-24}$tɕiɔ^{214} 用小铁锅儿在火炉上把花椒炒干

洋烟 iaŋ^{42}iã^{214}

旱烟 xã$^{312-31}$iã^{214}

酽茶 iã$^{312-31}$tsʻa^{42} 浓茶

乏茶 fa^{42}tsʻa^{42} 冲泡过多遍的茶

茶叶 tsʻa^{42}iə^{214} 茶

老干哄 lɔ^{55}kã$^{214-24}$xuŋ^{214} 一种次等茶

茶山 tsʻa^{42}sã^{214} 茶壶久用留下的很厚的茶垢

酒 tɕiəu^{55}

粮食酒 liaŋ$^{42-55}$sʅ· tɕiəu^{55} 泛指用粮食酿制的酒

酒精酒 tɕiəu^{55}tɕiŋ$^{214-24}$tɕiəu^{55} 用酒精兑制的酒

地瓜干儿酒 ti$^{312-31}$kua$^{214-24}$kɛr$^{214-24}$tɕiəu^{55}

高粱酒 kɔ^{214}liaŋ^{42}tɕiəu^{55}

高度酒 kɔ$^{214-24}$tu$^{312-31}$tɕiəu^{55}

低度酒 ti$^{214-24}$tu$^{312-31}$tɕiəu^{55}

白酒 pei^{42}tɕiəu^{55}

　辣酒 la$^{214-31}$tɕiəu·

葡萄酒 pʻu^{55}tʻɔ· tɕiəu^{55}

　红酒 xuŋ^{42}tɕiəu^{55}

啤酒 pʻi^{42}tɕiəu^{55}

甜酒 tʻiã^{42}tɕiəu^{55} 果酒

鸡汤子酒 tɕi$^{214-24}$tʻaŋ$^{214-31}$tsʅ· tɕiəu^{55} 酒与鸡汤兑在一起喝的酒

十一　服饰

衣裳 i$^{214-31}$saŋ·

褂子 kua$^{312-42}$tsʅ·

褂衩子 kua$^{312-31}$tsʻa$^{55-24}$tsʅ· 短袖褂子

褂头儿 kua$^{312-31}$tʻəur^{42} 无袖小短褂

汗溻子 xã$^{312-31}$tʻa$^{214-31}$tsʅ· 汗衫

单褂子 tã^{214}kua$^{312-42}$tsʅ·

夹袄 tɕia$^{214-31}$ɣɔ· 双层的上衣

棉袄 miã^{42}ɣɔ^{55}

裤子 kʻu$^{312-42}$tsɿ·

单裤子 tã^{214}kʻu$^{312-42}$tsɿ·

夹裤 tɕia$^{214-24}$kʻu^{312} 双层布裤子

　夹裤子 tɕia^{214}kʻu$^{312-42}$tsɿ·

棉裤 miã^{42}kʻu^{312}

裤头儿 kʻu$^{312-31}$tʻəur^{42} 裤衩儿或短裤

裤衩子 kʻu$^{312-31}$tsʻa$^{55-24}$tsɿ· 短裤

大裤衩子 ta$^{312-31}$kʻu$^{312-31}$tsʻa$^{55-24}$tsɿ· 较长的短裤

坎肩儿 kʻã$^{55-24}$tɕiɛr·

　坎肩子 kʻã^{55}tɕiã$^{214-31}$tsɿ·

棉坎肩儿 miã^{42}kʻã$^{55-24}$tɕiɛr·

皮坎肩儿 pʻi^{42}kʻã$^{55-24}$tɕiɛr·

毛衣 mɔ^{42}i^{214}

毛裤 mɔ^{42}kʻu^{312}

裤腿脚子 kʻu$^{312-31}$tʻuei^{55}tɕyə$^{214-31}$tsɿ· 裤脚

大衣 ta$^{312-31}$i^{214}

　大氅 ta$^{312-31}$tsʻaŋ^{55}

小大衣 ɕiɔ^{55}ta$^{312-31}$i^{214}

　短大衣 tuã^{55}ta$^{312-31}$i^{214}

大袄 ta$^{312-31}$ɣɔ^{55} 大棉袄

衬衣 tsʻẽ$^{312-31}$i^{214}

衬裤 tsʻẽ$^{312-31}$kʻu^{312}

大襟 ta$^{312-31}$tɕiẽ^{214}

绒衣 vəŋ^{42}i^{214}

绒裤 vəŋ^{42}k‘u^{312}

秋衣 tɕ‘iəu$^{214-24}$i^{214}

秋裤 tɕ‘iəu$^{214-24}$k‘u^{312}

腰带 iɔ$^{214-24}$tɛ^{312}

束腰带子 pf‘u$^{214-31}$iɔ· tɛ$^{312-42}$tsɿ·

鞋 ɕiɛ^{42}

单鞋 tã^{214}ɕiɛ^{42}

棉鞋 miã^{42}ɕiɛ^{42}

皮鞋 p‘i^{42}ɕiɛ^{42}

布鞋 pu$^{312-31}$ɕiɛ^{42}

胶鞋 tɕiɔ^{214}ɕiɛ^{42}

凉鞋 liaŋ$^{312-31}$ɕiɛ^{42}

雨鞋 y^{55}ɕiɛ^{42}

骆驼蹄 luə$^{312-42}$t‘uə· t‘i^{42} 一种与裤相连的婴儿鞋

皮靴子 p‘i^{42}ɕyə$^{214-31}$tsɿ·

袜子 ua$^{214-31}$tsɿ·

单袜子 tã$^{214-24}$ua$^{214-31}$tsɿ·

棉袜子 miã^{42}ua$^{214-31}$tsɿ· 由两层白布中间续上棉花缝制成的布袜子

垫肩 tiã$^{312-31}$tɕiã^{214} 担东西时垫在肩上的布垫子

鞋垫子 ɕiɛ^{42}tiã$^{312-42}$tsɿ·

鞋面子 ɕiɛ^{42}miã$^{312-42}$tsɿ·

鞋帮子 ɕiɛ^{42}paŋ$^{214-31}$tsɿ·

鞋底 ɕiɛ^{42}ti^{55}

鞋曳跟 ɕiɛ^{42}iə$^{214-31}$kẽ· 缝在鞋帮后面，供提鞋用的双层布块儿

鞋壳廊 ɕiɛ^{42}k‘ə$^{214-31}$laŋ·

没脸子鞋 mu^{42}liã$^{55-24}$tsɿ· ɕiɛ^{42} 圆口布鞋

裹脚布 kuə^{55}tɕyə$^{214-24}$pu^{312} 旧时妇女裹脚用的长布条

扎腿带子 tsa$^{214-24}$t‘uei^{55}tɛ$^{312-42}$tsɿ·

鞋襻儿 ɕiɛ^{42}p‘ɛr^{312}

帽子 mɔ$^{312-42}$tsɿ·

帽遮护儿 mɔ$^{312-31}$tsə$^{214-31}$xur· 帽舌

礼帽儿 li^{55}mɔr^{312}

铁帽子 t‘iə^{214}mɔ$^{312-42}$tsɿ· 钢盔

草帽子 ts‘ɔ^{55}mɔ$^{312-42}$tsɿ·

围脖 uei^{42}pə^{42} 长形围巾

围巾 uei^{42}tɕiẽ^{214}

脖领儿 pə^{42}liə̃r^{55} 毛线编织的圆筒形领套

抹护子 ma$^{214-31}$xu· tsɿ· 男性戴的一种御寒的筒状针织帽

手套子 səu^{55}t‘ɔ$^{312-42}$tsɿ·

口罩儿 k‘əu^{55}tsɔr^{312}

围裙 uei$^{42-55}$tɕ‘yẽ·

襻子 p‘ã$^{312-42}$tsɿ· 经过双肩吊住裤子的带子

褯子 tɕiə$^{312-42}$tsɿ· 尿布

兜兜 təu$^{214-31}$təu· 兜肚

制服 tsɿ$^{312-31}$fu^{42}

学生服 ɕyə$^{42-55}$səŋ· fu^{42}

耳坠子 ər^{55}pfei$^{312-42}$tsɿ· 耳环

卡子 tɕ‘ia$^{214-31}$tsɿ· 泛指用来固定头发的夹子

卡针 tɕ‘ia$^{214-24}$tsẽ^{214} 用来固定头发的双股金属丝弯曲成拱形，一寸长左右

网子 uaŋ$^{55-24}$tsɿ· 套在发髻上的圆形网套儿，丝线织成，一般为黑色

袖头儿 çiəu$^{312-31}$t'əur^{42} 套在袖子上预防袖口磨坏或弄脏的袖套儿

百家衣儿 pei$^{214-31}$tçia˙ ier^{214} 向许多邻居索要碎布做成的婴儿衣服

布袋儿 pu$^{312-42}$tεr˙ 衣服的口袋儿

葫芦头儿 xu$^{42-55}$ləu˙ t'əur^{42} 用布捻儿编织成的桃形纽扣儿

　核桃疙瘩 xə$^{42-55}$t'ɔ˙ kə$^{214-31}$ta˙

扣鼻儿 k'əu$^{312-31}$pier^{42} 纽襻

破烂儿 p'ə$^{312-31}$lεr^{312} ①废品 ②特指用过的衣物

十二　动物

牲灵 səŋ$^{214-24}$liŋ˙ 家畜和家禽的统称

牲口 səŋ$^{214-31}$k'əu˙ 能帮助人做活的家畜

畜牲 pf'u$^{312-42}$səŋ˙ ①牲畜 ②詈辞，指像畜牲一样的人

牛 ȵiəu^{42}

牤牛 maŋ$^{214-31}$ȵiəu˙ 没骟的公牛

牭牛 sɿ$^{312-42}$ȵiəu˙ 母牛

牛犊儿 ȵiəu^{42}tur^{42} 小牛

　牛犊子 ȵiəu^{42}tu$^{42-55}$tsɿ˙

猪 pfu^{214}

母猪 mu$^{55-24}$pfu˙

壳娄 k'ə$^{214-31}$ləu˙ 架子猪

牙胞 ia$^{42-55}$pɔ˙ 小公猪

肥猪 çy$^{42-55}$pfu˙ 养大的肉用猪

奶光子 nε^{55}kuaŋ$^{214-31}$tsɿ˙ 猪崽子

羊 iaŋ^{42}

山羊 sã$^{214-31}$iaŋ˙

绵羊 miã$^{42-55}$iaŋ·

羊羔子 iaŋ^{42}kɔ$^{214-31}$tsɿ· 小羊

羊屎蛋子 iaŋ^{42}sɿ^{55}tã$^{312-42}$tsɿ·

驴 ly^{42}

草驴 ts'ɔ$^{55-24}$ly· 母驴

叫驴 tɕiɔ$^{312-42}$ly· 公驴

驴驹子 ly^{42}tɕy$^{214-31}$tsɿ· 小驴

驴屎蛋子 ly^{42}sɿ^{55}tã$^{312-42}$tsɿ·

骡子 luə$^{42-55}$tsɿ·

马 ma^{55}

狗 kəu^{55}

母狗 mu$^{55-24}$kəu·

牙狗 ia$^{42-55}$kəu·

哈巴狗 xa$^{42-55}$pa· kəu^{55} 一种体小、毛长、腿短，专讨人喜欢的狗，常用来比喻善谄媚之人

疯狗 fəŋ$^{214-31}$kəu·

狼狗 laŋ$^{42-55}$kəu·

猫 mɔ^{42}

叫猫子 tɕiɔ$^{312-42}$mɔ· tsɿ· 发情的猫

老鼠 lɔ$^{55-24}$fu·

黄鼠狼 xuɛ$^{42-55}$fu· laŋ^{42}

　黄鼠狼子 xuɛ$^{42-55}$fu· laŋ$^{42-55}$tsɿ·

狼 laŋ^{42}

　犸虎 ma$^{214-31}$xu·

老虎 lɔ^{55}xu^{55}

豹 pɔ^{312}

野狸 iə^{55}li^{42} 似猫形的凶猛小动物，常偷食家禽

貔搭狐子 pʻi$^{42-55}$ta· xu$^{214-31}$tsɿ· 传说中一种能暗中搬运人们的财物的动物，可使人富，也可使人穷

狐狸 xu$^{214-24}$li·

狗熊 kəu^{55}ɕyŋ^{42}

黑瞎子 xei$^{214-24}$ɕia$^{214-31}$tsɿ·

老猫狐儿 lɔ^{55}mɔ^{42}xur^{214} 传说中的神怪动物，常用来吓唬小孩儿

猴子 xəu$^{42-55}$tsɿ·

狮子 sɿ$^{214-31}$tsɿ·

兔子 tʻu$^{312-42}$tsɿ·

长毛兔 tsʻaŋ^{42}mɔ^{42}tʻu^{312}

獾 xuã^{214}

公儿 kuər^{214} / kuə̃r^{214} 指雄性动物

母儿 mur^{55} 指雌性动物

吃手 tsʻɿ$^{214-31}$səu· ①牲畜吃食的状况：这头猪～好 ②婴儿把手放在嘴里吮吸

草包 tsʻɔ^{55}pɔ^{214} 反刍动物的胃

狗吊槽子 kəu^{55}tiɔ$^{312-31}$tsʻɔ$^{42-55}$tsɿ· 狗交配

猪打圈子 pfu$^{214-24}$ta^{55}tɕyã$^{312-42}$tsɿ· 猪交配

羊欢羔儿 iaŋ^{42}xuã$^{214-24}$kɔr^{214} 羊交配

将 tɕiaŋ^{214} 动物繁殖：这窝儿～了八个小猪儿

撒子儿 sa$^{214-31}$tser^{55} 鱼类、昆虫类产卵

倒磨 tɔ$^{312-42}$mə· 反刍

吣 tɕʻiẽ^{312} 动物呕吐

上膘 $\text{saŋ}^{312\text{-}31}\text{piɔ}^{214}$ 增肥，长肉

跌膘 $\text{tiə}^{214\text{-}24}\text{piɔ}^{214}$ 消瘦

撒打 $\text{sa}^{214\text{-}31}$ta˙ 让牲畜或家禽处于不被管理状态：他家的猪整天～着

蹭痒痒 $\text{ts‘aŋ}^{312\text{-}31}\text{iaŋ}^{55\text{-}24}$iaŋ˙ 牲口在墙上或树上蹭痒

牴 ti^{55} 牛、羊用角向前撞击：靠后点儿，别叫牛～着

蛇 sə^{42} / sa^{42}

长虫 $\text{ts‘aŋ}^{42\text{-}55}$pf‘əŋ˙

刺猬 $\text{ts‘ʅ}^{312\text{-}42}$uei˙

鸡 tɕi^{214}

公鸡 $\text{kuŋ}^{214\text{-}31}$tɕi˙

母鸡 $\text{mu}^{55\text{-}24}$tɕi˙

草鸡 $\text{ts‘ɔ}^{55\text{-}24}$tɕi˙

小鸡儿 $\text{ɕiɔ}^{55}\text{tɕier}^{214}$

柴鸡 $\text{ts‘ɛ}^{42\text{-}55}$tɕi˙ 小笨鸡

老母鸡 $\text{lɔ}^{55}\text{mu}^{55\text{-}24}$tɕi˙ 年岁大的母鸡

抱窝鸡 $\text{pɔ}^{312\text{-}31}\text{uə}^{214\text{-}24}\text{tɕi}^{214}$

老抱子 $\text{lɔ}^{55}\text{pɔ}^{312\text{-}42}$tsʅ˙ 常抱窝的老母鸡

鼓鼓头儿 $\text{ku}^{55\text{-}42}$ku˙ t‘əur^{42} 头顶上有一撮长毛的鸡

肉食鸡 $\text{zəu}^{312\text{-}31}\text{sʅ}^{42}\text{tɕi}^{214}$ 不指望下蛋，仅供食用的鸡，生长期短

鸡蛋 $\text{tɕi}^{214\text{-}24}\text{tã}^{312}$

嬔蛋 $\text{fã}^{312\text{-}31}\text{tã}^{312}$ 家禽下蛋

抱窝 $\text{pɔ}^{312\text{-}31}\text{uə}^{214}$ 鸡或鸟类孵卵

歇窝 $\text{ɕiə}^{214\text{-}24}\text{uə}^{214}$ 鸡、鸭等停止下蛋

宿窝 $\text{ɕy}^{214\text{-}24}\text{uə}^{214}$ 禽类进窝过夜

鸡叫 $\text{tɕi}^{214\text{-}24}\text{tɕiɔ}^{312}$ 公鸡打鸣儿

传鸡 pf‘ã^{42}tɕi^{214} 鸡瘟流行

打扑拉 ta^{55}p‘u$^{214-31}$la· 禽类临死前在地上扇动翅膀，垂死挣扎

鸡毛 tɕi^{214}mɔ^{42}

鸡毛翎子 tɕi^{214}mɔ^{42}liŋ$^{42-55}$tsɿ· 鸡翎毛

鸡冠子 tɕi$^{214-24}$kuã$^{214-31}$tsɿ·

鸡屎 tɕi$^{214-31}$sɿ·

糖鸡屎 t‘aŋ^{42}tɕi$^{214-31}$sɿ· 像红糖颜色的粘稠鸡屎

鸡脯棱 tɕi$^{214-24}$p‘u$^{42-55}$ləŋ· 鸡胸脯

鸡嗉子 tɕi^{214}ɕyu$^{312-42}$tsɿ· 鸡嗉囊

鸡皮疙瘩 tɕi^{214}p‘i^{42}kə$^{214-31}$ta·

鸭子 ia$^{214-31}$tsɿ·

鸭蛋 ia$^{214-24}$tã^{312}

鹅 ɣə^{42}

鹅蛋 ɣə^{42}tã^{312}

鸟儿 ȵiɔr^{55}

老鸹 lɔ$^{55-24}$kua· 乌鸦

长尾巴郎子 ts‘aŋ^{42}i$^{55-24}$pa· laŋ$^{42-55}$tsɿ· 灰喜鹊

啴打木子 ts‘ã$^{214-31}$ta· mu$^{214-31}$tsɿ· 啄木鸟

夜猫子 iə$^{312-42}$mɔ· tsɿ· 猫头鹰

小欻儿 ɕiɔ$^{55-24}$pf‘ar· 麻雀

大雁 ta$^{312-31}$iã^{312}

斑鸠 pã$^{214-31}$tɕiəu·

　咕咕 ku$^{312-42}$ku·

老鹰 lɔ^{55}iŋ^{214}

老雕 lɔ^{55}tiɔ^{214} 苍鹰

燕子 iã$^{312-42}$tsɿ˙

鹦鹉儿 iŋ$^{214-31}$ur˙

八哥儿 pa$^{214-31}$kər˙

广广多素 kuaŋ$^{312-42}$kuaŋ˙ tuə$^{55-24}$ɕyu˙ 布谷鸟

鹁鸽 pu$^{42-55}$kə˙ 鸽子

蜓蜓 tʻiŋ$^{214-31}$tʻiŋ˙ 蜻蜓

蛾子 ɣə$^{42-55}$tsɿ˙ 飞蛾

眼面虎子 iã$^{55-24}$miã˙ xu$^{214-31}$tsɿ˙ 蝙蝠

蚂蜂 ma$^{55-24}$fəŋ˙ 胡蜂

蜜蜂 mi$^{214-31}$fəŋ˙

虫子 pfʻəŋ$^{42-55}$tsɿ˙

蠓虫 məŋ$^{55-24}$pfʻəŋ˙ 极小的飞虫，种类很多

腻虫子 ȵi$^{312-42}$pfʻəŋ˙ tsɿ˙ 蚜虫

蛴螬 tsʻʅ$^{42-55}$tsʻɔ˙ 蛴螬

毛尾虫 mɔ$^{42-55}$i˙ pfʻəŋ^{42} 大灰蛾子的幼虫，遍体生有长毛

蜇拉子 tsə$^{214-31}$la˙ tsɿ˙ ①一种酷似豆虫的虫子，生长在梧桐树上或白薯秧上 ②一种身上长满毒刺的生长在枣树上的椭圆形绿虫

豆虫 təu$^{312-42}$pfʻəŋ˙ 豆天蛾的幼虫，大如小指，绿色，食豆叶

栖溜泉 tɕʻi$^{214-31}$liəu˙ tɕʻyã^{42} 蚯蚓

叽叽灰儿 tɕi$^{214-24}$tɕi$^{214-24}$xuer^{214} 一种形体很小、羽毛灰色、善于鸣叫的小鸟，行踪不定，不易被发现。其鸣叫声音“叽叽灰儿”，因此得名

蠘蟟龟儿 tɕiə^{214}liɔ^{42}kuer^{214} 蝉的幼虫

蠘蟟儿 tɕiə^{214}liɔr^{42} 蝉

伏了儿 fu$^{42-55}$liɔr˙ 入伏前后出现的一种小蝉，绿色

蚂蚱 ma$^{312-31}$tsa˙ 蝗虫

螳螂 tʻaŋ$^{42-55}$laŋ·

　刀螂 tɔ$^{214-31}$laŋ·

蚕 tsʻã^{42}

蛹子 vəŋ$^{55-24}$tsɿ· 蚕蛹

吊死鬼儿 tiɔ$^{312-42}$sɿ·kuer^{55} 大袋蛾（蓑蛾）幼虫，暗褐色，用吐出的丝结成虫袋，吊于树上

红姑娘子 xuŋ^{42}ku$^{214-24}$ȵiaŋ$^{42-55}$tsɿ· 一种翅膀正面灰色、背面红色的昆虫，常生活在臭椿树枝干上

臭大姐 tsʻəu$^{312-42}$ta·tɕiə^{55} 臭椿象

屎壳螂 sɿ^{55}kʻə·laŋ^{42} 蜣螂

蛾螂珠子 ɣə$^{42-55}$laŋ·pfu$^{214-31}$tsɿ· 蜘蛛

土鳖子 tʻu^{55}piə$^{214-31}$tsɿ· 土元

潮虫子 tsʻɔ^{42}pfʻəŋ$^{42-55}$tsɿ· 鼠妇。一种生长在阴湿处的椭圆形小虫

精壳螂 tɕiŋ$^{214-31}$kʻə·laŋ^{42} 金龟子

　瞎撞 ɕia$^{214-24}$pfʻaŋ^{312}

草鞋底 tsʻɔ^{55}ɕiɛ^{42}ti^{55} 一种节肢昆虫，体长，灰色，触角及足细长，多足且易脱落，栖息于阴潮处

蝎子 ɕiə$^{214-31}$tsɿ·

蝎虎子 ɕiə$^{214-31}$xu·tsɿ· 壁虎

蛇丰粒子 sə$^{42-55}$fəŋ·li$^{214-31}$tsɿ· 蜥蜴

蚂蚁 ma$^{55-24}$i·

老扁 lɔ^{55}piã^{55} 蝗虫的一种，体型较大，红褐色，善飞

蚰子 iəu$^{42-55}$tsɿ· 蝈蝈

蛐儿蛐儿 tɕʻyer$^{214-31}$tɕʻyer· 蟋蟀

水牛 fei^{55}ȵiəu^{42} 立秋后下了雨出现在玉米地边草窝儿里的一种天牛科

昆虫

麦蚰子 mei$^{214-24}$iəu$^{42-55}$tsɿ˙ 米象

蝼狗 lu$^{42-55}$kəu˙ 蝼蛄

蜗罗牛子 uə$^{214-31}$luə˙ ȵiəu$^{42-55}$tsɿ˙ 蜗牛

磕头虫 k'ə^{214}t'əu^{42}pf'əŋ^{42} 学名叩头虫，能不断地做出叩头的动作

截虫子 tɕiə$^{42-55}$pf'əŋ˙ tsɿ˙ 螟虫，习性多样，一般潜伏或钻蛀作物秸秆

蚰蜒 iəu$^{42-55}$iã˙

白蚱 pei$^{42-55}$tsa˙ 苍蝇卵

蝇子 iŋ$^{42-55}$tsɿ˙ 苍蝇

蛆 tɕ'y^{214} 苍蝇的幼虫，白色体软

绿豆蝇 ly$^{214-24}$təu$^{312-31}$iŋ^{42} 头呈绿色、形体较大的苍蝇

蚊子 uẽ$^{42-55}$tsɿ˙

花蚊子 xua$^{214-24}$uẽ$^{42-55}$tsɿ˙ 蚊子的一种，有黑白花纹，叮咬力强

小咬儿 ɕiɔ^{55}iɔr^{55} 指咬人的蠓虫或白蛉子之类

虱子 sɿ$^{214-31}$tsɿ˙

虮子 tɕi$^{55-24}$tsɿ˙

臭虫 ts'əu$^{312-31}$pf'əŋ^{42}

虼蚤 kə$^{214-31}$tsɔ˙ 跳蚤

狗蝇 kəu$^{55-24}$iŋ˙ 生在狗身上，状如蝇，黄色，能飞；坚皮利喙，啖咂狗血。冬日则藏狗耳中

牛虻 ȵiəu^{42}maŋ^{55}

花大姐 xua$^{214-24}$ta$^{312-31}$tɕiə^{55} 七星瓢虫，主要捕食蚜虫

萤火虫 iŋ^{42}xuə^{55}pf'əŋ^{42}

蚂蚍 ma$^{55-24}$p'i˙ 水蛭

捞鱼鹳 lɔ^{42}y^{42}kuã^{312} 节肢动物，身体细长，黑色，三对长足，浮游或

跳跃于水面，活动灵敏迅速

虾米 ɕia$^{214-31}$mi˙ 淡水中的小虾

拧勾 ȵiŋ$^{42-55}$kəu˙ 泥鳅

拧拧勾 ȵiŋ$^{42-55}$ȵiŋ˙ kəu^{214}

鱼 y^{42}

鲤鱼 li^{214}y^{42}

红鱼 xuŋ^{42}y^{42}

鲢鱼 liã$^{42-55}$y˙

草鱼 ts‘ɔ$^{55-24}$y˙ 一种淡水鱼，体较长，呈亚圆筒形

沙溜棒子 sa$^{214-31}$liəu˙ paŋ$^{312-42}$tsɿ˙ 一种淡水鱼，体小，头大尾细，呈红褐色或深褐色，生活在河中浅水水底

鲇鱼 ȵiã$^{42-55}$y˙

鲫鱼 tɕi$^{214-31}$y˙

刀鱼 tɔ$^{214-31}$y˙

带鱼 tɛ$^{312-42}$y˙

螃蟹 p‘aŋ$^{42-55}$ɕiɛ˙

虾米枪 ɕia$^{214-31}$mi˙ tɕ‘iaŋ^{214} 一种长着大螯的虾

鱼鳞 y^{42}liẽ^{42}

鱼翅膀 y^{42}ts‘ɿ$^{312-42}$paŋ˙

鱼尿脬 y^{42}ɕyei$^{214-31}$p‘ɔ˙

鱼节鳃 y^{42}tɕiə$^{214-31}$sɛ˙ 鱼鳃

鱼子 y^{42}tsɿ^{55}

鱼网 y^{42}uaŋ^{55}

钓鱼 tiɔ$^{312-31}$y^{42}

蛤蟆 xə$^{42-55}$ma˙ 青蛙

蛤蟆蝌它子 xə$^{42-55}$ma˙ k'ə$^{214-31}$t'a˙ tsɿ˙ 蝌蚪

疥蛤蟆 tɕiɛ$^{312-42}$xə˙ ma^{214} 蟾蜍

壳碰 k'ə$^{214-24}$p'əŋ˙ 河蚌

乌龟 u$^{214-24}$kuei^{214}

老鳖 lɔ^{55}piə^{214} 鳖

十三 植物

庄稼 pfaŋ$^{214-31}$tɕia˙

粮食 liaŋ$^{42-55}$sɿ˙

麦子 mei$^{214-31}$tsɿ˙ 小麦

大麦 ta$^{312-42}$mei˙

荞麦 tɕ'iɔ$^{42-55}$mei˙

葫芦头 xu$^{42-55}$ləu˙ t'əu^{42} 无芒的小麦

麦个子 mei^{214}kə$^{312-42}$tsɿ˙ 割倒后捆起来的麦子

麦秸 mei$^{214-24}$tɕiɛ^{214} 碾轧脱粒后的麦秆

麦秸莛子 mei$^{214-24}$tɕiɛ$^{214-24}$t'iŋ$^{42-55}$tsɿ˙ 麦秆最上端的一节儿，常用来编织草帽及其他工艺品

麦余子 mei$^{214-24}$y$^{42-55}$tsɿ˙ 扬场时分离出来的带糠壳的麦粒

麦茬 mei$^{214-24}$tsa^{312} 小麦收割后留在地里或拔出后铡下来的根部

麦糠 mei$^{214-24}$k'aŋ^{214} 脱粒后剩下的麦穗上包裹籽粒的壳儿

茬子 tsa$^{312-42}$tsɿ˙ ①庄稼收割后留在地里的根部：刨～ ②（嵌入其他物体中的）物体受损后的残留部分：墙～ | 牙～

果子 kuə$^{55-24}$tsɿ˙ 花生

芋头 y$^{312-42}$t'əu˙ 甘薯

土豆 t'u^{55}təu^{312}

谷子 ku$^{214-31}$tsɿ·

秆草 kã^{55}ts‘ɔ^{55} 去掉谷穗的谷子秸秆

玉蜀黍 y$^{312-31}$fu^{55}fu· 玉米

玉蜀黍秸 y$^{312-31}$fu^{55}fu· tɕiɛ^{214} 玉米秸秆

高粱 kɔ^{214}liaŋ^{42}

秫秸 fu^{42}tɕiɛ^{214} 玉蜀黍秸或高粱秸

高粱秸 kɔ^{214}liaŋ^{42}tɕiɛ^{214} 高粱的秸秆

高粱杪儿 kɔ^{214}liaŋ^{42}miɔr^{55} 去粒后的高粱穗儿

莛子 t‘iŋ$^{42-55}$tsɿ· 高粱茎的最上一节，常用细麻绳串在一起，加工成圆形器物，用来盖锅或盛放东西

秫秸圪节 fu^{42}tɕiɛ$^{214-24}$kə$^{42-55}$taŋ· 秫秸的节

秫秸篾子 fu^{42}tɕiɛ$^{214-24}$mi$^{42-55}$tsɿ· 剖分成长条状的高粱茎的外壳，常用来编织席子等

甜秫秸 t‘iã$^{42-55}$fu· tɕiɛ^{214} 高粱、玉米等带有甜味的鲜嫩秫秸

乌霉 u$^{312-42}$mei· 高粱、小麦、玉米等作物患有黑穗病的穗子

沿花儿 iã^{42}xuar^{214} 高粱、小麦等作物开花授粉

胤 iẽ^{312} 植物用根繁殖：那棵大树又～出来好几棵

老梆 lɔ$^{55-24}$paŋ· 指庄稼籽粒已经饱满、成熟

炸 tsa^{312} 植物的果实因熟透而裂开：树上的栗子都～了 | 没来得及割，豆子都～地里了

歇 ɕiə^{214} 杂草、树木争夺农作物的养分，影响作物生长

欺乎 tɕ‘i$^{214-31}$xu·

秕巴 pi$^{55-24}$pa· 籽实不饱满

芝麻 tsɿ$^{214-31}$ma·

豆子 təu$^{312-42}$tsɿ˙ 大豆

豆秧 təu$^{312-31}$iaŋ^{214} 黄豆秧

黑豆 xei$^{214-24}$təu˙ 黑色大豆

小豆 ɕiɔ$^{55-24}$təu˙ 赤小豆

绿豆 ly$^{214-24}$təu˙

豆角儿 təu$^{312-31}$tɕyər^{214}

　豆角子 təu$^{312-31}$tɕyə$^{214-31}$tsɿ˙

芸豆 yẽ$^{42-55}$təu˙

梅豆 mei$^{42-55}$təu˙ 一种荚又扁又宽的豆角

布袋 pu$^{312-42}$tɛ˙ 豆角、芸豆等荚果类因失水分而使豆粒与荚皮分离的现象：豆角都放～了，得赶紧吃

洋柿子 iaŋ^{42}sɿ$^{312-42}$tsɿ˙ 西红柿

茄子 tɕʻiə$^{42-55}$tsɿ˙

黄瓜 xuaŋ$^{42-55}$kua˙

韭菜 tɕiəu$^{55-24}$tsʻɛ˙

韭薹 tɕiəu^{55}tʻɛ^{42} 韭菜花莛儿

韭花 tɕiəu^{55}xua^{214} 韭薹捣碎加盐调制的一种咸菜

芫荽 iã$^{42-55}$ɕyei˙

芹菜 tɕʻiẽ$^{42-55}$tsʻɛ˙

卷心菜 tɕyã^{55}ɕiẽ$^{214-24}$tsʻɛ^{312} 结球甘蓝

葱 tɕʻyŋ^{214}

葱叶 tɕʻyŋ$^{214-24}$iə^{214}

葱头 tɕʻyŋ^{214}tʻəu^{42}

葱波罗 tɕʻyŋ$^{214-24}$pə$^{312-42}$luə˙ 葱的花苞

洋葱 iaŋ^{42}tɕʻyŋ^{214}

蒜 ɕyã^{312}

蒜薹 $\text{ɕyã}^{312\text{-}31}\text{tʻɛ}^{42}$

蒜黄 $\text{ɕyã}^{312\text{-}31}\text{xuaŋ}^{42}$ 温室育出的黄色蒜苗儿

白菜 $\text{pei}^{42\text{-}55}$tsʻɛ˙

天津绿 $\text{tʻiã}^{214\text{-}31}$tɕiẽ˙ ly^{214} 大白菜的一种，呈圆柱形，细高，叶深绿色

心门儿 $\text{ɕiẽ}^{214\text{-}31}$mer˙ 植物的中心嫩叶：白菜～

心儿 ɕier^{214}

花骨儿朵儿 $\text{xua}^{214\text{-}24}\text{kur}^{214\text{-}31}$tuər˙ 蓓蕾

谎花 $\text{xuaŋ}^{55\text{-}24}$xua˙ 不结果实的花

萝卜 $\text{luə}^{42\text{-}55}$pu˙

萝贝 $\text{luə}^{42\text{-}55}$pei˙

胡萝卜 $\text{xu}^{42}\text{luə}^{42\text{-}55}$pu˙

胡萝贝 $\text{xu}^{42}\text{luə}^{42\text{-}55}$pei˙

水萝卜 $\text{fei}^{55}\text{luə}^{42\text{-}55}$pu˙

水萝贝 $\text{fei}^{55}\text{luə}^{42\text{-}55}$pei˙

萝卜缨子 $\text{luə}^{42\text{-}55}$pu˙ $\text{iŋ}^{214\text{-}31}$tsɿ˙

萝贝缨子 $\text{luə}^{42\text{-}55}$pei˙ $\text{iŋ}^{214\text{-}31}$tsɿ˙

芥末 $\text{tɕiɛ}^{312\text{-}42}$mə˙

大料 $\text{ta}^{312\text{-}31}\text{liɔ}^{312}$ 八角

茴香 $\text{xuẽ}^{42\text{-}55}$ɕiaŋ˙

洋姜 $\text{iaŋ}^{42}\text{tɕiaŋ}^{214}$ 菊芋

荠菜 $\text{tɕi}^{312\text{-}42}$tsʻɛ˙

菠菜 $\text{pə}^{214\text{-}31}$tsʻɛ˙

油菜 $\text{iəu}^{42\text{-}55}$tsʻɛ˙

薹菜 $\text{tʻɛ}^{42\text{-}55}$tsʻɛ˙

藕 $ɣəu^{55}$

藕瓜儿 $ɣəu^{55}kuar^{214}$ 藕节间较粗的藕段

　藕瓜子 $ɣəu^{55}kua^{214\text{-}31}tsɿ^{·}$

藕棒 $ɣəu^{55}paŋ^{312}$ 连接藕茎与藕瓜儿的较细部分

　藕□ $ɣəu^{55}ɕiã^{42}$

辣椒 $la^{214\text{-}24}tɕiɔ^{214}$

　秦椒 $tɕ^{‘}iẽ^{42}tɕiɔ^{214}$

大辣椒 $ta^{312\text{-}31}la^{214\text{-}24}tɕiɔ^{214}$ 味道不辣或微辣的圆形菜椒

朝天椒 $ts^{‘}ɔ^{55}t^{‘}iã^{214\text{-}24}tɕiɔ^{214}$ 辣椒的一种，果实短小，朝上长，特别辣

疙瘩 $kə^{214\text{-}31}ta^{·}$ 二年生草本植物，叶深绿色，根部肥大，呈圆锥或球形，有辣味，常用来腌咸菜

　辣菜疙瘩 $la^{214\text{-}31}ts^{‘}ɛ^{·}kə^{214\text{-}31}ta^{·}$

蔓菁 $mã^{42\text{-}55}tɕiŋ^{·}$ 一种球形似水萝卜的根状果实，质艮，常用来腌咸菜

　蔓菁疙瘩 $mã^{42\text{-}55}tɕiŋ^{·}kə^{214\text{-}31}ta^{·}$

山药 $sã^{214\text{-}31}yə^{·}$

山药豆子 $sã^{214\text{-}31}yə^{·}təu^{312\text{-}42}tsɿ^{·}$ 山药藤蔓所结的籽实，可食

纽儿 $ȵiəur^{55}$ 植物刚结出的果实

　纽子 $ȵiəu^{55\text{-}24}tsɿ^{·}$

栽子 $tsɛ^{214\text{-}31}tsɿ^{·}$ 用来移栽的植物的幼苗

菜花儿 $ts^{‘}ɛ^{312\text{-}31}xuar^{214}$ 花椰菜

青菜 $tɕ^{‘}iŋ^{214\text{-}31}ts^{‘}ɛ^{·}$ 一种生长在水面的植物，无根茎

金针 $tɕiẽ^{214\text{-}24}tsẽ^{214}$ 金针菜

树 fu^{312}

杨树 $iaŋ^{42\text{-}55}fu^{·}$

柳树 $liəu^{55}fu^{312}$

榆树 y^{55}fu^{312}

榆钱儿 y$^{55-24}$tɕʻiɛr˙

槐树 xuɛ$^{42-55}$fu˙

洋槐 iaŋ^{42}xuɛ^{42} 枝上有刺的槐树

笨槐 pẽ$^{312-31}$xuɛ^{42} 枝上无刺的槐树，花蕾称槐米，果实称槐连豆

槐米 xuɛ^{42}mi^{55}

槐连豆 xuɛ^{42}liã^{42}təu^{312} 笨槐的荚果，可入药

苹果树 pʻiŋ^{42}kuə^{55}fu^{312}

石榴树 sɿ$^{42-55}$liəu˙ fu^{312}

梨树 li^{42}fu^{312}

栗子树 li$^{312-42}$tsɿ˙ fu^{312}

桃树 tʻɔ^{42}fu^{312}

杏树 ɕiŋ$^{312-31}$fu^{312}

柿子树 sɿ$^{312-42}$tsɿ˙ fu^{312}

桑树 saŋ$^{214-24}$fu^{312}

  葚子树 sẽ$^{312-42}$tsɿ˙ fu^{312}

香椿树 ɕiaŋ$^{214-31}$pfʻẽ˙ fu^{312}

黏黏胶 ȵiã$^{42-55}$ȵiã˙ tɕiɔ^{214} 香椿树树干中分泌出的一种具有很强黏性的透明物质

香椿芽 ɕiaŋ$^{214-31}$pfʻẽ˙ ia^{42} 香椿树的嫩叶儿

臭椿树 tsʻəu$^{312-42}$pfʻẽ˙ fu^{312} 臭椿

花椒树 xua$^{214-24}$tɕiɔ$^{214-24}$fu^{312}

楝子树 liã$^{312-31}$tsɿ˙ fu^{312} 楝树

梧桐树 u^{42}tʻuŋ˙ fu^{312}

松树 ɕyŋ$^{214-24}$fu^{312}

紫秀槐 tsɿ^{55}ɕiəu$^{312-31}$xuɛ^{42} 紫穗槐。落叶灌木，枝条可供条编之用

柏树 pei$^{214-24}$fu^{312}

酸楂树 ɕyã$^{214-24}$tsa$^{214-24}$fu^{312} 山楂树

枣树 tsɔ^{55}fu^{312}

酸枣树 ɕyã$^{214-31}$tsɔ˙ fu^{312}

核桃树 xə$^{42-55}$t‘ɔ˙ fu^{312}

圪针 kə$^{42-55}$tsẽ˙ 木本植物上长的刺

柳叶桃 liəu$^{55-24}$iə˙ t‘ɔ^{42} 夹竹桃

树身子 fu$^{312-31}$sẽ$^{214-31}$tsɿ˙ 树干

树头 fu$^{312-31}$t‘əu^{42} 树梢和树枝的总称

树股子 fu$^{312-31}$ku$^{55-24}$tsɿ˙ 较粗的树枝

干棒 kã$^{214-24}$paŋ^{312} 枯死的树枝

丝瓜 sɿ$^{214-31}$kua˙

南瓜 nã$^{42-55}$kua˙

北瓜 pei$^{214-31}$kua˙ 葫芦科南瓜属一年生蔓生草本植物，瓜肉适于做馅或煮食

西瓜 ɕi$^{214-31}$kua˙

冬瓜 tuŋ$^{214-31}$kua˙

甜瓜 t‘iã$^{42-55}$kua˙ 一种口感又甜又脆的瓜，类水果

苦瓜 k‘u$^{55-24}$kua˙ 一种口感有苦味的瓜，做菜吃

脆瓜 tɕ‘yei$^{312-42}$kua˙ 一种口感很脆的瓜，类水果

吊瓜 tiɔ$^{312-42}$kua˙ 一种做菜用瓜，常做水饺馅，长条状

葫芦 xu$^{42-55}$ləu˙

面瓜 miã$^{312-42}$kua˙ 一种含纤维少而柔软的瓜，类水果

丫丫葫芦 ia$^{42-55}$ia˙ xu$^{42-55}$ləu˙ 中间细、两头粗的小葫芦

苹果 pʻiŋ^{42}kuə^{55}

梨 li^{42}

杏 ɕiŋ^{312}

麦芒杏 mei^{214}uaŋ^{42}ɕiŋ^{312} 成熟于麦收时的一种金黄杏

桃 tʻɔ^{42}

枣 tsɔ^{55}

团铃枣 tʻuã^{42}liŋ^{42}tsɔ^{55} 圆形的大红枣

　圆红枣 yã^{42}xuŋ^{42}tsɔ^{55}

脆枣 tɕʻyei$^{312-42}$tsɔ· 一种脆甜的枣

酸枣 ɕyã$^{214-31}$tsɔ·

石榴 sʅ$^{42-55}$liəu·

酸楂 ɕyã$^{214-24}$tsa^{214} 山楂

樱桃儿 iŋ^{214}tʻɔr^{42}

托盘儿 tʻuə^{214}pʻɛr^{42} 小草莓，生长在山上

葚子 sẽ$^{312-42}$tsʅ· 桑葚

核桃 xə$^{42-55}$tʻɔ· / tʻəu·

栗子 li$^{312-42}$tsʅ·

杏核儿 ɕiŋ$^{312-31}$xur^{42}

楝子豆儿 liã$^{312-31}$tsʅ·təur^{312} 楝树果实

无实芒 u^{55}sʅ^{42}maŋ^{42} 杨树花，可食用。也叫“无实毛”或“古实毛”

下乔儿 ɕia$^{312-31}$tɕʻiɔr^{42} 指一季儿蔬菜水果流行过去了：本地西瓜～了

熟淌 fu$^{42-55}$taŋ· 瓜果因熟得过度或挤压而变软流水儿

马凤菜 ma$^{55-24}$fəŋ·tsʻɛ^{312} 马齿苋

扫帚菜 sɔ$^{312-42}$pfu·tsʻɛ^{312} 地肤，老株可做扫帚

　扫帚草 sɔ$^{312-42}$pfu·tsʻɔ^{55}

萋菜芽 tɕʻi$^{214-31}$tsʻɛ˙ ia^{42} 小蓟

卜卜丁 pu$^{42-55}$pu˙ tiŋ^{214} 蒲公英

茅草 mɔ$^{42-55}$tsʻɔ˙ 白茅

古古苗儿 ku^{55}ku˙ miɔr^{42} 莠草

白蒿 pei$^{42-55}$xɔ˙ 茵陈蒿的幼苗，入药，可食用

米蒿 mi$^{55-24}$xɔ˙ 学名播娘蒿，属十字花科，花淡黄色，幼苗可食

黄蒿 xuaŋ$^{42-55}$xɔ˙ 一年或二年生草本植物，有特殊气味

蒿子 xɔ$^{214-31}$tsɿ˙ 青蒿

荤荤菜 xuẽ$^{214-31}$xuẽ˙ tsʻɛ^{312} 藜科，一年生草本植物，嫩叶可食

千头菊 tɕʻiã^{214}tʻəu^{42}tɕy^{214} 野甘菊

抢子 tɕʻiaŋ$^{55-24}$tsɿ˙ 苍耳，果实入药

拉拉秧 la$^{42-55}$la˙ iaŋ^{214} 茜草

牵牛花 tɕʻiã^{214}ȵiəu^{42}xua^{214}

　喇叭花 la$^{214-24}$pa˙ xua^{214}

落落秧子花 la$^{42-55}$la˙ iaŋ$^{214-31}$tsɿ˙ xua^{214}

马包 ma$^{55-24}$pɔ˙ 野生小瓜，如鹌鹑蛋大小，不能吃

蒺藜秧 tɕi$^{42-55}$li˙ iaŋ^{214}

蒺藜 tɕi$^{42-55}$li˙ 蒺藜秧结出的果实

苦菜子 kʻu$^{55-24}$tsʻɛ˙ tsɿ˙ 苣荬菜

蝎子草 ɕiə$^{214-31}$tsɿ˙ tsʻɔ^{55}

节骨草 tɕiə$^{214-31}$ku˙ tsʻɔ^{55} 一种茎内空、多节的野草

张箩草 tsaŋ^{214}luə^{42}tsʻɔ^{55} 莎草，块茎称“香附子”，入药

　香附 ɕiaŋ^{214}fu^{42}

藿香 xuə^{42}ɕiaŋ^{214}

菊花 tɕy$^{214-31}$xua˙

香草 çiaŋ$^{214-31}$tsʻɔ˙ 知风草

甜麻棵 tʻiã$^{42-55}$ma˙ kʻuə^{214} 益母草，可入药

绞股栾 tçiɔ$^{55-24}$ku˙ luã^{42} 绞股蓝。性寒、味甘，有益气、安神、降血压之功效，民间称其为“神奇”的“不老长寿药草”

拖秧子草 tʻuə$^{214-24}$iaŋ$^{214-31}$tsɿ˙ tsʻɔ^{55}

猪耳朵 pfu$^{214-24}$ər$^{55-24}$tɔ˙ 车前草

棉花 miã$^{42-55}$xua˙

棉花籽儿 miã$^{42-55}$xua˙ tser^{55}

葵花 kʻuei^{42}xua^{214}

苘 tçʻiŋ^{55}

苘波罗 tçʻiŋ^{55}pə$^{312-42}$luə˙ 苘的籽实包

麻 ma^{42}

月季花 yə$^{214-31}$tçi˙ xua^{214}

梅花 mei$^{42-55}$xua˙

迎春花 iŋ^{42}pfʻẽ$^{214-24}$xua^{214}

鸡冠子花 tçi$^{214-24}$kuã$^{214-31}$tsɿ˙ xua^{214}

浮萍 fu^{42}pʻiŋ^{42}

银银菜 iẽ$^{42-55}$iẽ˙ tsʻɛ^{312}

洋麻 iaŋ^{42}ma^{42} 红麻

麻籽 ma^{42}tsɿ^{55} ①蓖麻 ②蓖麻的种子

苇子 uei$^{55-24}$tsɿ˙

艾 ɣɛ^{312}

蘑菇 mə$^{42-55}$ku˙

伞 sã^{55} 野生蘑菇

十四　人体动作

仰 iaŋ^{55} 躺

仰下 iaŋ$^{55-24}$ɕia˙ 躺下

仰倒 iaŋ$^{55-24}$tɔ˙ ①躺倒 ②妇女生孩子

虾腰 ɕia$^{214-24}$iɔ^{214} 弯腰

动弹 tuŋ$^{312-42}$t‘ã˙ 动

　顾拥 ku$^{312-42}$yŋ˙

步辇着 pu$^{312-42}$ȵiã˙ tsʅ˙ 徒步

使 sʅ^{55} 使用：俺～～你的小刀，行不？

□ tsaŋ^{42} ①用：～手拿 | ～铅笔写 | ～筷子叨 ② 放；加：多～点儿盐

低拎 ti$^{214-31}$liẽ˙ 低；耷拉：～着头

走乎 tsəu$^{55-24}$xu˙ 拿着到处谝

跌些 tiə$^{214-31}$ɕiə˙ 表情严肃、不高兴的样子：他一天都～着脸，好像谁欠他似的

珍 tsẽ^{55} 表情严肃：他～着脸，不理别人

噜嘟 lu$^{214-31}$tu˙ 面部表情严肃，不高兴：你～着脸在给谁生气啊？

呆脸儿 tɛ$^{214-24}$liɛr^{55} 抬头：别～

围乎 uei$^{42-55}$xu˙ 围在一块，聚到一起

偎乎 uei$^{214-31}$xu˙ ①靠近：你～这里干么？②和……在一起：～着老的过个年

偎摊儿 uei$^{214-24}$t‘ɛr^{214} 近前：我这里忙的了不得，都不～

续 ɕy^{312} 从缝里递：你把钥匙从门缝里～进来

掖 iə^{214} ①塞：～缝里 ②装：～布袋儿里

糗候 tɕ‘iəu$^{55-24}$xəu˙ 一直等：别待这里～啦，再等我也不去

凑候儿 $ts^{\text{ʻ}}əu^{312\text{-}42}xəur^{\cdot}$ 等机会

拉拉 $la^{42\text{-}55}la^{\cdot}$ 掉：～了一地 | 注意，别～了 | 地上～得净麦粒儿

低觑 $ti^{312\text{-}42}tɕ^{\text{ʻ}}y^{\cdot}$ 低着头窥视人

白瞪 $pei^{42\text{-}55}təŋ^{\cdot}$ 斜着眼看以示批评：你别～他啦

立棱 $li^{214\text{-}24}ləŋ^{\cdot}$ ①瞪眼看：他～我来 ②立：～着放

挤 $tɕi^{214}$ 闭：～眼

挤眨 $tɕi^{214\text{-}31}tsa^{\cdot}$ 反复地睁眼闭眼：～眼

乒擦 $p^{\text{ʻ}}iŋ^{214\text{-}31}ts^{\text{ʻ}}a^{\cdot}$ 眼皮动：～眼皮哩

眯瞪 $mi^{55}təŋ^{\cdot}$ 闭眼小憩；打盹儿

也待 $miə^{42\text{-}55}tɛ^{\cdot}$

挤眼弄鼻子 $tɕi^{55}iã^{55}nəŋ^{312\text{-}31}pi^{42\text{-}55}tsɿ^{\cdot}$ 递眼色

错 $tɕ^{\text{ʻ}}yə^{312}$ ①转动：他不～眼地看我 ②不对齐：别把门关严，～个缝儿 | 两张桌子～开放就放开了

大眼儿瞪小眼儿 $ta^{312\text{-}31}iɛr^{55}təŋ^{312\text{-}31}ɕiɔ^{55}iɛr^{55}$ 光看，不行动

瞪候儿 $təŋ^{312\text{-}42}xəur^{\cdot}$ 瞅；看：你～么儿？

撒么 $sa^{42\text{-}55}mə^{\cdot}$ 用眼光寻找：我～了一遭儿，没看见

撒挂 $sa^{42\text{-}55}kua^{\cdot}$ 四下里看：我～了老大盼子也没看见他

瞭 $liɔ^{312}$ 往远处看：你～～他们来了么？

瞭瞭 $liɔ^{312\text{-}31}liɔ^{\cdot}$

照量 $tsɔ^{312\text{-}42}liaŋ^{\cdot}$ 反复地看：你～么儿啊，不认得啦？

寻么 $ɕyẽ^{42\text{-}55}mə^{\cdot}$ 四处找：你～的么儿？

诓人 $k^{\text{ʻ}}uaŋ^{214}zẽ^{42}$ 说假话骗人

侃子 $k^{\text{ʻ}}ã^{55\text{-}24}tsɿ^{\cdot}$ 俏皮话

囫囵呱儿 $xu^{42\text{-}55}luẽ^{\cdot}kuar^{55}$ 准确话，实情话：行不行给个～

囫囵话儿 $xu^{42\text{-}55}luẽ^{\cdot}xuar^{312}$

说儿说儿 fər$^{214-24}$fər· 说法，原因：出现这种情况一定有～

吱声 tsɿ$^{42-55}$səŋ· ①说：有事儿你就～一声 ②说话：都别～，听我说 | 我问他来，他没～

说给 fə$^{214-31}$kei· 告诉：他不会你就～他

给说 kei^{42}fə^{214} 告诉：他不～咱怎么去？ | 到脸前里你才～，不是叫我抓瞎啊！

嘟噜 tu$^{214-31}$ləu· 小声唠叨：他一直～，也不知道～的么儿

絮叨 ɕy$^{42-55}$tɔ· 反复地说

念叨 ȵiã$^{312-42}$tɔ· 因惦记或向往而常常谈起：他经常～你

咧咧 liə$^{214-31}$liə· 说（含贬义）：你别听他胡～

吱歪 tsɿ$^{214-31}$uɛ· 喧叫；喧闹：你别～了，吵得我直头疼

泱泱 iaŋ$^{214-31}$iaŋ· 指七嘴八舌的议论：都别待这里～了，走吧

搁么声儿地 kə$^{55-24}$mə· sər$^{42-55}$li· 不出声地：～走吧

云山雾罩 yẽ^{42}sã$^{214-24}$u$^{312-31}$tsɔ^{312} 毫无边际地说

冲 pfʻəŋ^{312} 形容说话生硬，火气大：你说话挣～做么？

艮 kẽ^{55} 形容说话生硬，不好听：你说话忒～，容易伤人

撇腔 pʻiə$^{214-24}$tɕʻiaŋ^{214} 不用本地方音说话

撇拉着喝 pʻiə$^{214-31}$la· tsɿ· xə^{214}

咿留乌拉 i$^{214-31}$liəu· u$^{214-31}$la· 说话不清楚

哏吃 kẽ$^{312-42}$tsʻɿ· 说话不流畅，时断时续：他说话有点儿～

打哏 ta^{55}kẽ^{312}

套 tʻɔ^{312} 通过某种方式引出（真话或实情）：我把实情给～出来了

诈 tsa^{55} 用假装知道事情真相的口吻说话：他～我来，差点儿让我说出真话

掏 tʻɔ^{214} 用拳头击：他～了我两锤

拥 yŋ^{55} ①推：你～他一下 | 把他～倒 ②挤：别～啦

戳 pfʻə^{42} ①用尖端触击：他用手指头～我眼了 | ～马蜂窝 ②招惹：你～他干么？

戳挨 pfʻə$^{42-55}$iɛ˙ 招惹

招 tsɔ^{214} 用手接触：不能用手～它 | 他不让我～

下 ɕia^{312} 往沸水里放食物：～包子 | ～面条 | ～糊豆

败坏 pɛ$^{214-31}$xuɛ˙ ①侮辱、陷害：～人 ②弄坏：别～它

滤 ly^{312} ①将滚热的液体用两个容器来回倒入以散热：这水忒热，先等等，我给你～～ ②看，检查：你这篇文章我看过了，你再～一遍

虑 ly^{312} 考虑：他甚会～事儿

思虑 sɿ$^{214-24}$ly˙

寻思 ɕiẽ$^{42-55}$sɿ˙

咯娄儿 kə$^{214-31}$ləu˙ 吃脆东西时发出的响声

哺咂 pu$^{214-31}$tsa˙ ①上下唇连续发出轻微的声音：～嘴 ②品尝：你～两口

□叽 pia$^{214-24}$tɕi^{214} 象声词。摔倒时发出的声音：她～一下摔倒了

□叽 pia$^{214-31}$tɕi˙ 象声词。上下唇连续张合而出声：他直～嘴

呱叽 kua$^{214-31}$tɕi˙

吸哈 ɕi$^{214-31}$xa˙ 较夸张地吸气哈气：辣得他直～ | 冻得他光～

打牙巴骨 ta^{55}ia$^{42-55}$pa˙ku^{214} 牙齿震颤：冻得他直～

和撒 xə$^{42-55}$sa˙ ①抖动，哆嗦：冻得我直～ ②抖动物体：～盖体 | ～柴火

走嘴 tsəu^{55}tɕyei^{55} 用嘴的嚅动传递信息：他给你～哩

做嘴 tsəu$^{312-31}$tɕyei^{55} 接吻：你看，他俩～哩

含 xẽ^{42} 东西在嘴里：放嘴里～着，别咽

乌拉 u$^{214-31}$la˙ 用舌头来回转动嘴里含着的东西：给你块糖～着

哈 xa^{214} 呼气取暖：你看冻得你的手，赶快拿过来我给你～～

嫌 ɕiã^{42} 怕；认为：不～脏 | 不～丢人

绷 pəŋ^{55} 闭：迎着风走得～上嘴，要不光灌荡得肚子疼

咧摆 liə$^{214\text{-}31}$pɛ˙ ①说（含贬义）：你别待这里～了 ②哭：又没人说你，你～么儿？

屈吃 tɕ‘y$^{214\text{-}31}$ts‘ʅ˙ 抽泣，低声哭泣：别～啦，我给你买糖去

长出气 ts‘aŋ^{42}pf‘u$^{214\text{-}24}$tɕ‘i^{312} 叹气：别光～，得想点儿办法

喘气 pf‘ã^{55}tɕ‘i^{312} 呼吸：还～不

啡儿吃 fer$^{214\text{-}31}$ts‘ʅ˙ 气喘吁吁的样子：累得他直～

啡儿啡儿 fer$^{214\text{-}31}$fer˙

吃哼 ts‘ʅ$^{214\text{-}31}$xəŋ˙ 鼻子里的鼻涕随呼吸一进一出：擤擤你的鼻子不行啊！～～的，怪烦人

窝 uə^{214} ①弄弯：把铁条～成个圈儿 ②弄皱；折：他把照片～了个角儿

窝巴 uə$^{214\text{-}31}$pa˙ 弄折皱：他把卷子～了

搦 nuə^{214} 两手握住用力攥：把煮了的芋头干儿～碎

胳肢 kə$^{42\text{-}55}$tsʅ˙ 在别人身上抓挠，使发痒：别～我，乔难受 | 他～我来

捏索 ȵiə$^{214\text{-}31}$ɕyə˙ 捡拾零碎的小东西：别～了，怪费时间哩

捏巴 ȵiə$^{214\text{-}31}$pa˙ 捏：我有点儿腿疼，你给我～～

戳唧 pf‘ə$^{42\text{-}55}$tɕi˙ ①应付公事儿似的干：你光待这里～，不好着干 ②招惹：你～他干么？

撕巴 sʅ$^{214\text{-}31}$pa˙ 撕：他把本子～了

下把 ɕia$^{312\text{-}31}$pa^{55} 开始做某事：我来时人家都～干了

动筷儿 tuŋ$^{312\text{-}31}$k‘uɛr^{312} 拿筷子开始夹菜，也特指主要客人先夹第一筷菜

扤 k‘uɛ^{55} 挠；搔；轻抓：我背上乔痒痒，你给我～～

挖挖 ua$^{214\text{-}24}$ua˙

挖擦 ua$^{214\text{-}31}$ts‘a˙

扁 piã^{55} 踩：看着点儿，别～了 | 他～死个小鸡儿

别 piə^{42} 撬：把门～开 | 把锁～开

打扑 ta$^{55\text{-}24}$p'u˙ 拍打：你身上净土，到门外头～～

□ zəu^{214} 用鞭子或枝条抽打：再不听话，我杖鞭～你

□打 zəu$^{214\text{-}31}$ta˙ ①甩动鞭、树枝、树条等：别～着人 ②缓慢而无目的地行走：他～～地来了

舞扎 u$^{55\text{-}24}$tsa˙ 挥舞：你别待那里乱～啦

提溜 ti$^{42\text{-}55}$liəu˙ 提：你～着包干么去？

霸拦 pa$^{312\text{-}42}$lã˙ 占下：这孩子好～食 | 别～那么多，分给别人点儿

班儿 pɛr^{214} 整批整块儿占下：～，这些都是我的，谁也不能动

倒摆 tɔ$^{312\text{-}42}$pɛ˙ 背着手：他净～着手走

抄手儿 ts'ɔ$^{214\text{-}31}$səur˙ 把两只手相互放进对着的袖筒里取暖

摙 li^{214} 把树叶或花从树枝上捋下来：～树叶 | ～槐花

拇拉 mu^{55}la˙ 擦抹：吃完了饭把嘴一～就走

拥送 yŋ$^{55\text{-}24}$ɕyŋ˙ 推托给：把孩子～给父母就不管了

胡拉 xu$^{42\text{-}55}$la˙ 把分散的东西归拢到一起：天要下雨，赶紧把粮食～起来

划拉 xua$^{312\text{-}42}$la˙ 划：这是谁～的？

邓 təŋ^{312} 拉紧线、绳等：你把绳子～紧点儿，我好固定住

捡tɕiẽ^{214} ①拉住不动，使被拉的物体保持平衡、稳定：你～住口，我往里装 ②往一边牵拽：你给我～～盖体

撴 tuẽ^{312} 猛一拉：她使劲～牲口

捞 lɔ^{312} 得到：你都给他了，我一点儿也没～着 | 回儿回儿都是叫他去，俺也～不着去

欻 pf'a^{214} 趁对方不注意猛然夺取：他一手给～走了 | ～狗子

捕棱 pu$^{214\text{-}31}$ləŋ˙ 蹦：这根鱼还～哩

扒查 pa$^{214\text{-}31}$ts'a˙ 翻动、寻找：别～了，都弄乱了 | 他偷偷地～我的包来

戳 pfʻaŋ^{42} 用尖锐的东西触伤：小心点，别～眼

攮 naŋ^{55} 用锐器刺：～死他

捅 tʻuŋ^{55}

扔 zəŋ^{214} ①投掷：～石头 ②丢掉：乔脏，～了

拽 pfɛ^{214}

□ xəŋ^{312} ①扔掉：这枝花咱不要了，～了吧 ②放置：把铁锨～门口吧

拨拉 pu$^{42-55}$la˙ 拨动、翻检：～着挑 | ～乱了

跍堆 ku$^{214-31}$tɕyei˙ 蹲：～一会儿就麻腿了 | ～着吃饭

搁娄 kə^{42}ləu˙ 搅和；搅动液体：他拿着根把棍儿待水盆里乱～ | 让他把水～浑了

拌拉 pã$^{312-42}$la˙ 搅拌，使之混合均匀：放上盐再～～

摸索 mə$^{214-31}$ɕyə˙ ①摸；碰：你的手脏，别～ ②用手摸找：屋里黑，他～了半天才找着

掏索 tʻɔ$^{214-31}$ɕyə˙ 掏摸：他从布袋儿里～了半天，才掏出两块钱

舞索 u$^{55-24}$ɕyə˙ 弄、做：半天也不出来，不知道你～的么

抟 tʻuã^{42} 把物体揉捏成球状：～丸子

抟悠 tʻuã$^{42-55}$iəu˙

招呼 tsɔ$^{214-31}$xu˙ ①照护；照看：你～住他，别让他摔倒了 ②碰着：叫机器～着就了不得

招 tsɔ^{214} 附着：这种布料容易～灰

确 tɕʻyə^{214} 捣：～蒜

搋 pfʻɛ^{214} 用拳捣：～面

刻 kʻei^{214} ①用指甲揭刮：粘得忒结实了，～不下来 ②用手指弄下：～玉蜀黍

刻擦 kʻei$^{214-31}$tsʻa˙ ①用指甲刮揭：别～了，再～也弄不下来 ②仔细算：

我～着算了大半天才算出来

刳擦 k‘u$^{214-31}$ts‘a·　用坚硬的东西往下刮：把墙上的字～干净

抠索 k‘əu$^{214-31}$ɕyə·　①用手指或细小的东西一点点掏挖：你待那里～的么儿？ ②搜刮：他俩遭天来～

拍瓜儿 p‘ei$^{214-24}$kuar^{214}　鼓掌

揸哈 tsa$^{312-42}$xa·　①张开、伸开：～着手 | ～着胳膊 ②竖直：头发～着

夹拉 tɕia$^{214-31}$la·　夹：他～着本书来了

做小动作 tɕyə$^{312-31}$ɕiɔ^{55}tuŋ$^{312-42}$tɕyə·

交头接耳 tɕiɔ^{214}t‘əu^{42}tɕiə$^{214-31}$ər·

抓挠 pfa$^{214-31}$nɔ·　①艰辛地操持：这几年他～地甚紧，日子过得还不错 ②抓；撕打：他俩～到一堆去了

裂着架子 liə$^{312-42}$tsʅ· tɕia$^{312-42}$tsʅ·　离开一定的距离站着不动手：你～不干活，光装样子

毁 xuei^{55}　①打：别～他了，他还不懂事儿 ②改做：用这件衣裳给你～个夹袄

开路 k‘ɛ$^{214-24}$lu^{312}　走，离开：咱～吧，到点了

抡皮锤 luẽ^{42}p‘i^{42}pf‘ei^{42}　抡拳头

揔 xu^{214}　用手掌打：你～他两刮子

拐 kuɛ^{55}　碰：小心点儿，别把碗～地下了

揳 ɕiə^{214}　①把楔子或钉子砸入物体里面：在墙上～个钉子挂东西 ②用重物打：我～死你

捶打 pf‘ei$^{42-55}$ta·　用拳头打：他～了我好几下子

拥打 yŋ$^{55-24}$ta·　用手推：他～了我好几下子

挖 ua^{55}　用工具除草或松土

挖 ua^{214}　①用指甲抓人：我把他的脸～破了 ②掏：～耳屎儿 ③掘：～个坑

朝 ts‘ɔ^{42} 受；享受：这种秦椒忒辣，我～不了

登 təŋ^{214} 穿鞋、裤子等：他～上裤子就跑了

岗一 kaŋ^{55}i^{214} 抬起一只脚，用另一只脚蹦着前行

蜷 tɕ‘yã^{42} 蜷曲：你～～腿，我仰不下

蹍 ȵiã^{55} 用脚揉着踩：我杖脚～死个虫子

捻 ȵiã^{55} 用两个指头捏着搓揉：我杖手～死个蚂蚁

挤 tɕi^{55} 用两只手的两个大拇指指甲靠在一起使劲压：我～死个虼蚤

斗 təu^{312} 凑、靠：叫他俩～紧

□ p‘ɛ^{55} 用脚踹：～他两脚

□哈 p‘ɛ$^{55-24}$xa˙ 坐着（含贬义）：～那里给脬屎样

跐 ts‘ɿ^{42} 踏着某种物体：～着杌子摘

够 kəu^{312} ①达到，及：你放得忒高，我～不着 ②厌烦：我真给你过～了 | 成天～得我了不得

挖扭 ua$^{55-24}$ȵiəu˙ 脚趾屈伸扭动：他的脚直～

蹾 tuẽ^{214} ①猛地往下放，着地很重：再使劲～～就装了了 ②猛地着地而扭伤：别跳了，光～脚

扑蹅 p‘u$^{214-31}$ts‘a˙ 在泥水中踩：别待那泥窝里～了

砰 p‘əŋ^{214} 溅：你～了我一身水

擀 kã^{55} 用棍棒碾轧：～面条 | ～饼

啴 ts‘ã^{214} 啄：小鸡儿～打着吃食儿啦

叨 tɔ^{214} 禽类用嘴啄：这只鸡～人

验 iã^{312} 膏润滑油：～车子

堰 iã^{312} 停车时在车轮两边塞上砖石以阻止其滚动：拿块石头把车轮子～住

涮 fã^{312} ①从井里取水时，利用井绳甩动的力量将水桶拉翻、灌水：井忒深，我～不倒筲 ②洗：把笼布就水里～两把 | ～～你的手

炉 lu⁴² 焙：我～花椒哩

杀 sa²¹⁴ ①饮食的耐度：我不～咸（我不能吃过咸的食物） ②盐渍：白菜馅儿要先放点儿盐～～水儿 ③刺激：氨水～得眼慌 ④用工具把树弄倒：把家南的那些树～了盖屋

捂 u⁵⁵ ①闷：天忒热，身上都～出痱子来了 ②发霉：天真潮，麦子都～了 ③把不熟的瓜果摘下来存放一段时间，使其变熟，你这回儿买的杏没熟好，得～～再吃

撵 ȵiã⁵⁵ ①驱赶：你赶紧把他～走 ②追赶：你走慢着点儿，我～不上你

断 tuã³¹² 追赶：她走得忒快，我～不上他

椎 pfei²¹⁴ 堵塞：～上那个洞儿

椎攮 pfei²¹⁴⁻³¹naŋ˙ 吃（含贬义）：还没～饱啊

空 k'uŋ³¹² 使某种东西里面的或表面的水流干净：再～～瓶根儿 | 把洗好的菜捞出来～～水

绰 pf'ə²¹⁴ 用笤帚或炊帚扫：～～屋当门 | 把桌子～干净

双 faŋ²¹⁴ ①对折：天有点儿凉，把毛巾被～起来盖 ②两股合起来：把绳子～起来捆结实

绾 miã⁵⁵ 把长衣袖一层一层折起来：你给我～～袖子

折 tsə²¹⁴ 把吃剩的菜合并：把这几个盘子里的菜～到那个大碗里

揆 k'uei³¹² 把软东西折叠：把被面～起来放

劐 xuə²¹⁴ 给小动物或鱼类开膛：～开肚子

擢 xuə²¹⁴ ①散落：端好碗，别～了菜水儿 ②倒掉：盘子里的剩菜～了吧

引 iẽ⁵⁵ 从别处借取火种：～过火来烧锅

崴 uɛ⁵⁵ ①舀：～糊豆面子来下糊豆 ②抹，擦：从小给你～屎擦尿

刮 kua²¹⁴ ①舀锅底剩下的少量流质食物：把锅里的汤～干净 ②用篦子梳头：～头

挖 ua^{312} 沿着锅底或容器底部慢慢地舀：光～稠的吃，稀的剩下了

撇 p'iə^{214} 用勺子舀浮在上面的东西：～点儿汤喝

栽 tsɛ^{214} ①把从茶壶里倒出的第一碗茶再倒回壶内：水不大热，～～再倒 ②头朝下从高处掉下来：他从树上～下来把头摔破了 ③出事儿，倒掉：没想到他～在这件事儿上了

沁 tɕ'iẽ^{214} 用开水冲泡：～鸡蛋水 | ～糖水

煺 t'uei^{312} ①用热水烫后去毛：～鸡（毛） | ～猪（毛） ②洗很脏的皮肤：你好好～～你那身皮

摆 pɛ^{55} ①冲洗：把衣裳脱下来我给你～两把 ②说；陈述：咱都～～自己的理儿

掉 tiɔ^{312} 丢失：我的钢笔～了

没见 mu$^{42-55}$tɕiã·

粘 tsẽ^{214} 粘在一块儿：包子都～了 | 和的面直～手

扎 tsa^{214} ①锋利的东西刺破皮肤：玻璃碴子把脚～破了 ②注射：他病了，给他～一针吧

抢 tɕ'iaŋ^{55} 蹭：他摔倒把脸～破了

糊 xu^{214} ①贴：～大字报 | ～膏药 ②小孩儿一直让大人抱着，不让放下：天这么热，整天～到个身上，不下下怀儿

护 xu^{312} 偏袒：～犋子

贴乎 t'iə$^{214-31}$xu· ①亲近：这孩子光～他娘，不找我 ②殷勤地和人拉关系；巴结：他就知道～领导

找 tsɔ^{55} ①寻找 ②孩子亲近，让抱：～我不？我抱抱你

打拥 ta^{55}yŋ^{214} 人拥挤到一块儿：前边又～了，挤不过去

挤油儿 tɕi^{55}iəur^{42} 人专门向一块儿拥挤

招摸 tsɔ$^{214-31}$mə· 碰着或弄伤：别让机器～着了

说 $fə^{214}$ 立着放：把耙梯子～到墙上

说打 $fə^{214-31}da^{\cdot}$ 把成捆或成摞的东西竖着举起后松开，借用其自身的重力撞击地面，使其整齐：你～～那捆秫秸 | 把纸～齐再订

压罗儿 $ia^{214}luər^{42}$ 一个压着一个

塞索 $sei^{214-31}çyə^{\cdot}$ 塞放：不知叫他～到哪里了

掖索 $iə^{214-31}çyə^{\cdot}$ 掖放：谁道叫他～到哪里了 | 别各处地～，光找不着了

持 $ts'ɿ^{42}$ 用刀或剪子把鱼的鳞及内脏除去：你～～这两条鱼

荡 $taŋ^{312}$ 将刀在坚硬粗糙物上干蹭几下使之锋利：这把刀不快了，在瓮沿上～它几下

寻摸 $çyẽ^{42-55}mə^{\cdot}$ 寻找机会；寻找：他在这里～了好几圈儿了 | 你各处地～么？

摸 $mə^{214}$ ①找：天这么黑，你怎么～来的？ ②拿；捡：他～起一块石头就扔过去了

翻 $fã^{214}$ 搜查：～布袋儿

装 $pfə^{214}$ 容纳：来的人忒多，这屋～不了

步量 $pu^{312-42}liaŋ^{\cdot}$ 以步测量：你～～这块地有多长

卡 ka^{55} 用器物口朝下覆盖别的东西：拿个碗把菜～上

坑 $k'əŋ^{55}$ 把端着的东西掉在地上：端好，别～了

坑巴 $k'əŋ^{55-24}pa^{\cdot}$

瞎 $çia^{214}$ ①浪费：他甚会过，是点儿么儿就怕～了 ②坏：甚好的吃头儿都放～了 ③出现错误：好事儿叫我办～了

单 $tã^{214}$ 一块布料做一件衣服有余做两件衣服不足：这块料子有点儿～材料

烧包儿 $sɔ^{214-24}pɔr^{214}$ 有点资本便过分炫耀：穿件儿新衣服谝到这里谝到那里，真～

作登 $tçyə^{214-31}təŋ^{\cdot}$ ①（小孩儿）捣乱，顽皮：这孩子真能～ ②折腾：～

出事儿来你就不～了

查 tsʻa^{42} ①数算：你～～一共几个 | 你再～一遍 ②阻挡：别～到个路上，起起让我过去

起 tɕʻi^{55} 躲：你～了，我来

起来欠起 tɕʻi$^{55-24}$lɛ˙ tɕʻiã$^{312-42}$tɕʻi˙ 一会儿站起来，一会儿坐下，在一个地方坐不住：你看你，～的，没点儿大样儿

着稳儿 pfə^{42}uer^{55} ①稳下来，不动：你看你，一点儿也不～ ②踏实：这几天我心里一直不～

数算 fu$^{42-55}$ɕyã˙ ①计算数目：我～了一下，得三桌 ②重复说：他又～了一遍

匡算 kʻuaŋ$^{312-31}$ɕyã^{312} 粗略计算：咱～一下大体需要多少钱

紧手儿 tɕiẽ^{55}səur^{55} 抓紧时间：大家一～，马上就完了

紧紧手 tɕiẽ^{55}tɕiẽ˙ səur^{55} 抓紧时间：大家～，天黑前一定能完活

赶紧 kã^{55}tɕiẽ^{55} 抓紧时间，赶快：～来

抓紧 pfa$^{214-31}$tɕiẽ^{55}

挨号儿 iɛ$^{214-24}$xɔr^{312} 排队等候：售票口前有许多人在～

加楔子 tɕia$^{214-24}$ɕiə$^{214-31}$tsʅ˙ 在排好的队伍中间硬塞：不能～，到后边排队去

投 tʻəu^{42} ①用细长棍棒推洞中或管中的东西：老鼠钻到这个洞里了，拿个把棍儿来～～ ②冲：中午喝得酒不少，晚上再喝点儿～～ ③冲洗衣服：多～两遍

遭 tsɔ^{214} 生：面里～虫子了

拉拉 la$^{214-31}$la˙ 把物体放地上拽着移动：别～那铁锨，扛肩膀上

打个辰儿 ta^{55}kə˙ tsʻer^{42} 稍停一会儿：略～就吃饭

糗 tɕʻiəu^{55} ①长时间地焖煮：～大米 ②面食因焖煮的时间过长而由稀变

稠：面条儿～了 ③长时间呆在某处，无所事事：整天～在家里，也不出去干点活儿 ④事情处在原状态，没得到解决：那事儿还～着哩

靠 k‘ɔ312 消磨时间：上班儿也没事儿，天天～时间

轱娄 ku214-31ləu˙ 滚动：～铁环玩儿

磨 mə312 沉重的东西稍微挪动：把这块石头朝这边儿～～

坐 tɕyə312 移；退：按规划，这房子要向后～半米

渴 k‘ə214 靠：你～里点儿，我坐不下

挪窝儿 nuə42uər42 离开原来所在的地方：来了就坐这里了，还没～哩

嘎扭 ka42-55ȵiəu˙ 小脚摇晃着走路：她～着小脚儿来了

调棱 tiɔ312-42ləŋ˙ 调整放着的物体：桌子没放正，再～～

妈 ma214 越过：～过山去就到了

差换 ts‘a312-42xuã˙ 互相弄错：咱俩的帽子～了

胡闹 xu42nɔ312 开玩笑，逗乐：他又跟你～

  瞎闹 ɕia214-24nɔ312

  瞎胡闹 ɕia214xu42nɔ312

胡闹锅台 xu42nɔ312-31kuə214t‘ɛ42 胡闹、胡搞

  胡处 xu42pf‘u55 口气比“胡闹锅台”严肃

扒瞎话 pa214-24ɕia214-24xua312 说假话

胡诌八扯 xu42tsəu214-24pa214-24ts‘ə55 信口胡说，不说实情

丢松 tiəu214-24ɕyŋ214 放松：那事儿我一直没～

砸 tsa42 比喻失败：那事儿叫我办～了

抓瞎 pfa214-24ɕia214 手足无措：你不准备好，到时候非～不可

揍 tsəu312 打碎；摔坏：那碗叫我给～了

  卖 mɛ312

葬 tsaŋ312 损伤；伤害：她干活把腰～了 | 喝凉水～人

豁上 xuə²¹⁴⁻³¹xaŋ˙ 拼上；搭上：我任～这条老命也得跟他干下去

扑 p'u²¹⁴ 投奔：我就是～着你来的，你再想想办法

剔巴 t'i²¹⁴⁻³¹pa˙ 管教：你毛病忒多，得找个好老师～～

发 fa²¹⁴ 帮助别人把重物放在肩上：你～给我，我扛着

大差 ta³¹²⁻⁴²ts'a˙ 差；缺：盖屋还～多少钱？

可模定楔儿 k'ə⁵⁵⁻²⁴mə˙tiŋ³¹²⁻³¹ɕiə²¹⁴ 刚刚够用，没有多余

两岔股 liaŋ⁵⁵ts'a³¹²⁻³¹ku⁵⁵ 不一致：咱俩弄～里去啦

行 ɕiŋ⁴² 做；办：这人～事儿不行｜事儿别～过了

偏沉 p'iã²¹⁴⁻³¹ts'ẽ˙ 重量集中于一边，不平衡：车有点儿～，恁两个上这边儿靠靠

鼓怵 ku⁵⁵pf'u˙ 颤抖：冻得我直～

打得得 ta⁵⁵tei²¹⁴⁻³¹tei˙

合撒 xə⁴²⁻⁵⁵sa˙ ①颤抖：吓得我直～ ②抖动某物使其蓬松或漏掉细碎的部分：～～柴火

扎 tsa²¹⁴ 牙长出：牛牛～了两个牙了

了 liɔ⁵⁵ ①破：她把碗摔～了 ②结束；解决：那事儿还没～哩

笼 luŋ⁴² 罩：外面再穿件儿单裤子把棉裤～上

磕打 kə²¹⁴⁻³¹ta˙ 通过碰撞把碎东西倒出：～～鞋｜再～两下，把筐里的土倒净

颠打 tiã²¹⁴⁻³¹ta˙ 颠簸：这条路不平，车～得厉害

拉鼻儿 la²¹⁴pier⁴² 鸣笛

败 pɛ³¹² 绝迹：一次一次的药，也药不～这些熊老鼠

活动 xuə⁴²⁻⁵⁵tuŋ˙ 松动：这个钉子～了，得再揳揳

拔缝 pa⁴²⁻⁵⁵fəŋ˙ 木器裂缝：这个桌子质量不好，都～了

走翘 tsəu⁵⁵tɕ'iɔ˙ 门或窗子因变形关不上或关不严

笼弯 luŋ$^{42-55}$uã˙ 车轮变形：自行车后轮～了，得紧紧条

铣腐 səŋ$^{214-31}$fu˙ ①锈：刀长～了 ②锈蚀：铁锨都～毁了

硌晃 kə$^{42-55}$xuaŋ˙ 因不平而摇晃：凳子没放好，有点儿～

逛荡 kuaŋ$^{312-42}$taŋ˙ ①振荡：筲里的水都～出来了 | 一瓶子不满，半瓶子～ ②游荡：他整天待街上乱～

突娄 t'u$^{214-31}$ləu˙ ①线、绳散脱：毛衣～线了 ②沿物体斜面向下滑落：你～下来，我接你

坠嘟 pfei$^{312-42}$tu˙ 往下坠：老实儿的，别往下～

瘪棱 piə$^{55-24}$ləŋ˙ 不听别人的意见，始终坚持自己的主张，多含贬义：这孩子甚～，你别说他了

别棱 piə^{42}ləŋ˙ 不配合，不协作：你给他～个么儿？

出出 pf'u$^{214-31}$pf'u˙ ①布缩水：这块布一洗～了不少 ②物体体积收缩：黄瓜纽子～了

撅打 tɕyə$^{214-31}$ta˙ 手握棍子的一端，中间支在肩上，用另一端将物体挑起来：他～着筦子走了

撑 ts'əŋ^{312} 向外挤：脚把鞋～大了

支升 tsɿ$^{214-31}$səŋ˙ 竖起：他～着耳朵认真听

持乎 ts'ɿ$^{214-31}$xu˙ 支撑起来，使内部有空隙：别～盖体，乔冷

咧挂 liə$^{55-24}$kua˙ ①张：别～着个嘴 ②敞：～着个怀

瓤乎 zaŋ$^{42-55}$xur˙ 接近达到（某一数量）：这个瓜～七斤

瓤打乎儿的 zaŋ$^{42-55}$ta˙xur˙li˙

下 ɕia^{312} （器皿里的东西）减少：这两天瓮里的面～得真快

坢 paŋ^{312} 尘土飞扬：风一刮街上真～ | ～了我一身土垃

覆沿儿 fu$^{214-24}$iɛr^{312} 液体满至容器边沿：坝里的水～～的

溻 t'a^{214} 汗水浸湿：衣裳都～透了

滋洇 tsɿ^214-24^iẽ˙ 洇：水都～到墙这边儿来了

耗 xɔ^312^ 渗：等水～下去再找吧

沏 tɕʻi^214^ ①尿或水通过尿布或衣服长时间浸泡皮肤：孩子的腚叫尿布～红了 ②用体温蒸发湿衣被上的水分：淋湿的衣服一会儿～干了

呲拉 tsʻɿ^214-31^la˙ ①风吹：手让风～裂了 ②说话带风带刺：你别直～他

叽燎 tɕi^214-31^liɔ˙ 头发被烧焦：头发让灯给～了

□ ɣaŋ^55^ 用火烧：别～手 | 用火～他

熰 ɣəu^55^ 燃烧时只冒烟，不起火苗儿：天冷了，～盆火吧

熥 tʻəŋ^214^ 烤：用火把鞋～干 | ～个馍馍吃

烤火 kʻɔ^55^xuə^55^

烧 sɔ^214^ 腐蚀：石灰面子～手

管乎儿 kuã^55^xur^214^ 起作用：他去不～ | 这药不～

一点儿乎儿不管 i^214-31^tiɛr˙ xur^214-24^pu^214-31^kuã^55^ 一点儿作用不起：这种药～

该着 kɛ^214-31^tsɿ˙ 命中注定：也～他倒霉

混 xuẽ^312^ ①挣：你一个月～多少钱？ ②时间向前推移：往后天越～越冷

崴 uɛ^55^ 坐在地上慢慢向前挪动：这孩子还不会走，～得倒快

裹 kuə^55^ 吮吸，指小孩儿吃奶：孩子待是吃饱了，把奶头放嘴上也不～

淤 y^214^ ①溢出：锅～了怨灶君老爷啊 ②用煮的方式弄干净锅：药锅～～再用吧

揞 ɣã^55^ 把药粉撒在伤口上

察听 tsʻa^214-31^tʻiŋ˙ 用心打听：这事儿你给～着，到时候谢候你

听查 tʻiŋ^214-31^tsʻa˙

旋 ɕyã^312^ 用刀割：～块肉

撅 tɕʻyə^55^ 折：他把筷子～断了 | 他～断了一棵小树

撅巴 tɕʻyə$^{55-24}$pa·

瞪乎 təŋ$^{312-42}$xu· 眼珠不停地看：你～么儿？

搁 kə^{214} ①放：把书～哪里 ②叫：这事儿～谁也不行

闹背 nɔ$^{312-31}$pei· 决裂：他俩因一件小事儿～了

撺 tɕʻyã^{214} 临时匆忙地做：他～钱去了

使劲 sɿ^{55}tɕiẽ^{312} 用力；全力以赴：～干｜～想

狠劲 xẽ^{55}tɕiẽ^{312}

作 tɕyə^{214} 折腾：这孩子甚能～

作咕 tɕyə$^{214-31}$ku·

作野 tɕyə$^{214-24}$iə^{214} 特指小孩儿做坏事：待外头别～

将咕 tɕiaŋ$^{55-24}$ku· 翻来覆去地乱动，不老实：别～了，安稳一霎吧

欺量 tɕʻi$^{214-31}$liaŋ· 专门惹人生气：你真会～人

固缠 ku$^{312-42}$tsʻã· 弄得到处都是：～了一身泥

抹擦 mə$^{55-24}$tsʻa· 抹：你看你给～得多脏

巴着 pa$^{214-31}$tsɿ· 巴望；希望：你为什么～我输？｜哪个家长不～自己的孩子好？

巴不能得 pa$^{214-31}$pu· nəŋ$^{42-55}$li· 恨不得，迫切期待：我～你能替我干

马 ma^{55} 该记得而没记住或记错了：那件事儿我～了｜我一时算～了

犟撑 tɕiaŋ$^{312-31}$tsʻəŋ^{214} 竭力坚持

撑不着劲 tsʻəŋ$^{214-31}$pu· pfə· tɕiẽ^{312} 坚持不了

散 sã^{312} ①作罢，算了：他不愿意就～ ②解除婚约或终止恋爱关系：老王家的二妮儿又～了

拉倒 la$^{214-31}$tɔ· 作罢：干不？不干～

抻量 tsʻẽ$^{214-31}$liaŋ· 某处疼痛而影响周围其他处：耳根子旁的疮～得整个头都疼

没咒儿念 mei$^{214-24}$tsəur$^{312-31}$ȵiã^{312} 无计可施：这事儿他也～了

犯难 fã$^{312-31}$nã^{42} 感到为难：你别为这事儿～

原谅 yã$^{42-55}$liaŋ˙

　谅解 liaŋ$^{312-31}$tɕiɛ^{55}

　体谅 t‘i^{55}liaŋ˙

　担待 tã$^{214-24}$tɛ˙

理解 li^{42}tɕiɛ^{55}

盖抹 kɛ$^{312-42}$mə˙ 遮掩：那事儿我都知道了，你别再～了

打马虎眼 ta^{55}ma$^{55-24}$xu˙iã^{55} 用蒙混伎俩制造假象隐瞒实情

装没事人儿 pfaŋ^{214}mu^{42}sɿ˙zer^{42} 假装不知情或假装与己无关：这就是他干的，还～

糊弄穷 xu^{42}nuŋ˙tɕ‘yŋ^{42} 将就；凑合：桌子腿儿断了，他用绳子捆捆照样用，真会～

摽 piɔ^{312} ①紧紧盯住，贴近：别老是～着我 ②比较：恁俩～～ ③把某物与坚硬的条状物捆绑在一起：用棍子～住它 | ～上根钢筋

衬铺儿 ts‘ẽ$^{312-31}$p‘ur^{214} 充数；凑热闹：你帮不上忙，别待这里～

扑毛儿 p‘u^{214}mɔr^{42} ①本来该做好的事情处理得非常糟糕，让人感觉很没面子：那事儿让我办得忒～了 ②带来不好的结果：你这孩子忒～，没人愿意和你罗儿罗儿

迭的 tiə$^{42-55}$li˙ 有空闲：你明天～去不？

迭不的 tiə$^{42-55}$pu˙li˙ 没空闲：我今天～去了

没迭的 mei$^{214-24}$tiə$^{42-55}$li˙ 没来得及：那事儿我还～办哩

迭当 tiə$^{42-55}$taŋ˙ 来得及：买的菜忒多，吃不～都烂了

图其 t‘u$^{42-55}$tɕ‘i˙ 贪图：他就是～人家的东西

亏 k‘uei^{214} 冤枉：不怨我，你熊我一顿，真～得慌

摸不透 $mə^{214\text{-}31}pu^{·}\ t‘əu^{312}$ 把握不住，了解不到位：他怎么想的，谁也～

摸不准 $mə^{214\text{-}31}pu^{·}\ pf\tilde{e}^{55}$ 拿不准：他想怎么办，谁也～

看眼色 $k‘\tilde{a}^{312\text{-}31}i\tilde{a}^{55\text{-}24}sei^{·}$ 根据别人的表情行事：这孩子甚会～

打谱儿 $ta^{55}p‘ur^{55}$ 打算：这事儿怎么办，你得早～

奔着 $p\tilde{e}^{214\text{-}31}tsʅ^{·}$ 冲着：人家～咱来的，咱不管谁管？

打着 $ta^{55\text{-}24}tsʅ^{·}$ 打算：你～住几天 | 你～靠谁啊？

操 $ts‘ɔ^{214}$ 操心：他的事儿，我不～谁～啊？

咂么 $tsa^{214\text{-}31}mə^{·}$ 揣摩；考虑：你再～～这样做行不？

闷谋着 $m\tilde{e}^{214\text{-}31}mu^{42\text{-}55}tsʅ^{·}$ 心里算计着：我～他该来了

闷着码子 $m\tilde{e}^{214\text{-}31}tsʅ^{·}ma^{55\text{-}24}tsʅ^{·}$

难为 $n\tilde{a}^{42}uei^{·}$ 磨难：你不知道，他拉巴这几个孩子受了多少～

搁住 $kə^{42}pfu^{·}$ 禁受得了，忍耐得住：你这个熊法，谁～了

心惊 $çi\tilde{e}^{214\text{-}24}tçiŋ^{214}$ 从心里认为与自己有关：谁～骂的是谁

长脸 $tsaŋ^{55}li\tilde{a}^{55}$ 脸上增光：几个孩子甚给～，都考上大学啦

磨不开面子 $mə^{312\text{-}42}pu^{·}k‘ɛ^{214}mi\tilde{a}^{312\text{-}42}tsʅ^{·}$ 碍于情面，不好意思：叫我回绝他，我有点儿～

拿不出门儿去 $na^{42\text{-}55}pu^{·}pf‘u^{·}mer^{42}tç‘i^{·}$ 感觉档次低而不好意思公之于众：我的活儿～

走神儿 $tsəu^{55}ser^{42}$ 注意力不集中：啦着啦着～了

愣神儿 $ləŋ^{312\text{-}31}ser^{42}$ 发愣：我发现这几天他好～

律许 $ly^{214\text{-}31}çy^{·}$ 注意到；看到：A：你～我的钢笔来么？ B：没～

掉向 $tiɔ^{312\text{-}31}çiaŋ^{312}$ 迷失方向：我又～了

搁睬 $kə^{214\text{-}31}ts‘ɛ^{·}$ 注意；留意：没～刚才走过去的是谁

能掐会算 $nəŋ^{42}tç‘ia^{214\text{-}24}xuei^{312\text{-}31}çy\tilde{a}^{312}$ 能预测未来或推算某种

情况

哭着闹着 k‘u$^{214-31}$tsɿ˙ nɔ$^{312-42}$tsɿ˙ 连哭带闹，比喻想尽一切办法

十五 日常生活

过日子 kuə$^{312-31}$zɿ$^{312-42}$tsɿ˙

起床 tɕ‘i^{55}pf‘aŋ^{42}

起 tɕ‘i^{55}

捱窝子 iɛ^{42}uə$^{214-31}$tsɿ˙ 早晨睡懒觉，不愿起床

穿衣裳 pf‘ã$^{214-24}$i$^{214-31}$saŋ˙

束腰 pf‘u$^{214-24}$iɔ^{214} 用腰带扎腰

洗手 ɕi^{55}səu^{55}

洗脸 ɕi^{55}liã^{55}

梳头 fu^{214}t‘əu^{42}

照镜子 tsɔ$^{312-31}$tɕiŋ$^{312-42}$tsɿ˙

刷牙 fa^{214}ia^{42}

漱 fu^{312} 放在嘴里吮咂：～手指头 | ～拉块糖

漱口 fu$^{312-31}$k‘əu^{55}

涮嘴 fã$^{312-31}$tɕyei^{55}

刮胡子 kua^{55}xu$^{42-55}$tsɿ˙

刮脸 kua^{55}liã^{55}

剃头 t‘i$^{312-31}$t‘əu^{42}

推头 t‘uei^{214}t‘əu^{42}

打扮 ta^{55}pã˙

扎挂 tsa$^{214-31}$kua˙

铰头 tɕiɔ^{55}t‘əu^{42} 女子理发

扎头 tsa^{214}tʻəu^{42} 梳理头发，把头发扎起来

扎辫子 tsa^{214}piã$^{312-42}$tsɿ˙ 梳辫子

铰指甲盖子 tɕiɔ^{55}tsɿ$^{214-31}$tɕia˙ kɛ$^{312-42}$tsɿ˙

掏耳尿儿 tʻɔ$^{214-24}$ər$^{55-24}$ɕyer˙

擤鼻子 ɕiŋ^{55}pi$^{42-55}$tsɿ˙ 擤鼻涕

抠鼻圪渣 kʻəu$^{214-24}$pi$^{42-55}$kə˙ tsa^{214}

洗澡儿 ɕi^{55}tsɔr^{55}

洗衣裳 ɕi^{55}i$^{214-31}$saŋ˙

晾衣裳 liaŋ$^{312-31}$i$^{214-31}$saŋ˙

晒盖体 sɛ$^{312-31}$kɛ$^{312-42}$tʻi˙ 晒被子

铰衣裳 tɕiɔ^{55}i$^{214-31}$saŋ˙ 裁剪衣裳

轧衣裳 tsa^{42}i$^{214-31}$saŋ˙ 用缝纫机做衣服

缭 liɔ^{42} 用不相连的小针脚缝：～衣裳边儿

煞 sa^{214} 缝合：还有个棉袄袖子没～

引 iẽ^{55} 绗

插花 tsʻa$^{214-24}$xua^{214} 绣花

做针线活儿 tɕyə$^{312-31}$ / tsəu$^{312-31}$tsẽ$^{214-24}$ɕiã˙ xuər^{42}

替 tʻi^{312} 照样子描画或裁剪：～鞋样子

出工 pfʻu$^{214-24}$kuŋ^{214} 下地干活

出夫 pfʻu$^{214-24}$fu^{214} 到外地做义务工

上班儿 saŋ$^{312-31}$pɛr^{214} ①工人去做工 ②子女轮流赡养老人的，每轮儿的开始叫上班儿

干活儿 kã$^{312-31}$xuər^{42} 工作

盖屋 kɛ$^{312-31}$u^{214} 建房子

上梁 saŋ$^{312-31}$liaŋ^{42} 墙垒到屋檐处，把房梁放在墙上，一般要有摆供、

放鞭炮等仪式

翻盖屋 fã$^{214-24}$kε· u^{214} 拆掉旧房在原址盖新房

垒院墙 lei^{55}yã$^{312-42}$tɕʻiaŋ·

支炕 tsɿ$^{214-24}$kʻaŋ^{312} 垒炕

垫地工 tiã$^{312-31}$ti$^{312-42}$kuŋ· 把宅基地用土、石垫高

打地工 ta^{55}ti$^{312-42}$kuŋ· 砸实建筑物将要压占的地面

打下作 ta^{55}ɕia$^{312-42}$tɕyə· 为泥瓦匠当小工

转 pfã^{312} 随便走走

转转 pfã$^{312-42}$pfã· / pfã$^{312-31}$pfã·

转悠 pfã$^{312-42}$iəu·

转悠转悠 pfã$^{312-42}$iəu· pfã$^{312-42}$iəu·

逛 kuŋ^{312}

逛逛 kuŋ$^{312-42}$kuŋ· / kuŋ$^{312-31}$kuŋ·

逛悠 kuŋ$^{312-42}$iəu·

逛悠逛悠 kuŋ$^{312-42}$iəu· kuŋ$^{312-42}$iəu·

溜达 liəu$^{214-31}$ta·

溜达溜达 liəu$^{214-31}$ta· liəu$^{214-31}$ta·

走走 tsəu$^{55-24}$tsəu· 散了散步

走走 tsəu$^{55-42}$tsəu· 散散步

点炉子 tiã^{55}lu$^{42-55}$tsɿ·

点火 tiã^{55}xuə^{55}

烧锅 sɔ$^{214-24}$kuə^{214}

做饭 tsəu$^{312-31}$fã^{312}

熬菜 ɣɔ$^{214-24}$tsʻε^{312}

吃饭 tsʻɿ$^{214-24}$fã^{312}

吃肉 ts‘ɿ$^{214-24}$zəu^{312}

喝酒 xə$^{214-31}$tɕiəu˙

顺 fẽ^{312} 向酒壶里倒酒：～上酒，开喝

吸溜儿 ɕi$^{214-31}$liəur˙ ①轻轻地吸流质食物：汤甚热，得～着喝 ②吸烟时把烟吸进口腔后再从鼻腔出来：我不会～

蜜溜儿 mi$^{214-31}$liəur˙ 小口饮：我～了一小口酒

卟咋 pu$^{214-31}$tsa˙ ①小口品尝：我～了两口 ②双唇咂动表示无可奈何、无话可说：他叫我说得～嘴了 ③吸：你也点支烟～两口吧

牙祭 ia$^{42-55}$tɕi˙ 因感觉饭食味道不好，老在嘴里嚼着，不愿吞咽下去

就 tɕiəu^{42} 饭菜伴着吃：叨点儿菜～着吃

点心点心 tiã$^{55-24}$ɕiẽ˙ tiã$^{55-24}$ɕiẽ˙ 正餐之前的佐餐

垫垫 tiã$^{312-31}$tiã˙ / tiã$^{312-42}$tiã˙ 正餐前先稍微吃点东西

吃零食 ts‘ɿ^{214}liŋ^{42}sɿ^{42}

喝水 xə$^{214-31}$fei˙

喝茶 xə^{214}ts‘a^{42}

喂猪 uei$^{312-31}$pfu^{214}

搴掌 tsɛ$^{312-31}$tsaŋ^{55} 给牲口钉掌

烫料 t‘aŋ$^{312-31}$liɔ^{312} 给猪准备饭食

和鸡食 xuə$^{312-31}$tɕi^{214}sɿ^{42} 给鸡弄吃食

和猪食 xuə$^{312-31}$pfu^{214}sɿ^{42} 给猪弄吃食

喂鸡 uei$^{312-31}$tɕi^{214}

喂牛 uei$^{312-31}$ȵiəu^{42}

喂羊 uei$^{312-31}$iaŋ^{42}

打啊嚏 ta^{55}ɣa$^{55-24}$t‘i˙ 打喷嚏

打勾得儿 ta^{55}kəu$^{214-31}$ter˙ 呃逆

打嗝雷 $ta^{55}kə^{42-55}lei^{·}$ 打嗝儿：撑得他直～

害渴 $xɛ^{312-31}k‘ə^{214}$ 感觉口渴

害饿 $xə^{312-31}ɣə^{312}$ 感觉饥饿

解大手儿 $tɕiɛ^{55}ta^{312-31}səur^{55}$ 大便

屙屎 $ɣə^{214-31}sɿ^{·}$

解小手儿 $tɕiɛ^{55}ɕiɔ^{55}səur^{55}$ 小便

尿尿 $ȵiɔ^{312-31}ɕyei^{214}$

上茅子 $saŋ^{312-31}mɔ^{42-55}tsɿ^{·}$ 上厕所

擦腚 $ts‘a^{214-24}tiŋ^{312}$

尿下 $ȵiɔ^{312-42}ɕia^{·}$ 尿床

屙下 $ɣə^{214-24}ɕia^{·}$ 屙在床上

抽烟 $ts‘əu^{214-24}iã^{214}$

吸烟 $ɕi^{214-24}iã^{214}$

收烟 $səu^{214-24}iã^{214}$

烟叶 $iã^{214-24}iə^{214}$

洋烟 $iaŋ^{42}iã^{214}$ 香烟，烟卷

打面子 $ta^{55}miã^{312-42}tsɿ^{·}$ 磨面

捞麦子 $lɔ^{42}mei^{214-31}tsɿ^{·}$ 用水洗麦子

掐奶 $tɕ‘ia^{214-24}nɛ^{55}$ 断奶

掐辫子 $tɕ‘ia^{214}piã^{312-42}tsɿ^{·}$ 用麦秸莛子编制长条的手工艺品

另过 $iŋ^{312-31}kuə^{312}$ 分开家自己过日子：老大自己～

歇歇 $ɕiə^{214-24}ɕiə^{·}$ 休息

凉快 $liaŋ^{42-55}k‘uɛ^{·}$ ①乘凉：找个地方～去 ②凉爽：今天挺～

乘凉 $ts‘əŋ^{42}liaŋ^{42}$

晒老老地儿 $sɛ^{312-31}lɔ^{55-24}lɔ^{·}tier^{312}$ 晒太阳

喝汤 xɔ$^{214-24}$t‘aŋ^{214} ①喝咸汤 ②泛指喝流质食物

喝糊豆 xə$^{214-24}$xu$^{42-55}$təu·

喝面汤 xə$^{214-24}$miã$^{312-31}$t‘aŋ^{214} 吃面条儿

擀面条儿 kã^{55}miã$^{312-31}$t‘iɔr^{42}

包包子 pɔ$^{214-24}$pɔ$^{214-31}$tsɿ· 包水饺

蒸包子 tsəŋ$^{214-24}$pɔ$^{214-31}$tsɿ· 蒸大包子

下挂面 ɕia$^{312-31}$kua$^{312-31}$miã^{312}

下包子 ɕia$^{312-31}$pɔ$^{214-31}$tsɿ· 下水饺

毛肉 mɔ^{42}zəu^{312} 煮肉

摊 t‘ã^{214} 用面糊做饼：～煎饼

轱娄煎饼 ku$^{214-31}$ləu· tɕiã$^{214-31}$miŋ· 双手捧着玉米面团儿或地瓜面团儿在烧热的鏊子上均匀滚一遍，把粘上的面烙熟

烙饼 luə$^{214-31}$piŋ^{55} 用鏊子或铁锅把擀好的饼烙熟

烙煎饼 luə$^{214-24}$tɕiã$^{214-31}$miŋ· 把摊好的煎饼放到热鏊子上稍烙后折叠，烙过的煎饼焦酥且好放

烙油饼 luə^{214}iəu^{42}piŋ^{55}

烙菜饼 luə$^{214-24}$ts‘ɛ$^{312-31}$piŋ^{55}

烙单饼 luə$^{214-24}$tã$^{214-31}$piŋ^{55}

烙发面饼 luə$^{214-24}$fa$^{214-24}$miã$^{312-31}$piŋ^{55}

溻 t‘a^{214} 烙制：～菜饼

发 fa^{214} ①用水浸泡使其舒展变软：～海参 ②用酵母使面发起来：～面

馏 liəu^{312} 把凉了的熟食蒸热

拔 pa^{42} 把食物放在凉水里，使其变凉

醒 ɕiŋ^{55} ①和好的面盖好放一会儿，使其滋润变软：让面～～再弄 ②面发酵：发面～好了

动 tuŋ³¹² ①吃：我从不～荤 ②用：家里两天没～火了

摸黑儿 mə²¹⁴⁻²⁴xer²¹⁴ 黑夜里做事儿

　摸乎儿 mə²¹⁴⁻²⁴xur²¹⁴

点灯 tiã⁵⁵təŋ²¹⁴

熬夜儿 ɣɔ⁴²iər³¹²

　熬眼儿 ɣɔ⁴²iɛr⁵⁵

困 k‘uẽ³¹² 困倦想睡

困头儿 k‘uẽ³¹²⁻³¹t‘əur⁴² 想睡的状态：他正待～上，叫他睡吧

吹灯 pf‘ei²¹⁴⁻²⁴təŋ²¹⁴ 熄灯

摁死灯 ɣẽ³¹²⁻⁴²sɿ˙təŋ²¹⁴ 关电灯

　拉死灯 la²¹⁴⁻³¹sɿ˙təŋ²¹⁴

睡觉 fei³¹²⁻³¹tɕiɔ³¹²

歇着 ɕiə²¹⁴⁻³¹tsɿ˙ ①休息：别光～，要不干不完了 ②睡觉：天不早了，都～吧

说梦话 fə²¹⁴məŋ³¹²⁻⁴²xua˙

招压虎子 tsɔ²¹⁴⁻²⁴ia²¹⁴⁻³¹xu˙tsɿ˙ 梦魇

打呼噜 ta⁵⁵xu²¹⁴⁻³¹ləu˙

癔症 i³¹²⁻⁴²tsəŋ˙ ①睡觉时出现叫喊、哭笑或其他行为 ②说话做事儿不正常：你～了，怎么这样？

关门 kuã²¹⁴mẽ⁴²

插关儿 ts‘a²¹⁴⁻²⁴kuɛr²¹⁴ 把门闩插上

仰儿仰儿 iãr⁵⁵⁻⁴²iãr˙ 躺一躺

乜待 miə⁴²⁻⁵⁵tɛ˙ 闭眼小憩

掖摆着 iə⁵⁵pɛ˙tsɿ˙ 歪躺着

挤摆着 tɕi²¹⁴⁻³¹pɛ˙tsɿ˙ 闭着（眼睛）

咧摆着 liə$^{55-24}$pɛ˙ tsʅ˙ 张着（嘴）：～嘴笑

齐头子 tɕʻi^{42}tʻəu$^{42-55}$tsʅ˙ 一个工作时段能干完的：～活，咱紧紧手干完它吧

打个马愣眼儿 ta^{55}kə˙ ma^{55}ləŋ˙ iɛr^{55} 打个盹儿，睡一小会儿

磕头打盹儿 kə^{214}tʻəu^{42}ta^{55}tuer^{55} 形容困得抬不起头

迷瞪 mi$^{42-55}$təŋ˙ 似睡非睡：我～了一会儿

囫囵着睡 xu$^{42-55}$luẽ˙ tsʅ˙ fei^{312} 不脱衣服睡觉

打通腿儿 ta^{55}tʻuŋ$^{214-31}$tʻuer˙ 两人合盖一床被子，各睡一头儿

断顿儿 tuã$^{312-31}$tuer^{312}

掏灰 tʻɔ$^{214-24}$xuei^{214} 把灰从灶里或炉子里扒出来

除 pfʻu^{42} ①用锨或铲子清除：～鸡屎 | ～土 ②用锨端：～锨土 | ～过点儿沙来

扫天井 sɔ^{55}tʻiã$^{214-24}$tɕiŋ˙ 清扫院子

扫屋当门 sɔ^{55}u$^{214-24}$taŋ$^{214-24}$mẽ˙ 清扫堂屋

炸 tsa^{42} ①用热油弄熟食物：～鱼 | ～藕夹子 ②把菜放在锅里微煮：～萝卜缨子 ③接触冰冷的液体给人的感觉：凉水～得手慌

咕嘟 ku$^{214-31}$təu˙ 煮、炖：再～一会儿就行了

炼油 liã$^{312-31}$iəu^{42} 把肥猪肉放在热锅里炼

确蒜 tɕʻyə$^{214-24}$ɕyã^{312} 用蒜臼子把蒜捣碎成泥状

炒料豆儿 tsʻɔ^{55}liɔ$^{312-31}$təur^{312} 农历二月初二炒黄豆粒吃

筛酒 sɛ$^{214-31}$tɕiəu^{55} 在火炉上或热水里把酒壶里的酒弄热

顺酒 fẽ$^{312-31}$tɕiəu^{55} 把瓶中的酒倒到酒壶里

倒酒 tɔ$^{312-31}$tɕiəu^{55} 斟酒

端 tuã^{214} （劝酒语）喝

干 kã^{214} （劝酒语）喝干

喝起 xə$^{214-24}$tɕʻi^{55}

拉馋 la^{214}tsʻã^{42} 解馋

叨菜 tɔ$^{214-24}$tsʻɛ^{312} 用筷子夹菜

走路 tsəu^{55}lu^{312}

坐车 tɕyə$^{312-31}$tsʻə^{214}

骑驴 tɕʻi^{42}ly^{42}

骑洋车 tɕʻi^{42}iaŋ^{42}tsʻə^{214} 骑自行车

十六　交往

串门儿 pfʻã$^{312-31}$mer^{42}

走亲戚 tsəu^{55}tɕʻiẽ$^{214-31}$tɕʻi·

走亲亲 tsəu^{55}tɕʻiẽ$^{214-31}$tɕʻiẽ·

走动 tsəu^{55}tuŋ· 亲戚朋友之间来往、交往：他两家好几年不～了

来往 lɛ^{42}uaŋ^{55}

来不着 lɛ$^{42-55}$pu· pfə^{42} 按情理不该来：这件事儿他～

去不着 tɕʻi$^{312-42}$pu· pfə^{42} 按情理不该去：这种关系你～

断路儿 tuã$^{312-31}$lur^{312} 两家亲戚中断往来：咱给恁姑家～

断亲 tuã$^{312-42}$tɕʻiẽ· 没过门的姻亲中断关系

闹本 nɔ$^{312-31}$pẽ^{55} 决裂：他两个为一点儿小事儿～了

不搭腔 pu$^{214-24}$ta$^{214-24}$tɕʻiaŋ^{214} ①不回答：你怎么～啊？ ②有矛盾，互不理睬：他两个～

外息 uɛ$^{312-42}$ɕi· 见外：你这样说就～了 | 待这里别～，渴了就喝，饿了就吃

息外 ɕi$^{214-24}$uɛ^{312}

不外 pu$^{214-24}$uɛ^{312} 关系亲密，不当外人看待

交情 tɕiɔ$^{214-31}$tɕʻiŋ·

虚化 ɕy$^{214-31}$xua· 假装客气，说不实在的话：你别～了，咱俩谁知不道谁啊？

熟化 fu^{42}xua· 熟悉

请客 tɕʻiŋ^{55}kʻei^{214}

候客 xəu$^{312-31}$kʻei^{214} 设宴款待客人

男客 nã^{42}kʻei^{214}

女客 ȵy^{55}kʻei^{214}

小客儿 ɕiɔ^{55}kʻer^{214}

帖 tʻiə^{214} 请柬

请帖 tɕʻiŋ^{55}tʻiə^{214}

下帖 ɕia$^{312-31}$tʻiə^{214} 送请柬

送礼 ɕyŋ$^{312-31}$li^{55}

下礼 ɕia$^{312-31}$li^{55}

谢候 ɕiə$^{312-42}$xəu· 向人表示感谢

坐坐 tɕyə$^{312-31}$tɕyə· 坐一会儿

坐坐 tɕyə$^{312-42}$tɕyə· 坐了一会儿

喝壶茶 xə^{214}xu^{42}tsʻa^{42}

闷茶 mẽ$^{312-31}$tsʻa^{42} 泡茶

闷水 mẽ$^{312-31}$fei^{55}

沁水 tɕʻiẽ$^{214-31}$fei^{55} 使开水与盐、糖等物混合

沁糖水 tɕʻiẽ^{214}tʻaŋ^{42}fei^{55} 往开水里加糖，使其混合均匀

沁鸡蛋水 tɕʻiẽ$^{214-24}$tɕi$^{214-24}$tã$^{312-31}$fei^{55} 往打均匀的鸡蛋里添加开水，使其混合

让烟 zaŋ$^{312-31}$iã^{214} 敬烟

让酒 zaŋ$^{312-31}$tɕiəu^{55} 敬酒

眯量 mi$^{42-55}$liaŋ· ①做做样子：不喝你也得稍微～～ ②比较，比量：你～～这两根绳子哪根长 ③比照：你～着这个做

坐席 tɕyə$^{312-31}$ɕi^{42} 吃酒席

开席 k‘ɛ^{214}ɕi^{42} 酒席开始

上首儿 saŋ$^{312-31}$səur^{55} 上座儿，主宾座儿

下首儿 ɕia$^{312-31}$səur^{55} 下座儿，主陪座儿

把席口儿 pa^{42}ɕi^{42}k‘əur^{55} 坐在宴席上最末座位，负责斟酒、服务

上脸 saŋ$^{312-31}$liã^{55} 指一喝酒就脸红

喝多了 xə$^{214-24}$tuə$^{214-31}$la· 酒喝得超量了

出酒 pf‘u$^{214-31}$tɕiəu· 醉酒后呕吐

四八席 sɿ$^{312-31}$par^{214}ɕi^{42} 又称“四八两大件”，是宁阳人比较隆重的待客之宴。“四八”宴席共计四十道菜，一般有八色果子、四压桌、两大件儿、八大碗、四甜菜、四小碗、两糕点、后四大碗、后四小碗等

粉四八儿（席） fẽ^{55}sɿ$^{312-31}$par^{214}（ɕi^{42}） 菜碗顶上用粉丝点缀的席

参四八儿（席） sẽ^{55}sɿ$^{312-31}$par^{214}（ɕi^{42}） 菜碗顶上用海参丝点缀的宴席

大件子席 ta$^{312-31}$tɕiã$^{312-42}$tsɿ· ɕi^{42} 有整鸡或整鱼的席

大件儿 ta$^{312-31}$tɕiɛr^{312} 整鸡或整鱼称为大件儿，是宴席上的主菜：四八两～

　大件子 ta$^{312-31}$tɕiã$^{312-42}$tsɿ·

八色果子 pa$^{214-24}$sei$^{214-24}$kuə$^{55-24}$tsɿ· 八种颜色的糖果，用八个中型碟子盛放

四压桌 sɿ$^{312-31}$ia$^{214-24}$pfə^{214} 最先上的四个凉菜碟，以猪下货为主，

最后吃

两大件儿 liaŋ^{55}ta$^{312-31}$tɕiɛr^{312} 整鸡和整鱼

八大碗 pa$^{214-24}$ta$^{312-31}$uã^{55} 为鸡丝、鱼块、清氽丸子、大肉、里脊、藕合、卷煎、鸡块八个大碗

四甜菜 sɿ$^{312-31}$t‘iã^{42}ts‘ɛ^{312} 四个糖菜，主要是拔丝地瓜、拔丝山药、拔丝苹果、拔丝荸荠

折席 tsə^{214}ɕi^{42} 酒席结束后把剩菜倒在一起、收拾杯盘

照活 tsɔ$^{312-42}$xuə˙ 照看，照顾

闹酒局 nɔ$^{312-31}$tɕiəu^{55}tɕy^{42} 参与的人共同凑钱凑食物办酒场儿

随份子 ɕyei^{42}fẽ$^{312-42}$tsɿ˙ 也称随礼，礼单上列有每位随礼者的名字和钱数

凑份子 ts‘əu$^{312-31}$fẽ$^{312-42}$tsɿ˙ 大家共同凑钱为别人买礼品

拿大头 na^{42}ta$^{312-31}$t‘əu^{42} 让某人出钱办饭场儿

破费 p‘ə$^{312-31}$ɕy^{312} 花钱

烧香 sɔ$^{214-24}$ɕiaŋ^{214} 比喻送礼、行贿：你不给他～，他不给你办事儿

攀 p‘ã^{214} 攀比：他～你

攀伴儿 p‘ã$^{214-24}$pɛr^{312}

夹磨 tɕia$^{214-31}$mə˙ 夹在矛盾的两方中间受气：婆媳不和，他待中间受～

挤磨 tɕi$^{55-24}$mə˙ 排挤

搓悠 tɕ‘yə$^{214-31}$iəu˙ ①折磨：那事儿～得你不清 ②用手搓揉：领子上净灰，使劲～～

昧 mei^{312} 将别人的东西藏起来，逐步据为己有：谁把俺的鸡给～起来了？

想巧儿 ɕiaŋ^{55}tɕ‘iɔr^{55} 找便宜，找巧头

绕 zɔ^{214} 叫着一块参与某项活动：你～上小二一块来吧

绕 zɔ^{42} ①白白索取：我买他五斤黄瓜，临走又～了一个 ②额外再吃：一

个大男人～也能～两个馍馍

下夜 $\text{ɕia}^{312-31}\text{iə}^{312}$ 夜间干坏事儿：想挣钱快你～去

短 tuã^{55} ①拦路抢劫：那条路上有～路的 ②没收：我的工具让看山的给～去了

记仇 $\text{tɕi}^{312-31}\text{ts‘əu}^{42}$

仇家 $\text{ts‘əu}^{42}\text{tɕia}^{214}$

仇人 $\text{ts‘əu}^{42}\text{zẽ}^{42}$

耳 ər^{55} 理睬，搭理：没人～他

揉 zəu^{214}

搭腔 $\text{ta}^{214-24}\text{tɕ‘iaŋ}^{214}$ ①彼此说话：他俩闹矛盾了，不～ ②答应：我问了两句，也没人～

看不起人 $\text{k‘ã}^{312-42}\text{pu·}\ \text{tɕ‘i}^{55}\text{zẽ}^{42}$

裂 liə^{55} ①扭；扯拽：你再骂，我～你的嘴 ②训斥：我刚才～他一顿，服气了

抓扭 $\text{pfa}^{214-31}\text{ȵiəu·}$ 抓；撕打：他俩～到一块去了，拉都拉不开

撕挠 $\text{sɿ}^{214-31}\text{nɔ·}$ ①分辨：你和他～么，他又不讲理 ②提起：多少年的旧账你又～出来了

闹乱子 $\text{nɔ}^{312-31}\text{luã}^{312-42}\text{tsɿ·}$ 打架、吵嘴

不搁 $\text{pu}^{214-24}\text{kə}^{214}$ 合不来：他俩～

不搁人 $\text{pu}^{214-24}\text{kə}^{214-24}\text{zẽ}^{42}$ 自私，事儿多，不能和众人和睦相处

搁气 $\text{kə}^{214-24}\text{tɕ‘i}^{312}$ 打架；吵嘴：待外头别跟人家～

献浅子 $\text{ɕiã}^{312-31}\text{tɕ‘iã}^{55-24}\text{tsɿ·}$ 谄媚讨好别人

献浅 $\text{ɕiã}^{312-42}\text{tɕ‘iã·}$

舔腚眼子 $\text{t‘iã}^{55}\text{tiŋ}^{312-31}\text{iã}^{55-24}\text{tsɿ·}$ ①谄媚讨好别人 ②把别人的私密传播出去

　舔腚 t‘iã^{55}tiŋ^{312}

败坏人 pɛ$^{312-42}$xuɛ· zẽ^{42} 通过说人坏话来降低他人的名声

闹 nɔ^{312} 开玩笑：别～，我忙正事儿哩

　闹着玩儿 nɔ$^{312-42}$tsʅ· uɛr^{42}

　乱 luã^{312}

　哩戏 li^{42}ɕi·

侃凉腔 k‘ã^{55}liaŋ^{42}tɕ‘iaŋ^{214} 说调皮话

翻脸 fã$^{214-31}$liã· 闹矛盾，变脸

恼 nɔ^{55} 生气；当真：他～了

闹恼 nɔ$^{312-31}$nɔ^{55} 由闹着玩引起的恼怒

不搁闹 pu^{214}kə^{42}nɔ^{312} 不经闹，一闹就恼

治气 tsʅ$^{312-31}$tɕ‘i^{312} 赌气；怄气；记仇：君子不和狗～｜咱不和他～

小气 ɕiɔ$^{55-24}$tɕ‘i·

出洋相 pf‘u^{214}iaŋ^{42}ɕiaŋ^{312}

朋友 p‘əŋ$^{42-55}$iəu·

见面 tɕiã$^{312-31}$miã^{312}

照面儿 tsɔ$^{312-31}$miɛr^{312} 见面，露面：打个～

照着 tsɔ$^{312-42}$tsʅ· 对着干：别和他～，让着他

约会 yə$^{214-24}$xuei^{312}

说好 fə$^{214-31}$xɔ· 约定：我和他～了，明天去

慢待 mã$^{312-31}$tɛ^{312} 对人不热情或招待不周：我没敢～他

带答不理 tɛ$^{312-31}$ta$^{214-24}$pu$^{214-31}$li· 冷漠、不爱理睬的样子

喝眼皮汤 xə$^{214-24}$iã^{55}p‘i^{42}t‘aŋ^{214} 遭人白眼：求人真不易，好～

没脸 mu^{42}liã^{55} 难堪、没趣：刚才我去找他，又给了个～

脸大 liã^{55}ta^{312} 有脸面，面子大：人家都不行，就你行，你～

脸子 liã$^{55-24}$tsɿ˙ 脸上不高兴的表情：给人～看

掉价儿 tiɔ$^{312-31}$tɕiar^{312} 有失身份

辱没人 vu$^{214-31}$mu˙ zẽ^{42} 使丢脸：他真会～，光捡难听的说

晾 liaŋ^{312} 冷落：咱都～他一段时间，消消他的威风

丢人现眼 tiəu^{214}zẽ^{42}ɕiã$^{312-31}$iã^{55} 出丑

窝脖儿 uə^{214}pər^{42} 碰钉子，讨没趣儿：我求他，他不答应，怪～

面子局儿 miã$^{312-42}$tsɿ˙ tɕyer^{42} 靠情面维护的局面

拾阄儿 sɿ^{42}tɕʻiəur^{214} 抓阄

占乎 tsã$^{312-42}$xu˙ ①占据；占有：你～着不用，让给人家吧 ②弄：我～了一手面 ③插手：这点儿活儿我干吧，你别再～手了

腈着 tɕʻiŋ$^{42-55}$tsɿ˙ 自己不用付出而享受好处：你别光～，也帮帮忙 | 你就～享福吧

腈受 tɕʻiŋ$^{42-55}$səu˙ 继承遗产：他死了也不该你～

腈好儿 tɕʻiŋ^{42}xɔr^{55} 等好：这事由我办，你就～吧

拾漏末儿 sɿ^{42}ləu$^{312-42}$mər˙ 专捡别人不要了的便宜：大家都不要，到最后叫我～了

扑娄 pʻu$^{42-55}$ləu˙ 到处打听、寻找，想尽各种办法弄到：我～这两个钱儿也不易，你得省着花

兑和 tuei$^{312-42}$xuə˙ 设法弄到：我～两个钱儿供孩子上学

找么 tsɔ$^{55-24}$mə˙ 找补：这回儿给你的少了点儿，下回再给你～

添么 tʻiã$^{214-31}$mə˙ 添补：先拿着这两个～着

捞 lɔ^{214} 私下里获取：庆典剩的东西都叫他～起来了

捞 lɔ^{42} 用一定方法得到：～好处 | ～本儿

捞么 lɔ$^{42-55}$mə˙ 捞取

沾么 tsã$^{214-31}$mə˙ 占便宜：你不让他～点儿，他不愿意

沾光 tsã$^{214-24}$kuaŋ^{214}

多里捞么 tuə$^{214-31}$li· lɔ$^{42-55}$mə· 薄利多销

算计 ɕyã$^{312-42}$tɕi· ①精心策划：这人甚会～ ②坑害（人）：他好～人，得少和他打交道

抠么 k‘əu$^{214-31}$mə· ①算计：他甚会～ ②索占别人便宜：他好～别人

得济 tei$^{214-24}$tɕi^{312} 得到晚辈的奉养：孩子都养大了，他现在～了

欻乖 pf‘a$^{214-24}$kuɛ^{214} 说话讨便宜，沾别人的光：他老是～，认为别人都憨

占了便宜还欻乖 tsã$^{214-31}$lɔ· p‘iã^{55}i· xã^{42}pf‘a$^{214-24}$kuɛ^{214} 占了别人的便宜还自我卖弄聪明

折登 tsə$^{214-31}$təŋ· ①折磨：别～孩子 ②倒登：事儿都是你～的

嘿唬 xei$^{214-31}$xu· 吓唬：你别～他，他胆小

祸害 xuə$^{312-42}$xɛ· 使人受害：他好办～人的事

玩 uã^{42} 戏弄、耍弄、欺骗：他好～人

　点化 tiã$^{55-24}$xua·

　日弄 zʅ$^{312-42}$nuŋ·

　操弄 ts‘ɔ$^{312-42}$nuŋ·

　谑棱 ɕyə$^{214-31}$ləŋ·

　醋溜 tɕ‘yu$^{312-42}$liəu·

糊弄 xu$^{312-42}$nuŋ· ①哄骗：我～着他玩儿 ②凑和：你和她～着过吧

发孬 fa$^{214-24}$nɔ^{214} 故意捣乱、使坏

　发坏 fa$^{214-24}$xuɛ^{312}

别 piə^{55} 难为

憋堵 piə$^{214-31}$tu· ①难为：你真会～人 ②心里不顺畅：我这几天心里乔～得慌

掂憨儿 tiã$^{214-24}$xɛr^{214} 撒娇：这个小孩儿甚会～

寒碜 xã$^{42-55}$ts‘ẽ˙ 因小气而使别人不舒服：这个场儿你办得忒～

魔觉 mə$^{55-24}$tɕyə˙ 不开窍：这个人忒～，不能和他共事儿

讹 ɣə^{42} 讹诈：你别～人

狼 laŋ^{42} 坑骗：一个破玩意儿就卖那么贵，你真会～人

皮而汤 p‘i^{42}ər^{55}t‘aŋ^{214} 光说空话不办实事儿的行为：你就会来那～

装疯卖傻 pfaŋ$^{214-24}$fəŋ$^{214-24}$mɛ$^{312-31}$sa^{55} 假装疯癫

装憨 pfaŋ$^{214-24}$xã^{214} 装傻：他得为地～

作假 tɕyə$^{312-31}$tɕia^{55} 指出门做客时不好意思吃喝：别～，多吃点儿

打支应 ta^{55}tsɿ$^{214-31}$iŋ˙ 应付：我遭天光给你～，还干别的事儿不

坏水儿 xuɛ$^{312-31}$fer^{55} 坏主意：他满肚子～

虚活 ɕy$^{214-31}$xuə˙ 说话虚浮不实，过分夸张：你别再～了，实情我们都知道

过节 kuə$^{312-31}$tɕiə˙ 嫌隙、小矛盾：你以前和他有什么～吗？

撒气 sa$^{214-24}$tɕ‘i^{312} 出气

装蒜 pfaŋ$^{214-24}$ɕyã^{312} 假装：你别待这里～了

撇 p‘iə^{214} ①钱物白白地送出：我又～了五百块钱 ②放下；留下；遗留下：她～下孩子就走娘家去了 | 她年时死的，～下两个孩子

拌嘴 pã$^{312-31}$tɕyei^{55} 吵架

　抬杠 t‘ɛ^{42}kaŋ^{312}

打嘴仗 ta^{55}tɕyei^{55}tsaŋ^{312} 争论着玩：他俩到一堆儿就～

　嗑牙 k‘ə$^{312-31}$ia^{42}

争竞 tsəŋ$^{214-24}$tɕiŋ˙ 争吵；争执：别再给他～那件事了

　争将 tsəŋ$^{214-31}$tɕiaŋ˙

翻将 fã$^{214-31}$tɕiaŋ˙ ①争论：你别和他～了 ②为了寻找而移动上下物体

的位置：你看你～得多乱

贩将 fã$^{312-42}$tɕiaŋ˙ 反复倒腾：事儿都是你～出来的

使将 sɿ$^{55-24}$tɕiaŋ˙ 不停地闹腾

噘打 tɕyə$^{214-31}$ta˙ 使性子，发脾气：他这几天成天～我

打仗 ta^{55}tsaŋ^{312} 打架；争吵：他俩又～哩

扯罗 tsʻə$^{55-24}$luə˙ ①交往，来往：你以后少跟他～ ②交谈；述说：你跟他～的么 ③牵扯；牵连：你自己的事儿，你～我干么儿？

骂街 ma$^{312-31}$tɕiɛ^{214} 不指名道姓地在街上高声谩骂

伤背 saŋ$^{214-24}$pei˙ 说难听的话讥讽、顶撞，让对方伤心：他挣大年纪了，你～他做么？｜他说话好～人

伤本 saŋ$^{214-24}$pẽ˙

呲啦人 tsʻɿ$^{214-31}$la˙ zẽ^{42} 说连讽带刺的话

啦云 la^{42}yẽ^{42} 说瞎话；说谎：你净～，哪有那回事儿啊？

啦大云 la^{42}ta$^{312-31}$yẽ^{42} 聊天

磨牙 mə^{42}ia^{42} 白费口舌

撸 lu^{214} ①批评、训斥：我把他～了一顿 ②撤职：他被～下来了

犟嘴 tɕiaŋ$^{312-31}$tɕyei^{55} 顶嘴，顶撞：待学里别给老师～

挑刺儿 tʻiɔ$^{214-24}$tsʻer^{312} 故意挑剔，找毛病：你就知道～

黏乎 ȵiã$^{42-55}$xu˙ ①纠缠：因为那件事，他成天～着我不放 ②不干脆：这人办事儿忒～

缠歪 tsʻã$^{42-55}$uɛ˙ 纠缠：他老是～我一个人

依扭歪缠 i^{55}ȵiəu˙ uɛ^{214}tsʻã^{42} 胡搅蛮缠，不讲道理

死扭歪缠 sɿ^{55}ȵiəu˙ uɛ^{214}tsʻã^{42}

治作 tsɿ$^{312-42}$tɕyə˙ 使为难，给添麻烦：你真会～人

扒豁子 pa$^{214-24}$xuə$^{214-31}$tsɿ˙ 挑拨是非，挑拨关系：这孩子就会～

扒豁儿 pa$^{214-24}$xuər^{214}

褒贬 pɔ^{55}piã^{55} 贬；挑毛病：不买别～

戳乎 pfʻə$^{42-55}$xu· 招惹：好好的，你～他做么？

惹乎 zə$^{55-24}$xu· ①惹，得罪：谁把他～哭的 ②逗引：你别～他

调怂 tʻiɔ$^{42-55}$ɕyŋ· 鼓动；唆使：谁～他干的？

狂气 kʻuaŋ^{42}tɕʻi^{312} 张狂，虚张声势：那孩子甚～，别搭理他

情分 tɕʻiŋ$^{42-55}$fẽ· 人情

填还 tʻiã$^{42-55}$xuã· 还报：这棵枣树可～人来，年年结很多枣 | 这只鸡甚～人，天天嬎蛋

情场儿 tɕʻiŋ^{42}tsʻãr· 情义：想想姊妹们～，也不该那样

好气儿 xɔ^{55}tɕʻier^{312} 好的态度：谁要不该你，也给个～

热闹儿 zə$^{214-24}$nɔr^{312} 人多而有趣的场面：他就爱看～

热闹儿 zə$^{214-42}$nɔr· 人多而有趣：街上甚～

白着 pei$^{42-55}$tsɿ· 亏待：你帮人家，人家也不～你

就活 tɕiəu$^{312-42}$xuə· ①体谅；照顾：也不能光叫别人～你 ②凑和：～一下，都坐坐

借就 tɕiə$^{312-42}$tɕiəu· 给提供方便，迁就：请～～我过去 | 光～你了

将就 tɕiaŋ$^{55-24}$tɕiəu· 凑和：～着使吧，没好的啦

讲究 tɕiaŋ$^{55-42}$tɕiəu· 在乎；讲求：他吃么儿不～

迁求 tɕʻiã$^{214-24}$tɕʻiəu· 趁着：～他待这里，把那个活干完吧

借光 tɕiə$^{312-31}$kuaŋ^{214} 请求别人给个方便：～，我过去

架势 tɕia$^{312-42}$sɿ· 样子；形势：看那～，他不会让步

上前 saŋ$^{312-31}$tɕʻiã^{42} 在两方争斗时，帮助其中的一方：你放心，到时候我替你～

拉仗 la$^{214-24}$tsaŋ^{312} 劝阻打架：都围着看，哪有～的？

拉偏仗 la$^{214-24}$pʻiã$^{214-24}$tsaŋ^{312} 劝阻打架时偏向一方

一时儿 i$^{214-24}$ser^{312} 一块儿：别两三半样的啦，凑～吧

两三半样儿 liaŋ^{55}sã$^{214-24}$pã$^{312-31}$iãr^{312} 吃饭时分开，不一个时间或不一个标准

半拉回 pã$^{312-42}$la· xuei^{42} 处于没完成状态：吃了个～就叫走了｜他弄了个～就不弄了

顾娄 ku$^{312-42}$ləu· 照顾，顾及：在一些大事儿上我都～你

攀扯 pʻã$^{214-31}$tsʻə· 攀比；牵扯

搁伙儿 kə$^{214-31}$xuər· 做伴儿，一起

相好 çiaŋ$^{312-31}$xɔ^{55} 男女间有暧昧关系：他和她～

搞破鞋 kɔ^{55}pʻə$^{312-31}$çiɛ^{42} 男女间有不正当关系

拿捏 na$^{42-55}$ȵiə· 拘束，感觉不自由：大方点，别～

拿架儿 na^{42}tçiar^{312} 摆架子

恬不学的脸 tʻiã^{42}pu· çyə$^{42-55}$li· liã^{55} 恬不知耻的样子

背黑锅 pei$^{312-31}$xei$^{214-24}$kuə^{214} 承担不实的坏名声

吃气 tsʻɿ$^{214-24}$tçʻi^{312} 受气，受欺负

拦把 lã$^{42-55}$pa· 拦起来，阻拦：你遭天把孩子～家里干么儿

折办 tsə$^{214-24}$pã· 设法筹到：～两个钱好给孩子交学费

　掂兑 tiã$^{214-24}$tuei·

拉勾儿 la$^{214-24}$kəur^{214} 两人相互用小拇指勾起，表示一言为定

骂誓 ma$^{312-31}$sɿ^{312} 以诅咒的形式发誓

温锅儿 uẽ$^{214-24}$kuər^{214} 搬家后，亲戚朋友带礼物前去祝贺

搬 pã^{214} 请……出面：你把老天爷爷～来也不行

敬奉 tçiŋ$^{312-42}$fəŋ· 恭恭敬敬地侍奉：你这个人是越～越瞎包

伺候 tsʻɿ$^{312-42}$xəu· ①尽心照顾：～人 ②款待，招待：～客

为人 uei^{42}zẽ^{42} 与别人处关系

为人处事儿 uei^{42}zẽ^{42}pf'u$^{312-31}$ser^{312}

会来事儿 xuei$^{312-31}$lɛ^{42}ser^{312} 会办事儿，会处理关系：这个人甚～

外场儿 uɛ$^{312-31}$ts'ãr^{55} 交际场合：～上他有一套

大面儿 ta$^{312-31}$miɛr^{312} 表面儿或情理上：～上得过得去

面儿 miɛr^{312} 脸面，面子：这个人甚要～

场面儿 ts'aŋ$^{55-24}$miɛr˙ 气派：村长儿子结婚，摆了很多酒席，甚～

场面儿 ts'aŋ^{55}miɛr˙ 排场：～不小

伙家 xuə$^{55-24}$tɕia˙ 朋友，伙伴儿：俺俩是～

通气儿 t'uŋ$^{214-24}$tɕ'ier^{312} 事先打招呼、商量

透气儿 t'əu$^{312-31}$tɕ'ier^{312} 穿洞、烂：我这双鞋的底儿都磨～了

迎 iŋ^{42} 迎接：我～你去来，没～着

捎好儿 sɔ$^{214-24}$xɔr^{55} 捎带去问候或祝福：给恁父亲捎个好儿

打个照面儿 ta^{55}kə˙ tsɔ$^{312-31}$miɛr^{312} 露个面儿，见个面儿

投脾气 t'əu^{42}p'i^{55}tɕ'i˙ 两人因性格、见解等相同而合得来

中交 pfəŋ$^{214-24}$tɕiɔ^{214} 值得结交：小三儿这个人不～

中托 pfəŋ$^{214-24}$t'uə^{214} 对别人委托的事情能认真办理：他甚～

来回点儿 lɛ^{42}xuei^{42}tier^{55} 交往过程中的你来我往：共事儿讲究个～

凭据 p'iẽ$^{312-42}$tɕy˙ 一定标准：这行事儿也没～，怎着都行

绝么可据 tɕyə$^{42-55}$mə˙ k'ə^{214}tɕy^{42} 一定按标准，可模定楔

约伙 yə$^{214-31}$xuə˙ 约着一块儿行动：他～我看电影去

罗儿罗儿 luər$^{55-24}$luər˙ ①交往，来往 ②扯罗，说话

吐口儿 t'u^{55}k'əur^{55} 应允，答应：我找他好几次了，他就是不～

陪释 p'ei$^{42-55}$sɿ˙ 向……道歉、解释：为这事儿，我～他好几回了

赔不是 p'ei^{42}pu$^{214-24}$sɿ˙ 道歉

哭穷 k‘u^{55}tɕ‘yŋ^{42} 反复向别人诉说自己的穷困情况：你不用～，我不借你的钱

洗白 ɕi^{55}pei^{42} 一再表明自己的清白

拉 la^{42} ①说；谈：你给他～的么？也给我～～ ②交谈：他俩～了半天

拉呱儿 la^{42}kuar^{55} ①交谈：我刚才和老师～来 ②讲故事：刚才听张爷爷～来

拉闲呱儿 la^{42}ɕiã^{42}kuar^{55} 谈些无关紧要的琐事

闲拉呱儿 ɕiã^{42}la^{42}kuar^{55}

嗷嚎儿 ɣɔ$^{214-31}$xɔr˙ 大声叫

咋呼 tsa$^{214-31}$xu˙

叫唤 tɕiɔ$^{312-42}$xuã˙

蒙 maŋ^{214} 猜：看看我～对了吗？

瞎蒙 ɕia$^{214-24}$maŋ^{214} 胡乱猜

熊 ɕyŋ^{42} 批评：老师又～你来么？

吵 ts‘ɔ^{55} 训斥（多用于长对幼）：他小，别直～他

数量 fu$^{55-24}$liaŋ˙ 数落；批评教育：我又～了他一顿

谝 p‘iã^{55} 炫耀：别～了，都知道了

谝拉 p‘iã$^{55-24}$la˙

吹牛儿 pf‘ei^{214}ȵiəur^{42} 说大话

吹乎 pf‘ei$^{214-31}$xu˙

胡吹海嗙 xu^{42}pf‘ei$^{214-24}$xɛ^{55}p‘aŋ^{55} 漫无边际地吹牛

巧嘴 tɕ‘iɔ^{55}tɕyei^{55} 嘴甜，说好听的话：这个小孩儿甚～

贫嘴呱拉舌儿 p‘iẽ^{42}tɕyei^{55}kua$^{214-31}$la˙ sər^{42} 能说会道

钢嘴铁舌 kaŋ$^{214-31}$tɕyei˙ t‘iə^{214}sər^{42} 比喻极为善辩

扯老婆舌头 ts‘ə^{55}lɔ$^{55-24}$pə˙ sə$^{42-55}$t‘əu˙ 传播闲话，搬弄是非

嚼舌头根子 tçyə^{42}sə$^{42-55}$t‘əu˙ kẽ$^{214-31}$tsɿ˙

叭儿叭儿的 par$^{214-24}$par˙ li˙ 形容能说会道，花言巧语：小嘴儿～

要嘴皮子 fa^{42}tçyei^{55}p‘i$^{42-55}$tsɿ˙ 光说不干

油嘴滑舌 iəu^{42}tçyei^{55}xua^{42}sə^{42} 油腔滑调

口齿牙硬 k‘əu^{42}ts‘ɿ^{55}ia^{42}iŋ^{312} 说话不让人，态度蛮横

告送 kɔ$^{312-42}$çyŋ˙ 告诉：那件事儿你都是～谁了？

刺讥 ts‘ɿ$^{312-31}$tçi˙ 讽刺

刺挠 ts‘ɿ$^{312-42}$nɔ˙

卷 tçyã^{55} 骂：你再胡闹，我就～你

咬嘴 iɔ^{55}tçyei^{55} 绕舌；拗口：那样说话有点儿～

拿一把儿 na$^{42-55}$i˙ par^{55} 倚仗自己的优势故意刁难、要挟别人

嗡声嗡气儿 uŋ$^{214-24}$səŋ$^{214-24}$uŋ$^{214-24}$tç‘ier^{312} 形容鼻孔不透气时说话的声音

阴阳怪气儿 iẽ^{214}iaŋ^{42}kuɛ$^{312-31}$tç‘ier^{312} 怪声怪气

不哼不哈儿 pu$^{214-24}$xəŋ$^{214-24}$pu$^{214-24}$xar^{214} 沉默不语：人家～的，净办大事儿

腔调儿 tç‘iaŋ$^{214-24}$tiɔr˙ 说话的语调：他的～真像他爹

音儿 ier^{214} ①声音：这个收音机听着听着没～了 ②消息：我托他办的事儿，到现在也没～ ③话语的意思：听话听～

拉长秧 la^{214}ts‘aŋ^{42}iãr^{214} 说话或唱歌时拖长音：你别得为地～

口音 k‘əu^{55}iẽ^{214}

学 çyə^{42} ①模仿别人说话，或模仿别人的动作、神态：他～你来 ②没有主见，只是跟着别人说：这些事儿家去别～给大人听

学舌 çyə^{42}sə^{42}

嘴碎 tçyei^{55}çyei^{312} 说话唠叨

口锈 k‘əu^{55}çiəu^{312} 不爱说话

噎 iə^{214} 用话语顶撞，使对方难堪：他说话甚～人

争掰 tsəŋ$^{214-24}$pei˙ 争执；争辩：你别和他～了，他不知道实情

抬魔觉杠 t‘ɛ^{42}mə$^{214-24}$tçyə˙ kaŋ^{312} 无谓地争执

编排 piã$^{214-31}$p‘ɛ˙ 诽谤：你真会～人

磨嘴皮子 mə^{42}tçyei^{55}p‘i$^{42-55}$tsɿ˙ 多费口舌

讲咕 tçiaŋ$^{55-24}$ku˙ 议论、传播：都～着粮食要涨价

呜噜 ˋu$^{214-31}$ləu˙ 说话不清楚：他～了半天，我也没听明白

说开 fə$^{214-24}$k‘ɛ^{214} 把话说清楚、解释明白：恁俩把话～不就行了

接话把儿 tçiə$^{214-24}$xua$^{312-31}$par^{312} 接着别人的话说：他好～

血乎 çiə$^{214-31}$xu˙ 夸大自己的痛苦：别～了，一会儿就好

十七 感觉

晕 yẽ^{214} 糊涂：你～了！连家都不知道待哪里了

眼晕 iã$^{55-24}$yẽ˙ 站在高处或险处向下望，因心理紧张而发晕

晕而晄叽 yẽ$^{214-31}$ər˙ kuaŋ$^{214-24}$tçi^{214} 头脑不清楚：我今天一天～的，么儿都不想干

晃眼 xuaŋ^{55}iã^{55} 明亮刺眼

心焦 çiẽ$^{214-24}$tçiɔ^{214} 心里烦乱、焦急：这几天叫那事儿弄得我乔～

急慌 tçi$^{214-31}$xuaŋ˙ 催促：你别～他了，再～，他更出错

心急火燎 çiẽ^{214}tçi^{42}xuə^{55}liɔ^{55} 比喻心中十分焦急

急头拐脑 tçi^{42}t‘əu^{42}kuɛ^{55}nɔ^{55} 急得抓耳挠腮，不知如何是好的样子

急眼 tçi^{42}iã^{55} 着急上火：我一听没弄就～了

急拐 tçi^{42}kuɛ^{55} 着急：你别～，我给你解释解释

恼肯 nɔ$^{55-24}$k‘ẽ˙ 气恼、烦躁：那件事儿没办好，乔～得慌

够儿够儿的 kəur³¹²⁻³¹kəur˙ li˙ 极为厌烦：天天生气，这样的日子我过得～

木乱 mu²¹⁴⁻²⁴luã˙ 心中烦乱：恁都别乱了，乔～得慌

窝憋 uə²¹⁴⁻³¹piə˙ ①气窝在心里出不来，烦闷：我心里乔～得慌 ②不宽敞，不舒适：他住的真～

二思 ər³¹²⁻⁴²sɿ˙ 犹豫：别～了，再待一会儿就晚了

二二思思 ər³¹²⁻⁴²ər˙ sɿ²¹⁴⁻³¹sɿ˙ 犹犹豫豫：这人办事儿～的，真烦人

犯恶 fã³¹²⁻³¹u³¹² 厌恶；嫌烦：你再不听话儿我就～了

腻歪 ȵi³¹²⁻⁴²uɛ˙ 过于油腻使人不想吃：那碗肥肉我一块也不想吃，忒～

难玩 nã⁴²uã⁴² 让人感觉不好意思：你说的什么啊，真～

麻 ma⁴² 麻木：我的腿～了 | 我～腿了

　木 mu²¹⁴ 麻木：脚冻～了

　木个棱里 mu²¹⁴⁻²⁴kə˙ ləŋ⁴²⁻⁵⁵li˙ 麻木：我的手冻得～

恣儿 tser³¹² 高兴，舒服：真～啊 | 拿到入学通知书，～得他光笑

恶影 ɣə²¹⁴⁻³¹iŋ˙ ①反胃，不舒服：我乔～得慌 ②令人讨厌：他孩子拉了一地，真～人

　意歪 i³¹²⁻⁴²uɛ˙

恬不学的 t‘iã⁴²pu˙ ɕyə⁴²⁻⁵⁵li˙ 面对尴尬场面装出不在乎的样子：你看你～脸

轻省 tɕ‘iŋ²¹⁴⁻³¹səŋ˙ ①重量轻：这个～，你拿着吧 ②轻松、不费力：给他安排个～活儿 ③舒服：吃了药，～多了

淡兴 tã³¹²⁻³¹ɕiŋ³¹² 扫兴，使人没有兴致：请你吃饭你不来，真～

玄乎 ɕyã⁴²⁻⁵⁵xu˙ 不可靠；不打准：我看这事儿有点儿～

　玄打乎的 ɕyã⁴²ta˙ xu˙ li˙

好时气 xɔ⁵⁵sɿ⁴²⁻⁵⁵tɕ‘i˙ 走运：咱～，中奖了

倒血霉 tɔ^{55}ɕiə^{214}mei^{42} 非常倒霉

影 iŋ^{55} 由于环境过于安静而产生的不舒服感；发怵：整个大院子就我一个人住，乔～得慌

恍恍惚儿惚儿 xuŋ$^{55\text{-}24}$xuŋ˙xur$^{214\text{-}31}$xur˙ 模模糊糊：我～记得他

迷迷糊糊 mi$^{42\text{-}55}$mi˙xu$^{214\text{-}31}$xu˙ 神志不清醒：我～地就睡着了

凄凄凉凉 tɕʻi$^{214\text{-}31}$tɕʻi˙liaŋ$^{312\text{-}31}$liaŋ˙ 隐隐约约：我的牙～地疼

批瓜 pʻi$^{214\text{-}31}$kua˙ 菜肴缺油少盐，口味不好：今天的菜有点～，不好吃

值不当的 tsʅ$^{42\text{-}55}$pu˙taŋ^{55}li˙ 不值得：～生气

犯不着 fã$^{312\text{-}42}$pu˙pfə^{42}

不犯于 pu$^{214\text{-}24}$fã$^{312\text{-}31}$y^{55}

砸牙 tsa^{42}ia^{42} 牙齿有刺冷的感觉，形容入口的东西特别凉：这水直～

喜见 ɕi$^{55\text{-}24}$tɕiã˙ 喜欢：这孩子不～人夸奖

知足 tsʅ$^{214\text{-}24}$tɕy^{214} 感到满足：人得～

怪意 kuɛ$^{312\text{-}31}$i^{312} 见怪、生气：那件事儿是我不对，你别～我

记恨 tɕi$^{312\text{-}42}$xẽ˙ 把对别人的不满或仇恨一直记在心里：他好～人

宾服 piẽ^{214}fu^{42} 佩服：办事儿得让人家～

落意 luə$^{214\text{-}24}$i^{312} 满意：这门亲事他甚～

喜 ɕi^{55} ①喜爱；喜欢：再不听话儿，我不～你了 ②讨人喜欢：这个孩子长得甚～人 ③笑：你～的么儿啊？

拇量 mu$^{55\text{-}24}$liaŋ˙ 考虑，估计，推测：这事儿你～着该怎么办？

掂量 tiã$^{214\text{-}31}$liaŋ˙ 斟酌：这事儿该怎么办，你～着

觉点儿 tɕyə$^{214\text{-}31}$tiɛr˙ 因感觉不对头而小心：我一提那事儿，他就～了

觉么 tɕyə$^{214\text{-}31}$mə˙ ①感觉：我～着天凉了 ②约摸：我～着他该回来了

害 xɛ^{312} ①感觉：我有点儿～冷 ②怕：打针我～疼

使 sʅ^{55} 累：干那个活儿～得不轻

知不道 tsɿ$^{214-31}$pu· tɔ^{312} 不知道：你说的那件事我～

明情 miŋ^{42}tɕʻiŋ^{42} 明了事理：这事儿大家都～，就该那样办

心心念念 ɕiẽ$^{214-31}$ɕiẽ· ȵiã$^{312-31}$ȵiã· 一心向往：他～地想当兵去

毛 mɔ^{42} ①粗拉；不仔细：他干事儿甚～ ②发慌；害怕：我一问考试成绩，孩子就～了

□哄 pfʻa$^{42-55}$xuŋ· 担心，害怕：听他一说，我心里乔～得慌

出奇 pfʻu^{214}tɕʻi^{42} 奇怪：也～，你一来，他就不哭了

诚心敬意 tsʻəŋ^{42}ɕiẽ$^{214-24}$tɕiŋ$^{312-31}$i^{312} 实心实意，没有虚假：俺～地待你，你却不领情

正儿规截 tsəŋ$^{312-31}$ər· kuei$^{214-24}$tɕiə^{42} 一本正经：人家～地告诉你，你却不当回事儿

包屈 pɔ$^{214-24}$tɕʻy^{214} 感到委屈：我说你两句还～啊？

拱挤得慌 kuŋ$^{55-24}$tɕi· li· xaŋ· 心里一直有蠢蠢欲动的感觉：那件事儿办不了，心里乔～

不着稳儿 pu^{214}pfə^{42}uer^{55} 因有事儿心里不平稳

长脸 tsʻaŋ^{42}liã^{55} 尴尬；难为情：人家不理你，～不

鼓 ku^{55} 内急：乔～得慌，我得赶紧上厕所

得劲儿 tei$^{214-24}$tɕier^{312} 舒服：这两天我感觉甚～

得力儿 tei$^{214-24}$lier^{214} 舒坦：坐那里～不

拘巴 tɕy$^{214-31}$pa· 皮肤发紧，感觉不舒服：我的脸乔～得慌

度 tu^{312} 局部发炎而肿胀的感觉：肿的那里乔～得慌

霍霍的 xuə$^{214-24}$xuə$^{214-31}$li· 形容痛的感觉：痛得我～

扎扎 tsa$^{214-31}$tsa· 刺挠的感觉：老长时间没洗澡了，我身上乔～得慌

聒 kuə^{214} 声音过于嘈杂刺耳：都小声点儿，～得耳道慌

五足六受 u^{55}tɕy$^{214-24}$liəu$^{312-31}$səu^{312} 十分难受，不知干什么好：

你看闲得你～的

十八 性质、状态

细 ɕi^{312} 过分节俭，有东西舍不得招待客人：恁二妗子甚～，有么儿也舍不得做给吃

细作 ɕi$^{312-42}$tɕyə·

细发 ɕi$^{312-42}$fa· 仔细：他干活甚～

粗拉 tɕ‘yu$^{214-31}$la· 不仔细：她干活甚～

离巴 li$^{312-42}$pa· 不靠谱，不懂行，不在行：他说的那些话忒～了

扒查 pa$^{312-42}$ts‘a· ①费劲儿：他承担这项任务有点儿～ ②登高，想弄到或看到：你～到墙头上干么儿？

不离儿 pu^{214}lier^{42} ①（问候语）挺好：A：过年～不？B：～ ②人品好，待人真诚实在：人家老王真～，咱跟他没点儿交往，人家还照顾咱

不赖 pu$^{214-24}$lɛ^{214} 不差；挺好：今年的收成～

不好价 pu$^{214-31}$xɔ$^{55-24}$tɕia· 不吉利，不雅观：那样做～

差不离儿 ts‘a$^{214-31}$pu· lier^{42} 接近，差不哪去：再拿十个～就够了

白搭 pei^{42}ta^{214} 不行，没希望：～，这事儿办不成了 | 这事儿～了

没戏 mei$^{214-24}$ɕi^{312} 没希望：你说的那事儿～了

够呛 kəu$^{312-31}$tɕ‘iaŋ^{312} ①十分厉害；够受的：累得～ ②不大可能；希望不大：他～能来 | 他～撑到明天

不济 pu$^{214-24}$tɕi· 不好；忌讳：那样做倒也没什么～

瞎包 ɕia$^{214-31}$pɔ· 劣质；等级差：这些～粮食留着喂牲灵吧

孬包 nɔ$^{214-31}$pɔ· 不好的

整壮 tsəŋ$^{55-24}$pfaŋ· 指品质好，整齐划一：这袋子果子仁儿甚～ | 这个队的劳力甚～

碎打 ɕyei$^{312-42}$ta· 零星，不完整：剩下的这些忒～，留着喂牲灵吧

稀松 ɕi$^{214-24}$ɕyŋ^{214} ①没多少，不多：～，也就五六斤吧 ②一般，不怎么强：他虽然答应下来了，我看他的能力也～

顺序 fẽ$^{312-42}$ɕy· 顺当；顺利：这几年他家里一直不～

恶生 ɣə$^{214-31}$səŋ· 烧、煮的食物半生不熟：这回儿的芋头煮～了

喜庆 ɕi^{55}tɕʻiŋ^{312} 高兴，值得庆贺：这可是个～事儿

悦儿悦儿 yər$^{214-31}$yər· 高兴：他心里有些不～

恣个挠儿的 tsɿ$^{312-31}$kə· nɔr$^{42-55}$li· 形容开心的样子：他整天～

滋润 tsɿ$^{214-24}$yẽ^{312} 舒坦，自在：他小日子过得甚～

入贴 vu$^{214-31}$tʻiə· 舒坦：干着吃不好，还是喝点儿汤儿～

得 tei^{214} 高兴；自在：得了个一等奖，～得我了不得

没好气儿 mei$^{214-24}$xɔ^{55}tɕʻier^{312} 生气，不给好脸子：不知谁惹着他了，他～地骂

二六半担 ər$^{312-42}$liəu· pã· tã^{312} 离要求还有一段距离，进也不是，退也不是：这事儿办得～，别人也不好插手

灵泛 liŋ$^{42-55}$fã· 器具处于较佳状态：这把锁甚～

破落 pʻə$^{312-42}$luə· ①缠绕整齐的线或绳散乱了：这个线团～了 ②使缠绕整齐的线或绳散乱：你看你～得这捆绳子，乱成什么样了！

破碎 pʻə$^{312-42}$ɕyei· 织成的物品因磨破而散乱：你给我织得那件毛衣袖口～了

使闲 sɿ^{55}ɕiã^{42} 闲，闲着：你也～一会儿 | 他遭天不～

木胀 mu$^{214-31}$tsaŋ· 皮肤因长时间浸泡而变得起皱折且软：洗了那么多衣裳，我的手都泡～了

真个的 tsẽ$^{214-31}$kə· li· 真的：你～难为我啊

壮 pfaŋ^{312} ①土地肥沃，肥力强：这块地真～ | 这圈粪不～ ②韧性大，

拉力强：这回儿买的线不～ ③身体强壮：老人甚～

壮实 pfaŋ$^{312-42}$sʅ˙ （老年人）身体健康：父母都甚～

不起眼儿 pu$^{214-31}$tɕʻi˙ iɛr^{55} 不引人注意

用急 yŋ$^{312-31}$tɕi^{214} 急着，急迫：人家～使，你快给人家 | 我甚～，你赶紧来

瓷实 tsʻʅ$^{42-55}$sʅ˙ 结实，上档次：这种布甚～，扯点儿吧

风光 fəŋ$^{214-24}$kuaŋ^{214} 光彩体面：孩子有出息，全家人都觉着～

洋气 iaŋ$^{42-55}$tɕʻi˙ 时髦：小媳妇穿得甚～

样子儿 iaŋ$^{312-42}$tser˙ 手工活好：二妮儿做的鞋甚～

出挑 pfʻu$^{214-31}$tʻiɔ˙ 人长得模样好：老潘家的儿子长得甚～

五大三粗 u^{55}ta$^{312-31}$sã$^{214-24}$tɕʻyu^{214} 身材粗壮魁梧：民兵连长～的

细皮嫩肉儿 ɕi$^{312-31}$pʻi^{42}luẽ$^{312-31}$zəur^{312} 形容皮肤细嫩好看

双眼叠皮儿 faŋ$^{214-31}$iã˙ tiə^{42}pʻier^{42} 形容双眼皮长得好看

尖嘴猴腮 tɕiã$^{214-31}$tɕyei˙ xəu^{42}sɛ^{214} 嘴唇尖薄、脸型瘦小

秃股叉的 tʻu$^{214-24}$ku˙ tsʻa$^{42-55}$li˙ 光秃秃难看的样子

病病殃殃 piŋ$^{312-42}$piŋ˙ iaŋ$^{214-31}$iaŋ˙ 体质差，经常生病：他遭年价～的

甩瓜 sɛ$^{55-24}$kua˙ 走路动作松垮、慢慢腾腾：别人都干了一个钟头了，他才～～地来

老些 lɔ^{55}ɕiə^{55} 很多：他有～钱

大些 ta$^{312-31}$ɕiə^{55} 形容数量多：集上没～人

点子 tiã$^{55-24}$tsʅ˙ 形容数量多：集上那～人噢，挤都挤不动

点儿 tiɛr^{55} 形容数量少：集上那～人噢，稀拉拉的

海 xɛ^{55} 形容大：他吃了一大～碗面条儿

囊 naŋ^{312} 人多，拥挤：集上可～啦，挤不动

了儿了儿 liɔr^{55}liɔr^{55} 很少；不多：今天赚的钱～

小小不言 ɕiɔ^{55}ɕiɔ^{55}pu^{214}iã^{42} 微小的；少量的；不重要的；大差不差的：～的，别和他计较

慌慌 xuaŋ$^{214-24}$xuaŋ· 形容落下的东西量大：雨下得～的 | 一晃树身，树上的枣～地往下落

长长 tsʻaŋ$^{42-55}$tsʻaŋ· （形状）长：他长了一个～脸

窄巴 tsei$^{214-31}$pa· 空间小：他家住得甚～

紧巴 tɕiẽ$^{55-24}$pa· 经济不宽裕：他家的日子过得甚～

涝 lɔ^{312} 布薄而松散，不结实：这块布甚～，做衣服不搁穿

溜薄儿 liəu^{214}pər^{42} 非常薄：她摊的煎饼～

苗细 miɔ$^{42-55}$ɕi· 不粗壮：这块地里的庄稼甚～

敦壮 tuẽ$^{214-24}$pfaŋ· 敦实、结实：他打的家具甚～

滋生 tsɿ$^{214-31}$səŋ· 植物遇水后由萎缩而变得旺盛

蔫败 iã$^{214-31}$pɛ· 植物枯萎：庄稼旱得都～了

　蔫悠 iã$^{214-31}$iəu·

鲜气 ɕiã$^{214-24}$tɕʻi· 鲜：这回买的菜甚～

挺妥 tʻiŋ$^{55-24}$tʻuə· 结实、质量好：这个架子可～啦

肥实 fi$^{42-55}$sɿ· 肥大：这件衣服甚～

瘦巴 səu$^{312-42}$pa· 瘦：他长得甚～

赖待 lɛ$^{312-31}$tɛ· 不健壮：这个小孩儿起小甚～ | 小猪有点儿～

小巴儿 ɕiɔ$^{55-24}$par· 人长得比实际年龄小：他长得甚显～

圆悠 yã$^{42-55}$iəu· 圆：车轮子不～了

涕溜圆 tʻi$^{214-24}$liəu·yã^{42} 非常圆

滑溜儿 xua$^{42-55}$liəur· 光滑：水泥地面甚～

溜滑 liəu^{214}xua^{42} 非常滑：注意点儿，地上～

溜光儿 liəu$^{214-24}$kuãr^{214} 很干净，一点儿不剩：他脱得～

涕明铮亮 tʻi^{214}miŋ^{42}tsəŋ$^{312\text{-}31}$liaŋ^{312} 非常明亮：灯照得屋里～

板正 pã$^{55\text{-}24}$tsəŋ· 整洁、整齐：他穿得甚～

扁瓜 piã$^{55\text{-}24}$kua· 扁：车轮子压～了

瘪咕 piə$^{55\text{-}24}$ku· 器官或四肢不听使唤：手冻得有点儿～ | 他的嘴有点儿～，说话不流利

疙瘩狼歪 kə$^{214\text{-}31}$ta· laŋ^{42}uɛ^{42} 物体表面有许多疙瘩

七溜拐弯儿 tɕʻi$^{214\text{-}31}$liəu· kuɛ^{55}uɛr^{214} 弯弯曲曲

直偻儿 tsɿ$^{42\text{-}55}$luer· 直：这条线画得不～

折手 sə^{42}səu^{55} 失去助手后的无助感觉：孩子们都出去打工了，家里什么活儿都得他自己干，感觉甚～

窎远 tiɔ$^{312\text{-}42}$yã· 偏远：我住的那里甚～

近便 tɕiẽ$^{312\text{-}42}$piã· 距离近：两家住得甚～

安静 ɣã$^{214\text{-}24}$tɕiŋ·

　清静 tɕʻiŋ$^{214\text{-}24}$tɕiŋ·

闭静 pi$^{312\text{-}42}$tɕiŋ· 偏僻而清静

肃静 ɕyu$^{312\text{-}42}$tɕiŋ· 安静、平静：你让我～两天吧

软乎儿 vã$^{55\text{-}24}$xur· 软：馍馍还甚～哩，吃一个吧

顺当 fẽ$^{312\text{-}42}$taŋ· 顺：事儿办得甚～

暄化儿 ɕyã$^{214\text{-}31}$xuar· 暄软：铺上厚厚的麦秸，甚～

烘 xuŋ^{214} 熟透：柿子～了

铺囊 pʻu$^{214\text{-}31}$naŋ· 虚软，不充实

硬气 iŋ$^{312\text{-}42}$tɕʻi· 强硬，理直气壮：谁的东西谁使着～

稀拉 ɕi$^{214\text{-}31}$la· ①稀疏：种子下得少，苗甚～ ②流质食物含量少，薄：糊豆忒～，不好喝

　稀打拉的 ɕi$^{214\text{-}24}$ta· la^{55}li·

老根 lɔ$^{55-24}$kẽ˙ 植物长得慢：这棵树～了

七老八十 tɕʻi$^{214-31}$lɔ˙ pa^{214}sɿ^{42} 指人年纪很大了

老相 lɔ^{55}ɕiaŋ˙ 人长相显得比实际年龄大：他长得甚～

褪旧 tʻuẽ$^{312-42}$tɕiəu˙ 稍微旧一些：我还有一身～衣裳穿不着，送给你吧

白生儿 pei$^{42-55}$sə̃r˙ 白：她的皮肤甚～

嫩糙 luẽ$^{312-42}$tsʻɔ˙ 皮肤细腻，长相不显老：她显得还甚～哩

孩儿巴 xɛr$^{42-55}$pa˙ 形容成年人孩子气十足：她那么大了还甚～哩

加壮 tɕia$^{214-24}$pfaŋ˙ 身体结实、强壮：这孩子长得甚～

实奏 sɿ$^{42-55}$tsəu˙ 充实，中间无空隙

㬤晾 tɕʻi$^{214-31}$liaŋ˙ 东西湿了之后将干未干的状态：再等一会儿，叫路～～再走吧

㬤松 tɕʻi$^{214-31}$ɕyŋ˙

干松 kã$^{214-31}$ɕyŋ˙ 干：芋头干儿甚～了 | 路上甚～了，能跑车了

响干 ɕiaŋ^{55}kã^{214} 非常干：这几天天好，草晒得～

糠 kʻaŋ^{214} 萝卜之类因水分散失而变得中空：萝卜～了

水不叽的 fei^{55}pu˙ tɕi^{55}li˙ 水分较大：这种瓜～，不好吃

汗洇洇的 xã$^{312-31}$iẽ^{55}iẽ^{55}li˙ 微微出汗的样子

拼拼的 pʻiẽ$^{214-24}$pʻiẽ˙ li˙ 形容汗多：～汗

稠乎儿 tsʻəu$^{42-55}$xur˙ （饭）较稠

薄拉 pə$^{42-55}$la˙ （饭）较稀薄

胶黏 tɕiɔ^{214}ȵiã^{42} 非常黏

浓 nuŋ^{312} 道路泥泞，不好走

捂包 u$^{55-24}$pɔ˙ 东西发霉、变质、变味：面～了 | 屋里有股子～子味儿

丝孬 sɿ$^{214-31}$nɔ˙ 食物霉变发黏，变质变味

温凉不展 uẽ^{214}liaŋ^{42}pu$^{214-31}$tsã^{55} 饭食非冷非热，让人吃着不舒服

污包 u²¹⁴⁻³¹pɔ˙ 不鲜亮

冰炸凉 piŋ²¹⁴tsa⁴²liaŋ⁴² 形容非常凉：水瓮里的水～

凉滋儿 liaŋ⁴²⁻⁵⁵tser˙ 有点儿凉

翻共热 fã²¹⁴⁻²⁴kuŋ˙zə²¹⁴ （人体或物体）非常热：～的水，冷冷再喝｜他发烧了，身上～

红楚楚的 xuŋ⁴²pf‘u⁵⁵pf‘u⁵⁵li˙ 略呈红色：他的脸～

犹红似白 iəu⁴²xuŋ⁴²sɿ³¹²⁻³¹pei⁴² 有红有白（多用来形容人脸色好）

黄病拉叽 xuaŋ⁴²⁻⁵⁵piŋ˙la²¹⁴⁻²⁴tɕi²¹⁴ 形容人的脸色发黄，不健康

黄呲歪的 xuaŋ⁴²ts‘ɿ˙uɛ⁵⁵li˙ 黄。含贬义

黄洋儿洋儿的 xuaŋ⁴²iãr⁵⁵iãr⁵⁵li˙ 黄。有喜爱的含义

焦黄 tɕiɔ²¹⁴xuaŋ⁴² 非常黄

通红 t‘uŋ²¹⁴xuŋ⁴² 非常红

煞白 sa²¹⁴pei⁴² 非常白：脸色～｜～的馍馍

黢黑 tɕ‘yu²¹⁴⁻²⁴xei²¹⁴ 非常黑：他的脸晒得～

魆青 ɕy²¹⁴⁻²⁴tɕ‘iŋ²¹⁴ 非常青

魆紫 ɕy²¹⁴⁻²⁴tsɿ⁵⁵ 非常紫

麦儿甜 mer²¹⁴t‘iã⁴² 非常甜

些酸 ɕiə²¹⁴⁻²⁴ɕyã²¹⁴ 非常酸

齁咸 xəu²¹⁴ɕiã⁴² 非常咸

齁细 xəu²¹⁴⁻²⁴ɕi³¹² 非常细

酸不唧的 ɕyã²¹⁴⁻²⁴pu˙tɕi⁵⁵li˙ 略酸

辣乎儿 la²¹⁴⁻³¹xur˙ 有点儿辣

花里胡哨 xua²¹⁴⁻²⁴li˙xu⁴²sɔ³¹² 色彩多样而杂乱

不帮不离儿 pu²¹⁴⁻²⁴paŋ²¹⁴⁻²⁴pu²¹⁴lier⁴² 不太离谱儿：也得～的

大差不差 ta³¹²⁻³¹ts‘a²¹⁴⁻²⁴pu²¹⁴⁻²⁴ts‘a²¹⁴ 差得不太多，不太离谱儿

没大意思 mei$^{214-24}$ta$^{312-31}$i$^{312-42}$sɿ˙ ①相差不多，差也差不到哪里去：俺俩大得～ ②不太严重：A：他病得怎么样？ B：～ | A：你累了不？B：～

匀实 yẽ$^{42-55}$sɿ˙ 大小相似，较均匀：今年的果子仁儿甚～

个大拉小 kə$^{312-42}$ta˙ la$^{214-31}$ɕiɔ˙ 大的大，小的小，不均匀：今年的苹果没长好，～的

碎气 ɕyei$^{312-42}$tɕʻi˙ 唠叨，罗嗦：别～啦，我都听烦了

滴娄八挂 ti$^{42-55}$ləu˙ pa$^{214-24}$kua^{312} 形容结得果实多：树上的枣～的

嘟娄八挂 tu$^{42-55}$ləu˙ pa$^{214-24}$kua^{312}

半边拉块 pã$^{312-31}$piã$^{214-24}$la$^{214-24}$kʻuɛ^{312} 零碎，不完整

边边拉块 piã$^{312-31}$piã$^{214-24}$la$^{214-24}$kʻuɛ^{312}

邋撒 la$^{214-24}$sa˙ 脏，不讲卫生：这家人家都～

血糊淋拉 ɕiə$^{214-31}$xu˙ liẽ^{42}la^{214} 形容鲜血淋漓的样子：他浑身～的

黑毛糊眼 xei^{214}mɔ^{42}xu^{42}iã^{55} 又黑又糊，又黑又脏

灰头土脸 xuei^{214}tʻəu^{42}tʻu^{55}liã^{55} 灰尘满面的样子

少皮无毛 sɔ^{55}pʻi^{42}u^{55}mɔ^{42} 表皮弄得不像样子

□ kʻəu^{42} 特别辣：这个辣椒真～

滑迷脸儿 xua^{42}mi^{42}liɛr^{55} 脸上灰多，不干净

埻土狼烟 pu$^{42-55}$tʻəu˙ laŋ^{42}iã^{214} 尘土飞扬

灵醒 liŋ$^{42-55}$ɕiŋ˙ 睡觉时警觉：外头净东西，咱睡觉得～着点儿

笑眯恬儿的 ɕiɔ$^{312-31}$mi˙ tʻiɛr$^{42-55}$li˙ 面带微笑的样子：他整天～

梭依 ɕyə$^{214-31}$i˙ （小孩儿）调皮多动缠人：这孩子真～

颠儿颠儿的 tiɛr$^{214-24}$tiɛr$^{214-31}$li˙ 殷勤忙碌的样子。含贬义：他天天跟着领导～

醉而马只 tɕyei$^{312-42}$ər˙ ma^{55}tsɿ^{214} 喝得醉醺醺的样子

歪头打瓜儿 uε^{214}t‘əu^{42}ta^{55}kuar^{214} 坐着因困倦头不时低垂的样子

卷悠 tɕyã$^{55\text{-}24}$iəu˙ 卷：你看你～得个报纸成什么样儿了

蜷悠 tɕ‘yã$^{42\text{-}55}$iəu˙ 蜷缩：他～成个蛋儿了

倒春桥 tɔ$^{312\text{-}42}$pf‘ẽ˙ tɕ‘iɔ^{42} 倒退；退步：人家都进步，你怎么～了？

衬 ts‘ẽ^{312} 富有：他家里可～了

担事儿 tã$^{214\text{-}24}$ser^{312} 因关系密切而感觉随便：我上你这里来还不～啊？｜人家第一趟来，不～

对脾气 tuei$^{312\text{-}31}$p‘i^{55}tɕ‘i˙ 脾气相投：他俩甚～

一伙 i$^{214\text{-}31}$xuə˙ 团结、和睦：他兄弟们甚～，外人都不敢欺负

眼眶子高 iã^{55}k‘uaŋ$^{312\text{-}42}$tsʅ˙ kɔ^{214} 理想与现实有距离，想得好，做不到：他～，看不上这份工作

嘹亮 liɔ$^{42\text{-}55}$liaŋ˙ 通情达理、性格开朗：小二的媳妇是个甚～的人

溜儿溜儿 liəur$^{55\text{-}24}$liəur˙ 胆小的样子：我一喊，吓得他～地过来了

搁躁 kə$^{42\text{-}55}$tsɔ˙ 着急、烦乱：这两天～得他不轻

跩 pfε^{55} 狂气；摆架子；傲慢；看不起人：你～么儿？

出坦 pf‘u$^{214\text{-}31}$t‘ã^{55} 感觉舒服

如适 vu^{42}sʅ^{214} 孩子不闹、满意：这会儿孩子甚～

纷纷扬扬 fẽ$^{214\text{-}31}$fẽ˙ iaŋ$^{214\text{-}31}$iaŋ˙ 形容鱼、昆虫等特别多：河里的鱼～的，真多

澄清儿 təŋ$^{312\text{-}31}$tɕ‘iər^{214} 粥被搅得水与面分离：你的糊豆叫你搁娄得～了

水汤 fei$^{55\text{-}24}$t‘aŋ˙ 粥过稀

面 miã^{312} 瓜果类食物纤维少而柔软：这个瓜真～

面个斗儿的 miã$^{312\text{-}31}$kə˙ təur$^{42\text{-}55}$li˙ 稍面：北瓜煮了～，真好吃

艮 kẽ^{55} 瓜果或根茎类食物韧而硬，与“脆”相对

俗 ɕy^{42} ①次数多；经常：我来得甚～｜他抽烟甚～ ②因次数多而生厌：

这个故事我都听～了

慌慌 xuaŋ$^{214-31}$xuaŋ· 慌张：你别～，沉住气

打呵儿打阵儿 ta^{55}xər$^{312-31}$ta^{55}tser^{312} 一阵儿一阵儿的，不稳定：我的牙～地疼

透 tʻəu^{312} 明白：这个问题你没说～ | 聪明人一点就～

中 pfəŋ^{214} 行，好：做～饭了，来吃吧

管 kuã^{55} 行，好：～，他有办法

十九 才能、品行

能力 nəŋ^{42}li·

本事 pẽ$^{55-24}$sʅ·

实用 sʅ$^{42-55}$yŋ· 用处：上家拿那个干么儿，没点儿～

用处 yŋ$^{312-42}$pfʻu·

能 nəŋ^{42} 有能力，会办事

力量 li$^{214-24}$liaŋ·

力气 li$^{214-24}$tɕʻi·

气力 tɕʻi$^{312-31}$li^{214}

力付头儿 li$^{214-24}$fu· tʻəur^{42}

精 tɕiŋ^{214} 灵透；狡猾：这人真～，谁也对付不了他

出趟 pfʻu$^{214-24}$tʻaŋ^{312} 乐于与别人打交道：这孩子甚～，借么儿都是他的事儿

钻挤 tɕyã$^{214-31}$tɕi· 善于钻营：这孩子甚～，没有办不成的事儿

灵利 liŋ$^{42-55}$li· 头脑灵透

记事钟 tɕi$^{312-31}$sʅ·pfəŋ^{214} 记忆力：这孩子没点儿～，刚告诉他就忘了

有种 iəu^{55}pfəŋ^{55} 有胆量：这是谁干的？～的站出来！

出息 $pf'u^{214-31}çi^{\cdot}$ 过得比别人好，有能力超出别人：这孩子将来一定有～

没出息 $mei^{214-24}pf'u^{214-31}çi^{\cdot}$ 特指因嘴馋而好吃别人家的东西：你真～，又吃人家的么儿

没戏唱 $mei^{214-24}çi^{312-31}ts'aŋ^{312}$ 没办法：这人～了

　没鼻儿吹 $mei^{214}pier^{42}pf'ei^{214}$

内行 $nẽ^{312-31}xaŋ^{42}$

　在行 $tsɛ^{312-31}xaŋ^{42}$

不在行 $pu^{214-24}tsɛ^{312-31}xaŋ^{42}$

　外行 $uɛ^{312-31}xaŋ^{42}$

皮 $p'i^{42}$ ①孩子淘气、顽皮：这孩子真～，什么事儿都敢做 ②麻木；不在乎：这孩子真～，大人说一遍说一遍就是不动

皮实 $p'i^{42-55}sɿ^{\cdot}$ 儿童面对一般磕着碰着、轻微挫折，不哭不叫，满不在乎：这孩子真～，磕了那么个大口子，照样玩儿

贱 $tçiã^{312}$ 调皮、好动：这孩子真～，不老实儿的

眼生 $iã^{55-24}səŋ^{\cdot}$ 认生

不瓤 $pu^{214-24}zaŋ^{42}$ 不简单：～，这事儿让你办成了 | 人家老张真～，供出来三个大学生

孬 $nɔ^{214}$ ①不好，坏：～种 | 这人真～，净待背地里使坏 ②打牌、下棋等游戏中不按规则做：你又做手脚来，真会～人 | 这回儿不准再～了

呲毛 $ts'ɿ^{214}mɔ^{42}$ 差劲；不地道：这人真～，说话不算话 | 这事儿办得忒～了

呲毛撅腚 $ts'ɿ^{214}mɔ^{42}tçyə^{214-24}tiŋ^{312}$ 办事儿瞻前不顾后。形容办事不周全，有纰漏：你看他办得这事儿，～的

出血 $pf'u^{214-24}çiə^{214}$ 慷慨大方：这人甚～，叫他拿二十，他拿了五十

不出血 $pu^{214-24}pf'u^{214-24}çiə^{214}$ 小气，吝啬：这人一点儿也～，往后

不能和他交往

瞎包儿 ɕia$^{214-24}$pɔr^{214} 孩子不成器，辜负了大人的期望：你这孩子真～，怎么我说的那些好话就是记不住呢

刁缠 tiɔ$^{214-24}$tsʻã˙ 办事儿不地道：这人真～，以后少和他来往

穷命吊子 tɕʻyŋ^{42}miŋ$^{312-31}$tiɔ$^{312-42}$tsɿ˙ 命运不好的人；过穷日子的命：一看这人就是个～

闯实 pfʻaŋ$^{55-24}$sɿ˙ 大胆泼辣，不受拘束：他很～，不怕见生人

□ kʻəu^{42} 脾气暴躁，语言尖刻：这孩子甚～，我说不过他

滑头 xua^{42}tʻəu^{42} 狡猾：这人真～，又把咱玩了

乖似猴儿 kuɛ$^{312-42}$sɿ˙ xəur^{42} 像猴子一样聪明

刁 tiɔ^{214} 奸猾，鬼点子多：这孩子真～

活泛 xuə$^{42-55}$fã˙ ①不死板，能随机应变：这孩子的头脑甚～，是个过日子的料儿 ②经济宽裕：人家会颠兑着过，手头甚～

妖冶 iɔ$^{214-24}$iə^{214} 说下流话，做下流动作：这孩子真～，都别和他玩儿

毛糙 mɔ$^{42-55}$tsʻɔ˙ 做事不仔细：他做事甚～，净出错

　毛屌失火 mɔ^{42}tiɔ^{55}sɿ$^{214-31}$xuə^{55} 含贬义

拣馋 tɕiã$^{55-24}$tsʻã˙ 吃东西过分挑拣、馋嘴

武怔 u$^{55-24}$tsəŋ˙ 莽撞冲动：这人甚～，做事儿不计后果

二青 ər$^{312-42}$tɕʻiŋ˙ 莽撞冲动，出手狠：你看那人多～

神道 sẽ$^{42-55}$tɔ˙ 言谈举止异常：这人真～

磨叨 mə$^{42-55}$tɔ˙ ①反应迟钝，转不过弯来：你这人真～ ②反复地说

二级 ər$^{312-42}$tɕi˙ 又傻又任性：别～了，赶紧走吧

耍二级眼 fa^{42}ər$^{312-42}$tɕi˙ iã^{55} 行为又傻又任性：别～了，赶紧走吧

面 miã^{312} 性情温和，不爱发火：这人甚～，都爱和他胡闹

　面淡 miã$^{312-42}$tã˙

生 $səŋ^{214}$ 下手狠：这人忒～，揍人净往死里揍

泼 $p'ə^{214}$ 小孩儿健壮、不生毛病：这孩子打小甚～

泼实 $p'ə^{214\text{-}31}sɿ^{·}$

愣 $ləŋ^{312}$ 胆大，做事不计后果：这孩子忒～了，待外头好惹事儿

愣而呱唧 $ləŋ^{312\text{-}42}ər^{·}\ kua^{214\text{-}24}tɕi^{214}$

横而八叽 $xəŋ^{312\text{-}42}ər^{·}\ pa^{214\text{-}24}tɕi^{214}$ 蛮横不讲理：这人～，别惹他

拧筋 $ȵiŋ^{42\text{-}55}tɕiẽ^{·}$ 倔强固执，不听劝说：这孩子真～，谁的话也不听

拗 $ȵiəu^{312}$

论堆 $luẽ^{312\text{-}31}tɕyei^{214}$ 好话孬话都不听，反正就这样：这人～了，都别管他

邪 $ɕiə^{42}$ 性格古怪、难相处：这人甚～，和他说话得注意

邪古 $ɕiə^{42\text{-}55}ku^{·}$

拐古 $kuɛ^{55\text{-}24}ku^{·}$ 思路跟一般人不一样

疯 $fəŋ^{214}$ 在外头乱跑，不干正事儿：他成天在外头～，家里的事儿一点儿不管

厉害 $li^{312\text{-}42}xɛ^{·}$ ①态度严厉，说话不客气：这人真～，孩子们见了他就跑开了 ②有本事：他很～，什么事儿都能办

浪 $laŋ^{312}$ 女性放荡：～货，谁稀罕你

流球 $liəu^{42\text{-}55}tɕ'iəu^{·}$ 流里流气，轻浮、不正经（用于男性）：你这个～孩子，以后多学点儿好

娘们儿 $ȵiaŋ^{42\text{-}55}mer^{·}$ 形容男人言谈举止带有女人特点，做事婆婆妈妈：你这个人真～！做事一点也不干脆

娘娘们儿们儿 $ȵiaŋ^{42\text{-}55}ȵiaŋ^{·}\ mer^{312\text{-}31}mer^{·}$

抠 $k'əu^{214}$ 吝啬：他这个人甚～，你别想沾他的光

抠门儿 $k'əu^{214}mer^{42}$

奸 tɕiã^{214} 吝啬：借他件儿东西用用都不行，真～

小性儿 ɕiɔ^{55}ɕiər^{312} 人爱使性子：她甚～，动不动就哭给你看

小家子气 ɕiɔ^{55}tɕia$^{214-31}$tsɿ· tɕʻi^{312} 没见过世面，小气

大 ta^{312} ①架子大：这个人甚～，谁也看不起 ②时间长：～煮一会儿好吃 ③经常：她不～来 ④很；太：这张不～好看 | 他不～爱说话

大大咧咧 ta$^{312-42}$ta· liə$^{214-24}$liə· 做事不认真

孩儿巴 xɛr$^{42-55}$pa· 孩子气

娇待 tɕiɔ$^{214-31}$tɛ· ①娇惯；疼爱：他甚会～孩子 ②撒娇：你看这个孩子～的

无料 u^{55}liɔ^{312} 指人没大出息，不中用：这人真～，挣点儿事儿都干不好

皮脸般 pʻi^{42}liã^{55}pã^{214} 脸皮厚的人：你真是个～

没脸没皮 mei$^{214-24}$liã^{55}mei^{214}pʻi^{42} 死皮赖脸

巧腔 tɕʻiɔ^{55}tɕʻiaŋ^{214} 过分挑食：这个孩子甚～，汤里的葱花儿都给挑出来了

忍样 zẽ^{55}iaŋ· 吃喝方面过分谦让：你～的么儿？给你就拿着呗

吊儿郎当 tiɔ$^{312-31}$ər· laŋ^{42}taŋ^{214} 生活态度懈怠、办事不认真：这孩子整天～

惰懒 tuə$^{312-42}$lã· 懒惰，该办的事情拖着不办

　赖歪 lɛ$^{312-42}$uɛ·

勤利 tɕʻiẽ$^{42-55}$li· 手脚勤快，乐于做事：这孩子甚～，什么活都帮着干

期摆 tɕʻi$^{214-31}$pɛ· 很希望干得又多又好：他干活甚～

泼气 pʻə$^{214-24}$tɕʻi^{312} 很希望参与：别挣么～，没你的事儿

会过 xuei$^{312-31}$kuə^{312} 勤俭节约，生活俭朴：他甚～，舍不得吃舍不得喝

瓤 zaŋ^{42} ①差，弱：小山儿真不～，供着两个孩子上学 ②软：这回儿和的面有点儿～

瓤摆儿 $zaŋ^{42-55}pɛr^{·}$ 身体弱：这孩子起小甚～

连利 $liã^{42-55}li^{·}$ 动作迅速：小孩儿甚～，摔倒接着爬起来了

迂摸 $y^{214-42}mə^{·}$ 行动拖拉，磨蹭：这人干活甚～，别指望他 | 你再～就晚了

迂摸 $y^{214-24}mə^{214}$ 做事拖拉的人：你这个老～，还没干完啊？

黏歪 $ȵiã^{42-55}uɛ^{·}$ 纠缠：别～我，自己玩去

黏糊 $ȵiã^{42-55}xu^{·}$ 办事不果断：这人真～，挣长时间了还没想好怎着办哩

魔道 $mə^{42-55}tɔ^{·}$ ①慢悠悠地做事儿：他干么儿真～ ②说话做事诡异：他整天魔魔道道的，不大正常

冒失 $mɔ^{312-42}sɿ^{·}$ 做事不细心：以后干活别～

胡而麻约 $xu^{42-55}ər^{·}ma^{42}yə^{214}$ 做事不仔细，态度不认真

浪荡 $laŋ^{312-31}taŋ^{·}$ 生活态度不严肃，对任何事都无所谓：这孩子从小～惯了

啷当 $laŋ^{214-31}taŋ^{·}$ 表情严肃，生气的样子：他整天～着个脸

垫艮 $tiã^{312-42}kẽ^{·}$ 厌烦，不想继续下去：你是不是活～啦？

圆宽 $yã^{42}k^{‘}uã^{·}$ 考虑得周到，处理得妥当：这事儿你办得很～

付时 $fu^{42}sɿ^{42}$ 集中精力，认真对待：别管干么儿，得～才行

上心 $saŋ^{312-31}ɕiẽ^{214}$ 放在心上：这孩子学习甚～，不用别人管

听说 $t^{‘}iŋ^{214-24}fə^{214}$ 儿童听话，不闹乱子：这孩子真～

调良 $t^{‘}iɔ^{42}liaŋ^{42}$

随活儿 $ɕyei^{42}xuər^{42}$ 善于做事情：人家老五真～，放下这就是那，一会儿也不闲着

人五儿人六儿 $zẽ^{42}ur^{55}zẽ^{42}liəur^{312}$ 表面气派、实则落魄：遭天～的，谁知不道你那点儿本事儿？

懈逛 $ɕiɛ^{312-42}kuaŋ^{·}$ 懈怠：他平时甚～

懈而呱唧 ɕiɛ$^{312-42}$ər· kua$^{214-24}$tɕi^{214}

习溜儿哈儿呼儿 ɕi$^{42-55}$liəur· xar^{55}xur^{214} 做事儿不认真，不拿着当回事儿：别～的，仔细点儿

架巴落儿 tɕia$^{312-42}$pa· luər^{214} 不中用的样子或状态：我这个～，还能活多大年纪啊？

材料歪儿 ts'ɛ$^{42-55}$liɔ· uɛr^{214} （低下的）本事、能力：就那点儿～，还想干成大事儿？

死糗 sɿ$^{55-24}$tɕ'iəu· 不灵活，不机灵

实诚 sɿ$^{42-55}$ts'əŋ· 诚实

调转 tiɔ$^{312-31}$pfã^{312} 头脑灵活、办法多：这孩子甚有～

胡支狗游 xu^{42}tsɿ$^{214-24}$kəu^{55}iəu^{42} 弄虚作假，游手好闲，不干正事儿：这个人～的，遭天没正事儿

恶 ɣə^{214} 厉害，凶：你～么儿啊？

不贫活 pu^{214}p'iẽ^{42}xuə· 心眼不好，不好相处

憨不拉叽 xã$^{214-24}$pu· la· tɕi^{214} 憨，呆头呆脑

尖腚棒子 tɕiã$^{214-24}$tiŋ$^{312-31}$paŋ$^{312-42}$tsɿ· 形容人过分吝啬

丝黏 sɿ$^{214-31}$ȵiã· 不干脆：这人办事儿忒～

差心眼儿 ts'a$^{214-24}$ɕiẽ$^{214-31}$iɛr· 心眼儿不够用

差心眼子 ts'a$^{214-24}$ɕiẽ$^{214-31}$iã$^{55-24}$tsɿ·

死心眼儿 sɿ^{55}ɕiẽ$^{214-31}$iɛr· 心眼儿不灵活

灵透 liŋ$^{42-55}$t'əu· 聪明：这孩子甚～，大了一定有出息

透索 t'əu$^{312-42}$ɕyə· 头脑灵活，善交往：这孩子甚～，办事儿孬不了

榆木疙瘩 y$^{42-55}$mu· kə$^{214-31}$ta· 比喻头脑不灵透的人

怯场儿 tɕ'iə$^{312-31}$ts'ãr^{55} 在人多的地方感到胆怯

怵头 fu$^{312-31}$t'əu^{42} 胆怯；不愿意出面：我～和别人说话

毛点儿 mɔ^{42}tiɛr^{55} 发慌；害怕：我一说他就～了

发毛 fa^{214}mɔ^{42}

腼偏 miã$^{214-24}$p'iã˙ 腼腆

二十 代词

我 uə^{55}

你 ȵi^{55}

他 t'a^{214}

俺 ɣã^{55} ①第一人称单数：你叫～，～没听见 ②第一人称复数：你自己去吧，～都不去了 ③第一人称单数（物主），相当于“我的”：～家里没有｜～哥哥上大学啦 ④第一人称复数（物主），相当于“我们的”：～班里五十个人

咱 tsã^{55} ①第一人称单数：人家都行，就～白搭 ②第一人称复数：天快黑了，～走吧 ③第一人称复数（物主），相当于“我们的”：你不认识她了？她是～同学

恁 nẽ^{55} ①第二人称复数：我自己去，～都别去了，～家里都有事儿 ②第二人称单数（物主），相当于“你的”： ～娘干么哩？

他们 t'a$^{214-31}$mẽ˙

大家伙儿里 ta$^{312-42}$tɕia˙ xuər$^{55-24}$li˙ 大家

人家 zẽ$^{42-55}$tɕia˙ 旁人，别人

自己 tɕi$^{312-42}$tɕi^{214}/ tsɿ$^{312-42}$tɕi^{214}

各人 kə$^{214-24}$zẽ^{42}

旁人 p'aŋ^{42}zẽ^{42} 别人

谁 sei^{42}

么儿 mər^{42} 什么

么儿的 $mər^{42-55}li^{˙}$ 什么的（用于列举的后面，相当于“等等”）：鱼、肉、鸡蛋、青菜～都有

伍儿的 $ur^{55-24}li^{˙}$

哪里 $na^{55-24}li^{˙}$ 什么地方

哪窝儿 $na^{55}uər^{42}$

哪窝儿里 $na^{55}uər^{42-55}li^{˙}$

哪窝儿间 $na^{55}uər^{42-55}tɕiã^{˙}$

哪个 $na^{55}kə^{˙}$ 哪一个

哪个 $na^{55-24}kə^{˙}$ 哪一些

哪户儿 $na^{55}xur^{312}$ 哪种

哪户儿的 $na^{55}xur^{312-42}li^{˙}$

这 $tsə^{312}$

那 na^{312}

这个 $tsə^{312-31}kə^{˙}$ 这一个

这个 $tsə^{312-42}kə^{˙}$ 这一些

那个 $na^{312-31}kə^{˙}$ 那一个

那个 $na^{312-42}kə^{˙}$ 那一些

这户儿 $tsə^{312-31}xur^{312}$ 这种

这户儿的 $tsə^{312-31}xur^{312-42}li^{˙}$

那户儿 $na^{312-31}xur^{312}$ 那种

那户儿的 $na^{312-31}xur^{312-42}li^{˙}$

这窝儿 $tsə^{312-31}uər^{42}$ 这里，这个地方

这窝儿里 $tsə^{312-31}uər^{42-55}li^{˙}$

这窝儿间 $tsə^{312-31}uər^{42-55}tɕiã^{˙}$

那窝儿 $na^{312-31}uər^{42}$ 那里，那个地方

那窝儿里 $na^{312-31}uər^{42-55}li^{·}$

那窝儿间 $na^{312-31}uər^{42-55}tɕiã^{·}$

那垡儿 $na^{312-31}far^{42}$ 那次

那回儿 $na^{312-31}xuer^{42}$

那时 $na^{312-42}sã^{·}$ 那个时候

多咱 $tuə^{214-55}tsã^{·}$ 什么时候

几儿 $tɕier^{55}$ 几号儿

多少 $tuə^{214-31}xɔ^{·}$

怎样 $tsəŋ^{214-24}iaŋ^{312}$ 怎么样

怎样怎伍 $tsəŋ^{214-24}iaŋ^{312-31}tsəŋ^{214-24}u^{55}$ 如何如何

二十一　数词、量词

一个 $i^{214-24}kə^{·}$

俩 lia^{55}

仨 sa^{214}

四个 $si^{312-31}kə^{·}$

十拉个 $sɿ^{42-55}la^{·}kə^{312}$

二十来个 $ər^{312-42}sɿ^{·}lɛ^{42-55}kə^{·}$

三四十个 $sã^{214-24}sɿ^{312-31}sɿ^{·}kə^{312}$

百十个 $pei^{214-31}sɿ^{·}kə^{312}$

千把 $tɕ‘iã^{214}pa^{42}$ 一千多

一回儿回儿 $i^{214}xuer^{42}xuer^{214}$ 一点儿点儿。形容数量极其微小：差～没砸头

把 pa^{55} 一～粮食 | 一～剪子

把儿 par^{55} 一小～面条儿 | 一～豆角儿

付 fu^{312}　一～药 | 一～门对子

个 kə^{312}　一～人 | 一～庄 | 一～馍馍

条 tʻiɔ^{42}　一～鱼 | 一～裤子

条儿 tʻiɔr^{42}　一～饼干儿 | 一～烟

　条子 tʻiɔ$^{42\text{-}55}$tsɿ·

件儿 tɕiɛr^{312}　一～衣服 | 一～事儿

　件子 tɕiã$^{312\text{-}42}$tsɿ·　一～衣裳

头 tʻəu^{42}　一～猪 | 一～牛

口儿 kʻəur^{55}　三～人

匹 pʻi^{42}　一～马

溜 liəu^{312}　排：一～人

溜儿 liəur^{312}　①排：排成两～ ②块:一～西瓜

只 tsɿ^{214}　五～鸡

双 faŋ^{214}　两～鞋 | 一～筷子

根 kẽ^{214}　一～棍子 | 两～油条

顶 tiŋ^{55}　一～帽子

领 liŋ^{55}　一～席

张 tsaŋ^{214}　一～纸 | 一～桌子

朵 tuə^{55}　一～花儿

辆 liaŋ^{312}　一～车

子儿 tser^{55}　一～挂面

排 pʻɛ^{42}　一～房子

场 tsʻaŋ^{55}　一～电影 | 一～戏

出 pfʻu^{214}　一～事儿 | 一～戏

身 sẽ^{214}　一～衣裳 | 一～汗

床 pf'aŋ⁴² 两～盖体 | 一～褥子

杆 kã⁵⁵ 一～秤 | 一～叉

棵 k'uə²¹⁴ 一～树 | 几～庄稼

块 k'uɛ³¹² 一～石头 | 一～钱

间 tɕiã²¹⁴ 两～屋 | 一～棚子

行 xaŋ⁴² 一～字儿

粒 li²¹⁴ 一～米

封 fəŋ²¹⁴ 一～信

篇 p'iã²¹⁴ 一～文章

窝 uə²¹⁴ 一～蚂蚁 | 一～虫子

　窝儿 uər²¹⁴ 一～小猪 | 一～鸡

片 p'iã³¹² 一～庄稼 | 一～云彩

　片儿 p'iɛr³¹² 两～肉 | 两～药

盘 p'ã⁴² 一～棋 | 一～磨

刀 tɔ²¹⁴ 一～纸

□儿 tɕ'yər⁴² 层：一～土

门 mẽ⁴² 一～亲事儿

面 miã³¹² 一～旗

座 tɕyə⁵⁵ 一～庙 | 一～山

桩 pfaŋ²¹⁴ 一～喜事儿

瓮 uŋ³¹² 一～面 | 一～水

缸 kaŋ²¹⁴ 一～咸菜 | 一～水

碗 uã⁵⁵ 一～面条儿 | 一～汤

盅 pfəŋ²¹⁴ 一～酒

捆 k'uẽ⁵⁵ 一～树枝儿 | 一～麦子

　捆儿 k‘uer⁵⁵　一～葱｜一～韭菜

奏子 tsəu³¹²⁻⁴²tsɿ˙　一～酒

挑子 t‘iɔ²¹⁴⁻³¹tsɿ˙　一～水｜一～菜

椇子 tɕy³¹²⁻⁴²tsɿ˙　套：一～牲口

对 tuei³¹²　一～椅子｜一～枕头

阵 tsẽ³¹²　一～风｜一～雨

　阵子 tsẽ³¹²⁻⁴²tsɿ˙

篓 ləu⁵⁵　一～芋头｜一～姜

筐 k‘uaŋ²¹⁴　一～苹果｜一～梨

绺儿 liəur⁵⁵　一～头发｜一～面条儿

嘟娄 tu⁴²⁻⁵⁵ləu˙　一～葡萄｜一～下水

挂 kua³¹²　一～爆仗｜一～下水

拃 tsa²¹⁴　一～长

抱 pɔ³¹²　两臂伸开围成的圆所能容纳的量：一～粗｜一～柴火

庹 t‘uə²¹⁴　成人两臂左右平伸时两手间的距离：一～长

指 tsɿ⁵⁵　一～宽｜一～厚

掐 tɕ‘ia²¹⁴　两只手的手指伸开后相对围成的圆的容量：这棵树一～粗了

骨轮儿 ku⁴²⁻⁵⁵luer˙　段、截：一～葱｜一～线

　把棍儿 pa⁵⁵kuer˙　段、截：一～葱｜一～电线

　截棍儿 tɕiə⁴²⁻⁵⁵kuer˙　段、截：一～线

节儿 tɕiər²¹⁴　一～电池

篮子 lã⁴²⁻⁵⁵tsɿ˙　一～鸡蛋｜一～杏

箢子 yã⁵⁵⁻²⁴tsɿ˙　一～面｜一～鸡蛋

席 ɕi⁴²　两～客

包 pɔ²¹⁴　一～糖｜一～药片儿

句 tɕy312 一～话

捧 p'əŋ55 一～粮食

布袋 pu312-42tɛ˙ 一～化肥 | 一～面

麻袋 ma42tɛ312 容量比布袋大的用麻织成的袋子：一～粮食

　麻包 ma42pɔ214

瓢 p'iɔ42 三～水 | 四～面

　瓢子 p'iɔ42-55tsɿ˙

舀子 iɔ55-24tsɿ˙ 两～水

提子 t'i42-55tsɿ˙ 两～醋

筲 sɔ214 水桶：一～水

锅拔 kuə214-31p'ei˙ 用高粱梃子串成的圆形用具，可用来当锅盖，也可放东西：一～包子

畦子 ɕi42-55tsɿ˙ 较宽的垄：一～韭菜 | 一～麦子

沟 kəu214 较窄的垄：一～葱 | 一～豆子

起儿 tɕ'er55 ①伙儿，拨儿：一天来了五～人 ②层：他住的四～楼

炮儿 p'ɔr312 份：下～多沉（下一份儿多重） | 你是第二～

瓣子 pã312-42tsɿ˙ 两～蒜

疙瘩 kə214-31ta˙ 头：一～蒜

沓子 ta42-55tsɿ˙ 一～钱 | 一～纸

虎口 xu55-24k'əu˙ 拇指与食指叉开的最长距离：一～长

旬 ɕyẽ42 十二年：我比他大一～

兴 ɕiŋ312 层：两～砖 | 两～石头

堆 tɕyei214 一～土 | 一～石头

堆鼓儿 tɕyei214-31kur˙ 小堆：两～粪 | 一～沙

户它儿 xu42-55t'ar˙ 小片儿：一～地 | 一～饼

摞 luə^{42}　一～碗 | 一～煎饼 | 一～石头

窝罗 uə$^{214-31}$luə·　一～铁条 | 一～麻线

边边 piã$^{214-31}$piã·　块：一～饼 | 一～报纸

角子 tɕyə$^{214-31}$tsɿ·　小块儿：一～饼 | 一～馍馍

顿 tuẽ^{312}　一～饭 | 揍一～

圈 tɕyã^{312}　一～粪

荡子 taŋ$^{312-42}$tsɿ·　伙：一～人

蒲棱 p'u$^{42-55}$ləŋ·　蓬：一～花

趟 t'aŋ^{312}　走一～ | 出一～发

下 ɕia^{312}　①物量词。……个地方：今门儿来了四～的客 ②动量词：打两～ ③用于容器的容量：水瓮里还剩半～水 | 我碗里还剩半～

下子 ɕia$^{312-42}$tsɿ·　同"下②③"义项

回 xuei^{42}　来三～

次 ts'ɿ^{312}　来了好几～

遍 piã^{312}　看五～

二十二　副词

忒 t'uei^{214}　太：他～能了 | 天～好了 | 你～实在

稀 ɕi^{214}　挺：他～会办事儿 | 这会子身体～好

甚 sẽ^{312}　很：这孩子～聪明 | 他～能干

怪 kuɛ^{312}　挺：这孩子～老实 | 你跑得～快

涕 t'i^{214}　非常：～滑 | ～圆 | ～明铮亮

四 sɿ^{312}　很：～齐 | ～平 | ～白大胖的

响 ɕiaŋ^{55}　很，非常：～干 | ～晴的天

溜 liəu^{214}　表示物体圆、滑、薄、光等程度重，相当于"很"：～圆 | ～

滑 | ～薄儿 | ～光儿

囊 naŋ²¹⁴ 很，非常：我的衣裳～湿

棱 ləŋ²¹⁴ 挺：他～能 | 你别去了，路～远 | 今天天～好

可 k'ə²¹⁴ ①忒：这衣服～漂亮了 | 街上人～多了 | 他～能了 ②终于：我～逮住你了

□ kaŋ⁴² 忒；非常：这个人～能啦 | 电影～好啦

沾 tsã²¹⁴ 有点儿，略微：今天的菜～咸 | 苹果摘得～早

求求儿 tɕ'iəu⁴²⁻⁵⁵tɕ'iəur˙ 稍微，略微：你～上那靠靠 | 你～拿拿脚，我过去

乔 tɕ'iɔ⁴² 较，有点儿：外头～冷 | 水～热 | 桌子上～脏

焦 tɕiɔ²¹⁴ 表示某些物质的性质或颜色程度重：他的脸～黄 | 糨糊～黏

刚 kaŋ²¹⁴ 很：糊豆～稠

煞 sa²¹⁴ 很：脸～白 | 馍馍～白

黢 tɕ'yu²¹⁴ （用于形容黑）非常：屋里～黑 | 他的脸晒得～黑

魆 ɕy²¹⁴ 非常：菜～青 | 他的脸冻得～紫

通 t'uŋ²¹⁴ 非常：他的脸～红 | 太阳～红

齁 xəu²¹⁴ 很，非常：菜～咸 | 他的胳膊～细

麦儿 mer²¹⁴ 非常：～甜

真 tsẽ²¹⁴ 的确；非常：～甜 | ～能

老 lɔ⁵⁵ ①很：他～早就走了 ②总是：他～说些没用的话 | 他～这样说

老是 lɔ⁵⁵sɿ˙ 总是：你怎么～来晚啊？

直 tsɿ⁴² 老是：她还小，别～熊她 | 也不知因为么儿，他～哭 | 他～看我

直是 tsɿ⁴²⁻⁵⁵sɿ˙ 老是；总是；一直：他～看我 | 她～哭 | 他～不走

倾 tɕ'iŋ²¹⁴ ①老是：他～想走 ②一直；亲自：我～看着你拿走哩 ③本来：你～有，还要我的

净 tɕiŋ^{312} 好；尽是：他～拿着我当小孩儿 | 他～说瞎话

将 tɕiaŋ^{214} 刚：他～走 | 我～吃饭

才 ts'ɛ^{42} ①刚，方：他～吃饭 ②仅仅：～过了三天就受不了啦？ ③更：那个地方～好哩

喷 p'ẽ^{312} 正，正在：这几天～忙

就 tsəu^{312} 立刻，马上：这～走 | 说走～走

眼看着 iã^{55}k'ã$^{312\text{-}42}$tsɿ˙ 马上，立刻：赶紧跑，雨～就下

猛个丁的 məŋ$^{55\text{-}24}$kə˙ tiŋ$^{214\text{-}31}$li˙ 猛然：你～一说，我还真想不起来哩

紧立的 tɕiẽ^{55}li$^{42\text{-}55}$li˙ 赶紧，抓紧：～，要不就晚了

麻立的 ma^{42}li$^{42\text{-}55}$li˙ 赶快：～走，光等你了

到好 tɔ$^{312\text{-}31}$xɔ^{55} ①接近：～三点了，走吧 | 买菜～花了十块钱 ②将要：他～走了，你去看看他吧

又咱 iəu$^{312\text{-}42}$tsã˙ 已经；早已：他～走了

起先 tɕ'i^{55}ɕiã^{214} 原先，原来：～没有他

每儿早 mer$^{42\text{-}55}$tsɔ˙ 以前；从前：我～没来过这里

每儿年 mer$^{42\text{-}55}$ȵiã˙ 往年；以前；从前：～不兴这个

成年论辈子 ts'əŋ^{42}ȵiã^{42}luẽ$^{312\text{-}31}$pei$^{312\text{-}42}$tsɿ˙ 成年累月：他～待家里

成天 ts'əŋ^{42}t'iã^{214} 天天，每天：这里～锁着门

第天 ti$^{312\text{-}31}$t'iã^{214}

第里天 ti$^{312\text{-}31}$li^{55}t'iã^{214}

遭天 tsɔ$^{214\text{-}24}$t'iã^{214} 天天；整天：我～见不着他的人影 | 他～待外头

天天 t'iã$^{214\text{-}24}$t'iã^{214}

整天 tsəŋ^{55}t'iã^{214}

整年 tsəŋ^{55}ȵiã^{42}

遭年 tsɔ^{214}ȵiã^{42} 整年；年年：他～待外头打工 | 我～见不着他

第年 ti$^{312\text{-}31}$ȵiã^{42} 年年：我～来

往后儿 uaŋ$^{312\text{-}31}$xəur^{312} 从今以后；今后

下边儿 ɕia$^{312\text{-}31}$piɛr^{55} ①下一代：～他姊妹两个 ②以后：赶～再说吧 ③某物的下面：树～有阴凉儿

多咱 tuə$^{214\text{-}55}$tsã· 什么时候

一起儿 i$^{214\text{-}31}$tɕ‘ier· 原来就；一开始就：俺俩～不孬 | ～就是俺俩管 | ～没我的事儿

一俩儿 i$^{214\text{-}31}$liar·

赶等着 kã^{55}təŋ$^{55\text{-}24}$tsɿ· 等着：～我长大了再说

近里 tɕiẽ$^{312\text{-}42}$li· 最近；近几天内：他～没来信 | 我～不出门儿

脚下 tɕyə$^{214\text{-}24}$ɕia· 眼前；现在：～的人都甚讲究实惠

脸前里 liã$^{55\text{-}24}$tɕ‘iã· li· 目前；当前；跟前：～没空儿 | 到～才给说，真不会办事儿 | 走到他～我才认出他来

那时 na$^{312\text{-}42}$sã· 那时候：～哪里有这些东西？

那呵儿里 na$^{312\text{-}31}$xər$^{312\text{-}42}$li·

这呵儿里 tsə$^{312\text{-}31}$xər$^{312\text{-}42}$li· 这时候：～没人 | ～早放学了

在先 tsɛ$^{312\text{-}31}$ɕiã^{214} 先前；以前：～谁知道他啊？

起小儿 tɕ‘i^{55}ɕiɔr^{55} 从小时候起

才先 ts‘ɛ^{42}ɕiã^{214} 刚才：他～还待这里来 | 你～不是说能行吗？

末了 miə$^{214\text{-}31}$liɔ· 最后：～的了，便宜着点 | ～光我自己了 | 他排了个～

末末了 miə$^{214\text{-}31}$miə· liɔ·

按时八节 ɣã$^{312\text{-}31}$sɿ^{42}pa$^{214\text{-}24}$tɕiə^{214} 遵守时间；按时（做某事）：你不用～地来接

光 kuaŋ²¹⁴ ①只：他～说不做 ②老是：他～来捣乱 | 他～想吃好的

尽自 tɕiẽ²¹⁴⁻³¹tsɿ˙ 勉强；刚刚；稍微：挣的钱～够花的 | 水～没煞脚 | 天～蒙省（天稍微飘落点儿雨丝）

一再 i²¹⁴⁻²⁴tsɛ³¹² 再三：我～地强调，他就是不听

隆 luŋ⁴² 老是，再，无论怎么：你～说吧，人家就是不听

齐打乎地 tɕʻi⁴²ta˙xu˙li˙ 一齐：他们人多，～下手

当瞒子 taŋ²¹⁴⁻³¹mã˙tsɿ˙ 假装着：你～写字 | 你～哭 | 你～没听见

高低儿 kɔ²¹⁴⁻³¹tier˙ 最终还是：我劝她半天，她～走了 | 不叫你来，你～来了

到底儿 tɔ³¹²⁻³¹tier⁵⁵ 用在问句里表示探究：他～能来不？| 你～想怎着？

好好子 xaŋ⁵⁵xaŋ˙tsɿ˙ 好好地：～干 | ～学习

就儿里 tɕiəur³¹²⁻⁴²li˙ 顺便；捎带着：你去吧，～买点儿菜来

明打明 miŋ⁴²ta˙miŋ⁴² 公开地：你这不是～地欺负人吗？

硬打硬 iŋ³¹²⁻³¹ta˙iŋ³¹² 硬硬地：我正用着的东西，他～地扛走了 | 你～地把他两个给拆散了

急毛火速 tɕi²¹⁴mɔ⁴²xuə⁵⁵ɕyu²¹⁴ 急急忙忙：他～地走了

一堆儿 i²¹⁴⁻²⁴tɕyer²¹⁴ 一块儿；一起：等等我，咱俩～走

　一垡儿 i²¹⁴far⁴²

如外 vu⁴²uɛ³¹² 另外；额外：我～又给了他一个

得为 tei²¹⁴⁻⁵⁵uei˙ 专门；故意：我～地那样说 | 你这不是～的吗？

统共 tuŋ²¹⁴⁻²⁴kuŋ³¹² 总共：我～还有五个

　一共 i²¹⁴⁻²⁴kuŋ³¹²

统里 tuŋ²¹⁴⁻²⁴li˙ （一共）仅仅：你别再要了，我～还有俩

打等子 ta⁵⁵təŋ⁵⁵⁻²⁴tsɿ˙ 干脆：～他来了再说 | 他～不干了

屡续子 ly⁵⁵⁻²⁴ɕy˙tsɿ˙ 逐渐地：他～好起来了

干 $kã^{214}$ 单纯地：～哭不掉泪 | ～着吃不好吃，喝点儿汤吧 | 别待这里～等着了

一憋气子 $i^{214\text{-}24}piə^{214}tɕ'i^{312\text{-}42}tsɿ^{·}$ ①一口气：一碗水他～就喝净了 ②劳动时中间不休息：那个活儿他～干完了

一股闷儿 $i^{214\text{-}31}ku^{·}mer^{214}$

实落儿落儿地 $sɿ^{42}luər^{214\text{-}31}luər^{·}li^{·}$ 实实在在地：～卖多少钱？

直直地 $tsɿ^{42}tsɿ^{42\text{-}55}li^{·}$ 一直：～往前走，一会儿就到

般 $pã^{214}$ 一般；一样：他俩～高 | 这两个～大

一计子 $i^{214}tɕi^{312\text{-}42}tsɿ^{·}$ 不分大小，不分好孬：不挑，～拿，五毛钱一斤

四下里 $sɿ^{312\text{-}42}ɕia^{·}li^{·}$ 到处：～看

得 tei^{214} ①必须；一定：你～去 ②大概；可能：我觉着他这～走了③值；需要花：买这个东西～钱了 | 现在买～五块钱一斤

须得 $ɕy^{214\text{-}24}tei^{214}$ 必须；一定：你去就行了，还～我去啊？

须 $ɕy^{214}$ 必须；一定：不让我去，我～去

错咕 $tɕ'yə^{214\text{-}31}ku^{·}$ 除非：这事儿～是你，别人谁也白搭

趁早儿 $ts'ẽ^{42}tsɔr^{55}$ 干脆：这事儿你～也别说，说也白搭

高低 $kɔ^{214\text{-}24}ti^{214}$ 无论如何：这事儿咱～不办

好不能得 $xɔ^{55}pu^{·}nəŋ^{42\text{-}55}li^{·}$ 恨不得，真想：我～一刮子揍死你

果不其然 $kuə^{55}pu^{·}tɕ'i^{55}zã^{42}$ 果然：他～来了 | ～叫他说准了

顶多 $tiŋ^{55}tuə^{214}$ 最多；最大程度：别怕，他～骂两句

正好儿 $tsəŋ^{312\text{-}31}xɔr^{55}$ 恰巧：我～碰上他

亏了 $k'uei^{214\text{-}31}lɔ^{·}$ 多亏：这事儿～你帮忙儿

敢自 $kã^{55\text{-}24}tsɿ^{·}$ 真的；的确：A：俺娘给俺买了新衣裳了 B：那～怪好

急自 $tɕi^{214\text{-}31}tsɿ^{·}$ 本来就：～她怪难受的，你还说她

怨不得 $yã^{312\text{-}42}pu^{·}li^{·}$ 怪不得；难怪：～你不来上学哎，怕老师熊你

八成 pa$^{214-24}$ts'əŋ· 大概；可能：他～走了

够八成 kəu$^{312-31}$pa$^{214-24}$ts'əŋ·

挡不着 taŋ$^{312-42}$pu· pfə^{42} 说不定；有可能：他～来了

没见 mu$^{42-55}$tɕiã· 难道：～他知道这件事儿了

保准 pɔ^{55}pfẽ^{55} 肯定；一定：～没事儿

一准 i$^{214-31}$pfẽ·

这就 tsə$^{312-31}$tsəu· 现在就；马上：他～来，你再等等吧

不大离儿 pu$^{214-31}$ta· lier^{42} 差不多：再不讲究也得个～哎 | ～就行，也别要求忒好了

闷着码子 mẽ$^{214-31}$tsɿ· ma$^{55-24}$tsɿ· 估么着：～干吧

闷模子 mẽ$^{214-31}$mu$^{42-55}$tsɿ·

是其 sɿ$^{312-31}$tɕ'i^{55} 只要；稍微：有地，～种种就够吃的 | ～个人就行

诚心 ts'əŋ^{42}ɕiẽ^{214} 有意识地；专门地：我又不是～给你过不去

恐怕 p'əŋ$^{55-24}$p'a· 恐怕：～你再来了不好安排，才通知你别来了 | ～下雨，早早回来了

别 pɛ^{42} 不要

二十三　介词、助词、连词、叹词等

打 ta^{55} 从；自：你～哪里来的 | ～多咱难受

自打 tsɿ$^{312-31}$ta^{55}

从打 tɕ'yŋ^{42}ta^{55}

起打 tɕ'i^{55}ta^{55}

捋着 ly$^{55-24}$tsɿ· 顺着：你～这条干渠走就行

漫 mã^{312} ①从：你～桥上过来吧 ②把：你～俺的铁锨弄哪去了

给 kei^{42} ①和；同：我～他待一个单位工作 ②对；向：那件事儿我已经～

他说了 | 你～谁要的钱？

叫 $tɕiɔ^{312}$ ①被：我～他气糊涂了 | 我～他给骗了 ②让：～我说咱还得去

上 $saŋ^{312}$ 向；朝：他～这看哩

朝 $tsʻɔ^{55}$ 向；往：你～前走两步

贴着 $tʻiə^{214-31}tsʅ˙$ 紧靠着：你～墙根儿走

顺着 $fẽ^{312-42}tsʅ˙$ 沿着：～河走

可着 $kʻə^{55-24}tsʅ˙$ 按照……的容量（能力）去装（做）：～布袋装 | ～这块布做 | ～你的力气使

一赶 $i^{214-31}kã^{55}$ 到……的时候：～天明，我就到了

跟 $kẽ^{214}$ 比；如：我不～你能

赶 $kã^{55}$ 到：咱～明儿里再说吧

比 pi^{55} 我～他大

把 pa^{312} 叫他～鞋脱了

使 $sʅ^{55}$ 用：别～手拿

照着 $tsɔ^{312-42}tsʅ˙$ ①对着：他～我要二级 ②比：今年的麦子～年时差远了

待 $tɛ^{55}$ 在：你这～哪里哩？

对 $tuei^{312}$ 你～我有什么意见？

照 $tsɔ^{312}$ ①按照：我～你说的办 ②对着，往……上：～腚踢 | ～脸揍

□ $lɔ^{312}$ 照，往……上：～腚踢 | ～头揍

朝 $tsʻɔ^{55}$ 照，往……上：～腚上踢 | ～头上揍

让 $zaŋ^{312}$ 谁～你不听话来？

和 xei^{42} 同：你～谁去的？

连 $liã^{42}$ 你～我都骂着

往 $uaŋ^{312}$ 你～前走走

济着 $tɕi^{312-42}tsʅ˙$ 任凭；由着：待家里是事儿我都～他

着 tsʅ·

了$_1$ la· / lia·

了$_2$ lɔ· / liɔ· 表示动作完成

的、地、得 li·

要是 iɔ$^{312\text{-}31}$sʅ·

或 xuei^{42}

哩 li·

说哩 fə· li· 与“那个”配合使用，表示强调、赞叹：那个好～丨人那个多～

话哩 xua· li· 表示强调、感叹：那个地方好着～丨到那里还远着～

不 pə· 表示询问：你去～？

不了 pu· liɔ· 表示委婉地征求意见：不信，你试试～？

么 mə· 表示询问：他来了～？

吗 mã· ①表示疑问：他还没来～？ ②表示反诘：这个能吃～？ ③表示推测：他走了～

呗 pɛ· 表示商量：咱走～

呵 xə· ①……的话(用于将来)：要不行～就赶紧回来 ②……的时候(未然)：七点～喊我一声

时 sã· ①……的话（用于过去)：他要吃～我就给她买了 ②……的时候（已然)：你来～他还没起哩

呢 ȵi· 表示疑问：队长～？老张找他

来呢 lɛ· ȵi· 老师～？

啊 ɣa· 这种事还能轮到咱头上～？

要是……就…… iɔ$^{312\text{-}31}$sʅ^{312}……tsəu^{312}…… 如果……就……：～下雨，～不去了

也 iɛ· 下雪我～得去

边……边…… piã^{214}……piã^{214}…… 她～哭～说

一马……一马…… i$^{214\text{-}31}$ma·……i$^{214\text{-}31}$ma·……

还是 xã$^{42\text{-}55}$sɿ· 表选择：你去～我去

开来 k‘ε$^{214\text{-}31}$lε· 表原因：也～这几天天好，几天的工夫就弄好了

打上 ta$^{55\text{-}24}$xaŋ· 表原因：又～有你，提前完成也正常

不是……就是…… pu$^{214\text{-}24}$sɿ^{312}……tsəu$^{312\text{-}31}$sɿ^{312}…… 这事儿～他干的～你干的

宁愿……也不…… ȵiŋ^{42}yã^{312}……iε^{42}pu^{214}…… 他～自己受累，～让孩子吃苦

宁愿……也要…… ȵiŋ^{42}yã^{312}……iε^{42}iɔ^{312}…… 他～自己多受累，～让孩子上学

就是……也不…… tsəu$^{312\text{-}31}$sɿ^{312}……iε^{42}pu^{214}…… 即使……也不……：你～把老天爷爷搬来，我～饶你 | 你～说破天，我～信

唉 ɣε^{42} 表示无奈：～！现在办点事真难啊！

咳 xε^{42} 表示惋惜：～！怎么会这样啊？

挨 iε^{214} 表示吃惊：～！我的钱包呢？

哎呀 ɣε$^{55\text{-}24}$ia· 表示惊讶：～！下大雪了 | 你～的么儿啊？

吆 iɔ^{55} 表示赞叹：～，还真行哩

第四章　语　法

一　单音节词、双音节词

（一）单音节词

有些事物或现象，宁阳方言用单音节词来表达，而普通话是用双音节词来表达的。这又分为以下两种情况：

1．宁阳方言的单音节词，与普通话双音节词的一个语素相同。例如：

烦—厌烦　充—冒充　喜—喜欢　眼—眼睛

么—什么　客—客人　查—查点　集—集市

觉—感觉　图—贪图　虑—考虑　牙—牙齿

2．宁阳方言的单音节词，与普通话的双音节词的两个语素都不同。例如：

腚—屁股　熊—批评　耳—搭理　谝—炫耀

虚—浮肿　壮—健康　吵—训斥　诓—欺骗

蛋—睾丸　玩—耍弄　雄—精液　坡—野外

（二）双音节词

有些事物或现象，宁阳方言用双音节词来表达，而普通话是用单音节词来表达的。又分为以下两种情况：

1．宁阳方言的双音节词中，有一个语素是普通话中的词。例如：

云彩—云　霜雪—霜　雾露—雾　肝花—肝

虾米—虾　土垃—土　泥巴—泥　泉眼—泉

老鳖—鳖　老雕—雕　疤瘌—疤　落下—落

飘摇—飘　滋洇—洇　晕逛—晕　挤眨—眨

弯巴—弯　挤巴—挤　干巴—干　秕巴—秕

2．宁阳方言双音节词的两个语素，与普通话中的单音节词不同。例如：

冻冻—冰　糊豆—粥　长虫—蛇　霜子—霰

二　叠音词、合音词、分音词

（一）叠音词

叠音词是宁阳方言中较有特色的一类词。这类词中较多的是名词，也有一部分是动词。例如：

冻冻 tuŋ^{312}tuŋ·　冰

琉琉 liu$^{42\text{-}55}$liu·　冰锥

浰浰 liə^{55}liə·　口水

娃娃 ua$^{42\text{-}55}$ua·　小孩儿

兜兜 təu$^{214\text{-}31}$təu·　兜肚

珠儿珠儿 pfur$^{214\text{-}31}$pfur·　珠子

咕咕 ku$^{312\text{-}42}$ku·　鹁鸽

蜓蜓 tʻiŋ$^{214\text{-}31}$tʻiŋ·　蜻蜓

瞭瞭 liɔ$^{312\text{-}31}$liɔ·　远望

窝窝 uə$^{214\text{-}31}$uə·　窝头

妈妈 ma$^{214\text{-}31}$ma·　乳房，乳汁

妈儿妈儿 mar$^{55\text{-}24}$mar·　巫婆

蛐儿蛐儿 tɕʻyer$^{214-31}$tɕʻyer· 蟋蟀

出出 pfʻu$^{214-31}$pfʻu· 瓜果嫩纽儿萎缩

鼓鼓 ku$^{55-42}$ku· 用粗面蒸制的枣核形大包子

（二）合音词

宁阳方言的合音词及例句如下：

1．待 tɛ^{312}←大概 ta$^{312-31}$kɛ^{312}

到处找都没有找到他，他待是走了。

A：谁干的？　　B：待是小刘。

A：咱把这些书拿走吧！　　B：待是不行呗。

2．嗄 sa·←是啊 sɿ$^{312-42}$ɣa·

你不是找张老师吗，那不嗄？

谁说没有工具书，这不嗄？

3．挣 tsəŋ^{42}←这么 tsə$^{312-42}$mə·

本例合音是后一个音节的声母韵尾化而且 m 转化为 ŋ（宁阳方言音系没有 m 韵尾）的方式来形成合音。

挣个大男人，绕也能绕两个馍馍。

挣些人啊！

好，那就挣着吧！

这个你拿着吧，我这里还挣些哩！

4．净 tɕiŋ^{312}←尽是 tɕiẽ$^{312-31}$sɿ^{312}

你脸上净灰，赶紧洗洗。

净你，要不时的话他早干完了！

满街净人，可热闹啦！

5．哈 xa^{42}←是吧 $sɿ^{312-42}pa^{·}$

宁阳方言中声母 s 变读声母 x 也应算是一条规律。比如“上$saŋ^{312}$”，口语中有时发 $xaŋ^{312}$ 音，如：“他在上头［$xaŋ^{312-42}təu^{·}$］哩。”“街上［$xaŋ^{55}$］甚凉快。”又比如“少$sɔ^{55}$”有时会发 $xɔ^{55}$ 音，如：“你猜猜他有多少［$xɔ^{55}$］钱？”“多少［$xɔ^{55}$］是多啊，这就不少。”“$sɿ^{312-42}pa^{·}$（是吧）”变“xa^{42}（哈）”，其声母的变化正符合这条规律。例如：

小虎子不光聪明，人家学习也认真，哈。

也不是咱这里条件不行，就是咱这里的人懒，哈。

“是吧 $sɿ^{312-42}pa^{·}$”合音为“哈 xa^{42}”的另一个原因，大概是为了与“是啊 $sɿ^{312-42}a^{·}$”合音为“嗄 $sa^{·}$”相区分。

6．摽 $piɔ^{312}$←比较 $pi^{55-42}tɕiɔ^{·}$

你跟他摽摽。

你摽不过他。

7．恁 $nẽ^{55}$←你们 $ȵi^{55-24}mẽ^{·}$

恁都走吧，我自己能行。

恁两个都留下吧。

8．甭 $pəŋ^{214}$ / $piŋ^{214}$←不用 $pu^{214-24}yŋ^{312}$

明儿里你甭去了，我去吧。

甭你能，看我以后怎着收拾你！

9．怎着 $tsəŋ^{214-24}tsə^{·}$←怎么着 $tsəŋ^{214-24}mə^{·}tsə^{·}$

你过去看看他怎着啦。

别人都去啦，你怎着不去啊！

怎着好咱就怎着办。

10．谁道 sei^{42}tɔ˙←谁知道 sei^{42}tsɿ$^{214\text{-}24}$tɔ^{312}

一霎儿没看见，谁道他干么儿去了。

A：明天有雨吗？　B：谁道！

A：你说我还去不？　B：谁道你啊！

（三）分音词

宁阳方言的分音词和原词并用。例句中的“/”号表示前后两词通用，以前面的词使用得更为普遍，更具有方言特色。

1．铺燎 pʻu$^{214\text{-}31}$liɔ˙←泡 pʻɔ^{214}

他干活很卖力，手上磨了个大铺燎 / 泡。

热水把他的脚烫了个铺燎 / 泡。

2．糊弄 xu$^{312\text{-}42}$nuŋ˙←哄 xuŋ^{55}

你别糊弄 / 哄我。

你糊弄 / 哄着他玩儿玩儿。

3．轱轮 ku$^{214\text{-}31}$luẽ˙或轱娄 ku$^{214\text{-}31}$ləu˙←滚 kuẽ^{55}

一块大石头从山上轱轮（或轱娄）/ 滚下来了。

车轮子轱轮（或轱娄）/ 滚到沟里去了。

4．瘀量 y$^{214\text{-}31}$liaŋ˙←痒 iaŋ^{55}

我背上乔瘀量 / 痒得慌，你看看有么儿啊。

别弄了，瘀量 / 痒得真难受。

5. 呼啦 $xu^{214\text{-}31}la^{·}$ ←哗 xua^{214}

雨又呼啦呼啦 / 哗哗地下起来啦。

垄沟里的水呼啦呼啦 / 哗哗地淌。

6. 捕棱 $pu^{214\text{-}31}lə\eta^{·}$ ←蹦 $pə\eta^{312}$

这条鱼还捕棱 / 蹦哩！

这头驴不听话，好乱捕棱 / 蹦。

7. 折耗 $sə^{42\text{-}55}xɔ^{·}$ ←少 $sɔ^{55}$

这个村里治安不好，好折耗 / 少东西。

早晨在家里称的是 10 斤，现在称的只有 8 斤，折耗 / 少了 2 斤。

昨天俺的鸡折耗 / 少了一只。

8. 拇拉 $mu^{55}la^{·}$ ←抹 ma^{214}

桌子上乔脏，别用手拇拉 / 抹。

你脸上净汗，用手巾拇拉拇拉 / 抹抹。

9. 卜拉 $pu^{42\text{-}55}la^{·}$ ←扒 pa^{214}

好好的吃，别乱卜拉 / 扒。

你看你，都给卜拉 / 扒乱了。

10. 出量 $pf'u^{214\text{-}31}lia\eta^{·}$ ←闯 $pf'a\eta^{55}$

不老实儿地在这里待着，各处地乱出量 / 闯！

熊杭子，遭天出量 / 闯到这里出量 / 闯到那里。

11. 刳擦 $k'u^{214\text{-}31}ts'a^{·}$ ←刮 kua^{55}

这根棍忒粗，续不进去，得刳擦刳擦 / 刮刮。

别用刀子刳擦 / 刮树皮！

你鞋上净泥，用块小石头刳擦刳擦 / 刮刮。

12．数落 fu$^{312-42}$luə˙ ←说 fə^{214}

你别数落 / 说他了，他还小。

我又数落 / 说了他一顿！

13．子拉 tsɿ^{55}la^{214}←霎 sa^{214}

他一子拉 / 霎就来。

你再等我一子拉 / 霎。

14．蒲棱 pʻu$^{42-55}$ləŋ˙ ←蓬 pʻəŋ^{42}

一蒲棱/蓬鲜花。

一蒲棱/蓬蒿子。

15．赖歪 lɛ$^{312-42}$uɛ˙ ←赖 lɛ^{312}

你待那个床上赖歪 / 赖了多半天了，起来干点儿活儿。

别遭天赖歪 / 赖到个家里。

16．圈挛儿 tɕʻyã$^{214-31}$luɛr˙ ←圈儿tɕʻyɛr^{214}

挣些人围成一个大圈挛儿 / 圈儿。

他手里拿着个铁圈挛儿 / 圈儿。

17．窟窿 kʻu$^{214-31}$luŋ˙ ←孔 kʻuŋ^{55}

我的裤子磨了个窟窿 / 孔。

墙上有个小窟窿 / 孔。

三　词义问题

（一）词义的宽窄

1. 宁阳方言有些词的词义比普通话多。例如：

词语	宁阳方言词义	普通话词义
包子	①水饺 ②包子	包子
鼻子	①鼻子 ②鼻涕	鼻子
大爷	①伯父	①伯父
	②尊称年长的男子	②尊称年长的男子
	③岳父	
大娘	①伯母	①伯母
	②尊称年长的妇女	②尊称年长的妇女
	③岳母	
下边儿	①方位名词：下面	方位名词：下面
	②时间词：以后	
	③下一辈	
打仗	①进行战争	进行战争
	②打架	
柿子	①西红柿	柿树的果实
	②柿树的果实	

2．宁阳方言有些词的词义比普通话少。例如：

词语	宁阳方言词义	普通话词义
结巴	口吃	①口吃
		②口吃的人
下子儿	鱼类或昆虫产卵	①播下种子
		②产卵
果子	花生	①指可以吃的果实
		②一种油炸的面食
蒺藜	一种植物的果实	①一种植物
		②这种植物的果实
成家	结婚	①结婚
		②成为专家

（二）异读辨义

异读辨义指一些字形相同的词，由于读音不同而有不同的词性或意义。这种现象在宁阳方言中较为多见，常见的是声调的不同。参见下表：

宁阳方言异读辨义举例

词	读音		词性或词义	例句
这个	①	$tsə^{312\text{-}31}kə^{5}$	这个 单数	～小孩真听说
	②	$tsə^{312\text{-}42}kə^{2}$	这些；这种 复数	～我看了，我都要了丨～品种好，咱就买～
那个	①	$na^{312\text{-}31}kə^{5}$	那个 单数	～人尽撒谎，别信他的
	②	$na^{312\text{-}42}kə^{2}$	那些；那种 复数	～我也看了，我都要了丨～品种好，咱就买～

词	读音		词性或词义	例句
去	①	tɕʻi^{312}	已然	他已经接了她～了 ｜ 那本书他拿去了已经拿去
	②	tɕʻi·	未然	他～接她了，还没回来 ｜ 那本书他拿去了正去拿
奶	①	nɛ^{55}	名词	～水 ｜ ～粉 ｜ 牛～
	②	nɛ^{312}	动词	她在～孩子
鼓鼓	①	ku$^{55-24}$ku·	鼓起的样子	肚子撑得～着
	②	ku$^{55-42}$ku·	一种食品	今天蒸的大～真好吃
妈妈	①	ma$^{214-24}$ma·	母亲	他～是小学老师
	②	ma$^{214-31}$ma·	乳房；乳汁	他娘的～没水，得喂奶粉 ｜ 小孩儿喝着～睡了
当年	①	taŋ$^{214-24}$ȵiã^{42}	从前；那时	好汉不提～勇
	②	taŋ$^{312-31}$ȵiã^{42}	本年；该年	～施工，～见效
供养	①	kuŋ$^{214-24}$yaŋ^{55}	抚养	他家～五个孩子，日子过得很紧巴
	②	kuŋ$^{312-42}$yaŋ·	供奉	桌子上～的菜什么时候撤掉？｜ 庙里～的是关老爷
浓	①	nuŋ^{42}	浓厚 与淡相对	～茶 ｜ ～烟 ｜ 谈兴正～
	②	nuŋ^{312}	道路泥泞	那条路忒～，不好走
捞	①	lɔ^{214}	谋取	这几年他～了不少好处
	②	lɔ^{42}	从液体中取出	从河里～鱼 ｜ 用笊篱把包子～出来

词		读音	词性或词义	例句
分散	①	fẽ$^{214-24}$sã^{312}	不集中	山村的人家住得很～
	②	fẽ$^{312-42}$sã·	动物或昆虫繁殖	虼蚤、虱子甚能～ ︱ 老鼠～得真快
窝儿	①	uər^{214}	凹处；鸟兽昆虫的住处	酒～ ︱ 猪～ ︱ 鸟～ ︱ 蝎子～
	②	uər^{42}	地方	这～甚干净，坐这里吧
赖	①	lɛ^{312}	依靠；抵赖；诬赖	学习不能依～家长 ︱ 事实俱在，～是～不掉的
	②	lɛ^{214}	不好；坏	今年庄稼长得真不～
毛	①	mɔ^{42}	皮毛及其引申义	～皮 ︱ 馒头长～了 ︱～重 ︱ ～手～脚 ︱ ～孩子家
	②	mɔ^{55}	货币单位：角	一～钱
熬	①	ɣɔ^{214}	煮	这菜～得不烂
	②	ɣɔ^{42}	长时间地煮；长期忍受，苦苦支撑	～药 ︱ ～稀饭 ︱ ～夜 ︱ 煎～ ︱ ～日子 ︱ 什么时候～到头哎！
撑	①	ts‘əŋ^{214}	支撑；张开；装得太多而撑破	～船 ︱～伞 ︱ 这个布袋～破了 ︱ 他的书包～得多厉害！
	②	ts‘əŋ^{312}	装得太多而撑破	这个布袋～破了 ︱ 他的书包～得多厉害！

词	读音		词性或词义	例句
瓦	①	ua^{55}	用瓢或勺子舀面	～半瓢子面
	②	ua^{312}	在盛有流质食物的容器中慢慢地舀出底下较稠的部分	汤里有专门和的疙瘩，你～上吃吧 ｜ 糊豆里有煮的芋头，你～～吃吧
混	①	xuẽ^{312}	苟且地生活	这样～日子也挺好
	②	xuẽ^{55}	事情仍保持原状，没得到解决	那件事儿一直～着，两方谁也没再提
糊	①	xu^{42}	用黏性物把纸、布等粘起来或粘在器物上	～灯笼 ｜ ～墙
	②	xu^{214}	把有黏性的东西甩或贴在别的器物上	把泥～墙上 ｜ ～膏药 ｜ 他～了我一身泥
挖	①	ua^{214}	①用工具或手从物体的表面向里用力，取出其中的一部分 ②抓挠皮肤	～沟 ｜ ～土 ～人 ｜ ～破脸了
	②	ua^{55}	用挖子给农田松土或除草	～地 ｜ ～草
顺序	①	fẽ$^{312\text{-}31}$çy^{312}	排列的次序	按～领取
	②	fẽ$^{312\text{-}42}$çy·	顺当，顺利	这几年他家甚不～

词	读音		词性或词义	例句
紧	①	tɕiẽ^{55}	“松紧”的“紧”	绳子拉得很～ ｜ 握～锨把 ｜ 拧～螺丝
	②	tɕiẽ^{42}	抓紧；赶紧	～走 ｜ ～来 ｜ ～吃
把棍儿	①	pa$^{312\text{-}31}$kuer˙	小棍儿	找个树～来当拄棍儿
	②	pa$^{312\text{-}55}$kuer˙	长形物体的一段	给我拿～葱来，我就着吃 ｜ 家里还有两～山药
没见	①	mei$^{214\text{-}24}$tɕiã^{312}	没有看到	你见我的钢笔来么？～
	②	mu$^{42\text{-}55}$tɕiã˙	丢失，找不到	他家遭小偷了，～了好多东西
过去	①	kuə$^{312\text{-}31}$tɕʻy^{312}	名词：从前	他～吃了不少苦
	②	kuə$^{312\text{-}42}$tɕʻi˙	动词：离开；婉称人死	他刚从这里走～ ｜ 看了许多医生，他还是～了
脬	①	pʻɔ^{214}	量词，专用于尿	他尿了一～尿
	②	pʻɛ^{55}	量词，专用于屎	孩子屙了一～屎
老娘	①	lɔ^{55}ȵiaŋ^{42}	称高龄母亲	他家～八十多了
	②	laŋ$^{55\text{-}24}$ȵiaŋ˙	外祖母	抽时间去看看你～
角	①	tɕyə^{214}	角落、角色等	墙～ ｜ 菱～ ｜ 主～ ｜ 口～ ｜ 宫商～徵羽
	②	tɕia^{214}	动物头上的角	牛～ ｜ 羊～ ｜ 蜗牛～
就	①	tɕiəu^{312}	凑近，从事	～近 ｜ ～业 ｜ ～事论事
	②	tsəu^{312}	副词或连词	他一来，我～走
	③	tɕiəu^{42}	搭配着吃喝	吃馒头～咸菜

以上共29例，前面从“这个”到“把棍儿”共23例是以声调的不同来区分词性或词义的，后面6例有韵母和声调不同(“没见”、“过去”、“脬”、“老娘”)、韵母不同（“角”）或声韵调都不同（“就”）三种情况。

四 词缀

宁阳方言的词缀比较丰富，构词能力很强。尤其是后缀，数量极为可观，据我们手头掌握的材料，常用的后缀大约有近四十个之多。相对于后缀来说，前缀的数量稍少，常用的大约不到二十个。而中缀只是个别现象，如“里”（糊里糊涂、流里流气)、“而”(醉而马支、碎而不叽）等。下面主要谈谈前缀和后缀。

（一）前缀

宁阳方言的前缀主要有“老、大、小、二、初、第、遭、焦、溜、涕、响、四、涕溜”等。

1. 名词前缀

宁阳方言的名词前缀除常用的“老、大、小”等外，下面两个也较常用：

（1）“二”，用在某些表示性状、特征等的词前，指称具有该性格的人。例如：

二傻子　二拼子　二混子　二不愣

二青头　二级眼　二杆子　二掌柜

（2）“初”，用在“一”到“十”的数字前，表示每月上旬的某个日期；或用在“头儿”、“几们儿”及两个连用的数字前，表示每月上旬的大约日期。例如：

初一　初二　初十　初头儿

初二三　初八九　初几们儿

2．形容词前缀

（1）“焦”，用在某些单音节形容词前，表示程度的加深。例如：

焦黄　焦酥　焦嫩　焦黏

（2）“溜”，用在某些单音节形容词前，表示程度的加深。例如：

溜圆　溜滑　溜酸　溜薄　溜光

（3）“涕”，用在某些形容词前，表示程度的加深。例如：

涕滑　涕圆　涕明铮亮

（4）“响”，用在某些单音节形容词前，表示程度的加深。例如：

响干　响晴

（5）“四”，用在某些单音节形容词前，表示程度的加深。例如：

四齐　四平　四白大胖　四平八稳

（6）“涕溜”，用在某些单音节形容词前，表示程度的加深。例如：

踢溜薄　涕溜滑　涕溜圆

3．副词前缀

（1）“第”，用在某些时间名词前，构成时间副词，意思相当于“每×”。例如：

第年　第天　第星期　第顿（饭）

另外，“第”还可做序数词前缀，用在基数词前，构成序数词。例如：

第一　第二　第三　第四　第五　第六

（2）“遭”，用在时间名词“年、天”前，构成时间副词，意思相当于“整×”。例如：

遭年　遭天

（二）后缀

宁阳方言的后缀较为丰富，常用的主要有“子、儿、头、家、手、们儿、巴、拉、包、蛋、乎、打、登、腾、悠、么、擦、歪、帮、弄、索、将、棱、下、生、古、娄、气、荡、见、溜儿、摆着、不拉叽、不叽的、不学的、疵歪的、疵乎的、打乎的、得慌、当、实、发、待、化、价、瓜、泛”等。由于“子缀”和“儿化”有关，情况又较复杂，放到后面专节予以讨论，现主要谈其他后缀的情况，分为广用、定用两个类别介绍。广用是指一个词缀可以广泛用于名词、动词、形容词或其中某一两类词的后面，有较强的构词能力。定用是指某个后缀只能用在某一特定的动词或形容词后面，词缀跟词根的组合是有限定的。

（1）头

①用在方位词后，表示方位。例如：

里头　外头　上头　下头　前头　后头

②用在某些表示具体事物的单音节名词后，构成表示该事物的双音节形式的词。例如：

砖头　木头　石头　骨头　舌头

③用在某些动词后，表示该动作涉及的对象或该动作产生的感觉。例如：

买头　赚头　瞎头　掺头　拿头　吃头

嚼头　啦头　想头　看头　玩头　逛头

此类词有时用儿化形式，有时不用儿化形式，两种形式没有区别。但是，"吃头"的儿化形式与不儿化的形式意义不同。"吃头"表达的是一种感觉，"吃头儿"指称的是食物。

④用在某些形容词后面。例如：

甜头　苦头　滑头　假作头不愿出头露面的人

拧筋头脾气执拗、性格倔强的人　精神头

其中，"甜头、苦头"的"头"读轻声，其余四例不读轻声。

（2）家

①用在某些表示人的名词后面。例如：

姑娘家　孩子家　小伙子家　老人家

②用在人名后，表示该人的配偶。例如：

国子家　强子家　大牛家　王二小家

英子家　小花家　大妮儿家　二妮儿家

（3）们儿

名词后缀。在某些称谓词后面，指称一类人或表示某种关系。例如：

娘们儿　爷们儿　小孩们儿　哥们儿　姊妹们儿

（4）巴

①用在某些名词后面，构成双音节词。例如：

泥巴　尾巴　肋巴　圪巴

②用在某些表示生理缺陷的词后，称有这种生理缺陷的人。例如：

哑巴　瘸巴　嘲巴

③动词后缀，有对这种动作进行过程描述的意味。这种带“巴”缀的动词一般可重叠，重叠后可表达出动作具有重复性的意味。例如：

哈巴　骑巴　揉巴　捏巴　搓巴　抟巴　砸巴
噎巴　窝巴　撅巴　撕巴　剔巴　拘巴　弄巴

④用在某些形容词后面，构成双音节词。例如：

挤巴　窄巴　碎巴　干巴　小巴　紧巴　瘦巴

⑤用在个别名词后面，构成形容词，表示具有某种气质的人。例如：

孩儿巴孩子气

（5）拉

①用在某些单音节名词后，构成双音节词。例如：

疤拉　土拉（也写为“土垃”）

②用在单音节动词后，既能使该词双音化，又能增加词义的状态化表达。例如：

摇拉　拨拉　挂拉　抹拉　划拉
拇拉　呲拉　胡拉　污拉　乌拉

③形容词后缀。例如：

稀拉　粗拉　薄拉

（6）包

①用在双音节述宾结构后面，指称做出该动作的人。

例如：

搗蛋包　淘气包　吃气包

②用在某些单音节形容词后面，构成双音节形容词。例如：

孬包　瞎包

③用在某些单音节动词后面，构成双音节动词。例如：

涨包　捂包　撕包

（7）蛋

①用在某些表示块状物体的双音节名词后面，构成三音节名词。例如：

石头蛋　芋头蛋　坷垃蛋

②用在某些描述人的性状词后面，指称其人。例如：

憨蛋　笨蛋　傻瓜蛋　圣人蛋

（8）打

①用在单音节动词后，构成双音节词。例如：

踢打　砸打　摔打　拥打　敲打　捶打

磕打　颠打　撅打　举打　领打　拿打

这类动词带上"打"缀后，有的表达一种反复貌，如："踢打、砸打、摔打、拥打、敲打、捶打、磕打、颠打"等；有的表达一种持续貌，如"撅打、举打、领打、拿打"等。表达反复貌的这类都可按 ABAB 的形式重叠，如"敲打→敲打敲打、捶打→捶打捶打、搗打→搗打搗打"等，而表达持续貌的这类一般不能重叠。

②形容词后缀。例如：

碎打

（9）擦

动词后缀，例如：

抠擦　刮擦　扒擦　爬擦　掖擦　抹擦

（10）登

动词后缀。例如：

作登　倒登　折登　打登　搬登

（11）腾

动词后缀。“腾”应该是“登”的音变形式。例如：

闹腾　折腾　倒腾

（12）悠

①用在某些单音节动词后，使整个动词具有反复貌。例如：

逛悠　转悠　晃悠　搓悠　抟悠

②形容词后缀。例如：

圆悠　卷悠　蜷悠

（13）么

动词后缀。例如：

觉么　猜么　约么　估么　咂么　沾么

（14）摆着

动词后缀，构成表示状态的词。例如：

挤摆着　掖摆着　咧摆着

（15）歪

①动词后缀，表达一种厌恶或不赞成的心情。例如：

缠歪　依歪　炸歪　黏歪

②形容词后缀，使这个词带有一种厌恶或不赞成的色

彩。例如：

惰歪　赖歪　浪歪　愣歪　腻歪

（16）弄

动词后缀。例如：

侍弄　耍弄　糊弄　日弄　操弄

（17）索

动词后缀。含有动作、行为的轻微和反复的意味。例如：

捂索　摸索　抠索　掏索　塞索　掖索　舞索

（18）将

动词后缀。例如：

贩将　使将　争将　翻将

（19）棱

动词后缀。例如：

翘棱　别棱　斜棱　立棱　调棱　唆棱

（20）下

动词后缀。例如：

剩下　漏下　屙下　尿下　落下

（21）见

动词后缀。例如：

喜见　没见

（22）乎

①动词后缀。例如：

蹲乎　马乎　歇乎　持乎　围乎

瞪乎　贴乎　戳乎　惹乎　吹呼

②形容词后缀。常用儿化形式“乎儿”。用在某些单

音节形容词后，既有性状的描摹，又有程度的降低。例如：

稠乎　烂乎　热乎　软乎

玄乎　粘乎　湿乎　血乎

这类带“乎”缀的形容词，都可以在“乎”前加“打”，在“乎”后加“的”，构成“形容词＋打乎的”结构。“打乎的”成为另一种后缀形式。

（23）生

①动词后缀。例如：

滋生植物遇水后由萎缩而变得旺盛

②形容词后缀。例如：

脆生　轻生

（24）古

①动词后缀。例如：

捣古　作古

②形容词后缀。例如：

拐古　瘪古

（25）娄

动词后缀。例如：

顾娄　扑娄　突娄　搁娄　提娄

（26）气

①用在某些表示气味的单音节词后，构成表示这种气味的双音节词。例如：

腥气　臊气　膻气

②用在某些单音节形容词后，构成表示这种性质或状态的双音节词。例如：

鲜气　俗气　活气　硬气　晦气　碎气

（27）化

①动词后缀。例如：

兑化　点化

②形容词后缀。如：

忙化　虚化　熟化

（28）荡

动词后缀。例如：

晃荡　逛荡　游荡

（29）打乎的

形容词后缀。例如：

瓤打乎的　热打乎的　忙打乎的

湿打乎的　黑打乎的　玄打乎的

（30）帮

形容词后缀。例如：

酸帮　粘帮　硬帮　老帮

（31）溜儿

形容词后缀。例如：

酸溜儿　稀溜儿　顺溜儿　薄溜儿　光溜儿

（32）不叽的

形容词后缀。含有不喜欢和讨厌的意味。例如：

大不叽的　狂不叽的　苦不叽的

咸不叽的　酸不叽的　傲不叽的

（33）不拉叽的

形容词后缀。带有不喜欢的色彩。例如：

酸不拉叽的　苦不拉叽的

咸不拉叽的　脏不拉叽的

（34）得慌

形容词后缀。例如：

热得慌　冻得慌　吓得慌　困得慌　腻歪得慌

（35）泚歪 / 乎的

形容词后缀。带有不喜欢的色彩。例如：

黄泚歪 / 乎的　脏泚歪 / 乎的

血泚歪 / 乎的　粘泚歪 / 乎的

（36）当

形容词后缀。例如：

稳当　顺当　便当　满当　值当

（37）实

形容词后缀。例如：

壮实　泼实　严实　肥实

（38）发

形容词后缀。例如：

齐发　样发　细发

（39）价

否定词后缀。例如：

甭价　别价　不好价　不用价　不是价

（40）瓜

形容词后缀，用在某些形容词后面，构成其双音节形式。例如：

扁瓜　凉瓜　咧瓜　批瓜

（41）待

形容词后缀。例如：

娇待　癞待　乜待

（42）泛

形容词后缀。例如：

灵泛　活泛

（43）松

形容词后缀。例如：

干松　𥔲松

以上是广用后缀的情况，下面是宁阳方言常用的定用后缀。

（1）名词后缀。例如：

云彩　肝花　霜雪　雾娄

（2）动词后缀。例如：

飘摇　摇晃　张哈

（3）形容词后缀。例如：

实奏　外息　挺脱　全还

晕迸　瓤摆　直偻　期摆

五　子缀和儿化

宁阳方言中，带子缀和儿化的词非常丰富，现分别加以讨论。

（一）子缀

在宁阳方言中，子缀是十分重要的后缀，用得非常普遍。子缀词的情况大体如下：

1. 名词＋子→名词。例如：

鼻子　面子　本子　盆子　谷子　猴子

眼眶子　牙花子　小华子　小锋子　小燕子

下巴颏子　脚底板子　脚旮旯子　胡同道子

2. 动词＋子→名词。例如：

剪子　套子　骗子　扳子　撑子　筛子

3. 形容词＋子→名词。例如：

胖子　瘦子　矮子　呆子

傻子　麻子　瞎子　黑子

4. 动宾短语＋子→名词。例如：

对嘴子　打狗子

5. 动词＋词缀“巴”＋子→名词。例如：

宰巴子　讨巴子

6. 副词＋子→名词。例如：

齐头子　一垡子

7. 量词＋子→量词。例如：

绺子　角子　件子　勺子

筐子　篮子　盆子　桌子

带“子”缀的词一般都是名词，但也有相当数量的子缀词既是名词，也可做量词，但是前面必须有数词，如“一篮子苹果”。

（二）儿化

在宁阳方言中，儿化同子缀一样，用得也很普遍。大体说来，儿化的情况如下：

1．名词＋儿→名词。例如：

猫儿　狗儿　羊儿　花儿　叶儿　头儿

面儿　爷儿　妮儿　眼儿　三儿　山儿

狗子儿　秀红儿　小手儿　小嘴儿

2．动词＋儿→名词。例如：

（小）偷儿　（小）摸儿　（口）罩儿

（一）盼儿　（一阵小）跑儿

3．形容词＋儿→名词。例如：

尖儿　小儿

4．数词（排行）＋儿→名词（人名）。例如：

（小）二儿　（小）三儿　（小）四儿　（小）五儿

5．形容词＋儿→形容词。又可分为三种情况：

（1）单音节形容词＋词缀＋儿→形容词。例如：

软乎儿　热乎儿　黑乎儿　瓤乎儿　马乎儿

辣乎儿　酸溜儿　滑溜儿　甜丝儿　凉滋儿

（2）双音节形容词＋儿→形容词。例如：

热闹儿

（3）重叠形容词＋儿→形容词。例如：

慢儿慢儿　好儿好儿

6．副词＋儿→副词。例如：

一起儿原来

7．两个数词连用＋儿→副词。例如：

一俩儿原来，一直

8．数量词＋儿→副词。例如：

一堆儿一块儿，一起

9．量词＋儿→量词。例如：

（五）起儿拨儿、伙　（两）堆儿　件儿　桌儿

本儿　块儿　（一小）绺儿　（一小）把儿

（一）段儿

10．动词＋儿→量词。例如：

（一）捆儿　（一小）捏儿　（一）截儿

11．个别“的”字结构＋儿→名词。例如：

小的儿　勾的儿

儿化具有区别意义的作用，详见下表。

宁阳方言儿化辨义词表

词	读音	词性或词义	例句
一起	$i^{214-31}tɕ‘i^{55}$	共同，一块儿	咱俩～干这个活吧
一起儿	$i^{214-31}tɕ‘ier^{55}$	本来；一开始	这个地方～就不错 ｜ 我～就不认识他
老爷爷	$lɔ^{55}iə^{42-55}iə^{·}$	称老年男子；爷爷的父亲	一位～在树下凉快 ｜ 他～今年九十岁了
老爷儿爷儿	$lɔ^{55-24}iər^{·}\ iər^{·}$	太阳；阳光	～出来了 ｜ 晒～
布袋	$pu^{312-42}tɛ^{·}$	较大的袋子	一～麦子
布袋儿	$pu^{312-42}tɛr^{·}$	衣袋	钥匙装在裤子～里
脾	$p‘i^{55}$	脾脏	～胃 ｜ ～大
脾儿	$p‘ier^{55}$	脾气	他这个～不叫人喜啦
妈妈	$ma^{214-24}ma^{·}$	母亲	他～是语文老师
妈儿妈儿	$mar^{214-24}mar^{·}$	巫婆	孩子的病叫～看坏了

词	读音	词性或词义	例句
送信	ɕyŋ$^{312-31}$ɕiẽ^{312}	投递信件	他待镇邮局里负责～
送信儿	ɕyŋ$^{312-31}$ɕier^{312}	专指报丧	～的来说恁妗子死了
吃头	tsʻʅ$^{214-31}$tʻəu·	对吃的感觉	这个菜没～
吃头儿	tsʻʅ$^{214-31}$tʻəur·	食物	这孩子什么～都有
嘴	tɕyei^{55}	动物的口	买个猪～头子
嘴儿	tɕyer^{55}	小容器的出口	茶壶～｜酒壶～
鼻	pi^{42}	动物的鼻子	～梁｜～疙渣
鼻儿	pier^{42}	器物上可穿绳的小孔	针～｜门～｜扣～
胆	tã^{55}	动物的内脏	～囊｜苦～
胆儿	tɛr^{55}	胆量	你～真小
关	kuã^{214}	使开着的物体合拢等义	～门｜～机｜把鸟儿～在笼子里
关儿	kuɛr^{214}	门闩	关门插～吧
对	tuei^{312}	动词、形容词、介词	～象｜～等｜～人
对儿	tuer^{312}	量词：双	一～鸳鸯｜一～夫妻
扣	kʻəu^{312}	动词	～上扣儿
扣儿	kʻəur^{312}	名词	系～｜纽～
盼	pʻã^{312}	期盼	～着你来
盼儿	pʻɛr^{312}	较短的时间	干一～咱就歇歇
吃食	tsʻʅ$^{214-24}$sʅ^{42}	食物	这家的～不好

词	读音	词性或词义	例句
吃食儿	tsʻʅ$^{214\text{-}24}$sɛr^{42}	动物吃东西	猪都～哩
花线	xua$^{214\text{-}24}$ɕiã^{312}	绣花用的彩线	你上集买点儿～来
花线儿	xua$^{214\text{-}24}$ɕiɛr^{312}	玉米雌蕊	玉蜀黍蹿～了
说说	fə$^{214\text{-}24}$fə·	动词：说一说	你～都是谁去
说儿说儿	fər$^{214\text{-}24}$fər·	名词：原因	年下不能在人家掉泪，有～

（三）“子缀”和“儿化”的比较

子缀和儿化在宁阳方言中用得都很普遍。两者在使用和意义上既有相同的地方，又有不同的地方。

1.从使用上说，有三种情况。一是有的词可以带子缀，也可以读儿化；二是有的词只能带子缀，不能儿化；三是有的词只能儿化，不能带子缀。

（1）可带子缀也可儿化的

盆子—盆儿　本子—本儿　会子—会儿

鼻子—鼻儿　杠子—杠儿　点子—点儿

（2）只可带子缀不能儿化的

宅子　厨子　柿子　茄子　椅子　尺子

剪子　舀子　启子　骗子　狮子　虱子

（3）只能儿化不能带子缀的

花儿　活儿　牛儿　（小）偷儿　（小）摸儿

软乎儿　热乎儿　黑乎儿　（一阵小）跑儿

马乎儿　辣乎儿　酸溜儿　滑溜儿　甜丝儿

凉滋儿　热闹儿　慢儿慢儿　好儿好儿

一堆儿　小的儿

2．从意义上说，主要分四方面：

（1）意义基本相同，只是子缀词相对于儿化词来说，含有“大”的意味，而儿化词则表示“小”，表示轻微。例如：

盆子—盆儿　院子—院儿　棍子—棍儿

印子—印儿　架子—架儿　会子—会儿

板凳子—板凳儿　藕瓜子—藕瓜儿

芋头面子—芋头面儿　鼻哄眼子—鼻哄眼儿

上面在既可带子缀也可儿化的词中，“会子”和“会儿”都表示时间，但“会子”的时间长，可能是几天，也可能是几十天，而“会儿”一般不超过一两个小时。

（2）意义宽窄不同。例子见下表：

子缀和儿化意义宽窄不同例词表

	本子	本儿
①	×	本钱，本金：赔本儿
②	成沓的纸装订起来的册子：书本子丨书本儿	
③	×	版本：手抄本儿
④	×	演出的底本：剧本儿
⑤	×	量词：三本儿书

	面子	面儿
①	粮食磨成的粉：芋头面子丨芋头面儿	
②	粉末：药面子丨药面儿丨花椒面儿	
③	物体的表面：鞋面子丨地面儿	
④	表面的虚荣：爱面子丨要面子	×
⑤	情面：给点面子丨碍于面子	×

（3）意义不同。例子见下表：

子缀和儿化意义不同例词表

鼻子	鼻儿
人或高等动物的嗅觉器官	器物上的小孔：针鼻儿丨门鼻儿
腰子	腰儿
肾	①腰：小细腰儿 ②裤腰：这裤子腰儿短
杠子	杠儿
用来抬东西的较粗的棍子	画的或印的直线
漏子	漏儿
①漏斗：借个漏子使使 ②漏洞：他做的这些事儿净漏子	别人挑选后剩下的东西：拾漏儿
路子	路儿
办事的门路	道路

（4）意义有同有不同。例子见下表：

子缀和儿化意义有同有不同例词表

	点子	点儿
①	液体的小滴：雨点子丨雨点儿	
②	小的痕迹：油点子丨斑点儿	
③	关键的地方：他说到点子上了	汉字笔画之一：横竖点儿撇捺
④	主意，办法：点子多丨想点子	小数点儿
⑤	表示量多：集上那点子人嗳，都挤不动丨吃那点子药也没管事儿丨那点子钱他花不了	表示量少：集上那点儿人嗳，稀稀拉拉的丨吃点儿药就好了丨那点儿钱够干么的？
⑥	×	略微：这个比那个稍大点儿
⑦	×	重叠表示很小或很少：这个瓜一点儿点儿大丨家里只有一点儿点儿粮食，还不快去买
	心眼子	心眼儿
①	心地，用心（贬）：这人心眼子不好丨没安好心眼子	心地，用心（褒）：好心眼儿丨小王心眼儿甚好
②	对人不必要的疑虑（贬）：就你心眼子多，疑神疑鬼的	对人不必要的疑虑（褒）：他这人没心眼儿
③	×	内心：他打心眼儿里高兴
④	×	胸怀，度量：心眼儿小想不开

六　代词

宁阳方言代词表

		单数		复数	
		主格	领格	主格	领格
人称代词	第一人称	俺	俺	俺	俺
		我	我的	我们	我们的
		咱	咱	咱	咱
	第二人称	你	你的	你们	你们的
		恁	恁	恁	恁
		咱	咱	咱	咱
	第三人称	他	他的	他们	他们的
	不定指	人家别人			
		旁人别人，其他的人			
		自己复指前面的代词或名词			
指示代词	近指	这		这些	
		这个		这户儿这种	
		这窝儿这里			
	远指	那		那些	
		那个		那户儿那种	
		那窝儿那里			
疑问代词	问人	谁			
	问事物	么儿什么　哪个　哪户儿哪种			
	问处所	哪　哪里　哪窝儿哪里			
	问方法	怎着怎么着　怎样怎么样			
	问时间	多咱什么时候			
	问数量	多少　几个			

说明：“这窝儿、那窝儿、哪窝儿”也可以在后面加

“间”或“里”，构成“这窝儿间 / 里”、“那窝儿间 / 里”、“哪窝儿间 / 里”。

下面对上表中几个用法复杂的人称代词进一步举例说明。

1. 俺

（1）第一人称单数，主格：

你叫俺，俺没听见。

俺不要你的东西，俺自己有。

（2）第一人称单数，领格：

俺兄弟上大学啦。

俺家就我自己。

（3）第一人称复数，主格：

这件事儿俺都不知道。

俺班里五十个人。

（4）第一人称复数，领格：

俺几个的作业都做完了。

他是俺学校的老师。

2. 咱

（1）第一人称单数，主格：

咱是个大老粗，说话不会拐弯儿。

人家都行，就咱白搭！

（2）第一人称复数，主格：

天快黑了，咱走吧。

咱几个一起干！

（3）第一人称复数，领格：

咱家里还有菜吗？

这几年咱学校变化很大。

（4）第二人称单数，主格：

小宝乖，跌倒了咱也不哭！

他不乖，咱不和他玩了！

3. 恁

（1）第二人称单数，主格：

咱都去，恁去不去？

就恁一个人来就行了。

（2）第二人称单数，领格：

恁媳妇儿上坡了，你也快去！

恁家就恁一个人过？

（3）第二人称复数，主格：

恁都看看，这是他干的好事！

大家都夯着干好好干，晌午我管恁饭。

（4）第二人称复数，领格：

今年恁单位效益最好！

恁家几口人？

4. 人家

（1）别人。例如：

这是咱的，那是人家的。

（2）我。例如：

人家说么儿来？你就发那么大的脾气。

（3）他。例如：

这事人家能办了，人家是谁？咱是谁？咱白搭，咱办不了。

5. 旁人

（1）别人。例如：

你干你的活，旁人谁干涉？

（2）我。例如：

旁人遭天忙得了不得，谁还光想着你那点儿事儿？

七　异调区别动词时态

宁阳方言表示动词时态的方式，主要与普通话一样用助词“着、了”等，如“吃着”是持续体，“吃了”是完成体，“吃过”是经历体，等等，此处不详述。宁阳方言动词时态的表示还有一种特殊的方式是通过声调的不同来区别动作已然和未然的不同，参见下表。

宁阳方言异调区别动词时态举例

词	读音		时态	例句
到	①	tɔ^{312}	未然	我到坡里去
	②	tɔ^{42}	已然	我到坡里
看看	①	k‘ã$^{312-31}$k‘ã·	未然	你到他家里看看他走了么
	②	k‘ã$^{312-42}$k‘ã·	已然	刚才我去看看，他已经走了
试试	①	sɿ$^{312-31}$sɿ·	未然	我试试再说吧
	②	sɿ$^{312-42}$sɿ·	已然	我试试，白搭
治治	①	tsɿ$^{312-31}$tsɿ·	未然	过午我再治治吧
	②	tsɿ$^{312-42}$tsɿ·	已然	头午我治治，还是不行

词	读音		时态	例句
弄弄	①	nəŋ$^{312-31}$nəŋ˙	未然	我再弄弄，弄完你再看看
	②	nəŋ$^{312-42}$nəŋ˙	已然	我弄弄，还是不行
敲敲	①	tɕʻiɔ$^{214-24}$tɕʻiɔ˙	未然	你去了先敲敲门
	②	tɕʻiɔ$^{214-31}$tɕʻiɔ˙	已然	刚才我敲敲门，屋里没人
浇浇	①	tɕiɔ$^{214-24}$tɕiɔ˙	未然	家南那块地该浇浇了
	②	tɕiɔ$^{214-31}$tɕiɔ˙	已然	我刚才浇浇家南那块地

表中除“到”以外，宁阳方言动词时态的异调表示全部是在单音动词的重叠使用时，未然和已然分别含有“V一V”和“V了V”的意思。从语音上说，两者后字都读轻声，所不同的是：表未然的按轻声音变的第二种规则变，而表已然的则按轻声音变的第一种规则变。

八 形容词

（一）正反义复合双音节形容词

宁阳方言中，有的表示相反意义的单音节形容词，可以组合成双音节形容词来使用，“高”限度在前，“低”限度在后，有时儿化，意义只在前面的“高”限度音节上；后面的“低”限度音节只起陪衬作用，或者说只起词的双音化的作用，意义上与它无关。如：

大小（儿）—大　　高低（儿）—高

粗细（儿）—粗　　长短（儿）—长

深浅（儿）—深　　厚薄（儿）—厚

这类正反义复合双音节形容词，前面能加“老”修饰，表示程度上的“挺”。例如：

老大小（儿）—挺大　老高低（儿）—挺高

老粗细（儿）—挺粗　老长短（儿）—挺长

老深浅（儿）—挺深　老厚薄（儿）—挺厚

（二）形容词的生动形式

1．BA

BA 表示的程度极深，相当于“非常 A”。

响干　响晴　四方　四齐　涕滑　漆黑

通红　铮绿　煞白　魆青　魆紫　焦黄

湛蓝　齁咸　血酸　麦儿甜

2．AB—ABB 的

稀拉—稀拉拉的　干巴—干巴巴的

硬帮—硬帮帮的　软乎—软乎乎的

这类词多带有厌恶的色彩，且厌恶的色彩渐强。

3．AB 儿—AB 儿 B 儿的

这是一种渐进式的形容词生动形式，其表达的意义程度渐轻，而喜爱的色彩渐浓。

脆生儿—脆生儿生儿的　甜丝儿—甜丝儿丝儿的

胖悠儿—胖悠儿悠儿的　烂乎儿—烂乎儿乎儿的

软乎儿—软乎儿乎儿的　热乎儿—热乎儿乎儿的

4．溜 A—A 溜儿—A 溜儿溜儿的

这是一种渐进式的形容词生动形式，其表达的程度由最强而逐渐变为最弱，其中的 A 为单音节形容词。

溜薄—薄溜儿—薄溜儿溜儿的

溜滑—滑溜儿—滑溜儿溜儿的

溜酸—酸溜儿—酸溜儿溜儿的

溜圆—圆溜儿—圆溜儿溜儿的

5．ABC 的

整个词表达的程度要比单个的 A 稍微强烈，且有明显的感情色彩。

酸不叽的　恬不学的　咸个娄的　滑出溜的

脏疪歪的　血疪歪的　黏疪糊的　秃古查的

6．ABCD 的

根据 A、B、C、D 的结构关系又可分为三类。

（1）A＋BCD 的

A 为单音节词，“BCD 的”为后缀。根据 A 的词性又可分为：

①A 为形容词

胡而马约的　碎而不叽的　脏而败叽的

症而瓜叽的　狂不拉叽的　鬼而咕叽的

②A 为动词

晕而败叽的　习溜哈乎的　操而八蛋的

③A 为名词

花里胡哨的　血糊淋拉的

（2）AB＋CD 的

AB 是双音节词，“CD 的”是后缀。

温凉不展的　疙瘩郎外的　蔫悠败叽的

边边拉块的　个大拉小的　黄病拉叽的

（3）AB＋CD＋的

AB 和 CD 结构相似，意义相近，结合在一起构成联合结构。

云山雾罩的　胡吹海嗙的　家长里短的

黑灯瞎火的　点灯熬油的　疵毛撅腚的

丢三落四的　颠三倒四的　装疯卖傻的

人模狗样的　少皮无毛的　严丝合缝的

7. AABB 的

这是双音节词 AB 的重叠式。根据 AB 的词性又可分为以下几种：

①AB 是形容词

干干净净的　整整齐齐的　严严实实的

结结实实的　和和睦睦的　实实在在的

凄凄凉凉的　小小作作的　大大方方的

②AB 是动词

没没落落的　呲呲闹闹的　嘻嘻哈哈的

拿拿捏捏的　炸炸歪歪的　晃晃悠悠的

③AB 是名词

坑坑洼洼的　毛毛哄哄的　心心念念的

疙疙瘩瘩的　娘娘们儿们儿的

④AB 是拟声词

呼呼啦啦的　吱吱呦呦的　吱吱歪歪的

扑扑嚓嚓的　叮叮当当的　滴滴答答的

8．ABAB 的

这一类是由某些描述性动词或某些拟声词通过 AB 式重叠而成的。

忽闪忽闪的　忽打忽打的　咯娄儿咯娄儿的

吭哧吭哧的　扑哧扑哧的　哼唧儿哼唧儿的

呱唧呱唧的　出溜出溜的　咯嘣咯嘣的

9．ABAC 的

其中的 B、C 可组成双音节复合词。

不这不那的　嗡声嗡气的　像模儿像样儿的

好声好气的　浪声浪气的　好模儿好样儿的

（三）形容词程度表示法

宁阳方言的形容词程度表示法，除上面谈到的加词缀和重叠以外，还可以用表示少量的量词“点儿”和程度副词“乔、挺、甚、更、最、真、可……来哩、刚……来哩”等来配合表示。

1.“点儿”（读轻声），用在形容词后，表示的程度比单用形容词稍强。例如：

红点儿　　黑点儿　　大点儿　　小点儿

实奏点儿　瓤乎点儿　干净点儿　大方点儿

2.“乔”，用在形容词前，表示的程度比用“点儿”稍强，大体相当于普通话中的“较”。例如：

乔冷　乔脏　乔疼　乔黑　乔害怕　乔难受

相比较来说，能和“乔”搭配的形容词较少些。

3.“挺”，用在形容词前，表示的程度比用“点儿”又强。例如：

挺好　挺难　挺快　挺大　挺干净　挺利索

4.“甚”，表示程度比“挺”又稍微强些。例如：

甚能　甚好　甚高　甚远

甚难受　甚干净　甚老实　甚嘹亮

5.“更”，表示的程度比用“甚”又进了一步。例如：

更快　更好　更能　更近便　更服实

更讲究　更漂亮　更干净　更老实　更窝囊

6.“最”，表示程度最强。例如：

最好　最大　最听话　最难缠　最无料

最干净　最漂亮　最满意　最和睦　最红火

7.“可……来哩”，表示程度强，且包含明显的评价和倾向性。例如：

可能来哩　可好来哩　可大来哩

可漂亮来哩　可大方来哩　可喜人来哩

8.“刚……来哩”，表示的程度比“可……来哩”又稍强。例如：

刚大来哩　刚香来哩　刚安稳来哩

刚可怜来哩　刚碎气来哩　刚漂亮来哩

九　数量词

（一）序数表示法

宁阳方言中的序数表示法，通常是在基数词前加“第”，构成如“第一、第二、第三”等的格式。但“第一”常常说成“头一”，例如：

头一回儿　头一遍　头一天　头一个　头一年

“头”用在“一”之外的其他基数词前面，表示该数及其前面的所有数。例如：

头两回儿：包括第一回儿和第二回儿

头三天：包括第一天、第二天和第三天

头四名：包括第一名、第二名、第三名和第四名

“头”还可以放在连用的两个基数词前，意思相当于“前”。例如：

头一两回儿　头三四天　头三五天　头两三个月

（二）分数表示法

表示分数时，宁阳方言老派一般不用“十分之×”、“百分之×”这样的格式（新派这种表达方式用的越来越普遍），而是习惯说成“一半儿（二分之一）、一多半儿（多于二分之一）、一大半儿（二分之一以上）、一少半儿（少于二分之一）、一小半儿（二分之一以下）”，需要较确切地表示“十分之×”时，常说成“×成”。例如：

这些大约是总数的三成。

好的能占到五成，瞎包的也能占到五成。

（三）约数表示法

宁阳方言约数的表示方法主要分为两类，一是表示“超过”的约数，一是表示“接近”的约数。

1. 表示“超过”的约数，主要用下列词语来表达，它们都相当于“多”。

（1）用“把”表示。例如：

千把人一千多人　里把路一里多路　尺把长一尺多长

米把深一米多深　年把了一年多了　个把星期一个多星期

（2）用“拉”表示。“拉”放在“十”后表示“十多”。例如：

十拉个人十多个人　十拉里路十多里路

十拉年了十多年了　十拉天了十多天了

（3）用“好几”表示。例如：

十好几里路十多里路（或：十几里路）

十好几个人十多个人（或：十几个人）

十好几天了十多天了（或：十几天了）

三十好几了三十多了

（4）用“冒（mɔ^{214}）”表示。例如：

五十冒了五十多了　三十冒点儿三十多点儿

（5）用“开外”表示。例如：

三十开外三十多　五十开外五十多

2．表示“接近”的约数，主要用下列词语来表达。

（1）用“小”表示。例如：

小五十儿　小三十儿

（2）用“到好”表示。例如：

到好五十了　到好二十个　到好晌午了

（3）用“差不多”表示。例如：

差不多五十了　差不多三点了　差不多到时间了

（4）用“快”表示。例如：

快晌午了　快五十了　快“五一”了

此外，宁阳方言还常把两个基数连用，来表示该两个数之间的约数。例如：

三四个　五六户　七八家　十一二份

二三十张　四五百块　七八千人　十七八岁

（四）子缀量词

宁阳方言的量词与普通话用法大体一样，如“买件子衣裳”、“买一件衣裳”等，稍有不同的是，一些单音量词在宁阳方言中常常加“子”缀。例如：

一件子　一瓶子　一桌子　一盆子

一筐子　一车子　一门子　一阵子

量词带子缀的用法，普通话也有，例如：

这档子事　拉来一车子货　买了一筐子苹果

摆上一桌子菜　来了一伙子人　一下子认不出来

普通话的这种子缀量词并不多，一般只能使用在“一”的数词后面。宁阳方言的子缀量词比普通话多得多，而且并不受前面数词的限制。下面是宁阳方言常用而普通话一般不用的子缀量词：

买了两件子衣裳　刮了一阵子风　推了两车子土

串了两门子亲戚　拿了三瓶子油　盛了四盆子水

摆了六桌子酒席　买了八袋子盐　下了十筐子苹果

和普通话一样，宁阳方言的量词也可不加子缀，如果数字是“一”，那么“一”也可省略。下面的句子都可以用：

买一件衣裳　买一件子衣裳

买件衣裳　买件子衣裳

十　比较句式

宁阳方言的肯定比较句和普通话一样，常用“A 比 B……”的句式，但否定比较句宁阳方言常用“不跟”。例如：

肯定式	否定式
我比你高。	我不跟你高。
你比他跑得快。	你不跟他跑得快。
这个瓜比那个瓜沉。	这个瓜不跟那个瓜沉。
这个屋比那个屋冷。	这个屋不跟那个屋冷。

可以看出，宁阳方言的“不跟”和普通话的“不比”还是有区别的。“不跟”是“不如”，“不比”是“不超过”。“我不跟你高”是“我不如你高”，那肯定是“你比我高”；而“我不比你高”是“我不超过你（没高过你）”，当然不能肯定“你比我高”，也可能“我和你一样高”。

多个事物或物体相比时，普通话用“最”，宁阳方言也用“最”，但更多的是用“数”，也可以“数”、“最”同时用。比如：

俺班里数他大｜俺班里数他最大

咱五个数他小｜咱五个数他最小

宁阳方言还常常在“数”的前面加上个“顶”，以加强语气。上面的例句就成为：

俺班里顶数他大｜俺班里顶数他最大

咱五个顶数他小｜咱五个顶数他最小

两个事物或物体相比，无差距时，宁阳方言用“般”

表示，普通话用“一般”或“一样”表示。下表是两者的比较：

宁阳方言与普通话无差异比较句式对照表

宁阳方言	普通话
这两个苹果般大	这两个苹果一样 / 般大
俺俩般高	我们两个一样 / 般高
他和我般高	他和我一样 / 般高
这个碗和那个碗般大	这个碗和那个碗一样 / 般大
咱两个干得般快	我们两个干得一样 / 般快
我和你跑得般快	我和你跑得一样 / 般快
恁俩吃得般多	你们俩吃得一样 / 般多
你和他吃得般多	你和他吃得一样 / 般多

十一　是非疑问句

宁阳方言中是非问句的回答形式是固定的，一般为：

1. 当谓词是“是”时，肯定回答用“是”，否定回答用“不是”或“不是价”。例如：

你是老师吗？ 肯定回答：是。 否定回答：不是 / 不是价。

他是山东人不？ 肯定回答：是。 否定回答：不是 / 不是价。

2. 当谓词是“有”时，肯定回答用“有”，否定回答用“没有”或“没有价”。例如：

你有橡皮么？ 肯定回答：有。否定回答：没有 / 没有价。

恁家有地排车么？ 肯定回答：有。 否定回答：没有 / 没有价。

3．当谓词是一般动词，且带有句末疑问语气词时，肯定回答用“问句中出现的动词＋问句中出现的助词”，否定回答用“没＋问句中出现的动词”或“没价”。例如：

你见我的笔来么？ 肯定回答：见来。否定回答：没见 / 没价。

他吃饭了么？ 肯定回答：吃了。 否定回答：没吃 / 没价。

你拿钱来了么？ 肯定回答：拿（来）了。 否定回答：没拿（来） / 没价。

4．当谓词是一般动词或形容词，且带有句末疑问语气词“不”或“吗”时，肯定回答用“问句中出现的动词（或形容词）”，否定回答一般不单说“不”，而是用“不＋问句中出现的动词（或形容词）”。例如：

头晌午你开会不？ 肯定回答：开。否定回答：不开。

你买衣裳不？ 肯定回答：买。否定回答：不买。

你吃饭不？ 肯定回答：吃。否定回答：不吃。

你说的那里远不？ 肯定回答：远。否定回答：不远。

那里甚好吗？ 肯定回答：甚好。否定回答：不好。

恁家的天井大吗？ 肯定回答：大。否定回答：不大。

宁阳方言中一般没有 “反复问句”，普通话中的反复问句在宁阳方言中一般用上面的“4.” 或“3.”两种句式代替。例如：

宁阳方言	普通话
你过晌午去不？	你下午去不去？
你说的那里远不？	你说的那个地方远不远？
我的脸红不？	我的脸红不红？
你到底儿吃饭来么？	你到底吃没吃饭？
你沿儿里上他家去来么？	你昨天去没去他家？

十二　被动句

宁阳方言被动句引出施事的介词用“叫”，相当于普通话的“被”。宁阳方言的被动句式有：

1.“受事＋叫＋施事＋动词”。例如：

小王叫狗咬了。

那个新碗叫我打碎了。

小偷叫警察关屋里了。

树上的大马蜂窝叫小山投下来了。

小强叫小国揍破头了。

2.“受事＋叫＋施事＋给＋动词”。例如：

小王叫狗给咬了。

那个新碗叫我给打碎了。

小偷叫警察给关屋里了。

树上的大马蜂窝叫小山给投下来了。

小强叫小国给揍破头了。

普通话的被动句，施事可以省略，宁阳方言不能省略。

普通话“那个新碗被打碎了”、“ 小强被打破头了”，宁阳方言不能说“那个新碗叫打碎了”、“小强叫打破头了”。

十三　两种特殊结构

（一）“家＋走（去 / 来）”结构

“家走”、“家去”、“家来”结构，是“往家走”、“到家里去”、“到家里来”的缩略语。例如：

咱家走吧。	咱家去吧。	他家来了。
他家走了。	他家去了。	他刚家来。
干不完活不能家走。	你家去别吱声。	他家来不?

（二）“形容词＋着＋点儿”结构

宁阳方言中的“形容词＋着＋点儿”结构，既可放在动词前做状语，又可放在动词后做补语。两种格式所表达的意思是一样的。例如：

做状语	做补语
你快着点儿走。	你走快着点儿。
你慢着点儿跑。	你跑慢着点儿。
你大着点儿切。	你切大着点儿。
你宽着点儿铰。	你铰宽着点儿。

第五章　语料记音

一　谚语

1．yẽ$^{42-55}$tsʻɛ˙ saŋ$^{312-31}$nã^{42}y^{55}liã^{42}liã^{42}，yẽ$^{42-55}$tsʻɛ˙ saŋ$^{312-31}$
云　彩　上　南雨连连，云　彩　上
ɕi$^{214-24}$pʻei$^{214-24}$ɕyə$^{214-31}$i˙，yẽ$^{42-55}$tsʻɛ˙ saŋ$^{312-31}$pei$^{214-24}$i$^{214-24}$
西　披　蓑　衣，云　彩　上　北　一
tsẽ$^{312-31}$xei^{214}，yẽ$^{42-55}$tsʻɛ˙ saŋ$^{312-31}$tuŋ$^{214-24}$i$^{214-24}$tsẽ$^{312-31}$fəŋ^{214}。
阵　黑，云　彩　上　东　一　阵　风。

2．tuŋ^{214}nã^{42}fəŋ$^{214-24}$pu$^{214-31}$tɔ^{55}，pɛ^{42}ɕiã^{42}y^{55}ɕiɔ^{55}。
东　南　风　不　倒，别　嫌　雨　小。

3．pa$^{214-31}$yə^{55}sɿ^{42}u^{55}yẽ^{42}tsə$^{214-24}$yə^{31}，tsəŋ$^{214-31}$yə^{55}sɿ^{42}u^{55}
八　月　十　五　云　遮　月，正　月　十　五
ɕyə$^{214-31}$ta^{55}təŋ^{214}。
雪　打　灯。

4．i$^{214-31}$tɕiəu^{55}ər$^{312-31}$tɕiəu^{55}pu$^{214-24}$pfʻu$^{214-31}$səu^{55}，sã$^{214-31}$
一　九　二　九　不　出　手，三
tɕiəu^{55}sɿ$^{312-31}$tɕiəu^{55}piŋ$^{214-31}$xaŋ˙ tsəu^{55}；u^{55}tɕiəu^{55}liəu$^{312-31}$tɕiəu^{55}
九　四　九　冰　上　走；五　九　六　九
iã^{42}xə^{42}kʻã$^{312-31}$liəu^{55}；tɕʻi$^{214-24}$tɕiəu^{55}liəu$^{312-31}$sɿ^{42}sã^{214}，lu$^{312-42}$
沿　河　看　柳；七　九　六　十　三，路
xaŋ˙ ɕiŋ^{42}zẽ^{42}pa$^{312-31}$i$^{214-24}$tã^{214}；tɕiəu^{55}tɕiəu^{55}pa^{214}sɿ^{42}i^{214}，tɕia$^{214-31}$
上　行　人　把　衣　单；九　九　八　十　一，家

li˙ tɕyə$^{312-31}$fã$^{312-31}$uɛ$^{312-31}$piã$^{214-24}$tsʻɿ^{214}。
里做　饭　外　边　吃。

5．pfẽ$^{214-31}$ta^{55}liəu$^{312-31}$tɕiəu^{55}tʻəu^{42}，piã$^{312-31}$ti$^{312-31}$sɿ$^{312-31}$
春　打　六　九　头，遍　地　是
kəŋ^{214}ȵiəu^{42}。
耕　牛。

6．ɕia$^{312-31}$tsɿ$^{312-31}$tuŋ^{214}nã^{42}fəŋ^{214}，taŋ^{214}sɿ^{42}tsəu$^{312-31}$pã$^{214-24}$
夏　至　东　南　风，当　时　就　搬
piŋ^{214}。
兵。（“搬 兵”指下雨）

7．tsɔ^{55}fu$^{312-31}$kʻɛ$^{214-24}$xua^{214}，mei$^{214-31}$tsɿ˙ tɕiẽ$^{312-31}$tɕia^{214}；
枣　树　开　花，麦　子　进　家；
tɕʻi^{214}tsʻəŋ^{42}səu^{214}，pa^{214}tsʻəŋ^{42}tiəu^{214}。
七　成　收，八　成　丢。

8．xə$^{42-55}$ma˙ ta^{55}ua$^{214-31}$ua˙，sɿ$^{312-31}$sɿ^{42}u^{55}tʻiã$^{214-24}$tsʻɿ$^{214-24}$
蛤　蟆　打　哇　哇，四　十　五　天　吃
kə$^{214-31}$ta˙。
疙　瘩。

9．ɕiã$^{214-24}$ɕia$^{312-31}$ȵiəu^{42}mɔ^{42}mei$^{214-24}$ta$^{312-31}$y^{55}，xəu$^{312-31}$
先　下　牛　毛　没　大　雨，后
ɕia$^{312-31}$ȵiəu^{42}mɔ^{42}pu^{214}tɕʻiŋ^{42}tʻiã^{214}。
下　牛　毛　不　晴　天。

10．ləŋ^{55}tsɛ$^{312-31}$sã$^{214-31}$tɕiəu^{55}，zə$^{214-24}$tsɛ$^{312-31}$pfəŋ^{214}fu^{42}。
冷　在　三　九，热　在　中　伏。

11．kɛ$^{214-24}$zə$^{214-24}$pu$^{214-24}$zə^{214}，u^{55}ku$^{214-24}$pu$^{214-24}$tɕiə^{214}；
该　热　不　热，五　谷　不　结；

kɛ$^{214-24}$ləŋ^{55}pu$^{214-31}$ləŋ^{55}，zẽ^{42}səu$^{312-31}$tsɛ$^{214-24}$ɕiŋ^{214}。
该 冷 不 冷，人 受 灾 星。

12. liẽ^{42}fu^{42}tʻəu^{42}，sɛ$^{312-31}$fu^{42}tɕyə^{214}，ta$^{55-24}$li· liaŋ$^{42-55}$
淋暑头，晒 暑脚， 打 的粮
sɿ· mei^{214}pfʻu$^{312-31}$kə^{214}。
食没 处 搁。

13. ɕiɔ^{55}fu^{42}ta$^{312-31}$fu^{42}，kuã$^{312-42}$sɿ· lɔ$^{55-24}$fu·。
小暑大 暑，灌 死老 鼠。

14. uŋ$^{312-31}$pfʻã^{214}tɕʻyẽ^{42}，sã$^{214-24}$tɛ$^{312-31}$mɔ^{312}，iã$^{312-42}$tsɿ·
瓮 穿 裙，山 戴 帽，燕 子
ti$^{214-24}$ɕy^{214} sə^{42}kuə$^{312-31}$tɔ^{312}，ta$^{312-31}$y^{55}pu$^{214-31}$tɕiəu^{55}tsəu$^{312-31}$
低 飞 蛇过 道，大 雨不 久 就
lɛ^{42}tɔ^{312}。
来到。

15. tɕiɔ$^{214-31}$lɔ· tɕʻi$^{214-31}$yə· tɕiə^{214}，iə$^{312-31}$xã^{42}pei^{42}tʻiã$^{214-24}$zə^{214}。
交 了七 月节，夜 寒白天 热。
li$^{214-24}$tɕʻiəu$^{214-24}$sã$^{214-31}$tsʻaŋ· y^{55}，ma^{42}pu$^{312-31}$kua^{42}tsɿ· kɔ$^{214-24}$
立 秋 三 场雨，麻布 褂 子高
kua$^{312-31}$tɕʻi^{55}。
挂 起。

16. zɿ$^{312-42}$tʻəu· tɔ$^{312-31}$tsɔ^{312}，sɛ$^{312-42}$li· mɔ^{42}tɕiɔ^{312}。
日 头倒 照，晒 得猫叫。

17. zɿ$^{312-31}$yẽ$^{312-31}$sã$^{214-24}$kəŋ$^{214-31}$y^{55}，yə$^{312-31}$yẽ$^{312-31}$u^{55}sɿ^{42}fəŋ^{214}。
日 晕 三 更 雨，月 晕 午时风。

18. ta$^{312-31}$u$^{312-31}$pu$^{214-24}$kuə$^{312-31}$sã^{214}，kuə$^{312-31}$sã^{214}sɿ^{42}
大 雾 不 过 三，过 三十

pa$^{214-24}$tʻiã^{214}。
八　天。

19. tsɔ^{55}u$^{312-31}$tɕʻiŋ^{42}，iə$^{312-31}$u$^{312-31}$y^{55}，pfəŋ$^{312-31}$u$^{312-31}$
早　雾　晴，夜　雾　雨，重　雾
sã$^{214-24}$tʻiã$^{214-24}$pi$^{214-24}$ta$^{312-31}$y^{55}。
三　天　必　大　雨。

20. nã^{42}fəŋ$^{214-24}$pu$^{214-24}$kuə$^{312-31}$saŋ^{55}，kuə$^{312-31}$saŋ^{55}tɔ$^{312-31}$
南风　不　过　晌，过　晌　到
uã$^{55-24}$xaŋ˙。
晚　上。

21. lei^{42}xuŋ$^{214-24}$tʻiã$^{214-31}$tiŋ^{55}，iəu^{55}y^{55}pu$^{214-31}$məŋ^{55}；lei^{42}
雷　轰　天　顶，有　雨　不　猛；雷
xuŋ$^{214-24}$tʻiã$^{214-24}$piã^{214}，ta$^{312-31}$y^{55}liã^{42}tʻiã^{214}。
轰　天　边，大　雨连　天。

22. tsɔ^{55}ɕia^{42}pu$^{214-24}$pfʻu^{214}mẽ^{42}，uã^{55}ɕia^{42}ɕiŋ^{42}tɕʻiã$^{214-31}$li^{55}。
早　霞　不　出　门，晚　霞　行　千　里。

23. u$^{312-42}$ləu˙tʻiã^{214}ɣə$^{312-42}$pu˙sɿ^{55}ɕia$^{214-24}$iŋ^{214}。
雾　娄　天　饿　不　死　瞎　鹰。

24. pei$^{42-55}$lu˙tsɔ^{55}，xã$^{42-55}$lu˙tsʻɿ^{42}，tɕʻiəu$^{214-24}$fẽ$^{214-24}$pfəŋ$^{312-31}$
白　露　早，寒　露　迟，秋　分　种
mei$^{214-24}$tsəŋ$^{312-31}$sɿ^{214}i^{42}。
麦　正　适　宜。

25. ku$^{214-31}$y^{55}tɕʻiã^{42}xəu^{312}，pfəŋ$^{312-31}$kua$^{214-24}$pfəŋ$^{312-31}$təu^{312}。
谷　雨　前　后，种　瓜　种　豆。

26. tʻɔ^{42}sã$^{214-24}$ɕiŋ$^{312-31}$sɿ$^{312-31}$li^{42}u^{55}ȵiã^{42}，tsɔ^{55}fu$^{312-31}$taŋ$^{214-31}$
桃　三　杏　四　梨　五　年，枣　树　当

ȵiã^{42}tsəu$^{312-31}$xuã$^{312-31}$tɕ'iã^{42}，iɔ$^{312-31}$ts'ɿ$^{214-24}$xə$^{42-55}$t'ɔ˙ təŋ^{55}pa^{214}ȵiã^{42}。
年就换钱，要吃核桃等八年。

27．tɕ'i$^{214-31}$yə˙ li˙ xə$^{42-55}$t'əu˙ pa$^{214-31}$yə˙ li˙ li^{42}，tɕiəu$^{55-24}$yə˙
七月里核桃八月里梨，九月
li˙ sɿ$^{312-42}$tsɿ˙ xuŋ$^{42-55}$lɔ˙ p'i^{42}。
里柿子红了皮。

28．tɕ'i$^{214-31}$yə˙ sɿ^{42}ur^{55}xuŋ^{42}pier^{42}tsɔ^{55}，pa$^{214-31}$yə˙ sɿ^{42}ur^{55}
七月十五儿红鼻儿枣，八月十五儿
ta^{55}pɛ$^{312-42}$ liɔ˙。
打败了。

29．ts'ɿ$^{214-31}$pu˙ tɕ'yŋ^{42}，xə$^{214-31}$pu˙ tɕ'yŋ^{42}，pu$^{214-24}$xuei$^{312-31}$
吃不穷，喝不穷，不会
p'ã$^{42-55}$ɕyã˙ tsəu$^{312-31}$səu$^{312-31}$tɕ'yŋ^{42}。
盘算就受穷。

30．zẽ^{42}tɕ'iẽ^{42}ti$^{312-31}$səŋ$^{214-31}$pɔ^{55}，zẽ^{42}lã^{55}ti$^{312-31}$səŋ$^{214-31}$ts'ɔ^{55}；
人勤地生宝，人懒地生草；
ɣə$^{312-31}$lã^{55}zẽ^{42}，tuŋ$^{312-31}$ɕiã^{42}zẽ^{42}。
饿懒人，冻闲人。

31．pf'ẽ$^{214-24}$t'iã^{214}tuə$^{214-24}$sɿ^{214}i$^{214-24}$tã$^{312-31}$xuei^{214}，tɕ'iəu$^{214-24}$
春天多施一担灰，秋
t'iã^{214}tuə$^{214-31}$ta^{55}liaŋ^{42}i$^{214-24}$tɕyei^{214}。
天多打粮一堆。

32．ɕia$^{312-31}$tɕ'iəu^{214}ɕia$^{214-24}$ɕia˙ iɔ^{214}，tɕ'iaŋ^{42}sɿ$^{312-31}$tuŋ$^{214-24}$
夏秋虾虾腰，强似冬
t'iã^{214}pfã$^{312-31}$sã$^{214-24}$tsɔ^{214}。
天转三遭。

33. pfẽ$^{214-24}$tsəŋ$^{214-24}$zɿ^{312}，ɕia$^{312-31}$tsəŋ^{214}sɿ^{42}，pã$^{312-31}$tʻiã^{214}

春 争 日，夏 争 时，半 天

tã$^{214-24}$u˙ i^{214}tɕi$^{312-42}$tsɿ˙。

耽 误一 季 子。

34. mei$^{214-24}$pʻa$^{312-31}$tʻɛ$^{214-31}$li˙ xã^{312}，zẽ^{42}pʻa$^{312-31}$lɔ^{55}lɛ^{42}tɕʻyŋ^{42}。

麦 怕 胎 里旱，人 怕 老 来 穷。

35. tsɿ$^{55-24}$li˙ pɔ$^{214-31}$pu^{55}pfu$^{312-31}$xuə^{55}，tɕʻiaŋ^{42}ta^{55}pei$^{214-31}$

纸 里 包 不 住 火，墙 打 百

tu^{55}mei$^{214-31}$iəu^{55}pu$^{214-24}$tʻəu$^{312-31}$fəŋ$^{214-31}$li˙。

堵 没 有 不 透 风 的。

36. iɔ$^{312-31}$ɕiaŋ^{55}zẽ^{42}pu$^{214-24}$tsɿ^{214}，pfʻu^{42}fi^{214}tɕi$^{214-24}$mə^{214}uei^{42}。

要 想 人 不 知，除 非 己 莫 为。

37. pu$^{214-24}$tʻiŋ^{214}lɔ^{55}zẽ^{42}iã^{42}，tsʻɿ$^{214-24}$kʻuei^{214}tsɛ$^{312-31}$iã^{55}tɕʻiã^{42}。

不 听 老 人言，吃 亏 在 眼 前。

38. tsʻɿ$^{214-24}$zẽ$^{42-55}$tɕia˙ li˙ tɕyei^{55}vã^{55}，na^{42}zẽ$^{42-55}$tɕia˙ li˙ səu^{55}tuã^{55}。

吃 人 家的 嘴 软，拿 人 家 的 手 短。

39. u^{55}pfẽ^{214}liaŋ$^{312-31}$tɕʻiəu^{214}lɔ^{55}lɛ^{42}pfaŋ^{312}。

捂 春 晾 秋 老 来 壮。

40. zẽ^{42}sɿ$^{312-31}$tʻiə^{214}，fã$^{312-31}$sɿ$^{312-31}$kaŋ^{214}，i$^{214-24}$tuẽ$^{312-31}$

人 是 铁，饭 是 钢，一 顿

pu$^{214-24}$tsʻɿ^{214}ɣə$^{312-42}$li˙ xaŋ˙。

不 吃 饿 得 慌。

41. tsʻɿ$^{214-24}$fã$^{312-31}$ɕiã$^{214-24}$xə$^{214-24}$tʻãr^{214}，pu$^{214-24}$yŋ$^{312-31}$tɛ$^{312-42}$

吃 饭 先 喝 汤儿，不 用 大

fu˙ kʻɛ$^{214-24}$yə$^{214-24}$fãr^{214}。

夫 开 药 方儿。

42. fei$^{312-31}$tɕ‘iã^{42}t‘aŋ$^{312-31}$t‘aŋ˙ tɕyə^{214}，səŋ$^{312-31}$kuə$^{312-31}$ɣã^{214}

睡 前 烫 烫 脚，胜 过 安

miã^{42}yə^{214}。

眠 药 。

43. pu$^{214-24}$taŋ$^{214-24}$tɕia^{214}pu$^{214-24}$tsʅ^{214}ts‘ɛ^{42}mi^{55}kuei^{312}，

不 当 家 不 知 柴 米 贵，

pu$^{214-31}$iaŋ^{55}ər^{42}pu$^{214-24}$tsʅ$^{214-24}$fu$^{312-31}$mu^{55}ɣẽ^{214}。

不 养 儿 不 知 父 母 恩。

44. ər^{42}pu^{214}ɕiã^{42}ȵiaŋ^{42}ts‘əu^{55}，kəu^{55}pu^{214}ɕiã^{42}tɕia^{214}p‘iẽ^{42}。

儿 不 嫌 娘 丑， 狗 不 嫌 家 贫。

45. i$^{214-24}$piã$^{312-31}$səŋ^{214}，ər$^{312-31}$piã$^{312-31}$fu^{42}，sã$^{214-24}$piã$^{312-31}$

一 遍 生，二 遍 熟，三 遍

pu$^{214-24}$yŋ$^{312-31}$uẽ$^{312-31}$sʅ$^{214-31}$fu^{55}。

不 用 问 师 傅。

46. pu$^{214-31}$ləŋ^{55}tɛ$^{312-31}$i$^{214-31}$saŋ^{55}，pu$^{214-24}$ɣə$^{312-31}$tɛ$^{312-31}$

不 冷 带 衣 裳，不 饿 带

kã$^{214-31}$liaŋ˙。

干 粮 。

二 歇后语

1. tɔ$^{55-24}$lɔ˙ mə^{312}，tsa$^{42-55}$lɔ˙ ȵiã^{312}——sʅ^{42}ta^{55}sʅ^{42}。

倒 了 磨， 砸 了 碾 —— 石 打 石。

2. saŋ$^{312-31}$ɕiɛ^{42}pu$^{214-24}$yŋ$^{312-31}$pfei$^{214-31}$tsʅ˙ —— tsẽ$^{214-24}$

上 鞋 不 用 锥 子 —— 针（真）

xɔ^{55}。

好 。

3. $sɿ^{42}kɔ^{55}na^{42}təu^{312-42}fu^{·}$——$i^{214-24}u^{312-31}ɕiaŋ^{42-55}i^{·}u^{312}$。

石膏拿豆腐——一物降一物。

4. $ɕiɔ^{55}tɕ'yŋ^{214-24}pã^{312-31}təu^{312-42}fu^{·}$——$i^{214-24}tɕ'iŋ^{214-24}$

小葱拌豆腐——一清

$ər^{312-31}pei^{42}$

二白。

5. $ia^{55-24}pa^{·}xə^{214}xuaŋ^{42}liã^{42}$——$iəu^{55}k'u^{55}nã^{42}iã^{42}$。

哑巴喝黄连——有苦难言。

6. $sa^{214-24}kuə^{214-31}tsɿ^{·}tɔ^{55}ɕyã^{312}$——$i^{214-24}pfei^{42-55}tsɿ^{·}mɛ^{55-24}mɛ^{·}$。

砂锅子捣蒜——一锤子买卖。

7. $tsɔ^{55}xu^{42-55}tsɿ^{·}tɕiɛ^{55}pɛr^{55}$——$mei^{214-24}la^{42-55}t'əu^{·}$。

枣核子解板儿——没拉（啦）头。

8. $ɕiã^{42-55}ts'ɛ^{·}kaŋ^{214-31}li^{·}iã^{214-24}ts'əŋ^{312-31}t'uə^{42}$——$i^{214}iã^{42}$

咸菜缸里腌秤砣——一盐（言）

$nã^{42}tɕiẽ^{312}$。

难进（尽）。

9. $luə^{42-55}ku^{·}tsɿ^{·}saŋ^{312-31}sã^{214}$——$tɕ'iã^{42}tɕiẽ^{55}$。

罗骨子上山——前（钱）紧。

10. $mə^{312-31}iã^{55-24}li^{·}ts'a^{214-24}pfu^{214-24}kã^{214}$——$pfu^{214-24}$

磨眼里插竹竿——触

$t'iã^{214-24}ta^{312-31}ts'əu^{55}$。

天大筹（仇）。

11. $mɛ^{312-31}zəu^{312-42}li^{·}k'aŋ^{312-42}tsɿ^{·}p'ɛ^{42-55}faŋ^{·}$——$tɕia^{312-42}$

卖肉的扛着牌坊——架

$tsɿ^{·}pu^{214-31}ɕiɔ^{55}$。

子不小。

12．ɕia$^{214-31}$mi^{55}ɕi$^{214-24}$kuei^{312}——pu$^{214-24}$fã$^{312-31}$y^{42}。

虾 米 稀 贵 —— 不 贩(犯)鱼(于)。

13．tɕʻi$^{42-55}$tsɿ˙mɔ^{42}luer^{42}kʻã$^{312-31}$tsʻaŋ$^{312-31}$per^{55}——tsəu$^{55-24}$

骑 着毛驴儿看 唱 本儿——走

tsɿ˙tɕʻiɔ^{42}。

着 瞧。

14．lɔ^{55}kuŋ$^{214-31}$kuŋ˙pei$^{312-42}$tsɿ˙ər^{42}ɕi$^{214-31}$fur^{55}——pfʻu$^{214-24}$

老 公 公 背 着儿 媳 妇儿——出

li^{214}pu^{214}tʻɔ^{42}xɔr^{55}。

力 不 讨 好儿。

15．tɕʻyə$^{42-55}$pa˙ta^{55}uei^{42}——tɕyə$^{312-42}$tsɿ˙xã^{55}。

瘸 巴 打 围——坐 着 喊。

16．u$^{55-24}$tsɿ˙ər$^{55-24}$tɔ˙tʻəu$^{214-24}$liŋ$^{42-55}$taŋ˙——tɕi$^{312-31}$tɕi^{214}

捂 着 耳 朵 偷 铃 铛——自 己

xu$^{312-42}$nuŋ˙tɕi$^{312-31}$tɕi^{214}。

糊 弄 自 己。

17．tɕʻiəu^{214}xəu$^{312-42}$li˙ma$^{312-42}$tsa˙——pəŋ$^{312-42}$ta˙pu$^{214-31}$

秋 后 的 蚂 蚱——蹦 跶 不

liɔ˙tɕi^{55}tʻiã$^{214-31}$la˙。

了 几 天 啦。

18．xuɛ$^{42-55}$fu˙laŋ^{42}kei^{42}tɕi^{214}pɛ$^{312-31}$ȵiã^{42}——mei$^{214-24}$

黄 鼠 狼 给 鸡 拜 年——没

ɣã^{214}xɔ^{55}ɕiẽ^{214}。

安 好 心。

19．tʻu$^{312-42}$tsɿ˙li˙i$^{55-24}$pa˙——tsʻaŋ$^{42-55}$pu˙liɔ^{55}。

兔 子 的 尾 巴——长 不 了。

20．ta$^{312-31}$fei^{55}pfʻəŋ$^{214-31}$lɔ˙luŋ$^{42-55}$uaŋ˙miɔ^{312} —— i$^{214-24}$
大水冲了龙王庙——一
tɕia^{214}zẽ^{42}pu$^{214-24}$zẽ$^{312-31}$i$^{214-24}$tɕia^{214}zẽ^{42}。
家人不认一家人。

21．kəu^{55}iɔ^{55}ly^{55}tuŋ$^{312-31}$piẽ^{214} —— pu$^{214-24}$sɿ^{214}xɔ^{55}zẽ^{42}ɕiẽ^{214}。
狗咬吕洞宾——不识好人心。

22．xə$^{42-55}$ma˙kʻə$^{214-31}$tʻa^{55}tsɿ˙xɛ$^{312-31}$tʻəu^{42}tʻəŋ^{42} —— xuẽ^{42}
蛤蟆蝌它子害头疼——浑
sẽ^{214}təu$^{214-24}$sɿ$^{312-31}$piŋ^{312}。
身都是病。

23．kəu^{55}tɕyã$^{214-24}$iaŋ$^{42-55}$kəu˙——zẽ$^{312-42}$mer˙la˙。
狗钻阳沟——认门儿了。

24．lɔ$^{55-24}$fu˙kei^{42}mɔ^{42}ly^{55}xu$^{42-55}$tsɿ˙——sɿ^{55}pa$^{214-31}$tɕiə˙。
老鼠给猫捋胡子——死巴结。

25．tʻu$^{214-31}$tsɿ˙tʻəu$^{42-55}$xaŋ˙li˙sɿ$^{214-31}$tsɿ˙——miŋ^{42}pɛ$^{55-24}$tsɿ˙。
秃子头上的虱子——明摆着。

三　谜语

1．tuŋ$^{214-24}$sã^{214}i^{214}tʻəu^{42}ȵiəu^{42}，ɕi$^{214-24}$sã^{214}i^{214}tʻəu^{42}ȵiəu^{42}，
东山一头牛，西山一头牛，
ti$^{312-31}$tʻiã^{214}xei$^{214-24}$ɕia˙lɛ^{42}ti^{55}tʻəu^{42}。
第天黑下来抵头。（谜底：门闩）

2．tɕʻi$^{214-31}$tɕʻi˙tɕʻiɔ^{214}，tɕʻi$^{214-31}$tɕʻi˙tɕʻiɔ^{214}，tsã$^{312-42}$tsɿ˙pu$^{214-24}$
蹊蹊跷，蹊蹊跷，站着不
kẽ^{214}tɕyə$^{312-42}$tsɿ˙kɔ^{214}。
跟坐着高。（谜底：狗）

3．lɔ^{55}ta$^{312-31}$tɛ^{55}tuŋ^{214}nã^{42}tuŋ^{214}，lɔ^{55}ər$^{312-31}$tɛ^{55}fu$^{312-42}$xaŋ˙
老大 待东南东，老二 待树 上
səŋ^{214}，lɔ^{55}sã^{214}tɕiŋ$^{312-31}$mɔ$^{42-55}$i˙，lɔ^{55}sɿ$^{312-31}$tɕiŋ$^{312-31}$k'u$^{214-31}$luŋ˙。
生，老三净 毛尾，老四 净 窟 窿。
（谜底：太阳、知了、山药、藕）

4．ɕyŋ$^{214-24}$li˙ liəu$^{312-31}$tɕ'i˙ kə^{312}，uei$^{42-55}$tsɿ˙ pfu$^{312-42}$tsɿ˙ tɕyə^{312}，
兄 弟六 七个，围 着柱 子坐，
tsaŋ^{55}ta$^{312-31}$iɔ$^{312-31}$fẽ$^{214-24}$tɕia^{21}，^{4}i$^{214-31}$saŋ^{55}təu$^{214-24}$sɿ$^{214-24}$p'ə^{312}。
长大 要 分 家，衣 裳 都 撕 破。
（谜底：蒜）

四 儿歌

1．ɕiɔ^{55} lɔ$^{55-24}$fu˙，saŋ$^{312-31}$təŋ^{214}t'ɛ^{42}，t'əu^{214}iəu^{42}xə^{214}，ɕia$^{312-42}$
小 老 鼠，上 灯 台，偷 油 喝，下
pu˙ lɛ^{42}，tɕiɔ$^{312-31}$nã$^{55-24}$nã˙，pɔ$^{312-42}$ɕia˙ lɛ˙
不来，叫 奶 奶，抱 下来。

2．ts'a^{42}kuar^{214}，təu$^{312-31}$pfər^{42}，təu$^{312-31}$təu˙ təu$^{312-31}$təu˙
查 刮儿，斗 戳儿，斗 斗 斗 斗
ɕy$^{214-31}$lia˙。
飞 了。

3．ts'ã$^{214-31}$xuaŋ˙，iɔ$^{42-55}$xuaŋ˙，ia$^{214-31}$li˙ lɔ^{55}xaŋ˙。
颤 晃，摇 晃，压 得老 慌。

4．ɕiɔ^{55}ɕiɔ$^{55-24}$pfar˙，i$^{214-24}$pa˙ ts'aŋ^{42}，tɕ'y$^{55-24}$lɔ˙ ɕi$^{214-31}$fur^{55}
小 小 欻儿麻雀，尾 巴 长，娶 了媳 妇儿
uaŋ$^{312-42}$lɔ˙ ȵiaŋ^{42}。pa$^{312-31}$ȵiaŋ^{42}pei$^{312-42}$tɔ˙ sã$^{214-24}$kəu$^{214-31}$li˙，
忘 了娘。把 娘 背 到山 沟 里，

pa$^{312-31}$ɕi$^{214-31}$fur^{55}pɔ$^{312-42}$tɔ˙ k‘aŋ$^{312-31}$t‘əu$^{42-55}$xaŋ˙，ts‘ɿ$^{214-24}$xɔ$^{55-24}$

把 媳 妇儿抱 到炕 头 上，吃 好

li˙，xə$^{214-24}$xɔ$^{55-24}$li˙，pu$^{214-31}$kuã^{55}tiə^{214}ȵiaŋ^{42}uẽ$^{214-24}$xə˙ liaŋ^{42}。

的，喝 好 的，不 管 爹 娘 温 和 凉。

5. ta^{55}luə$^{42-55}$luə˙，tsəŋ$^{214-24}$mə$^{42-55}$mə˙，tsəŋ$^{214-31}$lɔ˙ mə$^{42-55}$

打 箩 箩，蒸 馍 馍，蒸 了馍

mə˙ kei^{42}sei^{42}ts‘ɿ^{214}，kei$^{42-55}$ɣã^{55}ta$^{312-31}$pɔ$^{55-24}$pɔ˙ ts‘ɿ^{214}。pɔ$^{55-24}$

馍给 谁 吃， 给 俺 大 宝 宝吃。 宝

pɔ˙ ts‘ɿ$^{214-31}$pu˙ liɔ^{55}，tsəu$^{312-31}$kə˙ ta$^{312-31}$xua$^{214-31}$ɣɔ^{55}；xua$^{214-31}$

宝吃 不了， 做 个大 花 袄；花

ɣɔ^{55}pfã$^{214-31}$pu˙ tɕ‘i^{55}lɛ^{42}，tsəu$^{312-31}$kə˙ ta$^{312-31}$xua^{214}ɕiɛ^{42}；xua^{214}

袄 穿 不起来，做 个大 花 鞋；花

ɕiɛ^{42}iəu^{55}xu$^{42-55}$tsɿ˙，i$^{214-24}$tɕyə^{214}t‘i$^{214-31}$sɿ^{55}kə$^{312-31}$ȵiəu^{42}tu$^{42-55}$tsɿ˙；

鞋 有 胡 子，一 脚 踢 死个 牛 犊 子；

ȵiəu^{42}tu$^{42-55}$tsɿ˙sa$^{214-24}$xuɛr^{214}pɔ$^{55-24}$pɔ˙ ta$^{312-42}$lɔ˙ taŋ$^{214-24}$kuɛr^{214}。

牛 犊 子撒 欢儿，宝 宝大 了当 官儿。

6. yə$^{214-31}$laŋ$^{55-24}$ȵiaŋ˙，liaŋ^{55}pã$^{312-42}$tsɿ˙，kɛ$^{214-24}$kɛ˙ xəu$^{312-31}$

月 姥 娘，两 半 子，开 开 后

mẽ^{42}tuə$^{312-31}$ɕiã^{42}tsɿ˙。lɛ$^{42-55}$li˙ sei^{42}？lɛ$^{42-55}$li˙ t‘a$^{214-24}$ta$^{312-31}$

门 剁 馅 子。来 的谁？来 的他 大

tɕiəu^{312}。na^{42}lɛ$^{42-55}$li˙ mər^{42}？na^{42}lɛ$^{42-55}$li˙ zəu^{312}，ts‘ɿ$^{214-31}$lɔ˙ xã^{42}

舅。 拿 来 的么儿？拿 来 的肉， 吃 了还

pu$^{214-24}$kəu^{312}。

不 够 。

7. tsa$^{42-55}$tsa˙，tsa$^{42-55}$tsa˙，i$^{214-24}$pu$^{312-31}$tsəu$^{55-24}$tɔ˙ ȵiaŋ$^{42-55}$

砸 砸，砸 砸，一 步 走 到娘

tɕia˙，ȵiaŋ$^{42-55}$tɕia˙pu^{214}kei^{42}fã$^{312-31}$tsʻʅ^{214}，sʅ^{42}kə$^{312-31}$ly^{42}sʅ^{55}
家，娘家不给饭吃，拾个驴屎
tã$^{312-31}$tsʻʅ^{214}。
蛋吃。

8. paŋ$^{214-31}$ta˙paŋ$^{214-31}$ta˙tɕiaŋ$^{55-24}$tsʅ˙，xə$^{42-55}$li˙ɕia$^{312-42}$lɛ˙
傍打傍打耩子，河里下来
uaŋ$^{55-24}$tsʅ˙，i$^{214-31}$uaŋ^{55}uaŋ$^{55-24}$lɔ˙kə˙y^{42}，liaŋ$^{55-42}$uaŋ^{55}uaŋ$^{55-24}$lɔ˙
网子，一网网了个鱼，两网网了
kə$^{312-31}$ɕia^{214}，sã$^{214-31}$uaŋ^{55}uaŋ$^{55-24}$lɔ˙kə$^{312-31}$ta$^{312-31}$xə$^{42-55}$ma˙。
个虾，三网网了个大蛤蟆。

9. pʻei^{42}，pʻei^{42}，pʻei^{42}tɕyə^{214}pʻã^{42}，kuə$^{312-31}$sã^{214}ȵiã^{42}，sã^{214}
培，培，培脚盘，过三年，三
ȵiã^{42}tsəŋ^{55}，pə^{55}pə$^{312-42}$tɕʻi˙，na^{55}kə˙ɕiɔ^{55}tɕyə^{214}ɕiã^{214}kuə$^{312-42}$
年整，簸簸箕，哪个小脚先过
tɕʻi˙？tsə$^{312-31}$kə˙ɕiɔ^{55}tɕyə^{214}ɕiã^{214}kuə$^{312-42}$tɕʻi˙。
去？这个小脚先过去。

五 笑话

xei$^{214-24}$ɕia$^{214-31}$tsʅ˙pei$^{214-24}$y$^{312-31}$fu^{55}fu˙

1. 黑瞎子掰玉蜀黍

i$^{214-24}$tʻiã^{214}xei$^{214-24}$ɕia˙，i$^{214-24}$kə˙xei$^{214-24}$ɕia$^{214-31}$tsʅ˙tɔ$^{312-31}$i$^{214-24}$
一天黑下，一个黑瞎子到一
kʻuɛ$^{312-31}$y$^{312-31}$fu^{55}fu˙ti$^{312-42}$li˙tɕʻi$^{312-31}$tʻəu$^{214-24}$y$^{312-31}$fu^{55}fu˙。tʻa$^{214-24}$
块玉蜀黍地里去偷玉蜀黍。它
pei$^{214-31}$ɕia˙i$^{214-24}$kə$^{312-31}$y$^{312-31}$fu^{55}fu˙lɛ˙tsəu$^{312-31}$tɕia$^{214-31}$tɔ˙kə$^{214-31}$
掰下一个玉蜀黍来就夹到胳

tsɿ˙ uə$^{42-55}$li˙，tɕiə$^{214-31}$tsɿ˙ iəu$^{312-31}$pei$^{214-31}$ɕia˙ i$^{214-24}$kə˙ y$^{312-31}$fu^{55}

肢窝 里，接 着又 掰 下一 个玉 蜀

fu˙ lɛ˙ tɕia$^{214-31}$tɔ˙ kə$^{214-31}$tsɿ˙ uə$^{42-55}$li˙。tsəu$^{312-31}$tsə$^{312-31}$iaŋ^{312}，tʻa$^{214-24}$

黍来夹 到胳 肢窝 里。就 这 样，它

tɛ^{55}y$^{312-31}$fu^{55}fu˙ ti$^{312-42}$li˙ maŋ$^{42-55}$xuə˙ lɔ˙ ta$^{312-31}$pã$^{312-31}$kə˙ xei$^{214-24}$

在玉 蜀黍地 里忙 活了大 半 个黑

ɕia˙，kʻuɛ$^{312-31}$tɔ$^{312-31}$tʻiã^{214}liaŋ$^{312-42}$li˙ sɿ$^{42-55}$xəu˙，tʻa$^{214-24}$xuei$^{42-55}$tɔ˙ lɔ˙

下，快 到 天 亮 的时 候，它 回 到了

tɕi$^{312-31}$tɕi$^{214-31}$li˙ uər$^{214-31}$li˙。tɕiə$^{214-31}$kuər^{55}tsɿ^{42}tʻəu$^{214-31}$xuei$^{42-55}$

自 己 的窝儿 里。结 果儿只 偷 回

lɛ˙ i$^{214-24}$kə˙ y$^{312-31}$fu^{55}fu˙，na$^{312-31}$ɕiə^{55}təu^{214}tiɔ$^{312-42}$tɔ˙ y$^{312-31}$fu^{55}

来一 个玉 蜀黍，那 些 都 掉 到玉 蜀

fu˙ ti$^{312-42}$li˙ la˙。fə^{42}i^{214}，zẽ$^{42-55}$mẽ˙ iəu$^{312-31}$pa$^{312-31}$xei$^{214-24}$ɕia$^{214-31}$

黍地 里了。所 以，人 们 又 把 黑 瞎

tsɿ˙ tɕiɔ$^{312-31}$tɕyə$^{312-31}$pẽ$^{312-31}$ɕyŋ^{42}。

子叫 做 笨 熊。

iaŋ^{42} tʻəu^{42}

2. 羊 头

i$^{214-24}$tɕia$^{214-24}$zẽ$^{42-55}$tɕia˙ iəu^{55}liaŋ^{55}kə˙ ər^{42}，ta$^{312-31}$ər^{42}sẽ$^{312-31}$

一 家 人 家有 两 个儿，大 儿甚

ɕiɔ$^{312-42}$pfẽ˙，tɕiŋ^{214}tsʻaŋ^{42}kei^{42}lɔ$^{55-24}$li˙ mɛ^{55}xɔ^{55}mər^{42}tsʻɿ^{214}，liẽ^{42}

孝 顺，经 常 给老 的买 好 么儿吃，邻

tɕy˙ pei$^{214-24}$sə$^{312-31}$təu$^{214-24}$kʻua$^{214-31}$tɕiaŋ^{55}tʻa˙。ər^{312}ər^{42}pu$^{214-24}$

居百 舍 都 夸 奖他。二 儿不

sẽ$^{312-31}$sɿ$^{42-55}$tsɛ˙，tã$^{214-24}$sɿ$^{312-31}$tɕyei^{55}sẽ$^{312-31}$tʻiã^{42}，tsʻaŋ^{42}tɛ^{55} liaŋ^{55}

甚 实 在，但 是 嘴 甚 甜，常 待 两

kə˙ lɔ^{21424}li˙ miã$^{312-31}$tɕ'iã^{42}uẽ^{312}：“nẽ^{55}liaŋ^{55}kə˙ lɔ^{55}zẽ^{42}ɕiaŋ^{55}ts'ɿ^{214}

个老 的面 前 问：“恁两 个老人想 吃

mər^{42}？fə$^{214-31}$kei$^{42-55}$uə˙，uə^{55} tɕ'i$^{312-31}$kei$^{42-55}$nẽ˙ mɛ^{55}。” iəu^{42}tɕ'i^{55}

么儿？说 给 我，我去 给 恁买。” 尤其

sɿ$^{312-31}$taŋ$^{214-31}$tsɿ˙ uɛ$^{312-31}$zẽ$^{42-55}$li˙ miɛr$^{312-42}$li˙ sɿ$^{42-55}$xəur˙，t'a$^{214-24}$kəŋ$^{312-31}$

是 当 着外 人 的面儿 的时 候儿，他 更

sɿ˙ ɕiã$^{55-24}$li˙ fei^{214}ts'aŋ^{42}ɕiɔ$^{312-42}$pfẽ˙，fə^{214}kei^{42}lɔ$^{55-2}$li˙ mɛ^{55}tsə$^{312-314}$mɛ^{55}

是显 得非 常 孝 顺，说 给老 的买 这 买

na^{312}，tã$^{214-24}$sɿ$^{312-31}$tɕ'yŋ^{42}lɛ^{42}mei$^{214-24}$tsẽ$^{214-24}$mɛ^{55}kuə˙。iəu^{55}i^{214}xuer^{42}，

那，但 是 从 来 没 真 买 过。有一回儿，

t'a^{214}ȵiaŋ^{42}pu$^{214-31}$tei˙ tɕ'iaŋ^{214}，tɛ^{55}pf'aŋ$^{42-55}$xaŋ˙ iaŋ$^{55-24}$tsɿ˙，ər$^{312-31}$

他 娘 不 得 腔病了，待 床 上 仰 着，二

ər^{42}iəu$^{312-31}$lɛ$^{42-55}$tɔ˙ pf'aŋ^{42}kẽ^{214}tɕ'iã^{42}uẽ$^{312-42}$t'a˙ ȵiaŋ^{42}：“ȵia^{312}，ȵi^{55}

儿又 来 到 床 跟 前 问 他娘：“娘，你

ɕiaŋ^{55}ts'ɿ$^{214-24}$tiɛr˙ mər^{42}？fə$^{214-31}$kei$^{42-55}$uə˙，uə^{55}kei$^{42-55}$nẽ˙ mɛ$^{55-24}$

想 吃 点儿么儿？说 给 我，我给 恁买

tɕ'i˙。” t'a^{214}ȵiaŋ^{42}fə^{214}：“iɔ$^{312-31}$pu^{214}ȵi^{55}tɕ'i$^{312-31}$kei$^{42-55}$uə˙ mɛ^{55}

去。” 他 娘 说：“要 不 你去 给 我买

kə˙ iaŋ^{42}t'əu^{42}lɛ˙ ts'ɿ$^{214-24}$pa˙。” ər$^{312-31}$ər^{42}pu$^{214-24}$miŋ$^{42-55}$pei˙，

个羊 头 来吃 吧。” 二 儿不 明 白，

tsəu$^{312-31}$uẽ^{312}：“ȵia^{312}，iaŋ^{42}t'əu^{42}iəu$^{312-31}$ mei$^{214-24}$zəu^{312}，ȵi^{55}

就 问：“娘， 羊 头 又 没 肉， 你

tsəu$^{312-31}$mə˙ p'iã$^{214-24}$p'iã$^{214-24}$ts'ɿ^{214}iaŋ^{42}t'əu^{42}？” t'a^{214}ȵiaŋ^{42}fə^{214}：

做 么 偏 偏 吃 羊 头？” 他 娘 说：

“iaŋ^{42}t'əu^{42}kuaŋ$^{214-24}$kə˙ tɕyei^{55}，uə^{55}xɔ^{55}ts'ɿ$^{24-31}$t'a˙ li˙ tɕyei$^{55-24}$ɣɛ˙！”

“羊 头 光 个嘴，我好吃 它的嘴 哎！”

tɕʻyŋ^{42}tsʻɿ^{42}，ər$^{312-31}$ər^{42}iəu$^{55-24}$lɔ˙ kə˙ uɛ$^{312-31}$xɔr^{312}，tɕiɔ$^{312-31}$ "iaŋ^{42}

从 此，二 儿有 了个外 号儿，叫 "羊

tʻəu^{42}"。

头"。

xɔ$^{312-31}$tsã$^{214-24}$kuaŋ$^{214-31}$li˙ tɕʻyẽ^{214}kã$^{312-42}$pu˙

3. 好 沾 光 的村 干 部

fə$^{214-24}$sɿ˙ ɕiã^{214}tɕʻiã^{42}iəu^{55}i$^{214-24}$kə˙ tɕʻyẽ^{214}kã$^{312-42}$pu˙，tɛ^{55}tɕʻyẽ^{214}

说 是 先 前 有 一 个 村 干 部，待 村

miẽ^{42}miã$^{312-31}$tɕʻiã^{42}kaŋ^{42}uei$^{214-31}$fəŋ˙ lɛ˙，kʻə^{55}sɿ$^{312-31}$i$^{214-24}$xuei$^{42-55}$

民 面 前 钢 威 风来，可是 一 回

tɔ˙ tɕia$^{214-31}$li˙ tsəu$^{312-31}$ɕyŋ$^{42-55}$la˙。tsə$^{312-31}$i˙ tʻiã^{214}xei$^{214-24}$ɕia˙，tʻa$^{214-24}$

到家 里就 熊 了。这 一天 黑 下，他

iəu$^{312-31}$tɛ^{55}uɛ$^{312-42}$tʻəu˙ pfã$^{312-42}$iəu˙ tɔ˙ tʻiã$^{214-24}$pu$^{214-31}$tsɔr^{55}，tɕia$^{214-24}$

又 待外 头 转 悠到天 不 早儿，家

lɛ˙ kʻã$^{312-31}$tɕiã˙ ɕi$^{214-31}$fur^{55}tsəŋ$^{312-31}$xɔr^{55}tɕiaŋ$^{214-24}$sɔ$^{214-24}$kʻɛ$^{214-24}$

来看 见 媳 妇儿 正 好儿 刚 烧 开

tʻaŋ^{214}，tsəu$^{312-31}$tʻiã^{42}pu˙ ɕyə^{55}li˙ kə˙ liã^{55}uaŋ$^{312-31}$tɕʻiã^{42}tsʻəu$^{312-42}$xu˙，

汤，就 恬 不 学 的个脸 往 前 凑 乎，

fə^{214}："xã$^{42-55}$sɿ˙ ɣã^{55}ɕi$^{214-31}$fur^{55}xɔ^{55}，tsɿ$^{214-31}$ləŋ^{55}tsɿ$^{214-24}$zə^{214}，

说："还 是俺媳 妇儿好，知 冷知 热，

kəŋ$^{312-31}$tsɿ$^{214-24}$tɔ$^{312-31}$uə^{55}tuə$^{214-55}$tsã˙ xɛ$^{312-31}$ɣə$^{312-31}$tɕia$^{214-24}$lɛ˙，

更 知 道 我多 咱害 饿 家 来，

kei$^{42-55}$uə˙ tsəu$^{312-31}$xɔ^{55}tsʻɿ$^{214-31}$li˙！"ɕi$^{214-31}$fur^{55}i$^{214-24}$tʻiŋ^{214}tsəu$^{312-31}$

给 我做 好吃 的！"媳 妇儿一 听 就

ma$^{312-42}$xaŋ˙ la˙："tsɔ$^{214-24}$tʻiã$^{214-24}$tɛ^{55}uɛ$^{312-42}$tʻəu˙ laŋ$^{42-55}$tɕʻyã˙，

骂 上了："遭 天 待外 头狼 蹿，

xuẽ$^{312-42}$ts'əŋ˙tsə$^{312-31}$kə˙ɕyŋ^{42}iaŋ^{312}，kẽ$^{214-31}$lɔ˙ȵi^{55}ɕyã$^{312-31}$sɿ˙tɔ$^{55-24}$
混 成这 个熊样，跟 了你算 是倒
lɔ˙pa^{214}pei^{42}tsɿ˙ɕiə$^{214-24}$mei$^{42-55}$la˙，ȵi^{55}uaŋ$^{312-31}$xəur$^{312-31}$pɛ^{42}
了八辈子血霉了，你往后儿别
tɕiẽ$^{312-31}$tsə$^{312-31}$kə˙tɕia^{214},lɔ^{55}ȵiaŋ^{42}uə^{55}pu$^{214-24}$yã$^{312-31}$i˙ts'ɿ$^{312-42}$
进这个家，老娘我不愿意伺
xəu˙！uə^{55}tsəu$^{312-42}$li˙fã$^{312-31}$kei^{42}kəu^{55}ts'ɿ^{214}iɛ^{42}pu^{214}kei^{42}ȵi^{55}
候！我做的饭给狗吃也不给你
ts'ɿ^{214}！”tɕ'yẽ^{214}kã$^{312-42}$pu˙pu$^{214-24}$tsɛ$^{312-31}$tsɿ$^{42-55}$səŋ˙，na$^{42-55}$tsɿ˙
吃！”村干部不再吱声，拿着
kə˙uã^{55}tsəu$^{312-31}$tɕ'i$^{312-31}$iɔ^{55}t'aŋ^{214}，ɕiẽ$^{214-31}$li˙ɕiaŋ$^{55-24}$tsɿ˙：“saŋ$^{312-31}$
个碗就去舀汤，心里想着：“上
xuer^{42}iɔ^{55}kuə$^{214-31}$tier$^{55-24}$li˙，iɛ$^{42-55}$lɔ˙i$^{214-24}$tuẽ$^{312-31}$ts'əu$^{312-31}$ma^{312}，
回儿舀锅底儿的，挨了一顿臭骂，
tsə$^{312-31}$xuer^{42}kã$^{214-24}$tɕ'yei$^{312-31}$p'iə$^{214-24}$tiɛr˙pə$^{42-55}$la˙li˙xə$^{214-24}$pa˙。”
这回儿干脆撇点儿薄拉的喝吧。”
t'a$^{214-24}$tɕiaŋ$^{214-24}$pa$^{312-31}$piɔ^{55}ts'əŋ$^{42-55}$li˙t'aŋ$^{214-31}$fer^{55}p'iə$^{214-31}$tɔ˙fə$^{42-55}$
他刚把表层的汤水儿撇到勺
tsɿ˙li˙，xã^{42}mei$^{214-24}$lɛ$^{42-55}$li˙tɕi^{42}tɔ$^{312-42}$tɔ˙uã$^{55-24}$li˙，ɕi$^{214-31}$fur^{55}iəu$^{312-31}$
子里，还没来得及倒到碗里，媳妇儿又
k'ɛ$^{214-31}$k'əu$^{55-24}$la˙：“nã$^{55-24}$nã˙kə˙pi^{214}，ȵi^{55}tsẽ^{214}nəŋ^{42}！iəu^{55}tiɛr˙
开口了：“奶奶个屄，你真能！有点儿
iəu^{42}ɕiə̃r^{214}təu$^{214-24}$tɕiɔ$^{312-31}$ȵi^{55}p'iə$^{214-31}$tsəu$^{55-24}$la˙！”tɕ'yẽ^{214}kã$^{312-42}$
油星儿都叫你撇走了！”村干
pu˙kã^{55}tɕiẽ^{55}pa$^{312-31}$iɔ$^{55-24}$tɔ˙fə$^{42-55}$tsɿ˙li$^{55-24}$li˙t'aŋ^{214}iəu$^{312-31}$tɔ$^{312-42}$xuei˙
部赶紧把舀到勺子里的汤又倒回

kuə$^{214-31}$li˙，ɕiɔ^{55}ɕiẽ$^{214-31}$li˙ pa$^{312-31}$fə$^{42-55}$tsɿ˙ tɛ^{55}kuə$^{214-31}$li˙ tɕiɔ$^{55-24}$lɔ˙
锅 里，小 心 地把 勺 子待锅 里搅 了

tɕiɔ^{55}，iəu$^{312-31}$ɕyə$^{42-55}$la˙ ɕyə$^{42-55}$la˙，i^{214}tɕi$^{312-42}$tsɿ˙ iɔ$^{55-24}$lɔ˙ i$^{214-24}$
搅，又 穴 拉穴 拉，一记 子舀 了一

fə$^{42-55}$tsɿ˙ tɔ$^{312-42}$tɔ˙ uã$^{55-24}$li˙，saŋ$^{312-42}$i˙ piɛr^{214}xə$^{214-31}$tɕʻi˙ la˙。ɕi$^{214-31}$
勺 子倒 到碗 里，上 一边儿 喝 去了。媳

fur^{55}iəu$^{312-31}$tu$^{214-31}$naŋ^{55}kʻɛ$^{214-31}$la˙："ȵi^{55}tsə$^{312-31}$ kə˙ ɕyŋ^{42}xaŋ$^{42-55}$
妇儿又 嘟 囔 开 了："你这 个熊 杭

tsɿ˙ sɿ$^{312-31}$tsẽ^{214}nəŋ^{42}！saŋ$^{312-31}$xuer^{42}kuaŋ$^{214-24}$ua$^{312-31}$tsʻəu$^{42-55}$li˙
子是 真 能！上 回儿光 瓦 稠 的

xə^{214}，tsə$^{312-31}$xuer^{42}ɕiã$^{214-24}$pʻiə^{214}iəu^{42}xəu$^{312-31}$ɕyə$^{42-55}$la˙ kə$^{214-31}$ta˙，
喝，这 回儿先 撇 油后 穴 拉疙 瘩，

tʻiã^{214}ɕia$^{312-42}$li˙ kuaŋ^{214}təu$^{214-24}$tɕiɔ$^{312-31}$ȵi^{55}tsã$^{214-31}$la˙！"
天下 的光 都 叫 你沾 了！"

六 神话传说

ȵiŋ^{42}sã$^{214-31}$li˙ pfã^{42}fər^{214}

1. 宁山 的传说儿

tɕʻiã^{42}fu^{42}sã$^{214-24}$tɕʻyẽ^{214}nã^{42}tʻəur^{42}iəu^{55}i$^{214-31}$tɕyə^{55}xɛ^{55}pa^{42}
前伏山 村 南头有一 座 海拔

pu$^{214-24}$tɕyu^{214}ər$^{312-42}$sɿ˙ mi$^{55-24}$li˙ ɕiɔ^{55}sã^{214}，miŋ^{42}tɕiɔ$^{312-31}$ȵiŋ^{42}
不 足 二 十米 的小 山，名 叫 宁

sã^{214}。kuŋ^{214}yã^{42}tɕʻiã^{42}ər$^{312-31}$liŋ^{42}liəu$^{312-31}$ȵiã^{42}，liəu^{42}paŋ^{214}tɛ^{55}
山。公 元 前二 〇六 年，刘 邦 在

ȵiŋ^{42}sã$^{214-31}$li˙ nã^{42}piã˙ sə$^{312-31}$tsɿ^{42}xəu^{42}kuə^{55}，kʻɛ$^{214-31}$sɿ^{55}tɕiɔ$^{312-31}$
宁 山 的南 边设 置 侯 国，开 始 叫

tɕyə$^{312-31}$ȵiŋ^{42}iaŋ^{42}，xəu$^{312-31}$lɛ^{42}ts'əŋ$^{214-24}$tɕyə· ȵiŋ^{42}iaŋ^{42}ɕiã^{312}。

做宁阳，后来称做宁阳县。

ɕiaŋ^{55}pf'ã^{42}xẽ^{55}tɕiəu^{55}i^{214}tɕ'iã^{42}，ȵiŋ^{42}sã^{214}xə^{42}t'ɛ$^{312-31}$sã^{214}

相传很久以前，宁山和泰山

faŋ$^{214-24}$ts'əŋ$^{214-24}$ta$^{312-31}$sã$^{214-24}$tsɿ^{55}uaŋ^{42}，t'a$^{214-24}$kɔ$^{214-24}$ɕyŋ$^{312-31}$

双称大山之王，它高耸

vu^{214}yẽ^{42}，təu^{55}tɕ'iɔ^{312}pfaŋ$^{312-31}$li^{312}，ȵiŋ^{42}sã$^{214-24}$tiŋ$^{55-24}$xaŋ· ɕyŋ$^{214-24}$

入云，陡峭壮丽，宁山顶上松

pei^{214}ts'aŋ^{42}tɕ'iŋ^{214}，tɕ'i^{42}xuar^{214}i^{42}ts'ɔ^{55}tsəŋ$^{214-24}$iã^{312}，ɕy^{214}tɕ'iẽ^{42}

柏常青，奇花儿异草争艳，飞禽

tsəu^{55}səu$^{312-31}$tɕiŋ^{55}pẽ^{214}，p'u^{214}liəu^{42}ɕyã^{42}k'uŋ^{214}，fei^{55}xuar$^{214-24}$

走兽竞奔，瀑流悬空，水花儿

sɿ$^{312-31}$tɕiã^{312}，tiŋ$^{214-24}$tuŋ$^{214-24}$tɕyə$^{214-24}$ɕiaŋ^{55}，tɕ'iŋ$^{214-24}$tɕ'yei$^{312-31}$

四溅，叮咚作响，清脆

yə$^{24-31}$ər^{55}，yẽ^{42}u$^{312-31}$luŋ^{55}tsɔ^{312}，ts'ɛ^{55}ɕia^{42}fẽ^{55}ɕy^{214}，sɿ$^{312-31}$i$^{214-31}$

悦耳，云雾笼罩，彩霞纷飞，是一

tɕyə^{55}sẽ^{42}tɕ'i^{42}li· t'iã^{214}zã^{42}xua^{214}yã^{42}。

座神奇的天然花园。

iəu^{55}i$^{214-24}$t'iã^{214}，y$^{312-31}$xuaŋ^{42}ta$^{312-31}$ti$^{312-31}$pfu$^{312-31}$fã$^{42-55}$lɔ·

有一天，玉皇大帝住烦了

t'iã$^{214-24}$kuŋ^{214}，ts'ɿ^{214}kəu$^{312-42}$lɔ· t'iã$^{214-31}$xaŋ· li· mei^{55}uer^{312}，piã$^{312-31}$

天宫，吃够了天上的美味，便

xə^{42}pfəŋ$^{312-31}$ɕiã$^{214-31}$ȵyer^{55}、ts'ɛ^{55}ɣər^{42}pf'u$^{214-24}$kuŋ$^{214-24}$ɕia$^{312-31}$fã^{42}

和众仙女儿、彩娥儿出宫下凡

iəu^{42}uã^{42}，taŋ$^{214-24}$t'a$^{214-24}$fa$^{214-24}$ɕiã$^{312-31}$ȵiŋ^{42}sã$^{214-24}$ts'ə$^{312-31}$fə^{55}t'iã^{214}

游玩，当他发现宁山这所天

zã^{42}mei^{55}li$^{312-42}$li˙ xua^{214}yã^{42}sɿ^{42}，sɿ^{42}fẽ$^{214-24}$tsʻɿ$^{214-31}$tɕiŋ^{55}。tɕiŋ^{55}tʻã$^{312-31}$

然美丽的花园时，十分吃惊。惊叹

tsɿ^{55}y^{42}，tʻa$^{214-24}$ɕiaŋ^{55}yŋ^{55}yã^{55}pa$^{312-31}$ȵiŋ^{42}sã^{214}pa$^{312-31}$tsã$^{312-31}$uei^{55}tɕi$^{312-31}$

之余，他想永远把宁山霸占为自

tɕi$^{214-31}$li˙ sɿ$^{214-24}$iəu^{55}tsʻɛ^{42}tsʻã^{55}。tʻa$^{214-24}$ta^{55}ɕyã˙ zaŋ$^{312-31}$tʻiã$^{214-24}$piŋ$^{214-24}$

己的私有财产。他打算让天兵

tʻiã$^{214-24}$tɕiaŋ$^{312-31}$luẽ^{42}fã^{214}pa^{42}səu^{55}，iã$^{42-55}$tɕiẽ$^{312-31}$fã^{42}zẽ^{42}tɕiẽ$^{312-31}$

天将轮番把守，严禁凡人进

vu^{214}，tsɛ$^{312-31}$zaŋ$^{312-31}$nəŋ^{42}kuŋ$^{214-24}$tɕʻiɔ^{55}tɕiaŋ$^{312-31}$li^{214}tɕi^{42}tuŋ$^{312-31}$

入，再让能工巧匠立即动

səu^{55}，kuei^{55}fu^{55}sẽ^{42}kuŋ^{214}，tsɛ$^{312-31}$tsɔ$^{312-31}$tʻiã$^{214-31}$xaŋ˙ tɕʻi^{42}tɕiŋ^{55}。y$^{312-31}$

手，鬼斧神工，再造天上奇景。玉

xuaŋ^{42}ta$^{312-31}$ti$^{312-31}$iəu^{42}ɕiŋ$^{312-31}$ta$^{312-31}$fa^{214}，i$^{214-24}$piã^{214}iəu^{42}lã^{55}，i$^{214-24}$

皇大帝游兴大发，一边游览，一

piã$^{214-24}$y^{55}uẽ^{42}u^{55}ta$^{312-31}$tsʻẽ^{42}tʻã$^{42-55}$luẽ˙ tɕi$^{312-31}$xua^{312}，pu$^{214-24}$tɕyə^{214}

边与文武大臣谈论计划，不觉

u$^{312-42}$lɔ˙ tɕiẽ$^{312-31}$sã$^{312-42}$li˙ pfəŋ$^{214-31}$tiɛr^{55}。uaŋ^{42}mu^{55}ȵiaŋ$^{42-55}$ȵiaŋ˙

误了进膳的钟点儿。王母娘娘

piã$^{312-31}$pʻɛ$^{312-31}$tʻiã^{214}ɣər^{42}ɕiã$^{214-3}$ȵyer^{55}ɕia$^{312-31}$tɕiɛ$^{312-31}$tɕʻyei$^{214-24}$

便派天娥儿仙女儿下界催

tɕʻyu^{214}，zəŋ^{42}pu$^{214-24}$tɕiã$^{312-31}$y$^{312-31}$ti$^{312-31}$xuei^{42}kuŋ^{214}，y^{55}sɿ$^{312-31}$

促，仍不见玉帝回宫，于是

ta$^{312-31}$tuŋ$^{312-31}$fu$^{214-24}$tɕʻi$^{214-24}$tsɿ^{55}tɕʻiŋ^{42}，li^{214}tɕi^{42}y^{55}tʻiã^{214}ɣər^{42}

大动夫妻之情，立即与天娥儿

tɕia$^{312-31}$ɕiaŋ^{42}yẽ^{42}，pə^{214}mi^{42}u^{312}，tsɿ^{42}tɕiə$^{214-24}$pa$^{312-31}$tɕʻyŋ^{42}

驾祥云，拨迷雾，直接把琼

tɕiaŋ$^{214-24}$ y$^{312-31}$ iə^{214}、fã$^{312-42}$ sɿ˙ ɕyŋ$^{312-42}$ tɔ˙ ȵiŋ^{42} sã$^{214-24}$ tiŋ$^{55-24}$ xaŋ˙。
浆 玉 液、饭 食送 到宁 山 顶 上。

t‘a$^{214-31}$ mẽ˙ pa$^{312-31}$ pfu^{214} lã^{42} tɕiə$^{214-24}$ k‘ɛ^{214}，pa$^{312-31}$ tɕiəu^{55} xu^{42}、uã^{55}
她 们把 竹 篮 揭 开， 把 酒 壶、碗

k‘uɛr^{312} pɛ$^{55-24}$ tɔ˙ i$^{214-24}$ kə˙ sɿ$^{312-31}$ faŋ^{214} p‘iŋ^{42} miã$^{312-31}$ sɿ$^{42-55}$ t‘əu˙ xaŋ˙，
筷儿 摆 到一 个四 方 平 面 石 头 上，

tã$^{214-24}$ təŋ^{55} y$^{312-31}$ ti$^{312-31}$ lɛ^{42} p‘iẽ^{55} ts‘aŋ^{42}，k‘ə^{55} sɿ˙ y$^{312-31}$ ti$^{312-31}$ tsə$^{312-31}$
单 等玉 帝 来品 尝， 可 是玉 帝 这

sɿ^{42} zəŋ^{55} tɛ^{55} na$^{312-42}$ li˙ kɔ^{214} t‘ã^{42} k‘uə$^{312-31}$ luẽ^{312}，kẽ$^{214-31}$ pẽ^{55} mei$^{214-24}$
时 仍 待 那 里 高 谈 阔 论， 根 本 没

pfu$^{312-31}$ i$^{312-31}$ uaŋ^{42} mu^{55} ȵiaŋ$^{42-55}$ ȵiaŋ˙ fə^{55} tɕyə$^{312-42}$ li˙ i$^{214-24}$ tɕ‘iə^{214}，
注 意 王 母 娘 娘 所 做 的一 切，

kəŋ$^{312-31}$ mei$^{214-31}$ iəu^{55} ts‘ɿ^{214} fã$^{312-42}$ li˙ i$^{312-42}$ sɿ。uaŋ^{42} mu^{55} ȵiaŋ$^{42-55}$
更 没 有 吃 饭 的意 思。王 母 娘

ȵiaŋ˙ pu$^{214-24}$ iəu$^{42-55}$ li˙ xuə^{55} saŋ$^{312-31}$ mei^{42} sɔr^{214}，pa$^{312-31}$ tɕyə$^{214-24}$
娘 不 由 得 火 上 眉 梢儿， 把 脚

i$^{214-24}$ tuə^{312}，tɕia$^{312-31}$ yẽ^{42} xuei^{42} kuŋ^{214} tɕ‘i$^{312-42}$ lia˙。uaŋ^{42} mu^{55} ȵiaŋ$^{42-55}$
一 跺， 驾 云 回 宫 去 了。王 母 娘

ȵiaŋ˙ li˙ tsə$^{312-31}$ i$^{214-24}$ tɕyə^{214} fei^{214} t‘uŋ^{42} ɕiɔ^{55} k‘ə^{55}，tsɿ^{42} t‘iŋ$^{214-31}$ li˙ tɕiŋ^{55}
娘 的 这 一 脚 非 同 小 可， 只 听 得 惊

t‘iã$^{214-24}$ tuŋ$^{312-31}$ ti$^{312-31}$ i$^{214-24}$ səŋ^{214} tɕy^{42} ɕiaŋ^{55}，pa$^{312-31}$ y$^{312-31}$ ti$^{312-31}$
天 动 地 一 声 巨 响， 把 玉 帝

xə^{42} t‘iã$^{214-24}$ piŋ$^{214-24}$ t‘iã^{214} tɕiaŋ$^{312-42}$ li˙ mei^{55} məŋ$^{312-31}$ ta^{55} p‘ə^{312}，tsɿ^{42}
和 天 兵 天 将 的 美 梦 打 破， 只

tɕiã$^{312-31}$ ȵiŋ^{42} sã$^{214-24}$ ɕyei$^{42-55}$ tsɿ˙ ɕiaŋ^{55} səŋ^{214} tɕi$^{214-24}$ tɕy$^{312-31}$ ɕia$^{312-31}$
见 宁 山 随 着 响 声 急 剧 下

tɕiaŋ^{312}，i^{214}tsʅ^{42}piã$^{312-42}$ts‘əŋ· xɛ^{55}pa^{42}pu$^{214-24}$tɔ$^{312-31}$ər$^{312-42}$sʅ· mi$^{55-24}$
降，一直变成海拔不到二十米

li· ɕiɔ^{55}sã$^{214-24}$pɔ^{214}。ɕyei$^{42-55}$tsʅ· ȵiŋ^{42}sã$^{214-31}$li· ɕia$^{312-31}$tɕiaŋ^{312}，tuŋ$^{214-24}$
的小山包。随着宁山的下降，东

pei$^{214-24}$faŋ$^{214-24}$ɕiaŋ· mɔ$^{312-42}$pfu· i$^{214-31}$tɕyə^{55}ɕiɔ^{55}sã^{214}，tɕiɔ$^{312-31}$fu^{42}
北方向冒出一座小山，叫伏

sã^{214}，ɕi^{214}nã^{42}faŋ$^{214-24}$ɕiaŋ· tɕyã$^{214-31}$pfu· i$^{214-31}$tɕyə^{55}ɕiɔ^{55}sã^{214}，
山，西南方向钻出一座小山，

tɕiɔ$^{312-31}$yẽ^{42}sã^{214}，ȵiŋ^{42}sã$^{214-24}$xɔ^{55}ɕiaŋ$^{312-31}$li$^{214-31}$tsɛ· liaŋ^{55}sã$^{214-24}$
叫云山，宁山好像立在两山

tsʅ^{55}tɕiã$^{214-31}$li· tsʅ$^{214-31}$tiã^{55}。tsʅ^{42}tɔ$^{312-31}$tɕiɛ^{55}faŋ$^{312-31}$i$^{214-24}$xəu^{312}，
之间的支点。直到解放以后，

ȵiŋ^{42}sã$^{214-24}$tiŋ$^{55-24}$xaŋ· li· lã$^{42-55}$tsʅ· ier^{312}、k‘uɛ$^{312-42}$tsʅ· ier^{312}、tɕiəu^{55}xu^{42}
宁山顶上的篮子印儿、筷子印儿、酒壶

ier$^{312-31}$təŋ^{55}sʅ^{42}xẽ^{312}，xã^{42}təu$^{214-24}$xẽ^{55}uã^{42}tsəŋ^{55}。t‘ə^{42}piə^{42}sʅ$^{312-31}$uaŋ^{42}
印儿等石痕，还都很完整。特别是王

mu^{55}ȵiaŋ$^{42-55}$ȵiaŋ· i$^{214-24}$tɕ‘i$^{312-31}$tsʅ^{55}ɕia$^{312-31}$tuə$^{312-42}$pfu· li· na$^{312-31}$tsʅ$^{214-24}$
母娘娘一气之下跺出的那只

ɕiɔ^{55}tɕyə$^{214-24}$ier^{312}，tɕyu$^{214-24}$iəu^{55}tɕi$^{55-24}$sʅ· li^{42}mi^{55}ts‘ẽ^{214}。tsʅ$^{42-55}$sʅ·
小脚印儿，足有几十厘米深。只是

tsɛ$^{312-31}$i$^{214-31}$tɕiəu^{55}u^{55}pa^{214}ȵiã^{42} “ta$^{312-31}$iɔ$^{312-31}$tɕiẽ$^{312-31}$” sʅ^{42}，tsə$^{312-31}$
在一九五八年“大跃进”时，这

ɕiə^{55}ku^{55}tɕi^{214}tɕiɔ$^{312-31}$ts‘ɛ^{55}sʅ^{42}zẽ^{42}ta^{55}tiɔ$^{312-42}$la·。
些古迹叫采石人打掉了。

y^{42}tsʻɿ^{42}tɕiŋ$^{312-31}$tei$^{214-24}$iẽ$^{312-31}$ma^{55}kʻã$^{312-31}$ku^{55}xuɛ^{42}

2. 尉迟敬德饮马看古槐

ɕiaŋ^{55}pfʻã^{42}tʻaŋ^{42}tsʻɔ^{42}ta$^{312-31}$tɕiaŋ$^{312-31}$y^{42}tsʻɿ^{42}tɕiŋ$^{312-31}$tei$^{214-24}$iəu^{55}
相传唐朝大将尉迟敬德有
i$^{214-24}$tsʻɿ$^{312-31}$tɛ$^{312-31}$piŋ$^{214-24}$uɛ$^{312-31}$pfʻu^{214}，lu$^{312-31}$tɕiŋ^{214}ȵiŋ^{42}iaŋ^{42}
一次带兵外出，路经宁阳
ɕiã^{312}tɕiaŋ^{55}tɕi^{42}tsẽ^{312}pã$^{214-31}$tɔ^{55}tɕiŋ^{55}tɕʻyẽ^{214}xə^{42}ta$^{312-31}$xuɛ^{42}fu^{312}
县蒋集镇扳倒井村和大槐树
tɕʻyẽ^{214}i$^{214-24}$tɛ^{312}，zẽ^{42}kʻuẽ$^{312-31}$ma^{55}fa^{42}，tɕi$^{214-24}$kʻə^{214}nã^{42}nɛ^{312}，
村一带，人困马乏，饥渴难耐，
kʻã$^{312-31}$tɔ$^{312-31}$tɕʻyẽ^{214}tʻəu^{42}iəu^{55}i$^{214-31}$iã^{55}tɕiŋ^{55}，sɿ^{42}fẽ$^{214-24}$kɔ$^{214-24}$
看到村头有一眼井，十分高
ɕiŋ^{312}，tã$^{214-24}$mei$^{214-31}$iəu^{55}tɕʻy^{55}fei^{55}kuŋ$^{214-24}$tɕy^{312}，tɕi$^{42-55}$li· piŋ$^{214-24}$
兴，但没有取水工具，急得兵
sɿ^{312}tʻuã^{42}tʻuã^{42}pfã^{312}。tɕʻiŋ^{42}tɕi$^{214-24}$tsɿ^{55}ɕia^{312}，tsɿ^{42}tɕiã$^{312-31}$y^{42}tsʻɿ^{42}
士团团转。情急之下，只见尉迟
tɕiŋ$^{312-31}$tei$^{214-24}$uã$^{214-31}$ɕia· iɔ$^{214-24}$，yŋ$^{312-31}$li$^{214-24}$pɔ$^{312-31}$pfu· tɕiŋ^{55}
敬德弯下腰，用力抱住井
kʻəu^{55}, ta$^{312-31}$tɕiɔ$^{312-31}$i$^{214-24}$səŋ^{214}, pa$^{312-31}$tɕiŋ^{55}kei^{42}pã$^{214-31}$tɔ$^{55-24}$la·。
口，大叫一声，把井给扳倒了。
tɕiŋ^{55}fei^{55}ku^{55}ku^{55}liəu^{42}pfʻu^{214}，piŋ$^{214-24}$sɿ$^{312-31}$xuã$^{214-24}$tʻiã$^{214-24}$ɕi^{55}
井水汩汩流出，兵士欢天喜
ti^{312}，kə$^{312-31}$kə$^{312-31}$tʻuŋ$^{312-31}$iẽ^{55}i$^{214-24}$fã^{214}，iəu$^{312-31}$pa$^{312-31}$tsã$^{312-31}$
地，个个痛饮一番，又把战
ma^{55}i$^{214-24}$i$^{214-24}$iẽ$^{312-31}$kuə^{312}。xəu$^{312-31}$zẽ^{42}ɕyei^{42}pa$^{312-31}$tsə$^{312-31}$iã^{55}
马一一饮过。后人随把这眼

tɕiŋ^{55}tɕiɔ$^{312-31}$tɕyə˙ “pã$^{214-31}$tɔ^{55}tɕiŋ^{55}”，tɕʻyẽ$^{214-31}$tsɿ˙iɛ^{42}pei$^{312-31}$
井 叫 做“扳 倒井”， 村 子也被
tsʻəŋ$^{214-24}$tɕyə$^{312-31}$pã$^{312-31}$tɔ^{55}tɕiŋ^{55}tɕʻyẽ^{214}。tsə$^{312-31}$kʻəu^{55}tɕiŋ^{55}tsɿ$^{312-31}$
称 做 扳 倒井 村。 这 口 井至
tɕiẽ^{214}zəŋ^{42}tsɛ^{312}，tɕiŋ^{55}tʻuŋ^{55}sɔ^{55}uei^{55}ɕiaŋ$^{312-31}$nã^{42}tɕʻiŋ^{214}ɕiə^{42}，
今 仍 在， 井 筒 稍 微 向 南 倾 斜，
pfəŋ$^{214-31}$u^{55}tʻɛ$^{312-31}$iaŋ^{42}kuaŋ^{214}nəŋ^{42}tsɿ^{42}sə$^{312-42}$tɔ˙tɕiŋ^{55}ti^{55}。
中 午太 阳 光 能直 射 到井 底。

y^{42}tsʻɿ^{42}tɕiŋ$^{312-31}$tei$^{214-31}$li˙piŋ$^{214-31}$ma^{55}tʻuŋ$^{312-31}$iẽ^{55}i$^{214-24}$fã$^{214-24}$
尉迟 敬 德 的兵 马 痛 饮一 番
tsɿ^{55}xəu^{312}，tsəu$^{312-31}$tsɛ$^{312-31}$yã^{42}ti$^{312-31}$ɕiəu$^{214-24}$ɕi^{214}。tsə$^{312-31}$sɿ^{42}，
之 后， 就 在 原地 休 息。这 时，
y^{42}tsʻɿ^{42}tɕiŋ$^{312-31}$tei^{214}uaŋ$^{312-31}$ɕi^{214}nã^{42}faŋ$^{214-24}$ɕiaŋ˙i$^{214-24}$uaŋ^{312}，
尉迟 敬 德往 西南 方 向一 望，
tsɿ^{42}tɕiã$^{312-31}$pu$^{214-31}$yã^{55}pfu$^{312-31}$iẽ^{214}yẽ^{42}liɔ^{55}zɔ^{55}，fu$^{312-31}$mu$^{214-24}$
只 见 不 远 处 氤 氲 缭 绕， 树 木
tɕʻyŋ$^{214-24}$y^{312}。tʻiŋ$^{214-24}$fə^{214}na$^{312-42}$li˙tsaŋ^{55}iəu^{55}i$^{214-24}$kʻuə$^{214-24}$tɕiŋ^{55}
葱 郁。 听 说 那 里 长 有一 棵 景
sei$^{214-24}$pfaŋ$^{312-31}$kuã$^{214-31}$li˙ku^{55}xuɛ^{42}fu^{312}，piã$^{312-31}$tɕʻiã^{42}tɕʻi$^{312-31}$
色 壮 观 的古 槐 树， 便 前 去
kuã$^{214-24}$kʻã^{312}。tsə$^{312-31}$kʻuə$^{214-24}$ku^{55}xuɛ^{42}fu^{312}sei^{42}iɛ^{42}tsɿ$^{214-31}$pu˙
观 看。 这 棵 古 槐 树 谁 也 知 不
tɔ$^{312-31}$iəu^{55}tuə$^{214-31}$xɔ˙ȵiã$^{42-55}$ɕyei˙la˙，tsɿ^{42}tɕiã^{312}fu$^{312-31}$kuã$^{312-31}$
道 有 多 少 年 岁 了，只 见 树 冠
kɔ$^{214-24}$ta$^{312-31}$iã^{42}tʻiã^{214}，tsɿ$^{214-24}$iə$^{214-24}$mɔ$^{312-31}$səŋ^{312}，tã$^{214-24}$
高 大 掩 天， 枝 叶 茂 盛， 但

fu$^{312-31}$kã^{312}tsɔ^{55}i^{42}pfəŋ$^{214-24}$k'uŋ^{214}，çiŋ^{42}ts'əŋ^{42}i$^{214-24}$kə˙ta$^{312-31}$
树　干　早已中　　空，　形　成　一　个大

fu$^{312-31}$tuŋ^{312}。fu$^{312-31}$tuŋ$^{312-31}$nẽ$^{312-31}$faŋ$^{312-31}$i$^{214-24}$tsaŋ$^{214-24}$pa$^{214-24}$
树　洞。树　洞　内　放　一　张　八

çiã$^{214-24}$pfə^{214}，sɿ$^{312-31}$kə˙zẽ^{42}tsɛ$^{312-31}$ta^{55}p'ɛ^{42}，tsəu^{214}uei^{42}xã^{42}iəu^{55}
仙　桌，　四　个人在　打牌，周　围还有

kuã$^{214-24}$tçy$^{42-55}$li˙zẽ^{42}。y^{42}ts'ɿ^{42}tçiŋ$^{312-31}$tei$^{214-24}$i^{214}çiŋ^{42}tçiã$^{312-42}$lɔ˙，
观　局　的人。尉迟敬　德　一行见　了，

ta$^{312-31}$uei˙tsã$^{312-31}$t'ã^{312}。“uã$^{312-31}$sɿ$^{312-31}$ku^{55}xuɛ^{42}” piã$^{312-31}$ts'əŋ^{42}
大　为赞　叹。“万　祀　古槐”　便　成

uei˙ȵiŋ^{42}iaŋ^{42}tçiəu$^{312-31}$pa$^{214-31}$tçiŋ^{55}tsɿ^{55}i^{214}。ta$^{312-31}$xuɛ^{42} fu$^{312-31}$
为宁　阳　旧　八　景之一。大　槐　树

tç'yẽ^{214}tsəu$^{312-31}$sɿ˙iẽ^{214}ts'ɿ^{42}ər^{55}tei$^{214-24}$miŋ$^{42-55}$li˙。
村　就　是因此而得　名　的。

主要参考文献

钱曾怡主编 《山东方言研究》，齐鲁书社 2001 年版。

钱曾怡、曹志耘、罗福腾 《诸城方言志》，吉林人民出版社 2002 年版。

宋开玉 《明清山东方言词缀研究》，齐鲁书社 2008 年版。

曹延杰 《宁津方言志》，中国文史出版社 2003 年版。

马静、吴永焕 《临沂方言志》，齐鲁书社 2003 年版。

石明远 《莒县方言志》，语文出版社 1995 年版。

王希文 《枣庄方言志》，山东省出版管理处枣庄出版管理办公室 1986 年版。

王福堂 《汉语方言语音的演变和层次》，语文出版社 2005 年版。

黄伯荣、廖序东 《现代汉语》，甘肃人民出版社 1981 年版。

袁家骅 《汉语方言概要》，语文出版社 2001 年版。

董绍克、张家芝 《山东方言辞典》，语文出版社 1997 年版。

宁阳县史志编纂委员会 《宁阳县志》，中国书籍出版社 1994 年版。

罗福腾 《山东方言比较句的类型及其分布》，《中国语文》1992 年第 3 期。

后　记

这本书是在我的硕士学位论文《宁阳方言研究》基础上，经过进一步整理、扩充、修改而成的。

提到硕士学位论文，自然想到我的导师宋开玉先生。在山东大学文史哲研究院读硕的三年生活中，宋先生不仅影响了我的学业，也影响了我的为人。宋先生学问渊博，为人谦恭和蔼。他时常告诫我们，做学问要耐得住寂寞，要敢为人所不为。在我写作论文的过程中，宋先生给予了无微不至的关怀。从选题到选材，从布局到谋篇，从行文的语言风格到格式的统一，甚至于某个词语的斟酌，都做了精心指导，使我顺利通过了论文答辩。

之后，宋先生又鼓励我在硕士论文基础上继续做下去，做出个较为像样的东西来。这样，我在完成日常教学工作之余，又花费了将近两年的功夫，整理、思考、修改，终于成了目前这个样子，也不知道是否达到了宋先生要求的“像样”的程度。

我的硕士论文之所以选择《宁阳方言研究》这个题目，以及在完成论文答辩后还能继续做下去，还基于我对宁阳方言的热爱与兴趣。我是宁阳人，宁阳方言是我的母语，我是在宁阳风土文化的滋润下成长起来的，宁阳方言已渗透到我的血脉里。现在，对宁阳方言进行较全面的研究，既是我的责任，也是我的荣耀。写完这本书，我感觉是为家乡做了一件有意义的事情。

书稿完成后，经宋先生与钱曾怡教授协商，钱老师同意把本书纳入《山东方言志丛书》中。之后，钱老师仔细审阅了书稿，指出了原稿中存在的问题，并给出了具体修改意见。钱老师给我当面指导的情景，我终生难忘：一丝不苟，关心爱护。我从钱老师身上学到的不仅仅是学问，更重要的是治学态度。感谢钱老师提携后学、指导后辈的奉献精神！

刚才说到读研生活，我还想起了山东大学文史哲研究院的冯春田、傅永军、郑杰文、杜泽逊、孙剑艺、李绪洙等先生，他们在我的读硕生涯中都给予了我许多的教导和帮助。真诚地感谢他们！

这本书的诞生，还有宁阳县教育局有关领导的功劳。他们给我提供了宝贵的资料，为我实地调查提供方便，帮助我寻找更为合适的发音合作人及其他帮助。我十分敬佩宁阳县教育局的宁方跃局长对宁阳的热爱，和对宁阳文化建设事业的追求与支持。衷心感谢他！

泰山学院的各级领导，给了我相对宽松的研究、写作环境，感谢各位领导的关心和支持！

在本书的写作过程中，还参考了前人时贤的一些相关成果，在此一并表示感谢！书中的纰漏和错误在所难免，恳请学界方家不吝赐教、批评指正。

宁廷德

2012年3月8日于泰山学院

山东方言志丛书已出书目

钱曾怡主编

1.利津方言志	杨秋泽	语文出版社 1990.3
2.即墨方言志	赵日新 沈 明 扈长举 等	语文出版社 1991.3
3.德州方言志	曹延杰	语文出版社 1991.12
4.平度方言志	于克仁	语文出版社 1992.9
5.牟平方言志	罗福腾	语文出版社 1992.10
6.潍坊方言志	钱曾怡 罗福腾	潍坊市新闻出版局 1992.12
7.淄川方言志	孟庆泰 罗福腾	语文出版社 1994.6
8.荣成方言志	王淑霞	语文出版社 1995.2
9.寿光方言志	张树铮	语文出版社 1995.1
10.聊城方言志	张鹤泉	语文出版社 1995.8
11.新泰方言志	高慎贵	语文出版社 1996.4
12.沂水方言志	张廷兴	语文出版社 1999.4
13.金乡方言志	马凤如	齐鲁书社 2000.11
14.诸城方言志	钱曾怡 曹志耘 罗福腾	吉林人民出版社 2002.12
15.宁津方言志	曹延杰	中国文史出版社 2003.2
16.临沂方言志	马 静 吴永焕	齐鲁书社 2003.3
17.莱州方言志	钱曾怡 太田斋 陈洪昕 杨秋泽	齐鲁书社 2005.6
18.汶上方言志	宋恩泉	齐鲁书社 2005.8
19.定陶方言志	王淑霞 张艳华	时代文艺出版社 2005.8
20.郯城方言志	邵燕梅	齐鲁书社 2005.11
21.沂南方言志	邵燕梅 刘长锋 邵明武	齐鲁书社 2010.10
22.章丘方言志	高晓虹	齐鲁书社 2011.1
23.苍山方言志	王晓军 田家成 马春时	齐鲁书社 2012.12
24.宁阳方言志	宁廷德	齐鲁书社 2013.5

图书在版编目(CIP)数据

宁阳方言志/宁廷德著. —济南:齐鲁书社,2013.5
ISBN 978-7-5333-2762-0

Ⅰ.宁...　Ⅱ.①宁...　Ⅲ.北方方言—方言研究—宁阳县　Ⅳ.①H172.1

中国版本图书馆CIP数据核字(2013)第004098号

宁阳方言志

宁廷德　著

出版发行	齐鲁书社
社　　址	济南市英雄山路189号
邮　　编	250002
网　　址	www.qlss.com.cn
电子邮箱	qlsspress@126.com
印　　刷	日照日报印务中心
开　　本	850mm×1168mm　1/32
印　　张	12.375
插　　页	2
字　　数	252千
版　　次	2013年5月第1版
印　　次	2013年5月第1次印刷
标准书号	ISBN 978-7-5333-2762-0
定　　价	42.00元